suhrkamp

Im Herbst 1983 trafen sich in Jerusalem zum ersten Mal israelische und deutsche Germanisten, um über jene deutsch-jüdische Literaturgeschichte zu sprechen, die 1933 grauenvoll und unwiderruflich zu Ende gegangen ist. Der Materialienband vereinigt die Beiträge dieses Symposions, die sich bemühen, den Versuch und das Scheitern einer ebenso verheißungsvollen wie tiefproblematischen ›Symbiose‹ genauer zu erkennen, besser zu verstehen, wirksamer zu erinnern. Seine thematisch und methodisch weit gefächerten Beispieluntersuchungen konvergieren in der Frage: Was hat es geheißen, Jude zu sein im deutschen Kulturbereich? wie also haben sich diese Juden den Deutschen und Deutsche den Juden gegenüber verhalten? und: wie stellen wir uns dieser ›tragischen Literaturgeschichte‹?

Juden in der deutschen Literatur

Ein deutsch-israelisches Symposion

Herausgegeben von Stéphane Moses
und Albrecht Schöne

suhrkamp taschenbuch
materialien

Suhrkamp

suhrkamp taschenbuch 2063
Erste Auflage 1986

Satz: Wagner GmbH, Nördlingen
Druck: Nomos Verlagsgesellschaft, Baden-Baden
Printed in Germany
Umschlag nach Entwürfen von Willy Fleckhaus
und Rolf Staudt

1 2 3 4 5 6 – 91 90 89 88 87 86

Inhalt

Vorbemerkungen der Herausgeber

Die Hebräische Universität Jerusalem und die Georg-August-Universität Göttingen veranstalten im Rahmen ihrer 1975 vereinbarten wissenschaftlichen Zusammenarbeit jährliche Symposien, an denen das Weizmann-Institut in Rehovot, die Göttinger Max-Planck-Institute und die Akademie der Wissenschaften zu Göttingen beteiligt sind. Das achte Symposion dieser Reihe fand vom 23. bis 30. Oktober 1983 statt und befaßte sich mit deutsch-jüdischer Literaturgeschichte. Es wurde in Jerusalem abgehalten, so daß die fortgeschrittenen Studierenden der 1977 dort gegründeten Abteilung für Deutsche Sprache und Literatur den Vorträgen beiwohnen und an den Diskussionen teilnehmen konnten.

Als Referenten waren neben den Germanisten und Vertretern benachbarter Fächer aus Göttingen und Jerusalem auch Wissenschaftler anderer israelischer Hochschulen beteiligt und diejenigen Literarhistoriker der Bundesrepublik Deutschland, die in den letzten Jahren als Gastprofessoren an der Hebräischen Universität gearbeitet haben. Ihre Beiträge werden in diesem Band veröffentlicht – mit Ausnahme einer Studie von Ruth Horovitz, die aus Krankheitsgründen nicht mehr druckfertig gemacht werden konnte.

Als öffentlich zugängliche Veranstaltungen haben die drei Vorträge von Hans Mayer, Wilfried Barner und Stéphane Moses im Jerusalemer Van Leer-Institut eine große Zuhörerschaft versammelt und beteiligt. Die übrigen einundzwanzig Beiträge wurden bei den Arbeitssitzungen auf dem Mount Scopus in einem begrenzteren Kreis insbesondere von Universitätslehrern, Schriftstellern und Studenten vorgetragen und erörtert. Diese Diskussionen, die von beiden Seiten in großer Sachlichkeit und mit ungemeiner Aufrichtigkeit geführt worden sind, kann der hier vorgelegte Band leider nicht wiedergeben. Sie hatten nichts zu tun mit den Vorstellungen, welche sich der schauerlichen Redeweise von einer ›Bewältigung‹ unserer Vergangenheit bedienen, und sie zielten keineswegs auf ein Versöhnungsfest ab; alle Beteiligten wußten, wie weit das außerhalb des auch nur Denkbaren liegt. Aber zueinander über das unabweisbar in unser gegenwärtiges und künftiges Leben hineinwirkende Vergangene sprechend, sind wir freundlich miteinander umgegangen und haben empfunden, daß das viel ist. Während eine gemeinsame wissenschaftliche Arbeit von Israelis und Deutschen vor allem in den Naturwissenschaften, selbst in den Bereichen der Theologie, Archäologie oder Geschichte schon lange nichts Außerordentliches mehr ist, muß ein israelisch-deutsches Symposion zur deutsch-jüdischen Literaturgeschichte doch noch immer als etwas Ungewöhnliches gelten. Es rührt an Wunden, die nicht vernarben.

Die Rede eines der großen alten Männer der Germanistik, des deutschen Juden Hans Mayer, stand am Beginn des Symposions (und steht auf den ersten Seiten auch dieses Bandes, dessen weitere Beiträge dann nach der Chronologie ihrer Gegenstände geordnet sind): *Das Gedächtnis und die Geschichte. Gedanken beim Aufschreiben von Erinnerungen.* Dieser Zeugenbericht gilt dem 30. Januar 1933, an dem mit dem Zusammenbruch der Weimarer Republik unwiderruflich auch jener Versuch einer deutsch-jüdischen Literatursymbiose scheiterte, den Moses Mendelssohn und Gotthold Ephraim Lessing um das Jahr 1750 eingeleitet hatten. Die Frage, ob diese Symbiose denn in Wahrheit je etwas anderes gewesen sei als eine von wenigen Deutschen geteilte jüdische Utopie, steht – stillschweigend oder ausgesprochen – im Hintergrund aller nachfolgenden Beiträge dieses Bandes, und was Hans Mayer mit einem Satz aus Lessings *Nathan* vorausgesagt, ja angemahnt hat: »Der Blick des Forschers fand nicht selten mehr, als er zu finden wünschte«, ist auf unterschiedliche Weise wohl für viele der an diesem Unternehmen Beteiligte eingetroffen.

Am Beispiel der biblischen Selbstaussage Jahwes, »Ich bin der ich bin«, und ihrer Fortwirkungen in abendländischer Theologie, Philosophie und Dichtung wird auf die unabsehbar tiefen und weitreichenden Bestimmungen verwiesen, die der christlichen Kultur aus dem jüdischen Gottesdenken zugekommen sind (Hendrik Birus). Und mit der Analyse der von den Juden Mendelssohn und Johlson unternommenen Verdeutschungen der jüdischen Bibel für jüdisch-deutsche Leser rückt die Stiftungsurkunde dieser Verbindung in den Blick (Dafna Mach).

Als ›Erstling jüdisch-deutscher Literatursymbiose‹ wird der um 1300 entstandene, in den hebräischen Schriftzeichen einer aschkenasischen Kursive überlieferte *Dukus Horant* vorgestellt, ein Seitenstück zum hochmittelalterlichen *Kudrun*-Epos. »War der

Verfasser ein Deutscher, dann muß man doch konstatieren, daß er ein jüdisches Publikum gefunden hat, und war er ein Jude, so jedenfalls einer, den man in seinem Metier als Verfasser einer epischen Dichtung von einem deutschen Kunstgenossen nicht unterscheiden kann.« Aufgefunden in Kairo, wohl von ausgewanderten Juden aus Deutschland nach Ägypten gebracht oder überhaupt dort erst verfaßt, zeigt die Textgeschichte dieser spätmittelalterlichen Handschrift offenbar schon die Gefährdungen an, denen eine solche Verbindung ausgesetzt blieb (Karl Stackmann).

Nach Süßkind von Trimberg im späten 13. Jahrhundert nimmt 1772 mit Isachar Falkensohn Behr, dem Verfasser der *Gedichte von einem pohlnischen Juden*, der erste jüdische Dichter deutscher Sprache das Wort. Ein Kapitel aus der Literaturgeschichte der Judenemanzipation: anders als durch »Nachahmung und Anpassung« war für seinesgleichen »eine Teilnahme an der literarischen Kultur der Deutschen schwerlich zu bewirken – im 18. Jahrhundert weniger noch als im 19.« (Christian Wagenknecht). An zwei bedeutenden jüdischen Autobiographien vom Anfang und vom Ende des Aufklärungszeitalters wird die mächtige Spannung erkennbar, welche der Mendelssohnsche »Geist der Vermittlung« da hätte ausgleichen müssen – »wobei Glückel [von Hameln] die Position religiöser Selbstbewahrung durch strenge Gesetzesbindung vertritt, [Salomon] Maimon hingegen die eines radikalen und subjektiv verantworteten Emanzipationsbedürfnisses« (Conrad Wiedemann). Als Antwort auf die antisemitischen Vorurteile des 18. Jahrhunderts erscheint die positiv idealisierte Figur des ›edlen Juden‹ in der deutschen Literatur: Zeuge für die Universalität der Tugend, Falsifikationsinstanz für die judenfeindlichen Pauschalurteile und Repräsentant einer Menschheit, in der es keine Vorurteile mehr gäbe (Jürgen Stenzel).

Die auch im 19. Jahrhundert zwischen Selbstbewahrung und Selbstaufgabe schwankenden jüdischen Bewerbungen um eine Teilnahme am deutschen Geistesleben werden an dem höchst aufschlußreichen Paradigma jüdischer Goethe-Verehrung vor 1933 sichtbar gemacht (Wilfried Barner), und mit dem Porträt des ostjüdischen Erzählers Karl Emil Franzos folgt eine Fallstudie zur bedingungslosen, »exaltierten Verehrung und Begeisterung für alles Deutsche« (Martha Bickel).

Dem antworten die Denunziation und Diffamierung, welche die Behandlung des ›Judendeutsch‹ in den frühen deutschen Wörterbüchern und seine literarische Verwendung bei der Darstellung jüdischer Figuren in der erzählenden Prosa insbesondere Gustav Freytags und Thomas Manns zu erkennen geben (Mark H. Gelber). Ins Jahr 1879 fallen gleichermaßen die 150. Wiederkehr von Lessings Geburtstag und die Gründung einer ersten Antisemiten-Liga in Deutschland: die judenfeindliche Auseinandersetzung dieser Zeit mit dem *Nathan*-Dichter wird als Parameter einer Analyse des neubelebten deutschen Antisemitismus genutzt (Moshe Zimmermann).

Unterschiedliche Formen des Assimilationsversuchs zeigen sich noch einmal am Beispiel der jüdisch-deutschen Schriftsteller Ludwig Jacobowski, welcher 1899 die Anthologie *Aus deutscher Seele* herausgibt, und Jakob Loewenberg, dessen Gedichte 1901 unter dem Titel *Aus jüdischer Seele* erscheinen (Itta Shedletzky). Dann tritt mit der Betrachtung von Theodor Herzls geschichtsmächtiger Lehrdichtung *Altneuland* von 1902 als eines utopischen Romans der Zionismus in den Blick (Leah Hadomi), wird an Robert Jaffes *Ahasver*-Roman des Jahres 1900 und Sammy Gronemanns *Tohuwabohu* von 1920 die zionistische Renaissance jüdischen Selbstbewußtseins unter dem Druck des deutschen Antisemitismus verdeutlicht (Hanni Mittelmann).

Die Beispieluntersuchungen zum 20. Jahrhundert beginnen mit einer Analyse der auf Franz Kafkas Erzählstück *Das nächste Dorf* bezogenen kontroversen Deutungen Bertolt Brechts, der seine Auslegung auf die historischen und sozialen Bedingungen des Textes abstellt, und Walter Benjamins, dessen Exegese auf die in Kafkas Werk fortwirkenden Traditionen jüdischer Mystik zurückgreift (Stéphane Moses). Kafka und Milena werden in ihren Beziehungen zur Gruppe der Prager Literaten gesehen, und aus der kosmopolitischen Aufgeschlossenheit und Toleranz dieses Kreises wird das kongeniale Verständnis abgeleitet, das Milenas Kafka-Übersetzungen aus dem Deutschen ins Tschechische auszeichnet (Ilana Arie-Gaifman). Dem folgt die Dechiffrierung eines rätselhaften Widmungstextes Kafkas, welcher auf die Möglichkeit verweist, den Kafka der *Chinesischen Mauer* neu zu lesen auf dem Hintergrund des Zionismus und der ihm verwandten jüdischen Erneuerungsbestrebungen (Jost Schillemeit).

Eine sehr genaue Bestimmung der spezifisch jüdischen Züge

von Joseph Roths *Hiob, Roman eines einfachen Mannes* läßt dieses Werk als Auseinandersetzung mit den positiven und negativen Möglichkeiten einer Assimilation des zerfallenden Ostjudentums im westeuropäischen Raum verstehen (Gershon Shaked). Mit dem Beispiel Kurt Tucholskys und in der Betrachtung seiner hochaggressiven judenfeindlichen Ausbrüche dagegen rückt das vielschichtig schreckliche Phänomen eines jüdischen Selbsthasses ins Blickfeld (Margarita Pazi).

Eine Untersuchung der theoretischen Konzeption des Utopischen und der Utopiegeschichtsschreibung Ernst Blochs führt auf die Bedeutung, welche in diesen Entwürfen den jüdisch-messianischen Erlösungsvorstellungen zukommt (Wilhelm Voßkamp). Walter Benjamins retheologisierende Geschichts- und Sprachphilosophie und Paul Celans ›eingedenkende‹ Verse werden in ihrer ›Intention auf die Sprache‹ vor dem Hintergrund der in den 60er Jahren geführten Diskussion über eine ›politische Theologie‹ bedacht (Horst Turk). Schließlich geht es um Benjamins Briefbuch *Deutsche Menschen*, das der verjagte Jude 1936 ins Hitler-Reich adressierte und mit dem er die Deutschen noch einmal auf ihr bestes eigenes Teil zu verpflichten suchte. Ein letztes Mal zeigt sich hier, in welchem Ausmaß »Deutschlands jüdische Gäste Schenkende gewesen sind und welch unabsehbare Verarmung es bedeuten mußte für die deutsche Literatur, deren Geschenke fortan auszuschlagen« (Albrecht Schöne). Am Beispiel deutscher Nachkriegsdichtungen, die ›jüdisches Schicksal‹ behandeln, wird sichtbar, »wie unvermerkt« in diesen literarischen Sinngebungsversuchen angesichts der Vorgänge, mit denen die deutsch-jüdische Symbiose ihr furchtbares Ende fand, »das Erfahrene in das Gewollte, das Erlebte in das Behauptete, der Trost in die Vertröstung ausgleiten und die historische Wirklichkeit beiseiteschieben kann« (Manfred Karnick).

Dieser Kursus deutsch-jüdischer Literaturgeschichte ist alles andere als lückenlos, und in seinen Lücken findet sich keineswegs nur Bekanntes. So zeigt er an, wieviel da noch getan werden muß. Das setzt (wie der 1982 gestorbene, in den Jerusalemer Gesprächen höchst gegenwärtige Gershom Scholem es gesagt hat) »von beiden Seiten den Willen zur vollen Wahrheit über das Gewesene und damit auch den Willen zur furchtlosen Kritik an gangbaren Mythen über diese Vergangenheit voraus«. Keine leichte Forderung und gewiß doch kein Geschäft, das rasch zu erledigen wäre.

Aber die neugegründete kleine Abteilung für Deutsche Sprache und Literatur der Hebräischen Universität, Gastgeber unseres Symposions, will die Fragen, um die es da geht, in den Mittelpunkt ihrer künftigen Bemühungen stellen. So kann man hoffen, sie werde sich einmal zu einem Forschungszentrum entwickeln für das, was wir von dieser wahrhaft tragischen Literaturgeschichte noch viel genauer wissen, besser verstehen und wirksamer erinnern müßten.

Hans Mayer

Das Gedächtnis und die Geschichte

Gedanken beim Aufschreiben von Erinnerungen

Wir sind nach Jerusalem gekommen, um mit unseren israelischen Freunden und Kollegen nachzudenken über die Geschehnisse und Erleidnisse einer jüdisch-deutschen Literaturgeschichte. Die aber gehört, um den Ausdruck unseres verstorbenen Kollegen Walter Muschg zu verwenden, zum Bereich einer »Tragischen Literaturgeschichte«. So viele Hoffnungen, so viele Entwürfe, so viel Vergeblichkeit, und bei alledem: so viel gültige Leistung. Wäre es anders, so daß im Gedächtnis bloß noch das Scheitern bliebe, die Verlorene Illusion: dann freilich bliebe unser geplantes Symposion ohne eigentliche Substanz.

Es hat sie aber gegeben: die jüdisch-deutsche Literatursymbiose. Man wird sie geschichtlich situieren können. Das Ende ist datierbar. Es kam vor fünfzig Jahren: am 30. Januar 1933. Davon möchte ich ausführlicher berichten: aus eigener Erinnerung. Wo jedoch soll man die Anfänge erblicken? In der deutschen, fast um ein Jahrhundert historisch verspäteten Aufklärung, das ist unbestreitbar. Ein Geschichtsprozeß aber mit seinen Widersprüchen kann nicht genau fixiert werden. Da gibt es keinen Schicksalstag, und wohl auch kein Schicksalsbuch.

Mein Versuch, die Anfänge einer jüdisch-deutschen Literaturgeschichte zu situieren, greift zurück auf das einstmals Gelernte aus dem Barmitzwah-Unterricht. Da lernten wir, im Jahre 1920, es gäbe drei große Abschnitte in der jüdischen Geistesgeschichte: stets verbunden mit dem Namen Mosche. Zuerst der Gesetzgeber und Prophet; dann Mosche ben Maimon; schließlich Mosche ben Mendel. Vielleicht hat es Moses Mendelssohn selbst ähnlich verstanden, denn in seinem »Phädon«, also den als Adaption Platons verstandenen »Gesprächen über die Unsterblichkeit der Seele«, beruft er sich erstaunlicherweise sowohl auf Plotin wie auf Maimonides. Dazu auf Leibniz natürlich, und auch auf Christian Wolff, nicht minder natürlich.

Vielleicht ist dieser *»Phädon« von Moses Mendelssohn* in der Tat so etwas wie ein Anfangsdokument im Bereich der Literatur. Dann wäre das Jahr 1767, als der »Phädon« bei Friedrich Nicolai in Berlin herauskam, mit einem schönen Eingangskupfer, das den Sokrates im Kerker zeigt, gleichsam als Gründungsjahr einer jüdisch-deutschen Symbiose im Bereich der deutschen Sprache und Literatur zu verstehen. Synchron folglich mit Lessings Hamburgischer Dramaturgie, und mit der »Minna von Barnhelm«. Fünf Jahre später, im Jahre 1772, gibt es bereits die »Gedichte von einem Polnischen Juden« nebst Goethes Rezension in den »Frankfurter Gelehrten Anzeigen«. Der deutsche Sturm und Drang aber ist, wie bereits das Spätwerk Lessings, fast undenkbar ohne die Wirkungen des Baruch Spinoza. Lavater berichtet in seinem Tagebuch einer Frühlingsreise mit Goethe unter dem 28. Juni 1774: »Goethe erzählt immer viel von Spinoza und seinen Schriften ... Er rezitierte viel von seinem ewigen Juden. Ein seltsames Ding in Knittelversen.« Wir kennen das epische Fragment, das versucht, alle Menschengeschichte als Geschichte der Jüdischen Wanderschaft zu interpretieren.

Als der junge Lessing in dem Einakter »Die Juden« die jüdisch-deutsche Symbiose als zwar wünschbar, doch unmöglich geschildert hatte, widersprach ihm sogar ein Mann wie der Göttinger Professor Michaelis. Er sah hinter Lessings idealisiertem »Reisenden« die reale Judenschaft und schloß daraus, eine Symbiose sei nicht allein unmöglich, sondern sogar undenkbar. Zwanzig Jahre später, etwa um 1770, wurde sie nicht allein von Lessing und Mendelssohn, sondern von vielen in beiden Bereichen, dem deutschen wie dem jüdischen, für wünschbar gehalten. Gedauert hat sie dann, mit allen Höhen und Tiefen, etwas mehr als einhundertsechzig Jahre, und wurde abgelöst von einem Tausendjährigen Reich.

Lassen Sie mich vom jähen Ende berichten. Jetzt wirken sie für mich zusammen: *das Gedächtnis und die Geschichte.* Wir kennen den Unterschied zwischen der kontrollierbar ablaufenden Uhrzeit und den Unwägbarkeiten unserer eigenen, durch Angst und Erwartung bestimmten Erlebniszeit. Ein französischer Jude, Henri Bergson, unterschied in dem Buch »Matière et Mémoire« zwischen dem Temps und der Durée. Er mißtraute dem quantitativen Verfahren, hielt die subjektive Intuition inmitten des Lebensstroms für fruchtbarer als alle Rationalität der Aufklärung, und wurde so, in seiner »Zeit-Ekstasis außerhalb der quantitativmechanisch gemessenen Uhrzeit«, wie Ernst Bloch kritisch anmerkt, zu einem Denker der Gegenaufklärung und fast zum geistigen Nachbarn jener, die den alten Mann, den Nobelpreisträger und Stolz Frankreichs, am Lebensende zwangen, mit dem gelben Stern in Paris herumzulaufen. Trotzdem wird man nicht ohne sie auskommen können im eigenen Leben: *ohne das Zeiterlebnis und ohne die Erlebniszeit.* Beide aber wurden durch Bergson, und mit Recht, dem Gedächtnis zugeordnet, dem Bereich der »Mémoire«, der zugleich ein Bereich aller Memoiren gewesen ist.

Nun denn, was hat sich in meinem Erinnern erhalten von jenem Tag des Endes, vom 30. Januar vor fünfzig Jahren? Ich will versuchen, dies einsame und höchst persönliche Erinnern zu ergänzen durch andere Erinnerungsberichte damaliger Zeitgenossen. Vielleicht ergibt sich dabei, durch Zusammenschau verschiedener Formen des Zeiterlebens, etwas vom Grauen, auch von der grausigen Komik jenes Tages, als alles zu Ende war. Was keiner von uns wußte.

Lassen Sie mich einen Augenblick erzählen. Am 9. April 1970 saßen sechs Menschen vor den Mikrophonen und Kameras des Senders Freies Berlin, um einander, und damit den Hörern und Zuschauern im Lande, zu berichten, wie sie diesen 30. Januar erlebt oder in Erinnerung behalten hatten. Eine Frau und sechs Männer. Der Älteste war Jahrgang 1900 und hieß *Hermann Kesten*. Er hatte zwei Tage vor Berufung jener neuen Reichsregierung seinen 33. Geburtstag feiern können: auf lange Zeit hin den letzten in seinem Heimatland. Der Jüngste unter uns, *Heinrich Böll*, hat im Dezember Geburtstag: er war fünfzehn an jenem kalten Januartag: krank und hungrig, wie er uns berichtete. Der Leiter unserer Gespräche hieß *Hans Werner Richter*. Jahrgang 1908. Ich selbst bin Jahrgang 1907. *Wolfgang Koeppen* kam am 23. Juni 1906 in Greifswald zur Welt. *Erika von Hornstein* war neunzehn gewesen, damals im Januar. Sie stammte aus Potsdam. Richter und Koeppen waren Pommern. Böll und ich wuchsen in Köln auf. Hermann Kesten, der andere Jude am Tisch des Fernsehstudios, konnte nichts ahnen von der bevorstehenden Geschichte seiner Vaterstadt: von Nürnberger Parteitagen und Nürnberger Gesetzen, auch von den Nürnberger Prozessen.

Ich will versuchen zu erinnern, was wir damals an jenem Tisch als Erinnerung einzubringen hatten an jenen letzten Tag einer säkularen jüdisch-deutschen Symbiose. Es ist ein *Erinnern des Erinnerns*, ich weiß. Allein es soll mithelfen, die Beziehungen zwischen dem Gedächtnis und der Geschichte deutlicher zu machen. Weshalb ich nicht daran denken mochte, mir die Tonbandaufzeichnung von damals vorspielen zu lassen. Ich wollte mich erinnern an unser Erinnern.

Was war erinnernswert geblieben, wenn wir zurückdachten an diese Anfänge eines Erwachten Deutschland? Hatte man unsere sechs Berichte angehört, es waren monologische Berichte, so wurde evident, *daß keiner von uns begriffen hatte, was kommen würde*. Das war um so merkwürdiger, als wir alle bei jenem Fernsehgespräch beisammensaßen als *Überlebende*, die noch einmal davongekommen waren. Die Erfahrung des Exils bei Kesten und bei mir. Krieg und Gefangenschaft bei Richter und bei Böll. Koeppen als Schriftsteller, der nicht schreiben darf. Das Mädchen Erika von Hornstein-Biethingen aus preußischem Adel, das sich loslösen mußte von seinen Ursprüngen. »Abschied vom Junker« war der Titel einer ihrer späteren Arbeiten.

Wir alle wußten also, während wir erzählten, was damals angerichtet worden war für unser künftiges Leben und Überleben. Trotzdem weigerte sich das Gedächtnis in allen Fällen, ein pathetisches Spektakel zu evozieren. Etwa nach dem Schema: »Ich wußte plötzlich ...« oder »Von nun an, das spürte ich ...«.

Nichts dergleichen. Es war trotz allem ein Alltag gewesen, mit gewissen Ahnungen vielleicht, ganz ohne irgendeine Vision des Kommenden. Ich halte diese Erfahrung im Fernsehstudio für wichtig, weil sie mithilft, das sonst Unbegreifliche zu deuten: daß man in Deutschland blieb trotz des ersten Judenpogroms vom 1. April 1933; trotz des 9. Novembers 1938. Bis es zu spät war. Man hatte es sich nicht vorstellen können. Noch glaubte man, immer noch, an die Wiederkehr einer jüdisch-deutschen Symbiose. Man glaubte an die Formel: »Das geht nicht.« Das kann man doch nicht machen. *Wolfgang Koeppen* hat in seinem wohl bedeutendsten Buch, in dem Roman »Tauben im Gras«, aus der Formel »Das geht nicht« das Ende dieser Vertrauenshaltung dargestellt: »Es ging nicht, daß der Vater seinen Namen Friedrich Wilhelm Cohen behielt; es ging, daß er Israel Cohen genannt wurde ... Es ging, daß sie zu den ersten Juden gehörten, die abtransportiert wurden: zum letzten Mal traten sie aus dem Haus am Kupfergraben, in der Abenddämmerung, sie stiegen in ein

Polizeiauto, und Israel Friedrich Wilhelm, korrekt, stäubchenfrei, ruhig in friderizianischer Zucht, half ihr hinauf, Sarah Gretchen, die weinte, und dann schloß sich die Tür des Polizeiautos, und man hörte, nichts Persönliches zwar, nur das Allgemeine, die Gesichtslosigkeit des Schicksals, die Landläufigkeit des Todes genügte.«

Allein wie hatte er selbst, der Erzähler Wolfgang Koeppen, den Tag im Gedächtnis behalten, da alles zu Ende war? Er machte sich und uns nichts vor. Koeppen war Redakteur beim Berliner Börsen-Courier, einem »Judenblatt« also, wie man wußte, wo im Feuilleton, dem Koeppen angehörte, die »entartete« Kunst und Literatur gepriesen wurde: Bert Brecht vor allem. Koeppen kam aus München am 30. Januar, ruhte sich am Morgen aus von der langen Fahrt nach Berlin, erschien in der Redaktion. Etwas Bedrückung, viel Gelächter: Der als Reichskanzler! Das wird nicht lange dauern, und es wird nicht gutgehen! – Es hat dreizehn Jahre gedauert.

Leichtfertiges hatte auch Hermann Kesten zu berichten. Er gehörte als Lektor zu Gustav Kiepenheuers Verlag. Gleichfalls ein verjudetes und entartetes Unternehmen. Auch im Verlag nahm man die Ereignisse nicht besonders ernst. Im Gedächtnis blieb, daß an jenem Tage der vor kurzem noch pazifistische und epigonal-expressionistische Dramatiker Eberhard Wolfgang Moeller zum erstenmal in brauner Uniform und mit zackiger Attitüde im Verlag erschienen war. Auch hier ein bedrücktes Gelächter. Es »ging« aber auch in diesem Falle, was angeblich nicht ging. Der pazifistische Moeller vom Kiepenheuer Verlag hatte inzwischen ein Hörspiel geschrieben mit allen Finessen der neuen politischen Konstellation. »Rothschild siegt bei Waterloo«. Ich habe es noch gehört in Köln, im April 1933. Das erste massiv antisemitische Machwerk auf allen deutschen Sendern. Der Weg war frei für den Film vom Juden Süß.

Die Familie der Erika von Hornstein, das berichtete sie in jenem Gespräch, verwaltete damals die Vermögenswerte des Hauses Hohenzollern. Man war stramm deutschnational. In der neuen Reichsregierung vom 30. Januar saßen auch die Deutschnationalen mit dem kleinen, so mächtigen und verhängnisvollen Geheimrat Alfred Hugenberg, dem einstigen Krupp-Direktor. Also war auch hier Grund zum Feiern und zum organisierten Jubel. Hornsteins durften die Fackelzüge sogar in der Regierungsstraße von

Berlin, der Wilhelmstraße, bewundern. Dem Mädchen Erika jedoch schärfte man ein: sie dürfe bei den obligaten Geldsammlungen für die Nationale Erhebung nur Geld spenden für die Büchsen des deutschnationalen Stahlhelms, nicht für die Schnorrer im Braunhemd.

Insgeheim unernst ging es an jenem Abend auch auf der Linken zu. Darüber wußte ich zu berichten. In meinem Erinnerungsbuch »Ein Deutscher auf Widerruf« habe ich beschrieben, wie ich in den letzten Jahren der Weimarer Republik bemüht war, mitzuwirken bei einem Zusammengehen der Arbeiterparteien, um die braune Diktatur, die sich immer bedrohlicher ankündigte, zu verhindern. Im Jahre 1920 war es gelungen, durch einen Generalstreik den Staatsstreich von rechts zu verhindern. Inzwischen aber hatte Stalin im Kreml entdeckt, der Hauptfeind der Arbeiterklasse sei nicht der Faschismus, sondern der sogenannte »Sozialfaschismus« der deutschen Sozialdemokratie. Demzufolge waren Veranstaltungen möglich, wo Walter Ulbricht öffentlich mit Joseph Goebbels diskutieren durfte; eine Einheitsfront aus Sozialdemokraten und Kommunisten hingegen kam nicht zustande.

Für den 30. Januar hatten die Kommunisten, natürlich ohne Kenntnis dessen, was sich ereignen sollte, eine Massenkundgebung in der riesigen Kölner Rheinlandhalle angekündigt. Die Halle war nur mäßig gefüllt. Viele Kölner wollten den Fackelzug zu Ehren des neuen Reichskanzlers begaffen. Mancher Kommunist, das zeigte sich bald darauf, stand im Begriff, die Farbe zu wechseln. Braun statt Rot. Wir waren hingegangen, um zu erfahren, was die Kommunisten vorzuschlagen hätten. Sie hatten gar nichts vorzuschlagen. Der Redner war ein Reichstagsabgeordneter, ein Jude, Werner Hirsch, den man später totgeschlagen hat. Er höhnte: die solle man ruhig abwirtschaften lassen. Das werde bald zu Ende sein. »Und dann kommen wir!« So lautete die offizielle Direktive des Zentralkomitees. In seinen Erinnerungen hat es Manès Sperber, damals noch ein Mitglied der Kommunistischen Partei, fast genauso geschildert.

Unverständnis auf der bürgerlichen Rechten wie auf der proletarischen Linken, zu schweigen von den Journalisten und Literaten der bürgerlichen Mitte. Am Rundfunk jubelten bereits die vertrauten Reporter zusammen mit den bestellten Jublern des Dr. Goebbels. Das Ende war da, doch wir hatten es nicht gemerkt.

Man hatte so viele Reichsregierungen kommen und gehen sehen seit vier Jahren. Wie sollte man ahnen, daß diesmal ein neuer Mechanismus eingebaut wurde. Der demokratische Mechanismus mit Reichstag und Wahlen und Sturz der Regierung durch das Mißtrauen der Volksvertreter mußte verbrannt werden. Und er brannte. Daran hatten wir nicht gedacht. Das »ging« doch nicht.

Es gab sechs Millionen Arbeitslose in Deutschland. Daß die meisten von ihnen, hungrig und verzweifelt, wenn sie »ausgesteuert« waren, wie der Fachausdruck lautete, die politischen Evolutionen kaum beachten mochten neben der Not und Sorge um den nächsten Lebenstag, wurde bei jenem Fernsehgespräch deutlich, als Hans Werner Richter erzählte, und nach ihm Heinrich Böll. Der spätere Begründer und Leiter der »Gruppe 47« war Sohn eines Fischers und Gelegenheitsarbeiters von der Ostseeinsel Rügen, er hatte nur die Volksschule besuchen können. Buchhandlungsgehilfe in Berlin, seit 1930 arbeitslos. Kommunist, dann aber ausgeschlossen als Trotzkist. An jenem 30. Januar wird die Habe der Eltern, die nach Berlin gezogen waren, versteigert. Richter ist damals 25: da weiß man anscheinend, was die neue Regierung bedeutet, doch weiß man es im Grunde ebensowenig, wie wir anderen es ahnen mochten. Hans Werner Richter behielt den Tag in Erinnerung, weil man zusehen mußte, wie der Hausrat feilgeboten wurde. Dergleichen bleibt im Gedächtnis.

Bei dem fünfzehnjährigen Heinrich Böll war es ein Wort der Mutter. Der Junge hatte die Grippe, lag im Hinterzimmer. Der Rundfunk war gesperrt. Man konnte die Gebühren nicht mehr bezahlen. Die Mutter erfuhr bei den Nachbarn, was in Berlin getrieben wurde. Sie brachte die Nachricht und sagte: »Das bedeutet den Krieg.« Hier möge man nicht eine nachträgliche Pointe des Erzählers Böll vermuten. Wir alle wußten, und sagten es auch, daß eine Regierung unter dem Hakenkreuz den Krieg bedeuten würde. Übrigens sagten sie es selbst ganz unverhüllt und unverfroren. Ein Wahlplakat bei der letzten Wahl des Reichspräsidenten hatte klar vorausgesagt: wer den Generalfeldmarschall von neuem wähle, habe insgeheim den Braunauer gewählt, und dessen Wahl bedeute den Krieg. So war es, und so ist es gekommen. Die Mutter Böll sprach nur aus, was alle hätten wissen können.

So also, ungefähr so, ist es wohl zugegangen im Deutschen Reich am letzten Tag einer jüdisch-deutschen geistigen Gemeinschaft. Dann brannte der Reichstag, und es gab Wahlen unter staatlichem Terror der neuen Regierung. Sie bekam trotzdem keine Mehrheit, aber das machte nichts: da nämlich die gewählten kommunistischen Abgeordneten entweder bereits verhaftet oder versteckt waren, konnten sie nicht im Parlament erscheinen. Ihre Stimmen fehlten, und nun gab es Ermächtigungsgesetze, die alles zuließen. Nun war alles möglich. Am 1. April bereits der große Judenboykott, den man vorerst, in triefender Großmut, auf einen Tag begrenzte.

So begann, wie mir scheint, und so endete jene Epoche einer jüdisch-deutschen Symbiose, die von uns in den nächsten Tagen reflektiert und am besten wohl auch meditiert werden sollte. Es war ein sonderbarer Weg *von Berlin nach Berlin*. In dieser Stadt, der Hauptstadt des preußischen Königs, hatte die Akademie der Wissenschaften im Jahre 1763 eine philosophische Abhandlung gekrönt mit dem Titel »Abhandlung über die Evidenz in den metaphysischen Wissenschaften«. Ihr Verfasser und Laureat war Moses Mendelssohn. Hier in Berlin erschien, wie schon angemerkt, vier Jahre später sein Buch »Phädon oder Über die Unsterblichkeit der Seele«. Die jüdisch-deutsche Literaturgeschichte ist weitgehend auch Geistesgeschichte der Stadt Berlin. Die Stadt der Rahel Levin, Walter Benjamins und unseres großen Freundes *Gershom Scholem*. Er hat genau gewußt, wie er alles zu bedenken pflegte, warum er seinem Erinnerungsbuch den Titel gab: »Von Berlin nach Jerusalem«. Am Ende aber standen, auch und gerade in Berlin, die Abtransporte. Die sehr alte Frau in ihrem berühmten Haus am Pariser Platz, die Witwe Max Liebermanns, nahm Gift, um hier, in dieser Stadt, wenigstens sterben zu können.

Immer wieder: das Gedächtnis und die Geschichte. Man hat erlebt und man erinnert sich, doch pflegt man den Anfang und das Ende einer geschichtlichen Ära nur in seltenen Fällen als solche zu erleben. »Nichts Besonderes«, schrieb Ludwig XVI. am Abend des 14. Juli 1789 in sein Tagebuch. Ehrlich gestanden: ich glaube auch nicht recht an Goethes berühmten Ausspruch am Abend der Schlacht von Valmy: »Endlich rief man mich auf, was ich dazu denke, denn ich hatte die Schar gewöhnlich mit kurzen Sprüchen erheitert und erquickt; diesmal sagte ich: ›Von hier und heute geht eine neue Epoche der Weltgeschichte aus, und ihr könnt sagen, ihr seid dabei gewesen‹.« Die »Campagne in Frankreich« erschien erst 1822: dreißig Jahre nach Valmy.

Damit wird die *Problematik einer jeden Erinnerungsliteratur* evident, vielleicht jeglichen Erinnerns. Den schärfsten Agnostizismus hat in jüngster Zeit der Schweizer *Friedrich Dürrenmatt* bekundet, als er sein Buch »Stoffe« aus dem Jahre 1981 so beginnen ließ: »Es ist immer wieder von irgend jemandem versucht worden, sein eigenes Leben zu beschreiben. Ich halte das Unterfangen für unmöglich, wenn auch für verständlich. Je älter man wird, desto stärker wird der Wunsch, Bilanz zu ziehen. Der Tod rückt näher, das Leben verflüchtigt sich. Indem es sich verflüchtigt, will man es gestalten; indem man es gestaltet, verfälscht man es: So kommen die falschen Bilanzen zustande, die wir Lebensbeschreibungen nennen, manchmal große Dichtungen – die Weltliteratur beweist es –, leider oft für bare statt für kostbare Münze genommen.« Vier Seiten später jedoch erzählt Dürrenmatt bereits von seinem Heimatdorf im Emmenthal, vom Vater Pfarrer und den Erinnerungen eines Dreijährigen.

Ich halte es, im Nachhinein überdacht, für keinen Zufall, daß ich hier in Jerusalem plötzlich den Wunsch verspürte, und ihm nachgab, von meinem Leben zu erzählen: von Herkunft und Jugend, vom Leben als Jude unter den Deutschen, was ich damals nicht begriff, von der Vertreibung, vom Exil, und von der Heimkehr in eine Fremde im Herbst des Jahres 1945. Ich schrieb die ersten Seiten, die Berichte von meiner Jugend im deutschen Kaiserreich und in der Weimarer Republik, hier im Bet Belgia, im Gästehaus der Hebräischen Universität, im Sonnenlicht der ersten Monate des Jahres 1979. Im Hause unseres Freundes und Gastgebers Stéphane Moses las ich das Geschriebene vor, um an den Reaktionen abzulesen, ob ich weitermachen solle. Fanja und Gershom Scholem waren unter den Zuhörern.

Daß eine Autobiographie so nicht entstehen könne, war mir jederzeit klar. Da kann man Dürrenmatt nicht widersprechen. Erinnerungsarbeit und Arbeit des Historikers, der im Grunde stets ein Nachlebender sein wird: das ist zweierlei. Auch Goethe mag es gewußt haben. Als er sich selbst objektivierte und historisierte, mußte er das Gedächtnis reglementieren: in »Dichtung und Wahrheit« steht kaum etwas über Goethes Inspirationen und Schaffensprozesse, nur einiges übers Geschaffene.

Erzählzeit war Heute: Man konnte nicht die Ahnungslosigkeit von einst nachspielen. Man wußte, und man schreibt aus heutigem Wissen. So mußte ich die letzten Jahre des jüdisch-deutschen Zusammenlebens, meine Jugendjahre, von nun an sehen und beschreiben. Die Erinnerung half aus. Im Bet Belgia fanden sich plötzlich Lebensmomente ein, die man vergessen, nicht gewollt, meinethalben verdrängt hatte. Man schaute zurück, das Gedächtnis half aus, man hatte zu urteilen und zu beurteilen. War diese jüdisch-deutsche Symbiose, so mußte man sich fragen, jemals etwas anderes gewesen als eine jüdische Hoffnung, gar Utopie? Geteilt von wenigen Deutschen, die gleich Lessing zu leben und zu handeln gedachten, und denen es meistens heimgezahlt wurde.

War er denn unvermeidlich, der Zusammenbruch im Jahre 1933, auch bei Fehlen der Protagonisten von damals? Max Horkheimer schrieb im Exil des Jahres 1939 eine Abhandlung über »Die Juden und Europa«, worin es heißt: »Heute gegen den Faschismus auf die liberalistische Denkart des 19. Jahrhunderts sich berufen, heißt an die Instanz appellieren, durch die er gesiegt hat.« In einem seiner letzten Briefe an Walter Benjamin hat sich Gershom Scholem mit Recht über diese Analyse empört. Richtig bleibt jedoch, daß jene Symbiose undenkbar gewesen wäre ohne das Funktionieren der Zentralkategorien eines liberalen und toleranten Bürgertums: *ohne Bildung und Besitz*. Das ist bereits dem jungen Lessing klar gewesen. Sein jüdischer »Reisender« hat Geld und liest Bücher. In seiner Antwort an den Professor Michaelis, die Lessing in seine Schriften aufnahm, wird das Postulat ausdrücklich vorgetragen. Auch Moses Mendelssohn hat es wohl nicht anders verstanden.

Die kleinen jüdischen Handwerker und Arbeiter in Deutschland mißtrauten diesen Postulaten von jeher. Sie glaubten nicht an die Symbiose. Auch ich habe bereits als junger Mensch die wohlmeinende Prosa eines »Central-Vereins deutscher Staatsbürger jüdischen Glaubens« widerwillig abgelehnt. Den marxistischen Sozialismus, den Stalin dann zur Unkenntlichkeit verändern sollte, hielt ich, gleich vielen meinesgleichen, für eine Alternative. Nicht Symbiose, sondern unterschiedslose Gleichheit.

Vielleicht ist jene geschichtliche Symbiose auch daran gescheitert, daß sie – von der nichtjüdischen und nichtdeutschen Außenwelt her gesehen – als unmögliche Gemeinschaft von zwei Außenseiterpositionen zustande gekommen war. Auf die merkwürdigen *Parallelismen von Deutschtum und Judentum* hat Heinrich Heine immer von neuem hingewiesen. Mir scheint, daß man sich dieser Frage in den nächsten Tagen stellen sollte, obwohl, zu meiner Verwunderung, kein Heine-Referat auf unserem Programm zu finden ist.

Täuschen wir uns nicht: Indem man den Ursachen für das Scheitern einer jüdisch-deutschen Lebensgemeinschaft, nicht bloß Literaturgemeinschaft, nachsinnt, hat man die *Frage nach dem Scheitern der Weimarer Republik gestellt:* dieser ersten deutschen Republik und Demokratie. Kein Thema erscheint heute all jenen Deutschen, die nicht bereit sind, bloß nach den Maximen der zynischen Vernunft zu existieren, als drängender und bedrückender. Da nichts geklärt oder gar gelöst wurde, ist alles noch und wieder da. Weil auch der Wohlstand nicht mehr selbstverständlich erscheint, entdecken Menschen meiner Generation plötzlich wieder die allzu vertrauten Verhaltensformen und Denunziationen von einst. Man erfindet sich neue Juden, auch wenn es nicht mehr Juden sein müssen. Noch gibt es, vom Grundgesetz und vom Rechtsstaat her, starke Gegenkräfte. Allein die wohlmeinende Beteuerung »Bonn ist nicht Weimar« muß begründet und verteidigt werden.

Für die Menschen meiner Generation und mit ähnlichem Lebenslauf bedeutet das Jahr 1933 die Zäsur schlechthin. Was ich vor fünfzig Jahren mitansehen mußte, veranlaßt mich insgeheim, bei jeder neuen Begegnung in Deutschland mich zu fragen: »Wie hätte der sich damals verhalten?« Ich war froh und bestätigt, als ich jüngst bei *Albrecht Schöne* ganz ähnliche Überlegungen entdeckte. In seiner Rede zur »Göttinger Bücherverbrenung 1933« wird nicht allein, so wie hier und heute abend, gefragt, warum die Weimarer Republik zusammenbrechen konnte wie ein Bauwerk, das den Gesetzen der Statik nicht entsprach. Schöne analysiert das Verhalten der Professoren und Studenten von damals und stellt fest: »Willentlich oder unwillentlich, wissentlich oder unwissentlich haben sie dem, was da heraufzog, in vielfacher Hinsicht Vorschub geleistet. Im übrigen haben sie geschehen lassen, was jetzt geschah.«

Das ist die Antwort des Historikers. Sie führt aber redlicherweise sogleich zur Frage ad se ipsum: »Anzunehmen, daß wir heute Lebenden insgesamt anders uns verhalten hätten als die früheren, sofern wir aufgewachsen wären unter gleichen Bedingungen, unter den gleichen Einflüssen, mit den gleichen Erfahrungen, gibt es keinen zureichenden Grund.«

Auch das genügt noch nicht, kann nicht genügen. Albrecht Schöne fährt also fort: »Schärfer gefragt: Würde man unter gänzlich gleichen Voraussetzungen (mit deren Wiederkehr doch keiner ernsthaft rechnen will) in gleicher Weise sich verhalten?« Die Frage bleibt ohne Antwort, und es kann sie auch keiner von uns Heutigen beantworten.

Hier ist Jerusalem. Hier spielt die Geschichte vom Weisen Nathan, vom Sultan Saladin, vom Tempelherrn: als eine Parabel, worin Feinde zu Freunden werden können. Wenn irgendwo, so fand sich hier, in Lessings Text, das Grundgesetz der jüdisch-deutschen Lebensgemeinschaft. Selbst darin, daß der weise zugleich ein reicher Nathan ist, so daß der Tempelherr höhnen darf:

Seinem Volk ist reich und weise
Vielleicht das Nämliche.

Wie schrecklich sehen wir sie heute verwandelt: die islamische, die jüdische und die christliche Welt. Wir aber müssen an die Arbeit gehen. Die neudeutsche Floskel von der »Bewältigung« einer Vergangenheit ist mir tief zuwider. Abermals Gewalt nebst Sieg des Stärkeren. Nichts wurde bewältigt, und Forscher können nicht damit rechnen, daß man ihr Erforschtes beherzigt. Es gibt in »Nathan der Weise« eine kaum beachtete, vielleicht schreckliche Replik. Nathan und der Tempelherr sind, aus unterschiedlichen Impulsen, auf der Suche nach der Vergangenheit. Ahnungsvoll meint der junge Christ vor dem Abgehen:

Der Blick des Forschers fand
Nicht selten mehr, als er zu finden wünschte.

Nathan überdenkt den Satz, zitiert ihn abermals, um dann fortzufahren:

»Der Forscher fand nicht selten mehr, als er
Zu finden wünschte.« – Ist es doch, als ob
In meiner Seel' er lese! – Wahrlich ja;
Das könnt' auch mir begegnen.

Hendrik Birus

»Ich bin, der ich bin«
Über die Echos eines Namens
(Ex. 3,13-15)

Einer ist keiner. Es muß ihn einer anrufen.
Brecht, *Mann ist Mann*

»Ich bin Ich.« Dies ist der Ausgangspunkt von Fichtes *Wissenschaftslehre von 1794*, und das meint: »Das Ich *sezt sich selbst*«.[1] Mit diesem Einsatz hat Fichte Epoche gemacht wie kaum ein Denker vor ihm: und zwar sowohl in der Poetik der Frühromantik wie in der Philosophie des Spekulativen Idealismus, ja noch in deren Kritik durch die Junghegelianer. Andererseits ist diese Formel aber auch als Skandalon empfunden worden. Man denke nur an den bald entbrennenden Atheismusstreit oder an Jacobis Nihilismus-Vorwurf, der bis zu Dostoevskij und Nietzsche, ja noch weit darüber hinaus eine reiche Konjunktur erleben sollte; oder auch einfach an die mokanten Reaktionen der Weimarer, wie in Schillers Brief an Goethe (28. 8. 1794): nach den mündlichen Äußerungen Fichtes sei »alle Realität [...] nur in dem Ich. Die Welt ist ihm nur ein Ball, den das Ich geworfen hat, und den es bey der Reflexion wieder fängt!! Sonach hätte er seine Gottheit wirklich declariert, wie wir neulich erwarteten«[2], oder in Goethes Brief an C. G. Voigt (10. 4. 1795), nachdem Verbindungsstudenten sämtliche Fensterscheiben in Fichtes Wohnung eingeworfen hatten:

> Sie haben also das *absolute Ich* in großer Verlegenheit gesehen, und freilich ist es von den Nicht-Ichs, die man doch *gesetzt* hat, sehr unhöflich, durch die Scheiben zu *fliegen*. Es geht ihm aber wie dem Schöpfer und Erhalter aller Dinge, der, wie uns die Theologen sagen, auch mit seinen Kreaturen nicht fertig werden kann.[3]

Die bedeutendste literarische Reaktion aus dieser Richtung ist Jean Pauls *Clavis Fichtiana seu Leibgeberiana*[4]: nicht nur eine der gelungensten Schriften Jean Pauls auf der Schwelle zwischen Dichtung und Philosophie, sondern auch eine der treffendsten Philosophensatiren der deutschen Literatur, dergegenüber Günter Grass' Heidegger-Parodie in den *Hundejahren* zur bloßen

Kabarettnummer verblaßt und mit der sich allenfalls die einschlägigen Partien aus Thomas Manns *Doktor Faustus* messen können.

Die Idee des *Clavis Fichtiana* (von Jean Paul stets maskulin gebraucht) ist mit wenigen Strichen vorgestellt: Schoppe (alias Leibgeber), der unglückliche Satiriker in Jean Pauls ›Kardinalroman‹ *Titan*, hat sich so tief in Fichtes Philosophie hineinstudiert, daß er zu der Überzeugung gelangt, nur er allein existiere und Fichte mitsamt seiner *Wissenschaftslehre* sei bloß von ihm gesetzt. Sein Abriß der Wissenschaftslehre besteht aus 15 Paragraphen, beginnend mit »§. 1. *Was ist Wahrheit?*«, gefolgt von einer Aufzählung zentraler Fichtescher Begriffe in den Kurz-Paragraphen »3. *Ich, absolutes, reines.* Siehe Aseitas«, »4. *Immanentes Noumenon.* S. Aseitas«, »5. *Causa Sui, absolute Freiheit, unbedingte Realität.* S. Aseitas« und anschließend ihrer Erläuterung in § 6 durch ebenden scholastischen Begriff der *»Aseitas«*:

Diese und absolutes oder reines Ich (§. 3) und unbedingte Realität (§. 5) und immanentes Noumenon (§. 4) sind Synonymen der Gottheit. Der Himmel – welches ich bin – gebe, daß ich faßlich werde. [...]

Der *Clavis* kulminiert im »§. 12. *Leibgeber*«, beginnend mit den Worten:

Es frappiert mich selber (sagt' ich, als ich mein System während eines Fußbades flüchtig überblickte, und sah bedeutend auf die Fußzehen, deren Nägel man mir beschnitt), daß ich das All und Universum bin; mehr kann man nicht werden in der Welt als die Welt selber (§. 8) und Gott (§. 3) und die Geisterwelt (§. 8) dazu. [...]

und »§. 13. *Vielgötterei oder Viel-Icherei*« mit der satirisch-blasphemischen Tirade:

Andere Götter oder Ichs neben mir zu haben, verbietet der mosaische Dekalogus ebenso scharf, als es der fichtische gebietet. Der Verfasser dieses Clavis muß es allen, die ihn lesen und rezensieren, rund heraus bekennen, daß er, als streng-konsequenter *Theoretiker*, unmöglich mehrere Wesen glauben kann als sein eignes, weil durch dasselbe alles hinlänglich erklärt und produziert und integriert wird [...].

Und dies mündet im abschließenden »§. 15. *Die Leiden eines Gottes im Gethsemane-Garten*« in die verzweifelte Klage:

Rund um mich eine weite versteinerte Menschheit – In der finstern unbewohnten Stille glüht keine Liebe, keine Bewunderung, kein Gebet, keine Hoffnung, kein Ziel – Ich so ganz allein, nirgends ein Pulsschlag,

kein Leben, Nichts um mich und ohne mich Nichts als Nichts – Mir nur bewußt meines höhern Nicht-Bewußtseins – In mir den stumm, blind, verhüllt fortarbeitenden Dämogorgon, und ich bin er selber – So komm' ich aus der Ewigkeit, so geh' ich in die Ewigkeit – –
Und wer hört die Klage und kennt mich jetzt? – Ich. – Wer hört sie, und wer kennt mich nach der Ewigkeit? – Ich. –

Im *Titan* endet der Verfasser des *Clavis* schließlich im Wahnsinn und stirbt bei der Wiederbegegnung mit seinem ihm zum Verwechseln ähnlichen Freunde mit den Worten: »Ich gleich Ich«.[5] In Fichtes »Ich bin Ich« sind so für Jean Paul drei Perspektiven unauflöslich verschränkt: philosophischer Egoismus, theologische Selbstermächtigung und Wahnsinn als deren Resultat; und das Gewahren dieser Mehrdeutigkeit ist ihm zugleich die Lösung des Rätsels der *Wissenschaftslehre*.

Den Vorwurf des erkenntnistheoretischen und ethischen Solipsismus instrumentiert Jean Paul durch einschlägige Wendungen aus Fichtes und Schellings Schriften – wozu allerdings Fichte in einem Zeitungsartikel nur lakonisch bemerkte: »Dieser Schlüssel mag wohl nicht schließen; denn der Verfertiger desselben ist nicht hineingekommen.«[6] Indem Jean Paul die Schlüsselbegriffe des Subjektiven Idealismus zusätzlich mit theologischer Terminologie überblendet, erscheint das prometheische Pathos der Fichteschen Philosophie im Lichte des luziferischen »appetitus similitudinis Dei« (des ›Strebens nach Gottähnlichkeit‹), den Augustinus als »experimentum suae medietatis« (als ›Versuch, sich selbst zum Mittelpunkt zu machen‹) beschrieben hatte. Womit zugleich die Perspektive des Wahnsinns eröffnet ist: denn bei diesem Versuch, seine Selbstmächtigkeit zu erproben, stürzt der Mensch – Augustinus zufolge – gleichsam in sich selbst als Mittelpunkt, und statt die erhoffte Gottähnlichkeit zu erlangen, wird er vielmehr (wie in Psalm 49,13 beschrieben) dem unvernünftigen Vieh gleich.[7]

Doch Schoppes letzte Worte am Rande des Wahnsinns sind nicht allein durch den Einsatz der Fichteschen *Wissenschaftslehre* inspiriert, sondern Schoppe selbst macht noch einen anderen Präzedenzfall dafür namhaft: »die letzte Phrasis, die der wahnsinnige Swift [...] kurz vor seinem Tode sagte, hieß: ich bin ich – Philosophisch genug!«[8]

Freilich lauteten Swifts letzte Worte der Überlieferung gemäß gar nicht: »I am I«, sondern vielmehr: »I am what I am.«[9] Was also in Jean Pauls Roman als Präfiguration des Fichteschen

»Ersten Grundsatzes« erscheint, ist in Wahrheit die Postfiguration eines sehr viel ehrwürdigeren Ausspruchs: nämlich von Jahwes Namensoffenbarung gegenüber Mose am Berge Horeb. Vom Zusammenhang beider Aussprüche – und dazu noch denen eines Shakespeareschen Komödienhelden sowie Schopenhauers – handelt eine kleine tiefsinnige Studie des argentinischen ›poeta doctus‹ und Essayisten Jorge Luis Borges mit dem vielversprechenden Titel *Historia de los Ecos de un Nombre* (›Geschichte der Echos eines Namens‹).

In diesem Essay skizziert Borges einleitend verschiedene Interpretationsmöglichkeiten jenes (wie er sagt) »dunklen Ausspruchs«: So, daß Gott hier – im Sinne des ›magischen‹ Namensverständnisses – Moses Frage nach seinem Namen aus dem Wege gehe und eine ausweichende Antwort gebe (dafür beruft sich Borges auf Martin Buber). Oder daß damit im Gegenteil eine ontologische Behauptung gemacht werde: etwa daß Gott allein existiere (so, Borges zufolge, die christliche Theologie) oder daß das Wort »ich« allein von ihm ausgesprochen werden könne (so der Maggid von Mesritsch).[10]

Doch wie es sich für einen guten Essay geziemt, wirft Borges hier mehr Fragen auf, als er beantwortet:

(1) Handelt es sich hierbei wirklich nur um ›versprengte‹ Echos und Interpretationsversuche eines Bibelwortes, oder stehen diese untereinander in einem Traditionszusammenhang? Und wenn ja, gibt es eine einsichtige Abfolge von Stationen innerhalb dieser Tradition?

(2) Kann man, hinter diese Echos zurückgehend, etwas über die ursprüngliche Bedeutung jenes biblischen Ausspruchs selbst sagen? Denn offenkundig sind die von Borges angeführten Interpretationen – ausweichende Antwort Gottes oder aber Offenbarung eines Onto-Theologicums – nicht ohne weiteres miteinander verträglich.

(3) Inwiefern kann »Ich bin, der ich bin« überhaupt (wie dies Borges tut) als »sentenziöser Name Gottes« angesehen werden? (Zumindest hat es darauf in der Tradition sehr verschiedene Antworten gegeben.)

(4) Muß man nicht über den isolierten Ausspruch als solchen hinausgehen, um aus seinem biblischen Kontext – den Borges schlicht als bekannt voraussetzt – Aufschluß über seine wahre Bedeutung zu gewinnen?

Ich werde versuchen, ausgehend von der letzten auch die drei anderen Fragen wenigstens ganz skizzenhaft zu beantworten.

Die »geheimnisvollen Worte« (so Borges) stehen im 3. Kapitel des 2. Buchs Mose, des *Exodus*-Buchs – in der jüdischen Tradition überschrieben *Š*^{e}*mōṯ* (›die Namen‹). »Wir lesen da«, schreibt Borges lakonisch, »daß der Schafhirte Moses, der Verfasser und die Hauptfigur des Buchs, Gott nach seinem Namen fragte und dieser antwortete: *Ich bin, der ich bin.*«[11] Doch diese Zusammenfassung verschweigt mehr, als sie mitteilt. Denn die Kundgabe des Gottesnamens ist nicht etwa ein isolierter Akt, sondern sie ist der Höhepunkt eines weitgespannten Dialogs, in dem Mose einerseits durch die unverkennbare Analogie zu den Gottesoffenbarungen an Jakob in Bethel (als »Gott von Bethel« – Gen. 31,11-13) und in Beerseba (als »Gott deines Vaters« – Gen. 46,2-4) mit der Patriarchentradition verknüpft wird, durch das Schema aber von »Sendung – Einwand – Beistandsversprechen« und durch die »Botenformel« mit der Tradition der Retter und Propheten (mit Saul: 1. Sam. 9,16 ff.; Gideon: Ri. 6,14-16; Jeremia: Jer. 1,6-8).[12]

Unmittelbar voraus geht zu Beginn des 3. Exodus-Kapitels die Erscheinung Gottes am Gottesberg, in einem Zusatz »Horeb« genannt (Ex. 3,1) sein Anruf Moses (v. 4) und seine Selbstvorstellung als »der Gott deines Vaters, der Gott Abrahams, der Gott Isaaks und der Gott Jakobs« (v. 6); auf Gottes Sendungsauftrag Moses zum Pharao (v. 9 f.) antwortet Mose mit einem Einwand (v. 11), den Gott mit der Versicherung seines Beistands: *ʼæhyæh ʽimmāḵ* »Ich werde mit dir sein« und der Ankündigung eines Zeichens (v. 12) zum Schweigen gebracht glaubt. Trotzdem wagt es Mose, nochmals das Wort zu ergreifen (und ich übersetze die folgenden Sätze so wörtlich wie möglich):

v. 13: *wayyōmær mōšæ ʼæl-hāʼ*^{æ}*lōhīm* »Und Mose sagte zu Gott:«

hinnē ʼānōḵī bā ʼæl-b^{e}*nē yiśrāēl w*^{e}*ʼāmartī lāhæm* »Siehe, wenn ich zu den Israeliten komme, und ich sage zu ihnen:«

ʼ^{æ}*lōhē ʼ*^{a}*ḇōtēḵæm š*^{e}*lāḥanī ʼ*^{a}*lēḵæm* »Der Gott eurer Väter sendet mich zu euch.«

w^{e}*ʼām*^{e}*rū-lī ma š*^{e}*mō* »Und sie fragen mich: Was ist sein Name?«

mā ʼōmar ʼ^{a}*lēhæm.* »Was soll ich ihnen sagen?«

Auf diese vorsichtshalber dem Volk Israel in den Mund gelegte Bitte um den Namen Gottes als Autorisierung seiner Botschaft heißt es nun.

v. 14: *wayyōmær ʼ^ælōhīm ʼæl-mōšæ* »Und Gott sagte zu Mose:«
ʼæhyæh ʼ^ašær ʼæhyæh »Ich werde dasein, als der ich dasein werde.« (Oder gemäß der traditionellen Übersetzung: »Ich bin, der ich bin.«)
wayyōmær kō tōmar libnē yiśrāēl »Und er sagte: So sollst du zu den Israeliten sagen:«
ʼæhyæh š^elāḥanī ʼ^alēkæm. »›Ich bin da‹ sendet mich zu euch.«

Darin mag man durchaus einen »Anflug von Unmut und Ungehaltenheit«[13] spüren, denn tatsächlich nennt Gott hier ja *nicht* (wie gewünscht) seinen eigentlichen Namen, mit dem er etwa in Not angerufen oder im Glück gepriesen werden könnte. Allerdings darf man auch nicht den wörtlichen Anklang des *ʼæhyæh* (›ich werde dasein/ich bin da‹) an das unmittelbar vorausgegangene Beistandsversprechen in v. 13: *ʼæhyæh ʿimmāḵ* (›Ich werde mit dir sein‹) überhören.

Vor allem ist dies aber noch nicht das Ende von Gottes Antwort, sondern der Bericht fährt fort:

v. 15: *wayyōmær ʿōd ʼ^ælōhīm ʼ^æl-mōšæ* »Und wiederum sagte Gott zu Mose:«
kō-tōmar ʼ^æl-b^enē yiśrāēl »So sollst du zu den Israeliten sagen:«
YHWH ʼ^ælōhē ʼabōṯēḵæm »Jahwe, der Gott eurer Väter,«
ʼ^ælōhē ʼaḇrāhām ʼ^ælōhē yiṣḥāq ʼ^ælōhē yaʿ^aqōḇ š^elāḥanī ʼ^alēḵæm »der Gott Abrahams, der Gott Isaaks und der Gott Jakobs, sendet mich zu euch.«
zæ š^emī l^eʿōlām w^ezæ zikrī l^edōr dōr. »Dies ist für immer mein Name, und dies ist meine Anrufung von Geschlecht zu Geschlecht.«

Das heißt: dieser Dialog kulminiert nicht etwa in unserer rätselhaften Formel, sondern vielmehr in der folgenden Offenbarung des Namens *Yahwæ* und in seiner feierlichen (also keineswegs selbstverständlichen) Identifikation mit dem bisher namenlosen »Gott der Väter«, dem »Gott Abrahams«, dem »Gott Isaaks« und dem »Gott Jakobs«, die ihrerseits in noch früherer Zeit selbständige Sippen- oder Stammesgottheiten gewesen sein mögen.[14]

Was ist dann aber die Funktion des »Ich bin, der ich bin«? Es ist nicht der Höhepunkt von Gottes Selbstexplikation, sondern lediglich ein vorbereitender Schritt dahin. Und es ist nicht etwa der Name Gottes selbst, sondern eine der vielen etymologischen oder volksetymologischen Namenerklärungen, wie *Adam* von ›Erde‹

oder wie die 14 wortspielerischen Namendeutungen der Jakobssöhne (Gen. 29,31-30,24), wo beispielsweise *Joseph* sowohl von der Wurzel *'SP* ›wegnehmen‹ als auch von *YSP* ›hinzufügen‹ abgeleitet wird (Gen. 30,23 f.) – Namendeutungen, die in keinem Buch der Weltliteratur so zahlreich sein sollen wie im Pentateuch.[15]

Was der Name *Yahwæ* ursprünglich bedeutet, ist bis heute nicht mit Sicherheit geklärt, zumal er wahrscheinlich vor-israelitischen Ursprungs ist – bezeichnenderweise wird er Mose im Gebiet seines midianitischen (also ausländischen) Schwiegervaters offenbart. Dessenungeachtet (oder: gerade deshalb) ist die Etymologie des Jahwe-Namens geradezu zu einem Tummelplatz der alttestamentlichen, ja darüber hinaus der vorderorientalischen Onomastik geworden, die hier aber nur ganz kurz gestreift werden soll. So hat man inzwischen Ableitungen von *ḥāyā* ›leben‹ vorgeschlagen: ›Gott der Lebenschaffende‹; oder von *hāyā* ›fallen‹: als ein Gott, der sich in Himmelserscheinungen wie Meteoren und Gewittern manifestiert[16]; oder von der aus dem Arabischen bekannten semitischen Wurzel *HWY* ›leidenschaftlich sein‹.[17] Vor allem aber hat man seit längerem immer wieder versucht, *Yahwæ* als eine Hifʿil-(d. i. Kausativ-)Form von *HWH/HYH* (›sein‹) zu interpretieren: ›er läßt sein‹, im Sinne des ›Schöpfers‹.[18] – Doch das Wahrscheinlichste ist noch immer die Deutung, die in unserem Text nahegelegt wird. *'æhyæh 'ᵃšær 'æhyæh* ›ich werde sein, der ich sein werde/ich bin, der ich bin‹ und die Kurzform *'æhyæh* ›ich werde dasein/ich bin‹ – diese Selbstaussagen fungieren hier nämlich unverkennbar als wortspielerische, genauer: als paronomastische Vorausdeutungen auf den anschließend offenbarten Namen *Yahwæ*, der so als 3. Pers. Sg. Impf. des Grundstamms Qal von *HWH* (einer archaischen Form von *HYH* ›sein‹) erscheint: nämlich ›er ist/er wird dasein‹. Unsere rätselhafte Formel ist somit lediglich eine Transposition dieser Deutung des Jahwe-Namens in die 1. Pers. Sg.: statt ›er ist/er wird dasein‹ – ›ich bin/ich werde dasein‹.[19] Diese ursprüngliche Funktion als »a kind of wordplay on the divine name יהוה«[20] macht auch verständlich, warum das *'æhyæh 'ᵃšær 'æhyæh* nur ein einziges Mal im Alten Testament vorkommt und auch kein einziges Echo (außer einer möglichen Anspielung in Hos. 1,9) im ganzen Text findet.[21]

Wie aber konnte dieser Satz dann in der christlichen Tradition zu einem zentralen Theologumenon des Alten Testaments avancieren und von Augustin bis Schelling eine ununterbrochene Kette von Explikationen zur Folge haben? Soviel kann hier vorweggenommen werden: Eine Schlüsselstellung gewann jene Selbstaussage Gottes erst durch das Unkenntlichwerden ihres ursprünglichen Kontexts, besonders durch die Übersetzung des Alten Testaments ins Griechische, und dann im Zuge der darauf fußenden Bibelexegese mit den begrifflichen Mitteln der abendländischen Philosophie. Denn einzig an dieser Stelle glaubte man, dem Alten Testament ein der griechischen Metaphysik äquivalentes Onto-Theologicum entnehmen zu können – und noch dazu als direkt von Gott offenbartes.

Vorbereitet wurde diese mehr als tausendjährige metaphysische Interpretationsgeschichte unserer Formel allerdings durch tiefgreifende Verschiebungen im traditionellen jüdischen Verständnis des hier erörterten Exodus-Abschnitts:

(i) Lag sein Sinn wesentlich in der Verknüpfung heterogener Traditionselemente: nämlich von *Jahwe* als einer ursprünglich an den Horeb oder Sinai gebundenen Gottheit mit dem lokal nicht fixierten *Gott der Väter* (seinerseits wohl einem Verschmelzungsprodukt früherer Gottheiten partikulären Charakters)[22], dann mußte gerade das Gelingen dieser Integration und die künftig selbstverständliche Antwort »Jahwe = Gott der Väter = Gott Abrahams, Gott Isaaks und Gott Jakobs« die ihr vorausgegangene Frage nach deren wechselseitigem Verhältnis zum Verschwinden bringen.

(ii) Indem zunehmend das Aussprechen des Gottesnamens *Yahwǣ* vermieden und er statt dessen – wie noch heute von frommen Juden – als *'adōnāy* (›Herr‹) gelesen wurde, begann die wortspielartige Beziehung des »Ich bin, der ich bin« auf den Gottesnamen unkenntlich zu werden. Diese Entwicklung kulminierte in der Septuaginta, der griechischen Übersetzung des Alten Testaments aus dem 3. Jahrhundert v. Chr., wo der Eigenname *Yahwǣ* generell durch den Gemeinnamen ὁ κύριος (›der Herr‹) ersetzt wird[23]: nur so konnte die bloß vorbereitende paronomastische Namenmotivierung als die eigentliche Antwort auf die Frage nach Gottes Namen (wie bei Augustin[24] und Thomas[25]) oder aber als Antwortverweigerung (wie bei Philo von Alexandrien[26]) mißverstanden werden.

(iii) Die Übersetzung ins Griechische veränderte entscheidend den Bedeutungsgehalt des *'æhyæh 'ašær 'æhyæh*. Und zwar weniger, weil hebr. *HYH* (›sein‹) etwa stets ein ›dynamisches Wirksamsein‹ im Gegensatz zu griech. εἶναι (›sein‹) als ›reine Existenz‹ oder ›Sein an sich‹ bedeutete (wie in den letzten Jahrzehnten gern behauptet worden ist[27]) – denn dies trifft so weder für das Hebräische noch für das Griechische zu –, sondern weil die weitgehend abstrakte Bedeutung dieser Formel im hebräischen Urtext durch die wörtliche Übereinstimmung mit den beiden flankierenden, mit *'æhyæh ʿim* beginnenden Beistandsversprechen – Ex. 3,12 »ich werde mit dir sein« und Ex. 4,12 »ich werde mit deinem Munde sein« – konkretisiert wird[28], während in der griechischen Übersetzung der Septuaginta diese verbale Verklammerung um der Verständlichkeit willen vollständig preisgegeben wird: Ex. 3,12 Ἔσομαι μετὰ σοῦ, Ex. 3,14: Ἐγώ εἰμι ὁ ὤν, 4,12: ἐγὼ ἀνοίξω τὸ στόμα σου. – Ferner: weil das präsentisch wie futurisch übersetzbare althebräische Imperfekt hier – ganz im Sinne der klassischen griechischen Ontologie – durch das Präsens wiedergegeben wird. – Und schließlich: weil die zwischen Indetermination und Intensivierung ambivalente hebräische Relativkonstruktion identischer Glieder *'æhyæh 'ᵃšær 'æhyæh* von den Übersetzern der Septuaginta in eine massive ontologische Aussage über das wahrhaft Seiende verwandelt worden ist: Ἐγώ εἰμι ὁ ὤν (›Ich bin der Seiende‹). Die späteren jüdischen Übersetzer Aquila und Theodotion haben dies durch die möglichst wörtliche Übersetzung: ἔσομαι (ὃς) ἔσομαι zu korrigieren versucht[30] – freilich um den Preis weitgehender Unverständlichkeit.

Die an die kanonischen Übersetzungen der Septuaginta und später der lateinischen Vulgata (und das heißt: eben nicht an den hebräischen Urtext) anknüpfende Interpretationsgeschichte des ›Ich bin, der ich bin‹ läßt sich geradezu als historischer Musterfall des hermeneutischen Wechselverhältnisses von Frage und Antwort verstehen. Denn indem die ursprünglich motivierende Frage nach dem Verhältnis zwischen Jahwe und dem Gott der Väter dank deren in unserem Text geleisteter vollständiger Identifikation künftig überhaupt nicht mehr als fragwürdig erscheinen konnte und indem ferner das wortspielerische Band zwischen Namenoffenbarung und Namendeutung unkenntlich geworden war, mußten hinfort alle Auslegungsbemühungen des ›Ich bin, der ich bin‹ darauf gerichtet sein, diese göttliche Selbstexplikation als Antwort auf die Frage nach dem höchsten Seienden im Horizont der abendländischen Metaphysik zu begreifen. Man kann diese Auslegungen allesamt als eine Folge von Mißverständnissen charakterisieren. Gleichwohl sind sie in höchstem Maße produktive Mißverständnisse gewesen, da im Zuge einer vermeintlichen Ausfaltung des im biblischen Text Verborgenen in Wahrheit die Verknüpfung disparater Traditionen erst geleistet worden ist.

Die entscheidende Transposition der biblischen Namenoffenbarung in den Kontext der antiken Metaphysik erfolgt bereits in der Septuaginta – und zwar nicht etwa durch kommentierende Zusätze, sondern einfach durch ihre sprachliche Prägung. Denn im Gegensatz zur möglichen futurischen Bedeutung der biblischen Beistandsversprechen (im Hebräischen steht in allen drei Fällen das Imperfekt Qal) ist die Wahl des griechischen Präsens für die Aussage von Gottes Sein (›ich bin der Seiende‹) durchaus an der antiken Ontologie orientiert, in deren Rahmen ›Sein‹ den Sinn von »Anwesenheit« hat, »d. h. es ist mit Rücksicht auf [...] die *›Gegenwart‹* verstanden«.[31] Anselm von Canterbury artikuliert bloß diese implizite ontologische Prämisse, wenn er im *Proslogion* in Anknüpfung an Ex. 3,14 von Gott sagt: »nec habes fuisse aut futurum esse, sed *tantum praesens* esse«.[32] Nikolaus von Kues' Formulierung im *Trialogus de Possest*: Gott habe gesagt »ego sum entitas«, was »in unseren Büchern *übersetzt*« sei mit »ego sum qui sum«[33], ist dann nur ein extremer Ausdruck dieser generellen Ontologisierungstendenz.

Schon Augustin hatte ja unter Berufung auf Ex. 3,14 Gott als ›essentia‹ charakterisiert, denn »ab eo quod est esse dicta est essentia«[34]: alles habe sein Sein »von Ihm, der nicht auf irgendwelche Weise ist, sondern – was er ist – Ist«[35]; er allein könne ›essentia‹ genannt werden, denn er sei unwandelbar[36]; er sei immer in derselben Weise, er sei ewig.[37] – Diese Wesensbestimmungen halten sich zwar in einer gewissen Nähe zu alttestamentlichen Preisungen Jahwes, ihr Ursprung liegt aber eindeutig in der platonistischen Tradition. Die in solcher Entlehnung gelegene Problematik versucht Augustin durch den Hinweis auf Ex. 3,14 zu entscharfen: Hier habe Gott dem Mose bedeutet, »daß vergli chen mit ihm, der wahrhaft ist, weil er unwandelbar ist, alles, was wandelbar geschaffen ist, nicht ist. Eben dies hat Plato mit größter Entschiedenheit vertreten und nachdrücklichst eingeschärft, und ich weiß nicht, ob es sich irgendwo in den Schriften von Vorgängern Platos findet«.[38] Da es aber bereits im 2. Buch

Moses zu finden ist, sieht sich Augustin zu dem Schluß berechtigt, »Plato müsse jene [biblischen] Bücher gekannt haben«.[39]

Die weitere Interpretationsgeschichte von Ex. 3,14 ist dann zugleich eine Geschichte der Aneignung der Aristotelischen Metaphysik und ihrer Verschmelzung mit bereits rezipierten platonistischen Traditionsbeständen. Dabei war Moses Maimonides' Auslegung des *'æhyæh 'ᵃšær 'æhyæh* von größter Bedeutung: die Wiederholung des *'æhyæh* wird hier nämlich als Ausdruck der (aristotelisch gefaßten) Identität von Dasein und Eigenschaft in Gott gedeutet – er ist das ›notwendig Seiende‹.[40] – Bezeichnenderweise gibt es bei Aristoteles noch nicht diesen Begriff des ›ens necessarium‹. Gott ist bei ihm lediglich als ἐντελέχεια (›vollendete Wirklichkeit‹) gefaßt[41], wogegen sich alles übrige Seiende nie gänzlich dem Bereich bloßer Potentialität zu entringen vermag. Erst durch die Identifikation des Aristotelischen ›Ursprungs aller Bewegung‹ mit dem biblischen ›Schöpfer Himmels und der Erden‹ wird die Welt zum kontingenten Faktum depotenziert und Gott zu ihrem ›principium‹ im strikten Sinne. Dieser Gedanke eines höchsten Wesens, das nicht ohne Dasein gedacht werden kann, ist dann aber die entscheidende Voraussetzung für den ontologischen Gottesbeweis.[42]

Im Anschluß an Moses Maimonides liegt der Kern der mittelalterlichen Auslegungen von Ex. 3,14 in der Deutung der paronomastischen Satzkonstruktion des *'æhyæh 'ᵃšær 'æhyæh* als Behauptung der Identität von Sein und Wesen, Materie und Form, Subjekt und Prädikat in Gott und ineins damit als absolute Bekräftigung von Gottes Dasein. So Meister Eckharts *Expositio libri Exodi*[43], die diesen metaphysischen Bestimmungen ausführliche Meditationen über die Bedeutung der einzelnen Worte und der grammatischen Konstruktion des »Ego sum qui sum« vorausschickt: *Ego* bezeichne die reine Substanz, *qui* habe die Bedeutung der Unendlichkeit, *sum* sei ›substantivisches Verbum‹ (›substantivum‹ im Sinne von Hebr. 1,1, ›verbum‹ von Joh. 1,1) – alle drei Bestimmungen aber paßten auf Gott allein. Bezeichne das *sum* in »Ego sum« das »lautere Sein« und also die »Identität von Wesenheit und Sein, die allein Gott zukommt«, so zeige die Wiederholung des *sum* in »sum qui sum« (in Abhebung vom bloßen »ego sum«) »die Lauterkeit der Bejahung unter Ausschluß jeder Verneinung von Gott« an.[44] Vor allem bedeute sie aber »eine Art Rückwendung [reflexiva conversio] des Seins *zu sich* und auf sich selbst und ein Verharren oder Feststehen in sich, ferner aber gleichsam ein Aufwallen oder Sichselbstgebären – (das Sein ist) in sich brausend und in sich und auf sich fließend und wallend, *Licht*, [...] das sich selbst ganz durchdringt, das von allen Seiten ganz auf sich selbst zurückfließt und -strahlt« – schließlich »*Leben* [...], Leben nämlich bedeutet eine Art Überquellen, wodurch etwas in sich selber anschwillt und sich zuerst ganz und gar in sich selbst ergießt, jedes Teilchen mit sich selbst durchdringend, bevor es sich ausgießt und überwallt«.[45]

Durch diese Auslegung Gottes als »Licht« und »Leben« (entsprechend der Logos-Spekulation im Prolog des Johannes-Evangeliums) wird die Abstraktheit der ontologischen Interpretation des »sum qui sum« aufgesprengt. Doch selbst diese Konkretisierung hat bereits eine Entsprechung im Aristotelischen Verständnis Gottes nicht nur als ›ersten Bewegers‹, sondern auch als ›Geist‹: in seiner Tätigkeit gefaßt als *Leben*[46], in seiner Beziehung zur Welt als Analogon zum *Licht*[47]. In Anlehnung an die Aristotelische Konzeption der reinen Selbstgegenwärtigkeit Gottes als νόησις νοήσεως (›Denken des Denkens‹)[48] erblickt Meister Eckhart nun in der zirkulären grammatischen Struktur des »sum qui sum« vor allem eine Akzentuierung von Gottes Selbstbezogenheit (»in se ipsum et super se ipsum reflexiva conversio«).[49] Doch wie schon die Konzeption Gottes als Ursprungs aller Bewegung, so erfährt auch die Behauptung seiner absoluten Selbstbezogenheit durch die Einfügung in den biblischen Rahmen eine grundlegende Bedeutungsveränderung. Denn hier ist Gott eben nicht bloß als Denken bestimmt, sondern ebensosehr als Wollen und Handeln; und er macht nicht bloß alle Dinge präsent, sondern er ist ihr Schöpfer:

> Indem die Hochscholastik den biblischen Gott mit den Kategorien des aristotelischen ›sich selbst denkenden Denkens‹, des unbewegten Bewegers, des *actus purus*, auszulegen und zu systematisieren suchte, mußte sie jeden Schritt des ihr als Offenbarung verbindlichen göttlichen Interesses am Menschen in den geschlossenen Reflexionskreis jenes absoluten Selbstdenkens und der absoluten Selbstbezogenheit der Gottheit zurücknehmen [...].[50]

Das führte zu – für das biblische wie für das aristotelische Gottesverständnis – befremdlichen Konsequenzen wie der, daß Gott die Welt nur ἐν παρέργῳ (›als Nebensache‹) geschaffen habe.

Schon Augustin hatte mit der Behauptung, Gott sei überhaupt »non relative *ad aliquid*«, die wesentliche Beziehung des Schöpfers auf seine Geschöpfe bestritten.[51] Im Alten Testament dagegen ist Gott – ungeachtet seiner Macht und seiner Einzigkeit – stets auf ein Gegenüber bezogen: darum hat er einen Bund mit dem Volk Israel geschlossen; darum hat er seinen Namen (*šēm*) offenbart, daß ihm eine ›Anrufung‹ (*zēḵær*) sei ›von Geschlecht zu Geschlecht‹; und ›um seines Namens willen‹ gewährt er Israel – trotz dessen Bundbrüchigkeit – seinen Beistand.

Mit der Tilgung dieses dialogischen Moments schuf die scholastische Theologie eine wichtige Grundlage für die Entstehung der neuzeitlichen Metaphysik. Denn nur ein derart abstrakter Gottesbegriff konnte im ontologischen Gottesbeweis Descartes' fungieren. Ging es diesem doch nicht mehr darum, sich Gottes als möglichen Partners und Beistands unserer Handlungen zu vergewissern, sondern vielmehr als Garanten der Richtigkeit unserer Erkenntnis gegen die irritierende Möglichkeit eines ›genius malignus‹. Dieses Ziel war erreicht, sofern nur die Existenz Gottes als des allervollkommensten – und das impliziert auch: des allerwahrhaftigsten – Wesens bewiesen werden konnte.[52]

Aber nicht nur der Gottesbegriff Descartes', sondern auch sein Ausgang vom »cogito sum« ist aus dem Kontext der Spätscholastik zu verstehen. Jedenfalls haben seine Kritiker sogleich die Entsprechung zwischen der Schlüsselstellung von Gottes absoluter Selbstbezogenheit in der scholastischen Theologie und andererseits der cartesianischen Verankerung der Philosophie in der Selbstreflexion des Ego bemerkt. Die beiden zentralen Momente des spätscholastischen Gottesbegriffs sind so bei Descartes auf zwei Instanzen verteilt: der methodische Ausgangspunkt der Meditationen, das Erkenntnissubjekt, hat den Charakter der *Selbstreflexivität*, ihr Endpunkt, Gott, ist absolutes *Prinzip*. – Die Geschichte der von Descartes ausgehenden Philosophie kann als schrittweise Aufhebung dieses Dualismus beschrieben werden, an deren Abschluß das ›Ich‹ auch als »Princip der Philosophie« proklamiert werden sollte. In seiner Polemik gegen den Subjektiven Idealismus hat Jean Paul im *Clavis Fichtiana* durchaus einen guten Spürsinn für solche geistesgeschichtlichen Filiationen verraten.[53]

Die vehementeste Reaktion auf diese von Descartes eröffnete Perspektive zeigt Pascal, indem er einerseits Augustins Verwerfung des »experimentum suae medietatis« aktualisiert: »Le moi est haïssable. [...] parce qu'il est injuste, qu'il se fait centre de tout«.[54] Und zugleich polemisiert er heftig gegen den Gott des Cartesianischen Gottesbeweises, der – abgesehen von der Allwahrhaftigkeit – aller menschlich bedeutsamen Züge beraubt ist. Ein Gott, der nicht »sensible au coeur« ist, scheint ihm des Beweises nicht wert, und er setzt dagegen: *»Dieu d'Abraham, Dieu d'Isaac, Dieu de Jacob*. Non des philosophes et des savans.«[55]

Einer bedrohlich erscheinenden theologischen Entwicklung soll so durch eine Scheidung der Geister und durch eine entschiedene Rückkehr zur *»historisch-gediegene[n]*, einmüthige[n] Religion der Väter« Einhalt geboten werden[56]; wobei sich solche theologischen Rückgriffe zumeist am Modell einer ursprünglichen religiösen Substanz und einer ihr von außen widerfahrenden Überfremdung und Verderbnis zu orientieren pflegen, die es nun entschlossen abzuschütteln gelte. Doch gerade die Frühgeschichte des Jahwe-Glaubens zeigt die Fragwürdigkeit dieses dualistischen Modells. Denn der Glaube an Jahwe, den Gott der Väter, den Gott Abrahams, Isaaks und Jakobs, ist kein historisches Urgestein, das von heterogenen Sedimenten bloß überlagert worden ist, sondern er ist selbst wesentlich das Ergebnis der Integration und Rationalisierung partikulärer religiöser Überlieferungen. Dem Jahwe-Glauben ist Aufklärung immanent. – Und andererseits ist auch die Identifikation des ›Gottes der Väter‹ mit dem ›Gott der Philosophen‹ aus der inneren Logik der Entwicklung des Christentums selbst zu begreifen und kann nicht als bloßer Irrweg rückgängig gemacht werden. Daher können solche theologischen Restaurationsversuche keine allgemeine Verbindlichkeit gewinnen; was so für Pascal – wie später für Kierkegaard – einzig bleibt, ist ein Leben in der Form des Paradoxes.

Die historische Bedeutung des um eine Generation jüngeren Fénelon liegt darin, daß er gerade den positiven Sinn zu artikulieren sucht, der in dem für die cartesianische Philosophie charakteristischen Verlust der Unmittelbarkeit unserer Gottesbeziehung verborgen ist. Während sein Gegenspieler Bossuet den Vorgang der Säkularisierung zu ignorieren oder aber rhetorisch zu überspielen sucht und während sich Pascal überhaupt von der geschichtlichen Welt abwendet, wird von Fénelon in dieser Situation ausdrücklich die »Frage nach der Möglichkeit christlicher

Existenz unter den Bedingungen der Entfremdung gestellt«.[57] Obwohl auch er den cartesianischen Ausgang vom Subjekt als eine Spielart des »experimentum suae medietatis« ansieht, setzt er dem doch nicht pathetischen Selbsthaß entgegen, sondern fordert lediglich eine Selbstrelativierung des Ich: »Il faut réduire ce *moi* dans son petit coin, comme une foible parcelle du bien emprunté.«[58]

Und Fénelon untermauert dies nicht von ungefähr mit einer Meditation über Ex. 3,14:

O Dieu! il n'y a que vous. Moi-même, je ne suis point [...] Vous êtes *Celui qui est.* [...] Je ne suis pas, ô mon Dieu, ce qui est: hélas! je suis presque ce qui n'est pas. Je me vois comme un milieu incompréhensible entre le néant et l'être: je suis celui qui a été; je suis celui qui sera; je suis celui qui n'est plus ce qu'il a été; je suis celui qui n'est pas encore ce qu'il sera: et dans cet entre-deux que suis-je? un je ne sais quoi qui ne peut s'arrêter en soi, qui n'a aucune consistance [...]; un je ne sais quoi qui finit dans l'instant même où il commence; en sorte que je ne puis jamais un seul moment me trouver moi-même fixe et présent à moi-même pour dire simplement, *Je suis*. Ainsi ma durée n'est qu'une défaillance perpétuelle.[59]

Daher bezweifelt Fénelon, daß die Selbstbeziehung des Subjekts als ›fundamentum inconcussum‹ der Metaphysik und Ethik dienen könne, da sie nur ein Derivat der Selbstbeziehung und Selbsterhaltung Gottes sei: »puisque c'est de lui que je tiens ce moi. Sans lui je ne serois pas moi-même«.[60]

Obwohl Pascals glänzende Paradoxien eine unmittelbarere polemische Kraft gegen den Cartesianismus hatten, waren Fénelons maßvolle Einwände gegen die Reflexionsphilosophie gleichwohl eine wichtige Orientierung für die ein Jahrhundert späteren Kritiker des Transzendentalen Idealismus gewesen. Die programmatischen Fénelon-Motti zu Herders Swift-Gedicht (»Point de retour à soi-même«)[61] und zu Jacobis *Sendschreiben an Fichte* (»Nous sommes trop élevés à l'égard de nous mêmes, et nous ne saurions nous comprendre. Fenelon nach Augustinus«)[62] sind dafür deutliche Indizien.

Ursprünglich hatte Jacobi in *Allwills Briefsammlung* die Moralität als eine Weise der Selbstbeziehung interpretiert und betont, man gründe sein Vertrauen zu einem anderen »auf den Bund, den er *mit sich selbst* hat, wodurch er ist der er seyn wird«.[63] Und parallel dazu heißt es im *Woldemar*: *»Ich bin!* Diese Ueberzeugung ist ein *unmittelbares Wissen*, und alles andre Wissen wird an ihm geprüft, mit ihm gemessen, nach ihm geschätzt.«[64] – Eben diese Selbst-Evidenz wird zum Angelpunkt der *Wissenschaftslehre von 1794*, und an sie muß nach Fichtes Überzeugung auch unsere Vorstellung von Gott anknüpfen: Vom »praktischen Reflexionspunkt« aus werde »das reine Ich [...] außer uns gesetzt, und heißt Gott. Wie kämen wir auch sonst zu den Eigenschaften, die wir Gott zuschreiben, und uns absprechen, wenn wir sie nicht doch in uns selbst fänden, und nur in einer gewissen Rücksicht (als Individuum) sie uns absprächen?«[65] In seiner Frühschrift *Vom Ich als Princip der Philosophie* verkündet Schelling sogar triumphierend:

Im Ich hat die Philosophie ihr Ἓν καὶ πᾶν gefunden, nach dem sie bisher als dem höchsten Preise des Siegs gerungen hat. [...] Auf meinem Ich ruht alles Daseyn: mein Ich ist alles, in ihm und zu ihm ist alles, was ist: ich nehme mein Ich hinweg und alles, was ist, ist nichts.[66]

Diese Fortführung seiner eigenen Denkanstöße nötigte Jacobi zu einer schrittweisen Distanzierung – und zwar in Anlehnung an Fénelon: der Mensch könne sich nur zugleich mit Gott finden; »so bald er sich *in sich allein* begründen will«, löse sich ihm zunehmend alles in sein eigenes Nichts auf.[67] Und ganz im Sinne Fénelons führt er gegen die idealistische Philosophie ins Feld, daß eigentlich nur Gott allein »Ich bin, der ich bin« sagen könne, während unser endliches Selbstbewußtsein nur »das von dem Ewigen uns eingedrückte Sigill« sei.[68] – In diesem Sinn schreibt auch Jean Paul an Jacobi: »Gott ist das wahreste und einzige Subjekt«[69]; oder noch drastischer in einer aphoristischen Aufzeichnung:

Ich kenne nur Ein Ich, dies ist Gott – das übrige sind Hunde. Wir sollten uns ordentlich des Ichs, das er uns geschenkt, schämen, wenn wir es nicht zu den besten Zwecken opfern. Das Thier hat keines.[70]

Obwohl der Jacobische Vorwurf einer bloß subjektiven Philosophie, ja des Nihilismus, großen Eindruck auf Fichte gemacht hat, ist die seit dem ›Atheismusstreit‹ datierende Umwendung seiner Philosophie doch vor allem aus immanenten Motiven zu erklären. Denn es war die Thematisierung der Subjektivität selbst, durch die die Frage nach ihrem Grund hervorgetrieben wurde: weder konnte das Ich als ›causa sui‹ beschrieben werden, noch durfte es in einer bloß äußerlichen Beziehung zu seinem Grunde stehen, wie es die Jacobischen Gleichnisse für das aller Reflexion vorausliegende Unbedingte nahelegten. Vielmehr war »die Selbstbeziehung des subjektiven Lebens so zu denken, daß die Vergegenwärtigung ihres unvordenklichen Grundes nicht als ein zweites neben ihr zu stehen kam, sondern innerhalb der Selbstbeziehung und als Moment von deren eigenem Wesen begriffen werden konnte«.[71] Der späte Fichte hat diesen letzten Grund in Anlehnung an die Tradition »Gott« genannt, wie sich überhaupt die Theorie des Absoluten am Beginn der *Wissenschaftslehre von 1804* der Sprache des ontologischen Gottesbeweises bedient.

Ganz ähnlich ist auch die Spätphilosophie Schellings motiviert, in der die mehr als tausendjährige Auslegungstradition des *'æhyæh 'ašær 'æhyæh* eine abschließende Steigerung erfahren sollte. Im Zuge seiner Wiederaufnahme und Verwandlung des ontologischen Gottesbeweises betont Schelling, daß Gott gerade nicht als ›ens necessarium‹ begriffen werden könne: als solches wäre er nur »das blindlings Existirende«, ein toter Gott.[72] In Jahwes Namenoffenbarung sieht Schelling einen biblischen Beleg für seine Überzeugung, daß Gott »nicht das *nothwendig* Seyende [...], sondern *Herr* des Seyns« ist.[73].

'æhyæh 'ašær 'æhyæh war von der Septuaginta bis über Fénelon hinaus stets präsentisch übersetzt worden, da man diesen Satz – gemäß der traditionellen Orientierung des Zeitbegriffs am ›Jetzt‹[74] – als Bekundung der ständigen Präsenz Gottes aufgefaßt hatte. Demgegenüber beharrt Schelling nun auf der Möglichkeit einer futurischen Übersetzung als Ausdruck dafür, daß Gottes Potentialität nicht durchaus in aktuelles Sein umgeschlagen ist: »der wahre Gott ist der, der *seyn wird*, das ist sein Name«[75]. Daher übersetzt Schelling das *'æhyæh 'ašær 'æhyæh* mit: »Ich werde seyn, der ich seyn werde« bzw. »der ich seyn *will*«.[76] Von hier aus führt ein direkter Weg zu Franz Rosenzweigs Übersetzung: »Ich werde dasein, als der ich dasein werde«, die er freilich in seinem Aufsatz *›Der Ewige‹. Mendelssohn und der Gottesname* (1929) durchaus nicht spekulativ-idealistisch begründet hat.[77]

Doch die geistesgeschichtliche Hauptlinie führte nicht über Schellings späte *Philosophie der Mythologie und Offenbarung*, die schon von seinen Zeitgenossen – wie Friedrich Engels oder Søren Kierkegaard – als krasser Anachronismus empfunden wurde, sondern über Ludwig Feuerbachs »Verwandlung und

Auflösung der Theologie in die Anthropologie«.[78] Nun wurde denen die Gegenrechnung präsentiert, die der neuzeitlichen Subjekt-Philosophie Hybris vorgeworfen hatten, da doch nur Gott in Wahrheit »Ich bin, der ich bin« sagen könne. Denn ist Gott nichts als »das *offenbare* Innere, das *ausgesprochene* Selbst des Menschen«[79], dann ist auch Gottes ›Selbstheit‹ nichts weiter als die Projektion einer Bestimmung des menschlichen Wesens. Das erinnert offenkundig an Fichtes frühere Ableitung des Gottesbegriffs aus dem Selbstbewußtsein; die Abkehr von der spekulativ-idealistischen ›Versöhnung‹ und die mit ihr verbundene »Tendenz zum Praktischen mußte[n] notwendig auf Fichte zurückführen«.[80] Hatte aber schon Jean Paul im *Clavis* die Befürchtung geäußert, daß »der moralische Egoismus [...] sich mit dem transzendenten mehr verschwägert, als der edle Fichte erräth«[81], so stellte sich das Problem des Egoismus nun mit um so größerer Schärfe, als nicht mehr ein ›reines Ich‹ den universalen Bezugspunkt bilden sollte, sondern unmittelbar das jeweilige ›empirische Ich‹, das Individuum.

Gegen Fichtes Postulat, meinen »Trieb nach Selbstständigkeit« um der Freiheit der anderen willen zu begrenzen[82], hatte Jean Pauls *Clavis* in satirischer Absicht das Alte Testament zum Zeugen aufgerufen: »Andere Götter oder Ichs neben mir zu haben, verbietet der mosaische Dekalogus [...]«.[83] Daraus wurde bei dem Junghegelianer Max Stirner schneidender Ernst, und die noch in der nihilistischen Kampfansage wirksame Orientierung am »Ich bin, der ich bin« des alttestamentlichen Gottes und an den Bekundungen seines Ausschließlichkeitsanspruchs (wie in Jes. 45,5: »Ich bin Jahwe [...], außer mir ist kein Gott«) ist nicht zu überhören:

Meine Sache ist weder das Göttliche noch das Menschliche, ist nicht das Wahre, Gute, Rechte, Freie u. s. w., sondern allein das *Meinige*, und sie ist [...] *einzig*, wie Ich einzig bin. Mir geht nichts über Mich![84]

Feuerbachs abstrakt-moralische Tiraden – »Individuum sein heisst zwar allerdings ›Egoist‹ sein, es heisst aber auch zugleich und zwar unwillkürlich ›*Communist*‹ sein«[85] – mußten an Stirners egozentrischem Credo abprallen, da dieses bloß offen ausspricht, was schon Hegels »Rechtsphilosophie« zufolge faktisch allgemeine Maxime ist: »In der bürgerlichen Gesellschaft ist jeder sich

Zweck, alles andere ist ihm nichts.«[86] Sollte also die Kritik an Stirners ›Egoismus‹ nicht von vornherein scheitern, so mußte sie von der Einsicht ausgehen, daß seine ›Natürlichkeit‹ bloß ein Schein ist und daß es vielmehr die »Epoche [...] der bisher entwickeltsten gesellschaftlichen [...] Verhältnisse« ist, die das Individuum überhaupt erst freisetzt und den »Standpunkt [...] des vereinzelten Einzelnen« erzeugt.[87] Mit dieser Marxischen Wendung des Problems ist aber endgültig die theologische Dimension verlassen, die für Feuerbach wie für Stirner noch immer den polemischen Rahmen abgegeben hatte; und zugleich wirft sie ein Licht darauf, wieso Selbstfindung und Selbstbehauptung des Individuums ausgerechnet in der ›Mythologie‹ des 19. Jahrhunderts – des Jahrhunderts der heraufkommenden Massen also – eine so dominierende Rolle spielen.

In Henrik Ibsens *Peer Gynt*[88], der neben Richard Wagners *Parsifal* wohl frappierendsten ›Versammlung‹ von Trivialmythen des 19. Jahrhunderts, hat die Problematik des Selbstseins in ihrer junghegelianischen Wendung eine Schlüsselstellung inne. Und gerade ein Vergleich mit dem *Clavis Fichtiana* macht die ideologischen Verschiebungen deutlich, die im Verlauf eines halben Jahrhunderts eingetreten waren: Die erkenntnistheoretische Problematik des Subjektiven Idealismus spielt kaum noch eine Rolle, allenfalls findet sie ein Echo in Peers Tagträumen und ihrem Zerschellen an der tristen Realität. Dagegen erscheint das Streben nach Selbstbegründung noch immer in einer Konstellation von hybrider Selbstermächtigung, von praktischem Egoismus und Wahnsinn.

Die Spannung zwischen göttlichem und humanem Selbstsein prägt auch den *Peer Gynt*, beide Pole sind aber deutlich transponiert: An die Stelle des biblischen Gottes tritt »der große Krumme«, ein heidnisch-dämonisches Wesen, das in der Stockfinsternis auf die Frage nach seinem Namen stereotyp antwortet: »Ich selbst«, woran es einmal die höhnische Gegenfrage anschließt: »Kannst du eben das sagen?« (315/226 f.) (Und wie der ›Krumme‹ ist auch die Sphinx »sie selbst« [338/286].) – Doch auch Peer Gynt pocht auf sein Selbstsein: »Ich trachtete stets, daß ich wäre / Ich selbst« (ebd.). Womit freilich nicht das ›reine Ich‹ der Transzendentalphilosophie gemeint ist: »Das Gyntsche Ich, das ist das Heer / Von Wünschen, Lüsten und Begehr« (327/256) – vor allem hat es Geldbedarf. Indem so alles auf das eigene

Ich bezogen wird, ist praktischer Egoismus die logische Konsequenz: »Was sei des Mannes Streben? / Er selbst zu sein [...]/Sich und dem Seinen soll er leben« (324/249).

Stimmen *Clavis Fichtiana* und *Peer Gynt* in dieser Diagnose überein, so zeigt doch bei Ibsen die »individualistisch egozentrische Ethik«, die alles »aus dem Streben nach Selbsterhaltung oder nach Lustgewinn herleitet«, ihr eindeutiges gesellschaftliches Profil als »bürgerliche Ethik«.[89] Schon Stirners praktischer Egoismus war von seinen Kritikern als Bourgeois-Egoismus, als Standpunkt »der modernen, christlichen – Krämerwelt« entlarvt worden.[90] So erweist sich nun auch der steinreich gewordene Peer Gynt (der an der marokkanischen Küste bramarbasiert, er wolle Kaiser in aller Welt werden [326/255 f.]) als echter Nachfahr Robinson Crusoes, des »*isolierte[n] Wirtschaftsmensch[en]*, welcher nebenher Missionsarbeit treibt« – nun aber im imperialistischen Maßstab.[91]

Peer Gynts Egoismus erfährt seine Krönung (im wörtlichen Sinne) durch seine Proklamierung zu »Der Selbstsucht Kaiser« im Tollhaus zu Kairo. Anfangs will er abwehren: »Ich bin wohl ich selber, in allen Lagen; / Aber hier [...] muß / Man außer sich selbst sein, sozusagen« (339/289). Aber der Anstaltsdirektor Begriffenfeldt weist ihn zurecht. Gerade hier sei man mit allen Konsequenzen »man selbst«:

> Im Faß seines Ichs birgt ein jeder hier sich,
> Taucht in seines Ichs Gärung bis auf den Grund,
> Schließt zu sich hermetisch mit seines Ichs Spund
> Und dichtet das Holz im Brunnen seines Ichs.
> Keiner hat Tränen für der andern Wehen.
> Keiner hat Sinn für der andern Ideen. (Ebd.)

Indem ihn Begriffenfeldt am Selbstmord von zwei Wahnsinnigen teilnehmen läßt – einen präsentiert er mit den Worten: »Das war auch eine Persönlichkeit, / Ein Mann mit Methode« (340/293) –, treibt er ihn selbst bis an den Rand des Identitätsverlusts:

> *Peer Gynt (taumelt):*
> Was soll ich? Was bin ich? [...]
> Ich bin alles, was du willst [...]
> [...] nur hilf! Das gab mir den Rest! (341/295)

Als Peer schließlich schreiend in Ohnmacht fällt, setzt sich Begriffenfeldt im Triumph auf ihn: »Da ist er von sich selbst! Daß er / Im Staub die Krone denn empfange!« (Ebd.) – Noch buchstäblicher als an Jean Pauls Schoppe erfüllt sich hier die Augustinische Prognose, das »experimentum suae medietatis« führe nicht zur Gottgleichheit, sondern erniedrige den Menschen im Gegenteil zur Tierähnlichkeit: »hoch droben von Cäsar / Bis herunter zum Grasfresser Nebukadnezar« (349/315).

Wie Peers erfolgreich praktizierter Egoismus, so hat auch die Darstellung seines Scheiterns über diese theologische Perspektive hinaus unverkennbar historisch-gesellschaftliche Konnotationen: In einem – die Ummontierungs-Szenen in Brechts *Mann ist Mann* vorwegnehmenden – Tonfall schnöder Amüsiertheit wird ihm (in der 1. ›Knopfgießerszene‹) mitgeteilt, er müsse wieder in der *Masse* aufgehen, da er es zu gar keinem rechten Selbst gebracht habe. Allen Verwahrungen gegen solche *Enteignungsverfahren* zum Trotz soll er in den *Ausschußtopf* wandern, um da *umgeschmolzen* zu werden; denn wenn er auch nur ein *mißratener Guß* sei, so habe er als *Rohstoff* immerhin noch einigen *Metallwert* (351 f./320-324). – Wohl setzt die bürgerliche Gesellschaft das vereinzelte Individuum überhaupt erst frei; aber es ist gerade der entfesselte Individualismus der freien Konkurrenz, der – gemäß der Dynamik des technischen Fortschritts – die Selbständigkeit des Individuums untergräbt und zunehmend sein Aufgehen in der Masse erzwingt: »Selbsterhaltung verliert ihr Selbst.«[92]

Verrät die Metaphorik hier im *Peer Gynt* eine deutliche Ahnung von dieser historischen Problemkonstellation, so ist diese später von Ibsen weitgehend abgeblendet worden. Wie er seither die enzyklopädische Bilderfülle des *Peer Gynt* strikt reduziert hat, so siedelt er auch die Spannung zwischen Selbstfindung und Selbstaufgabe nun ausschließlich in der Sphäre individueller ethischer Bewährung an.

Diese strenge Konzentration führt folgerichtig auch zur Ausschaltung der im *Peer Gynt* gegenwärtigen theologischen Perspektive. Wie sich seit der Mitte des 19. Jahrhunderts die theologische Exegese von Jahwes Namenoffenbarung in Ex. 3,13-15 aus dem Bann der Metaphysik löst und wie gleichzeitig die philosophische (und sei es polemische) Orientierung am göttlichen »Ich bin, der ich bin« weitgehend an ihr Ende kommt, so verliert dieses theologische Modell auch zunehmend seine Verbindlichkeit für die dichterische Gestaltung von Problemen der Selbstidentität. Und dies gilt gleichermaßen für die Darstellung von scheiternden Versuchen der Identitätsfindung etwa bei Pirandello oder Beckett wie für die historisch-gesellschaftliche Destruktion dieses Problemkomplexes bei Brecht, wobei allerdings in den ›Ummontierungs-Szenen‹ und im ›Identitätsmonolog‹ von *Mann ist Mann* die Entsprechungen zum *Peer Gynt* und auch die ironischen Anspielungen auf das biblische »Ich bin, der ich bin« noch mit Händen zu greifen sind.

Daß diese biblische Formel als Formel auch in ihrer radikalen Säkularisierung nichts von ihrer Faszination verloren hat, zeigt als eines der letzten Echos die Schlüsselszene (Nr. 27) aus Peter Handkes *Kaspar*.[93] Hier wird einerseits der ›linguistic turn‹ des »Ich bin, der ich bin« demonstriert, das nurmehr als elementarster »Modellsatz«[94] im Rahmen einer »Sprechfolterung«[95] fungiert, in der dem Kaspar sein ursprünglicher Satz »Ich möcht ein solcher werden wie einmal ein andrer gewesen ist«[96] ausgetrieben und er gleichzeitig zum Sprechen, zum Selbstbewußtsein und zu gesellschaftlich konformem Rollenverhalten konditioniert wird. Und andererseits ist das grammatische Exerzitium des Kaspar gerade in dieser Reduktion ein zwingendes profanes Gegenstück zu den theologischen Meditationen Meister Eckharts oder Fénelons über die Selbstexplikation Gottes im Alten Testament – wobei das dreimalige »Ich bin, der ich bin« in Handkes Szene nicht von ungefähr in das Wahnsinns-Zitat der sterbenden Elisabeth aus Horváths *Glaube, Liebe, Hoffnung*[97] umschlägt:

Als ich bin, war ich. Als ich war, bin ich. Wenn ich bin, werde ich sein. Wenn ich sein werde, war ich. Obwohl ich war, werde ich sein. Obwohl ich sein werde, bin ich. Sooft ich bin, bin ich gewesen. Sooft ich gewesen bin, war ich. Während ich war, bin ich gewesen. Während ich gewesen bin, werde ich sein. Indem ich sein werde, bin ich gewesen. Indem ich gewesen bin, bin ich.

Dadurch, daß ich bin, war ich gewesen. Dadurch, daß ich gewesen war, war ich. Ohne daß ich war, war ich gewesen. Ohne daß ich gewesen war, werde ich sein. Damit ich sein werde, war ich gewesen. Damit ich gewesen war, bin ich gewesen. Bevor ich gewesen war, bin ich.

Ich bin, so daß ich gewesen sein werde. Ich werde gewesen sein, so daß ich war. Ich war, sobald ich gewesen sein werde. Ich werde gewesen sein, sobald ich sein werde. *Ich* werde sein, während *ich* gewesen sein werde. *Ich* werde gewesen sein, während *ich* gewesen bin. Ich bin gewesen, weil ich gewesen sein werde. Ich werde gewesen sein, weil ich gewesen war. Ich war gewesen, weil ich gewesen sein werde. Ich werde gewesen sein, weil ich bin.

Ich bin, der ich bin.
Ich bin, der ich bin.
Ich bin, der ich bin.

Kaspar hört zu schaukeln auf:

Warum fliegen da lauter so schwarze Würmer herum?

Die Bühne wird schwarz.[98]

Mag dies das bisher trostloseste Echo des *'æhyæh 'ašær 'æhyæh* sein, das letzte dürfte es gewiß nicht gewesen sein.

Anmerkungen

1 Johann Gottlieb Fichte, *Gesamtausgabe,* hg. v. R. Lauth [u. a.], *Werke,* Bd. 2, Stuttgart – Bad Cannstatt 1965, S. 173-451, hier S. 259.

2 (Friedrich) Schiller, *Werke. Nationalausgabe,* Bd. 27, hg. v. G. Schulz, Weimar 1958, S. 74.

3 *Goethes Briefwechsel mit Christian Gottlob Voigt,* hg. v. H. Tümmler, Bd. 1, Weimar 1949 (= Schriften der Goethe-Gesellschaft 53), S. 170.

4 Jean Paul, *Sämtliche Werke. Historisch-kritische Ausgabe,* 1. Abt., Bd. 9, hg. v. E. Berend, Weimar 1933, S. 457-501 [künftig nur unter Angabe der Paragraphenzahl zitiert].

5 Ebd., S. 428 (*Titan,* 139. Zykel).

6 Allgemeine Zeitung, Nr. 1 vom 1. 1. 1801, Beilage Nr. 1, S. 1-4, hier S. 2 f.

7 S. Aurelius Augustinus, *De Trinitate Libri XV,* ed. W. J. Mountain, T. 1, Turnholt 1968 (= Corpus Christianorum. Ser. Lat. 50: S. Aurelii Augustini Opera XVI/1), S. 370 f. (XII, 11); vgl. hierzu ferner Walther Rehm, *Experimentum medietatis. Studien zur Geistes- und Literaturgeschichte des 19. Jahrhunderts,* München 1947, bes. S. 7 ff.

8 Jean Paul, *Sämtliche Werke* I, 9 [vgl. Anm. 4], S. 396 (132. Zykel).

9 Vgl. E. Berends Anmerkung ebd., S. 582, sowie John Middleton Murry, *Jonathan Swift. A Critical Biography,* London 1954, S. 484.

10 Jorge Luis Borges, *Obras Completas,* ed. C. V. Frías, Buenos Aires 1974, S. 750-753, hier S. 751; dt. Übers.: *Geschichte der Echos eines Namens,* in: Jorge Luis Borges, *Essays. 1952-1979,* übers. v. K. A. Horst [u. a.], München/Wien 1981 (= Gesammelte Werke 5/II), S. 169-173, hier S. 170 f.

11 Ebd., S. 750; vgl. dt. Übers.: S. 169.

12 Vgl. Wolfgang Richter, *Die sogenannten vorprophetischen Berufungsberichte. Eine literaturwissenschaftliche Studie zu 1 Sam 9,1-10, 16, Ex 3 f. und Ri 6,11b-17*, Göttingen 1970 (= Forschungen zur Religion und Literatur des Alten und Neuen Testaments 101), bes. S. 50 u. 113; sowie schon Hugo Greßmann, *Mose und seine Zeit. Ein Kommentar zu den Mose-Sagen*, Göttingen 1913, bes. S. 31 ff., und Georg Fohrer, *Überlieferung und Geschichte des Exodus. Eine Analyse von Ex 1-15*, Berlin 1964 (= Beihefte zur Zeitschrift für die alttestamentliche Wissenschaft 91), bes. S. 37 ff.

13 Otto Eißfeldt, *Jahwe, der Gott der Väter*, in: Eißfeldt, *Kleine Schriften*, Bd. 4, hg. v. R. Sellheim u. F. Maass, Tübingen 1968, S. 79-91, hier S. 81.

14 Vgl. Albrecht Alt, *Der Gott der Väter*, in: Alt, *Kleine Schriften zur Geschichte des Volkes Israel*, Bd. 1, München [4]1968, S. 1-78, bes. S. 9 f.; vgl. dagegen bes. Bernd Diebner, *Die Götter des Vaters. Eine Kritik der »Vätergott«-Hypothese Albrecht Alts*, in: Dielheimer Blätter zum Alten Testament 9 (September 1975), S. 21-51, sowie Eberhard Ruprecht, *Die Religion der Väter. Hauptlinien der Forschungsgeschichte*, in: Dielheimer Blätter 11 (August 1976), S. 2-29.

15 F[ranz] Dornseiff, *Antikes zum Alten Testament* [1], in: Zeitschrift für die alttestamentliche Wissenschaft und die Kunde des nachbiblischen Judentums N. F. 11 [52] (1934), S. 57-75, hier S. 60.

16 Vgl. *Die Heilige Schrift des Alten Testaments*, übers. v. E. Kautzsch, hg. v. A. Bertholet, Bd. 1, Tübingen [4]1922, S. 103.

17 Vgl. S. D. Goitein, *YHWH the Passionate. The Monotheistic Meaning and Origin of the Name YHWH*, in: Vetus Testamentum 6 (1956), S. 1-9.

18 Vgl. William Foxwell Albright, *Yahweh and the Gods of Canaan. A Historical Analysis of Two Contrasting Faiths*, London 1968 (= Jordan Lectures in Comparative Religion 7), S. 147 ff.

19 Vgl. M. Reisel, *The Mysterious Name of Y.H.W.H. The Tetragrammaton in Connection with the Names of EHYEH ašer EHYEH – Hūhā – and Šem Hamm^{e}phôraš*, Assen 1957 (= Studia Semitica Neerlandica 2); ferner Raymond Abba, *The Divine Name Yahweh*, in: Journal of Biblical Literature 80 (1961), S. 320-328.

20 Bertil Albrektson, *On the Syntax of* אהיה אשר אהיה in Exodus 3:14, in: *Words and Meanings. Essays presented to David Winton Thomas*, ed. by P. R. Ackroyd and B. Lindars, Cambridge 1968, S. 15-28, hier S. 27; kritisch gegen diese Interpretationsrichtung z. B. Martin Buber, *Moses*, Heidelberg [2]1952, S. 66, u. Joh. Lindblom, *Noch einmal die Deutung des Jahwe-Namens in Ex. 3,14*, in: Annual of the Swedish Theological Institute 3 (1964), S. 4-15, hier S. 4.

21 Vgl. Oskar Grether, *Name und Wort Gottes im Alten Testament*, Gießen 1934 (= Beihefte zur Zeitschrift für die alttestamentliche

Wissenschaft 64), S. 9.

22 Vgl. hierzu auch Werner H. Schmidt, *Alttestamentlicher Glaube in seiner Geschichte,* Neukirchen-Vluyn ²1975 (= Neukirchener Studienbücher 6), bes. S. 16-29 u. 58-65.

23 Vgl. *Theologisches Wörterbuch zum Neuen Testament*, hg. v. G. Kittel [u. a.], Bd. 3, Stuttgart 1938, S. 1038-1098: s. v. ›kyrios [...]‹, bes. S. 1056 ff.

24 Vgl. St. Aurelius Augustinus, *Opera Omnia*, T. 4, P. 2: *Enarrationes in Psalmum,* ed. J.-P. Migne, Paris 1841 (= Patrologiae Cursus Completus. Ser. Lat. 37), Sp. 1622 (Ps. 71,5).

25 Vgl. Thomas von Aquin, *Summa theologica*, (Dt.-Lat.), Bd. 1, Salzburg [o. J.], S. 303 (I 13,11).

26 Vgl. Philo von Alexandria, *De mutatione nominum,* in: Philo, *Werke in deutscher Übersetzung*, hg. v. L. Cohn [u. a.], Bd. 6, Berlin ²1962, S. 102-162, hier S. 110 ff. (§ 11 ff.).

27 Vgl. etwa Carl Heinz Ratschow, *Werden und Wirken. Eine Untersuchung des Wortes hajah als Beitrag zur Wirklichkeitserfassung des Alten Testaments,* Berlin 1941 (= Beihefte zur Zeitschrift für die alttestamentliche Wissenschaft 70), S. 81 f.; Th. C. Vriezen, *'Ehje 'ᵃšer 'ehje,* in: W. Baumgartner [u. a.] (Hg.), *Festschrift Alfred Bertholet zum 80. Geburtstag,* Tübingen 1950, S. 498-512, hier S. 508; *Das zweite Buch Mose. Exodus,* übers. u. erl. v. Martin Noth, Göttingen ⁶1978 (= Das Alte Testament Deutsch 5), S. 31; Georg Fohrer, *Geschichte der israelitischen Religion,* Berlin 1969, S. 65. Kritisch dazu James Barr, *Bibelexegese und moderne Semantik. Theologische und linguistische Methode in der Bibelwissenschaft* (*The Semantics of Biblical Language,* übers. v. E. Gerstenberger), Geleitwort v. H. Conzelmann, München 1965, S. 76.

28 Vgl. Buber, *Moses* [vgl. Anm. 20], S. 58; W. Richter, *Die sog. vorprophetischen Berufungsberichte* [vgl. Anm. 12], S. 70; sowie Dieter Vetter, *Jahwes Mit-Sein – ein Ausdruck des Segens,* Stuttgart 1971 (= Arbeiten zur Theologie, 1. Reihe 45), bes. S. 10.

29 Vgl. Vriezen, *'Ehje 'ᵃšer 'ehje* [vgl. Anm. 27], S. 498 u. 505.

30 In: Origenes, *Hexaplorum quae supersunt* [...], ed. F. Field, T. 1, Oxford 1875, S. 85.

31 Martin Heidegger, *Sein und Zeit,* Tübingen ¹⁵1979, S. 25 (§ 6).

32 Anselm von Canterbury, *Proslogion. Lat.-Dt.,* übers. v. S. Schmidt, Stuttgart – Bad Cannstatt 1962, S. 122 (cap. 22) [Hervorhebung von mir].

33 Nikolaus von Kues, *Philosophisch-theologische Schriften,* hg. v. L. Gabriel, übers. v. D. u. W. Dupré, Bd. 2, Wien 1966, S. 267–359, hier S. 346 f. [Hervorh. v. mir].

34 Augustin, *De Trinitate* [vgl. Anm. 7], S. 207 f. (V, 2).

35 Augustinus, *Confessiones/Bekenntnisse. Lat.-Dt.,* übers. v. J. Bern-

hart, München 1955, S. 833 (XIII 31, 46).

36 Augustin, *De Trinitate* [vgl. Anm. 7], S. 261 (VII, 5).

37 Augustin, *Enarrationes in Psalmum* [vgl. Anm. 24], S. 1622 (Ps. 71,5).

38 Aurelius Augustinus. *Vom Gottesstaat,* übers. v. W. Thimme, Bd. 1, Zürich 1955 (= Werke 3), S. 431 (VIII, 12).

39 Ebd., S. 430.

40 Vgl. Mose ben Maimon, *Führer der Unschlüssigen,* übers. v. A. Weiss, Bd. 1, Leipzig 1923 (= Philosophische Bibliothek 184 a), S. 237 (I, 63). – Überhaupt sei die Bedeutung aller Gottesnamen, wie besonders des Tetragrammaton, ›Dasein‹ (ebd., S. 239).

41 Vgl. Aristoteles, *Metaphysica,* ed. W. Jaeger, Oxford [3]1963, 1074 a 36 (Λ 8).

42 Vgl. Dieter Henrich, *Der ontologische Gottesbeweis. Sein Problem und seine Geschichte in der Neuzeit,* Tübingen 1960, S. 263.

43 Vgl. Meister Eckhart, *Expositio libri Exodi,* hg. u. übers. v. K. Weiß, Stuttgart 1954 (= Lateinische Werke 2, 1. Lfg.), bes. S. 20-25.

44 Ebd., S. 21. Vgl. hierzu auch die unterschiedlichen Bezugnahmen auf das »Ego sum qui sum« in Meister Eckharts früher Pariser Quaestio *Utrum in deo sit idem esse et intelligere* (*Lateinische Werke,* Bd. 5, 1./2. Lfg., hg. u. übers. v. B. Geyer, Stuttgart, Berlin 1936, S. 37-48, hier S. 45) und später in der ›Rechtfertigungsschrift‹ (*Meister Eckeharts* [sic] *Rechtfertigungsschrift vom Jahre 1326,* eingel. u. übers. v. O. Karrer u. H. Piesch, Erfurt 1927, S. 86 u. 113).

45 Meister Eckhart, *Expositio libri Exodi* [vgl. Anm. 43], S. 21 f. [Hervorh. v. mir].

46 Vgl. Aristoteles, *Metaphysica* [vgl. Anm. 41], 1072 b 27 ff. (Λ 7).

47 Vgl. Aristoteles, *De anima,* ed. W. D. Ross, Oxford [2]1961, 430 a 15 ff. (Γ 5); ferner ebd., 418 b 8 ff. (B 7), sowie *De sensu,* in: Aristoteles, *Parva naturalia,* ed. W. D. Ross, Oxford 1955, 439 a 18.

48 Vgl. Aristoteles, *Metaphysica* [vgl. Anm. 41], 1074 b 33 ff. u. 1075 a 10 (Λ 9).

49 Meister Eckhart, *Expositio libri Exodi* [vgl. Anm. 43], S. 21.

50 Hans Blumenberg, *Säkularisierung und Selbstbehauptung. Erweiterte und überarbeitete Neuausgabe von »Die Legitimität der Neuzeit«, erster u. zweiter Teil,* Frankfurt/M. 1974 (= suhrkamp taschenbuch wissenschaft 79), S. 206.

51 Augustin, *De Trinitate* [vgl. Anm. 7], S. 261 (VII, 5).

52 Vgl. Friedrich Wilhelm Joseph Schelling, *Zur Geschichte der neueren Philosophie. Münchener Vorlesungen,* in: Schelling, *Werke,* hg. v. M. Schröter, Bd. 1-6 u. Erg.-Bd. 1-6, München 1927-1959, hier Hauptbd. 5, S. 71-270, bes. S. 83.

53 Vgl. bes. *Clavis Fichtiana* [vgl. Anm. 4] § 6 (s. o., S. 26).

54 Blaise Pascal, *Pensées,* nouv. éd. par Ph. Sellier, Paris 1976, S. 268 (Nr. 494).

55 Ebd., S. 432 (Nr. 742 [*Le Mémorial*]).

56 So Jacobis vergebliche Sehnsucht im Brief an K. L. Reinhold (8. 10. 1817), in: Friedrich Heinrich Jacobi, *Auserlesener Briefwechsel*, hg. v. F. Roth, Bd. 2, Leipzig 1827, S. 475. – In seinem berühmten Antwortschreiben hat dagegen Schleiermacher die »jetzige Rückkehr zum Buchstaben im Christenthum« strikt abgelehnt, denn: »wenn man nun nach *Tieck's* vortrefflichem Ausdruck das Stück zurückschrauben will, so ist dadurch der geschichtliche Zusammenhang nur auf eine entgegengesetzte Weise aufgehoben« (30. 3. 1818, abgedruckt in: Martin Cordes, *Der Brief Schleiermachers an Jacobi. Ein Beitrag zu seiner Entstehung und Überlieferung*, in: Zeitschrift für Theologie und Kirche 68 [1971], S. 195-212, hier S. 208-211, bes. S. 209).

57 Robert Spaemann, *Reflexion und Spontaneität. Studien über Fénelon*, Stuttgart 1963, S. 14.

58 François Fénelon, *Lettres sur divers sujets de métaphysique et de religion*, in: Fénelon, *Oeuvres*, T. 1-22, Paris 1820-1824, hier T. 1, S. 285-462, bes. S. 326 (II 1,3).

59 Fénelon, *Traité de l'existence et des attributs de Dieu*, in: *Oeuvres*, T. 1, S. 1-284, hier S. 244 u. 253 f. (II, 85 u. 95).

60 Fénelon, *Lettres sur divers sujets de métaphysique et de religion* [vgl. Anm. 58], S. 307 (I 4,1).

61 *Das Mitgefühl. Ein Gegenstück zu Swifts Versen über seinen Tod*, in: (Johann Gottfried) Herder, *Sämmtliche Werke*, hg. v. B. Suphan, Bd. 27, Berlin 1881, S. 383.

62 Friedrich Heinrich Jacobi, *Werke*, Bd. 1-6, Leipzig 1812-1825, hier Bd. 3, S. 1.

63 Jacobi, *Werke*, Bd. 1, S. 1-253, hier S. 237.

64 Jacobi, *Werke*, Bd. 5, S. 122.

65 Fichte an F. H. Jacobi, 30. 8. 1795, in: *J. G. Fichte-Gesamtausgabe. Briefe*, Bd. 2, Stuttgart – Bad Cannstatt 1970, S. 392.

66 Schelling, *Werke* [vgl. Anm. 52], Hauptbd. 1, S. 73-168, hier S. 117.

67 *Jacobi an Fichte*, in: Jacobi, *Werke* [vgl. Anm. 62], Bd. 3, S. 1-57, hier S. 48 f.

68 Jacobi, *Von den Göttlichen Dingen und ihrer Offenbarung*, in: ebd., S. 245-460, hier S. 418 ff.; ferner *Ueber eine Weissagung Lichtenbergs*, ebd., S. 197-243, hier S. 211.

69 Jean Paul, *Sämtliche Werke. Hist.-krit. Ausg.*, 3. Abt., Bd. 3, hg. v. E. Berend, Berlin 1959, S. 316 (1. 4. 1800).

70 *Wahrheit aus Jean Paul's Leben*, Heftlein 2, Breslau 1827, S. 4.

71 Dieter Henrich, *Kunst und Kunstphilosophie der Gegenwart. (Überlegungen mit Rücksicht auf Hegel)*, in: W. Iser (Hg.): *Immanente Ästhetik – ästhetische Reflexion. Lyrik als Paradigma der Moderne. Kolloquium Köln 1964*, München 1966 (= Poetik und Hermeneutik 2), S. 11-32, hier S. 19; vgl. auch Dieter Henrich, *Selbsterhaltung und*

Geschichtlichkeit, in: *Subjektivität und Selbsterhaltung. Beiträge zur Diagnose der Moderne*, hg. u. eingel. v. H. Ebeling, Frankfurt/M. 1976, S. 303-313, bes. S. 311 ff.

72 Schelling, *Zur Geschichte der neueren Philosophie* [vgl. Anm. 52], S. 90.

73 Schelling, *Philosophie der Mythologie. 1. Buch*, in: Schelling, *Werke* [vgl. Anm. 52], Hauptbd. 6, S. 255-387, hier S. 289.

74 Vgl. Heidegger, *Sein und Zeit* [vgl. Anm. 31], bes. S. 432 f. (§ 82).

75 Schelling, *Einleitung in die Philosophie der Mythologie. 1. Buch*, in: Schelling, *Werke* [vgl. Anm. 52], Hauptbd. 6, S. 1-254, hier S. 173. – Die Behauptung des ›Vorrangs der Zukunft‹ (Heidegger, *Sein und Zeit* [vgl. Anm. 31], S. 329, § 65) ist eine der wichtigsten Verbindungslinien zwischen Heidegger und dem späten Schelling.

76 Schelling, *Philosophie der Mythologie. 1. Buch* [vgl. Anm. 73], S. 289.

77 Franz Rosenzweig, *Kleinere Schriften*, Berlin 1937, S. 182-198.

78 Ludwig Feuerbach, *Grundsätze der Philosophie der Zukunft*, in: Feuerbach, *Sämtliche Werke*, Bd. 1-13, hg. v. W. Bolin u. F. Jodl, Stuttgart – Bad Cannstatt ²1959-1964, Bd. 2, S. 245-320, hier S. 245.

79 Ludwig Feuerbach, *Das Wesen des Christenthums*, in: ebd., Bd. 6, S. 15.

80 Georg Lukács, *Moses Hess und die Probleme der idealistischen Dialektik*, in: Lukács, *Frühschriften* II, Neuwied, Berlin 1968 (= Werke 2), S. 641-686, hier S. 647; vgl. ferner: Lukács, *Die neue Ausgabe von Lassalles Briefen*, ebd., S. 612-639, hier S. 615 ff.

81 Jean Paul, *Sämtliche Werke* I, 9 [vgl. Anm. 4], S. 477 *(Exercitationes über das Philosophieren insgemein)*.

82 Vgl. Johann Gottlieb Fichte, *System der Sittenlehre nach den Principien der Wissenschaftslehre*, Stuttgart – Bad Cannstatt 1977 (= J. G. Fichte-Gesamtausgabe. Werke 5), S. 201 ff.

83 *Clavis Fichtiana* § 13 (s. o., S. 26).

84 Max Stirner, *Der Einzige und sein Eigentum und andere Schriften*, hg. v. H. G Helms, München 1969 (= Reihe Hanser 6), S. 37.

85 Ludwig Feuerbach, *Das Wesen des Christenthums in Beziehung auf den »Einzigen und sein Eigenthum«*, in: Feuerbach, *Sämtliche Werke* [vgl. Anm. 78], Bd. 7, S. 294-310, hier S. 300.

86 Georg Wilhelm Friedrich Hegel, *Grundlinien der Philosophie des Rechts*, Frankfurt/M. 1970 (= Theorie-Werkausgabe 7), S. 339 (§ 182, Zusatz).

87 Karl Marx, *Grundrisse der Kritik der politischen Ökonomie (Rohentwurf)*, Berlin 1953, S. 5 f.

88 Henrik Ibsen, *Peer Gynt*, in: Ibsen, *Samlede verker*, Oslo 1968, S. 297-358; zit. nach der dt. Übersetzung von Christian Morgenstern, in: Henrik Ibsen, *Dramen*, Bd. 1, Rostock 1965, S. 179-340 [künftig unter einfacher Angabe der Seitenzahlen der norweg. u. der dt.

Ausgabe].

89 Spaemann, *Reflexion und Spontaneität* [vgl. Anm. 57], S. 22.

90 Moses Heß, *Die letzten Philosophen,* in: Heß, *Philosophische und sozialistische Schriften. 1837-1850. Eine Auswahl,* hg. v. W. Mönke, Berlin [2]1980, S. 379-393, hier S. 388.

91 So Max Weber, *Die protestantische Ethik und der Geist des Kapitalismus,* in: M. Weber, *Gesammelte Aufsätze zur Religionssoziologie,* Bd. 1, Tübingen [6]1972, S. 17-206, hier S. 197. – Vgl. hierzu auch Marx' Dechiffrierung der Robinsonaden als »Vorwegnahme der ›bürgerlichen Gesellschaft‹« (*Grundrisse der Kritik der politischen Ökonomie* [vgl. Anm. 87], S. 5).

92 Theodor W. Adorno, *Minima Moralia. Reflexionen aus dem beschädigten Leben,* hg. v. R. Tiedemann, Frankfurt/M. 1980 (= Gesammelte Schriften 4), S. 259-262: 147. *Novissimum Organum,* hier S. 261; vgl. auch ebd., S. 167 ff.: 97. *Monade.*

93 Peter Handke, *Kaspar,* Frankfurt/M. 1967, [17]1981 (= edition suhrkamp 322), S. 43-56.

94 Vgl. ebd., S. 43 u. 57.

94 Ebd., S. 7 (Vorrede).

96 Ebd., S. 13 und öfter.

97 Ödön von Horváth, *Gesammelte Werke,* Bd. 1, hg. v. D. Hildebrandt, W. Huder u. T. Krischke, Frankfurt/M. 1970, S. 325-380, hier S. 378 (V, 16) – von Handke leicht abgewandelt; vgl. hierzu Peter Handke, *Horváth und Brecht,* in: Handke, *Ich bin ein Bewohner des Elfenbeinturms,* Frankfurt/M. 1972, [7]1981 (= suhrkamp taschenbuch 56), S. 63 f., hier S. 64.

98 Handke, *Kaspar* [vgl. Anm. 93], S. 55 f.

Dafna Mach

Jüdische Bibelübersetzungen ins Deutsche

Die Erörterung von Fragen zur Übersetzung einzelner Textstellen läßt sich im Rahmen eines Vortrags kaum befriedigend leisten, daher möchte ich im folgenden einer von Moses Mendelssohn angeregten Fragestellung nachgehen, nämlich einer mutmaßlichen Beeinflussung der Übersetzungstechnik durch die ideologische Einstellung des Übersetzers zu seinem Original. Damit meine Ausführungen nicht zu umfangreich werden, will ich mich im wesentlichen auf die beiden ersten jüdischen Übersetzer der hebräischen Bibel ins Neuhochdeutsche, Moses Mendelssohn und Josef Johlson, beschränken – mit gelegentlichen Ausblicken auf die späteren.

Mendelssohns fünfbändige *Pentateuch*-Übersetzung erschien 1783 in Berlin, deutsch in hebräischen Buchstaben mit hebräischem Kommentar *(Biur)*, unter dem Titel *Sefer Netivot haSchalom* (»Pfade des Friedens«, nach Spr. 3,17). Als Motivation für sein Unternehmen nennt Mendelssohn (in der hebräischen Einleitung, *Or laNetiva*, »Licht auf den Weg«) seine Sorge um die deutschsprachig aufwachsende jüdische Jugend, die »das Wort Gottes in den Übersetzungen christlicher Gelehrter suchen« muß,

> denn die Christen übersetzen die Tora in jeder Generation in die jeweilige Landessprache, nach den Bedürfnissen der Zeit, in korrekte Sprache und gefällige sprachliche Form, mal nach den Wörtern, mal nach dem Sinn, mal Wort für Wort, mal mit erläuternder Paraphrase, um den Lernenden jeweils das zu bieten, was sie brauchen. Aber dieser Weg, den viele unserer Volksgenossen eingeschlagen haben, ist voller Fallgruben und Fußangeln für die Unsicheren, und viel Unheil ist schon davon ausgegangen. Denn die christlichen Übersetzer haben ja keine rabbinische Überlieferung, die Massora ist für sie nicht verbindlich, auch über Vokalzeichen und Akzente, die wir haben, setzen sie sich hinweg. [...] sie fügen hinzu, streichen weg und nehmen Veränderungen vor an Gottes Tora. – Sie verändern nicht nur Vokalzeichen und Akzente, sondern gelegentlich sogar Buchstaben und ganze Wörter [...] je nach dem, wie sie es zu

verstehen meinen, und dadurch kommt es vor, daß sie in der Tora nicht das lesen, was dort geschrieben steht, sondern was ihnen in den Sinn kommt.

Damit will ich diese Gelehrten durchaus nicht verächtlich machen, denn wieso sollten sie einer Überlieferung verpflichtet sein, die sie nicht von ihren Vätern erhalten haben, oder der Massora, die ihnen nicht durch bei ihnen anerkannte Autoritäten überliefert ist. Sie übernehmen ja auch nicht die Worte der Tora, um zu bewahren und zu befolgen alles, was dort geschrieben, sondern ihnen ist sie ein Geschichtenbuch, um die Ereignisse früher Zeiten zu erfahren und die Wege der Vorsehung und höchsten Leitung in jeder einzelnen Generation zu begreifen. Und zu diesem Zweck schadet es ja nichts, gelegentlich einzelnes zu verändern, Buchstaben oder Wörter hinzuzufügen oder wegzustreichen, wie sie es in den bekannten und berühmten weltlichen Werken tun, wo jeder Korrektor nach Gutdünken korrigiert. Mag dies auch für die christlichen Gelehrten und ihre Schüler möglich sein, für uns Israeliten nicht![1]

Mendelssohn selbst war orthodoxer und observanter Jude (die Übertritte fast aller seiner Kinder zum Christentum erfolgten erst nach seinem Tode). Die protestantische kritische Bibelwissenschaft seiner Zeit kannte er zwar, verwies auch zu Fragen der Textüberlieferung etwa auf J. G. Eichhorns Einleitung ins Alte Testament, vertrat aber, was die Verbindlichkeit des Bibelworts für den Juden betrifft, ganz den konservativen Standpunkt. Deshalb hielt er den Gebrauch christlicher Bibelübersetzungen durch jüdische Leser beim *Pentateuch*, der *Tora* im engeren Sinne, für gefährlich. Dagegen verfolgte er mit seiner Psalmenübersetzung, die ebenfalls 1783 in Berlin (in gotischen Lettern) erschien und Ramler gewidmet war, einen ganz anderen Zweck: er wollte dem deutschen Publikum einen Eindruck von der Schönheit der biblisch-hebräischen Poesie vermitteln.[2] Daher griff er dort ohne Scheu auf Luther zurück, rügte dabei nur dessen Einführung von Hebraismen in die deutsche Sprache: »Wo dieser [Luther] richtig *übersetzt* hat, scheinet er mir auch glücklich *verdeutscht* zu haben: und ich habe selbst die hebräischen Redensarten nicht gescheuet, die er einmal in die Sprache aufgenommen; ob sie gleich nicht ächtes Deutsch seyn mögen. Da sie der Gebrauch nun einmal der Sprache gleichsam einverleibt, und der Andacht geweihet hat; so verlieret der Übersetzer viel, der sie durchaus vermeiden will.«[3]

Wie Luther im *Sendbrief vom Dolmetschen* unterscheidet Mendelssohn also zwei verschiedene Kategorien innerhalb des Bibeltextes: streng verbindliche Texte – wobei die Verbindlichkeit bei Luther eine theologisch-dogmatische ist, bei Mendelssohn eine halachisch-normative – und eher unverbindliche, die in historischer, ästhetischer oder anderer Hinsicht bedeutsam sein mögen. Bei Luther entsprechen diesen beiden Textarten zwei verschiedene Übersetzungstechniken: bei dieser übt er die zu seiner Zeit aufsehenerregende Orientierung am Sprachgebrauch der Zielsprache: »Darum muß ich hier die Buchstaben fahren lassen und forschen, wie der deutsche Mann das ausdrückt, was der hebräische Mann xy nennt«; bei jener unterwirft er die Zielsprache dem Wortlaut des Originals: »Doch hab ich wiederum nicht allzu frei die Buchstaben lassen fahren, sondern mit großer Sorgfalt darauf gesehen, so daß, *wo es etwa drauf ankam*, da hab ich's nach den Buchstaben behalten und bin nicht so frei davon abgewichen.«

Mendelssohn aber nennt gerade in der Vorrede zu seiner Psalmenübersetzung *Treue zum Text* als sein oberstes Kriterium: »[...] wo ich dem Texte untreu geworden bin, da liegt der Fehler in meiner Einsicht, nicht in meinem Willen«. Wie diese Treue sich sprachlich-übersetzungstechnisch äußert, erläutert er wiederum in seiner (hebräischen) Einleitung zur *Pentateuch*-Übersetzung. Dort stellt er die bewußt paradox formulierte These auf, daß ein getreuer Übersetzer vom Wortlaut des Originals sogar abweichen müsse. Er nennt drei Bereiche, wo solche Abweichungen zur Wahrung des vermittelten Inhalts erforderlich werden können.

1) Semantik: Mendelssohn geht davon aus, daß Vokabeln sich bedeutungsmäßig nicht vollständig decken. Er unterscheidet zwischen denotativer und konnotativer Bedeutung (wobei er diese aus der Etymologie des hebräischen Wortes gewinnt). Wo letztere unverzichtbar erscheint, empfiehlt er erläuternde Zusätze.

2) Syntax: Jede Sprache hat ihre normativen Regeln für die Wortfolge im Satz, und da diese von Sprache zu Sprache variieren, ist die Umstellung von Wörtern bei der Übersetzung unerläßlich. Übrigens billigt Mendelssohn nur dem Hebräischen syntaktische Flexibilität, etwa die Freiheit zu unkonventioneller Wortfolge aus stilistischen Gründen zu, beim Deutschen besteht er auf den festen Regeln.

3) Idiomatik und Metaphorik: In diesem Bereich bestehen so beträchtliche Unterschiede zwischen verschiedenen Sprachen, daß eine Wort-für-Wort-Übersetzung entweder völlig unverständlich wäre oder zumindest die rhetorische Wirkung des

Originals erheblich beeinträchtigte. Für die Legitimität der nichtwörtlichen Wiedergabe von idiomatisch gebundenen Wendungen beruft Mendelssohn sich auf Targum Onkelos, die anerkannte antike Übersetzung der hebräischen Bibel ins Aramäische. Übrigens reiht Mendelssohn das Problem der biblischen Anthropomorphismen hier mit ein, seines Erachtens handelt es sich also um nicht mehr als bildhafte Ausdrucksweise.

Abschluß und Bekräftigung dieser philologischen Ausführungen bildet ein Talmudzitat: »Wer einen (Bibel)Vers übersetzt, wie er dasteht, der ist ein Lügner« (bKidduschin 49 a).[4]

Gerade an diesem Punkt der höchsten Texttreue durch Aufgeben des originalen Wortlauts findet Mendelssohn seinen erbittertsten Gegner in seinem unmittelbaren Nachfolger Josef Johlson, von dem 1827 die *Kleineren Propheten* (in hebräischen Buchstaben mit beigedruckten traditionellen hebräischen Kommentaren), 1831 und 1836 der *Pentateuch* bzw. *die historischen Bücher* (rein deutsch mit deutschen Erläuterungen) erschienen. Die Schärfe der Polemik war zum großen Teil situationsbedingt, denn Johlson versuchte – erfolglos –, seine Übersetzung gegen die des berühmten Mendelssohn auf dem jüdischen Büchermarkt anzubringen.[5] Seine Einwände gegen Mendelssohns Übersetzungstechnik sind insofern heute noch von Interesse, als sie sich z. T. bei späteren Bibelübersetzern wiederfinden. Seine Äußerungen, jeweils im Vorwort zu den drei erschienenen Bänden seines Bibelwerks, werden immer aggressiver und gipfeln 1836 in einer Liste von zehn Kritikpunkten an der Mendelssohnschen *Pentateuch*-Übersetzung:

1) Lexikalische Konsequenz: Wiedergabe einer hebräischen Vokabel durch immer dasselbe deutsche Äquivalent, diese Entsprechung sollte nach Möglichkeit auf ganze Wortstämme ausgedehnt werden. Daneben steht auf der deutschen Seite

2) das Auseinanderhalten von hebräischen Synonymen: Nicht ein und dieselbe deutsche Vokabel für verschiedene hebräische Wortwurzeln.

3) Kennzeichnung biblisch selten vorkommender Vokabeln in der Übersetzung und durch Anmerkungen; diese Forderung begründet Johlson nicht stilistisch, sondern philologisch-antiquarisch.

4) Festhalten an der Morphologie des Originals; so spiegelt

seine Übersetzung etwa das nahezu völlige Fehlen der Wortart Adjektiv im biblischen Hebräisch wider – eine für den Leser der Übersetzung überflüssige Information, die allenfalls das Leseverständnis erschwert.

5) Sorgfältige Beachtung der Determination bzw. Indetermination von Substantiven, selbst wenn der Bezugspunkt des bestimmten Artikels innertextlich nicht erkennbar ist.

6) Nachbildung hebräischer Paronomasien, so z. B. des »inneren Objekts«, d. h. Verb und direktes Objekt von derselben Wurzel abgeleitet, ein im klassischen Hebräisch sehr beliebtes Stilmittel. Der deutsche Leser dagegen empfindet die Wiederkehr derselben Vokabel im unmittelbaren Kontext zunächst als störend; wenn er sie dann als bewußt gesetzt identifiziert, wird ihm der so charakterisierte Text doch deutlich sowohl aus der Alltagssprache als auch aus der ihm vertrauten Literatur herausgehoben.

7) Wahrung des Wortbestands: Keine Vokabel wird weggelassen, keine hinzugefügt; Beispiele bringt Johlson aus dem Bereich der innertextlichen Verweistechnik (Rückweispronomen bzw. Wiederholung des Substantivs). Dabei verkennt er jedoch, daß fast jedes pronominale Subjekt im Deutschen eine Erweiterung des hebräischen Wortbestands darstellt, denn in der hebräischen Verbform ist es impliziert.

8) An morphologisch oder syntaktisch nicht eindeutigen Stellen trifft Johlson keine Entscheidung, sondern bietet entweder eine auch im Deutschen unklare Version oder setzt die eine Deutungsmöglichkeit in den Text, die andere(n) in die Anmerkung.[6] Für Mendelssohn stellt sich das Problem nicht in der Schärfe, da er über einen fortlaufenden Kommentar verfügt, wo er solche Schwierigkeiten erörtern kann.

9) Beibehaltung der originalen Wortstellung, d. h. seine Übersetzung soll als eine Art Interlinearversion für den Hebräischschüler fungieren.

10) Mit seinem letzten Punkt, der Forderung nach weitgehender Berücksichtigung der rabbinischen Exegese bei der Übersetzung stimmt Johlson mit Mendelssohn überein.[7] Er diskutiert nur um die Formulierung einzelner Stellen, wo er jeweils die Überlegenheit der eigenen Übersetzung herausstreicht. Dieser Punkt soll wohl eine Empfehlung für ein potentielles jüdisch-orthodoxes Publikum sein. In der Fortsetzung seiner Ausführungen betont Johlson jedoch die Distanz zwischen biblischem Gebot und

moderner jüdischer Praxis, d. h. er verfolgt die Linie der jüdischen Reformbewegung, jenes hochzuhalten und diese zu verwerfen oder doch zumindest umzugestalten. Er tendiert dazu, die jüdische religiöse Überlieferung als vom Bibeltext weitgehend unabhängig zu betrachten und sieht die in der rabbinischen Exegese hergestellten Zusammenhänge als sekundär an, womit er seine Forderung nach Einbeziehung der rabbinischen Exegese Lügen straft. Bei Johlson fehlt also eben jenes Moment der durchgängigen Verbindlichkeit des Bibeltextes für den jüdischen Leser, das für Mendelssohn das Kriterium einer »jüdischen« Bibelübersetzung ausmachte.

Angesichts der Tatsache, daß vier von Johlsons zehn Punkten (4.6.7.9) ausdrücklich zu Verstößen gegen deutsche Stilkonventionen auffordern, erscheint seine Berufung auf Goethe etwas anmaßend: er meint nämlich, seine Übersetzung stelle nichts Geringeres dar als die von Goethe in seinen *Noten und Abhandlungen zum bessern Verständnis des west-östlichen Divans* gekennzeichnete dritte Art des Übersetzens, »wozu der Geschmack der Menge sich erst heranbilden muß« – so entledigte sich Johlson seiner Verpflichtung gegenüber dem deutschen Leser, der sich wiederum durch Nicht-Kaufen seiner Übersetzung revanchierte.

Mendelssohn hatte seinen Vorbehalt gegen die christlichen Bibelübersetzungen in den Händen jüdischer Leser auf die Annahme gegründet, daß kritische Distanz gegenüber dem Urtext zu einer freieren und dadurch häufig eleganteren und attraktiveren Übersetzung führe. In den innerjüdischen Bereich übertragen würde daraus folgern, daß orthodoxe Übersetzer streng wörtlich verfahren müßten, liberale dagegen eher frei paraphrasierend. Die soeben betrachteten Übersetzungsprinzipien der ersten beiden jüdischen Bibelübersetzer der Neuzeit ergeben ein entgegengesetztes Bild: Mendelssohn, der Vertreter der Orthodoxie, plädiert für Abweichen vom Wortlaut des Originals gemäß den sprachlichen Konventionen der Zielsprache, und der liberale Reformer Johlson fordert strenges Festhalten am originalen Wortlaut, und sei es auf Kosten der Verständlichkeit im Deutschen.

Dieser Befund ist kein Zufall, sondern wird durch einige der späteren Übersetzungen auffallend bestätigt.

Ein markantes Beispiel dafür, daß gerade jüdisch-orthodoxe Übersetzer nicht am hebräischen Buchstaben kleben, bietet die

Pentateuch-Übersetzung von J. Wohlgemuth und I. Bleichrode, Berlin 1899 und öfter. Ohne Mendelssohn zu nennen, nehmen die beiden Übersetzer in ihrem Vorwort zur ersten Auflage seine Argumentation direkt auf:

Eine deutsche Übersetzung des Pentateuch muß vor allem *deutsch* sein. Es dürfen keine Verstöße gegen die deutsche Grammatik und Stilistik vorkommen. Die Wortfolge muß die in der deutschen Sprache übliche sein, die Bilder müssen dem deutschen Sprachgeist entsprechen. [...] Allein wollte man selbst von der Forderung eines guten Deutsch absehen, die wörtliche Übertragung erreicht nicht das von ihr gewünschte Ziel. Denn eine *wortgetreue* Übersetzung ist nicht immer eine *sinngetreue*. Es kann ein Satz Wort für Wort genau übersetzt, und eben dadurch der Sinn desselben entstellt sein.

Etwaigen Bedenken gegen die Zulässigkeit ihres Verfahrens begegnen sie mit dem bereits von Mendelssohn angeführten Talmudzitat.

Eine Zwischenposition nimmt Simon Bernfeld ein, dessen ganze deutsche Bibel erstmals 1902 erschien und etliche Neuauflagen erfuhr. In seiner der Übersetzung vorangestellten Einleitung macht er kein Hehl daraus, daß er auf dem Boden der kritischen philologischen Wissenschaft steht und die jüdisch-traditionelle Textüberlieferung und -auslegung zwar kennt, aber nicht als verbindlich annimmt. Trotzdem ist sein erklärtes Ideal Mendelssohn, an den seine *Pentateuch*-Übersetzung eng anschließt, wohingegen er gegen Zunz, dem er weltanschaulich viel näher steht, nur kalte Verachtung übrig hat.

Die Redaktion der von der Berliner Jüdischen Gemeinde initiierten deutschen Übersetzung der ganzen hebräischen Bibel (erschienen 1935-38, 2. Auflage mit beigedrucktem hebräischem Text, Jerusalem 1954) lag in den Händen von Harry Torczyner (Tur-Sinai), einem sehr eigenständigen historisch-kritischen Bibelwissenschaftler. Sein Vorbild unter den jüdischen Bibelübersetzern war Leopold Zunz, der »Vater der Wissenschaft des Judentums«, der 1837/38 eine zum größten Teil von drei Mitarbeitern angefertigte Übersetzung der ganzen hebräischen Bibel herausgab.[8] Zur von Zunz redigierten Übersetzung bemerkten wohlmeinende Freunde seinerzeit: »Was ich bis jetzt von der Übersetzung gelesen, gefällt mir meist durch Richtigkeit und Wörtlichkeit, die die Mendelssohnsche Übersetzung oft zu einer Paraphrase macht, aus der man sich erst herauswickeln muß.

Doch scheint es mir, als ob dieses Streben nach engem Anschließen der Wörter zuweilen in das entgegengesetzte Extrem fällt und wohl gar mitunter einen komischen Eindruck macht.«[9] Vom Vorwurf übertriebener Wörtlichkeit kann man – trotz gegenteiliger Absichtserklärung im Geleitwort – auch Torczyners Version nicht freisprechen, auch wenn man vielleicht nicht ganz so weit gehen will wie ein zeitgenössischer Rezensent, der das Unternehmen angesichts der vorliegenden Zunz-Bibel als schlechthin »überflüssig« bezeichnete.[10] Seine ausgesprochene Tendenz zu sprachlicher Nüchternheit ist zu einem gewissen Grad wohl als Reaktion auf das kühne Sprachschaffen von Martin Buber und Franz Rosenzweig zu verstehen, deren »Verdeutschung der Schrift« seit 1925 erschien.[11] Torczyners ausdrückliche Bezugnahme darauf (ebenfalls im Geleitwort) ist denn auch sehr kühl: »Wie immer man zu dieser Übersetzung steht, unmöglich kann geleugnet werden, daß hier ein in sich geschlossenes starkes Wollen vorliegt, und es war der großen Aufgabe unwürdig, ein anderes Werk daneben zu setzen, wenn nicht auch dieses, in seiner – grundsätzlich anderen – Art, mit dem gleichen Ernst und dem gleichen Willen das Letzte aus dem Bibelwort herauszuarbeiten und lebendig zu gestalten versuchte.«

Auffallend ist das (sicher unabhängige) Auftauchen von Johlsonschen Kriterien bei Buber und Rosenzweig. Die philologische Forderung nach lexikalischer Konsequenz hat Buber zum literarischen Prinzip des »Leitwortstils« ausgebaut, d. h. die motivische Wiederholung von Wörtern und Wendungen im Textverlauf soll dem Leser der Übersetzung durch konkordante Wiedergabe nachvollziehbar gemacht werden.[12] Somit ist der Diskurs die relevante Texteinheit, wodurch im individuellen Satz gelegentlich befremdliche Formulierungen zustande kommen. Da Buber und Rosenzweig aber darauf ausgingen, dem Leser den allzu vertrauten Bibeltext wieder neu, als unmittelbare Anrede hörbar zu machen, war ihnen dieser Verfremdungseffekt durchaus willkommen.[13] Auch das Gegenstück, lexikalische Differenzierung, ist in ihrer Arbeit am Text zu beobachten.[14] Ferner werden Johlsons Punkte 3 und 5 von Buber und Rosenzweig beachtet, wobei sie allerdings ungleich stärker als Johlson von der Angemessenheit der Rede in der jeweiligen Situation ausgehen, wenngleich bei ihnen – wenigstens in ihren theoretischen Äußerungen – übergreifende Gestaltungsmomente wie Leitwortprinzip den Vorrang vor der Durchformulierung eines engeren Kontextes haben.

So läßt sich der Kontrast zwischen konservativen und liberalen jüdischen Bibelübersetzungen am Kriterium der Wörtlichkeit über eine ganze Wegstrecke hin verfolgen: Johlson und seine Richtung, Anhänger der modernen Bibelkritik, fordern Wörtlichkeit der Übersetzung selbst auf Kosten der Verständlichkeit. Mendelssohn und seine Nachfolger gehen von einer Kontinuität der biblischen Religion bis hin zum modernen Judentum aus und wollen den Leser daher nicht durch unnötige Verfremdung des Textes vor den Kopf stoßen. Im Zuge der rabbinischen Exegese lesen sie im uralten Bibeltext bereits die Praxis des heutigen Judentums und tendieren deshalb zu einer sprachlich freieren, interpretierenden Übersetzungsweise, die sie dann wiederum philologisch absichern und untermauern.

Anmerkungen

1 Die deutsche Fassung von Moses Mendelssohns allgemeiner Einleitung in die fünf Bücher Moses von H. Jolowicz, einem der Mitarbeiter an der siebenbändigen Ausgabe von Mendelssohns *Gesammelten Schriften*, die 1843-45 bei Brockhaus in Leipzig erschien, ist so veraltet, daß ich die Zitate aus *Or laNetiva* in eigener Übersetzung bringe.

2 Dazu eine ausgezeichnete hebräische Arbeit: Simon Rawidowicz, *Mendelssohns Psalmenübersetzung*, in: *Festschrift J. Klausner zum 60. Geburtstag*, Tel Aviv 1936, S. 283-301.

3 Mendelssohn unterscheidet hier eine Art religiösen Sprechens (in der angewandten Sprachwissenschaft ›register‹ genannt), die sprachlich von Luther geprägt ist.

4 In der talmudischen Diskussion geht es darum, ob eine solche Übersetzung jemanden als professionellen Übersetzer qualifiziert, denn unter dieser Voraussetzung hat er eine Frau geehelicht, und nur wenn die Bedingung zutrifft, ist die Ehe gültig.

5 Mit dem parallelen Erscheinen der Übersetzungen von G. Salomon und L. Zunz 1837/38 kam Johlsons Bibelwerk vollends zum Erliegen; schon vorher klagt er über finanzielle Schwierigkeiten.

6 Dieses Nebeneinander von verschiedenen gleichberechtigten Deutungen, beruhend auf der Offenheit der rabbinischen Exegese, steht in krassem Widerspruch zu christlich-missionarischer Praxis: Die United Bible Societies gaben 1960 einen Band mit Richtlinien für Bibelübersetzer heraus, wie solche Unklarheiten zu bereinigen seien. Dagegen verweist die *Jerusalem-Bibel* in Anmerkungen auf andere Lesarten und Deutungsmöglichkeiten.

7 Mendelssohn in *Or laNetiva*: »Und damit unser Leben nicht nur am Haar der subjektiven Meinung und am seidenen Faden des Gutdünkens hänge, haben unsere Meister uns die Überlieferung gesetzt, einen Zaun gezogen um Lehre und Gebot, Gesetz und Recht [...] nunmehr haben wir nicht von ihrem gebahnten Weg zu weichen und einen Lebensweg zu bestimmen ohne Richtschnur, nach bloßer Meinung oder nach Dafürhalten dieses oder jenes Grammatikers oder Korrektors, denn nicht nach deren Geheiß leben wir, sondern wie uns die bei uns anerkannten Tradenten überliefert, so soll's sein und so steht's da, und in ihrem Sinne verstehen wir die Bibel, da gibt es nichts zu deuteln.«

8 Im Nachdruck ist diese *Zunz-Bibel* in Basel noch heute erhältlich, allerdings ohne den leisesten Hinweis darauf, daß es sich um ein Werk verschiedener Übersetzer von vor nahezu 150 Jahren handelt.

9 Philipp und S. M. Ehrenberg an Zunz, 12. 2. 1837, in: Nahum N. Glatzer (Hg.), *Leopold and Adelheid Zunz. An Account in Letters 1815-1885*, London 1968, Nr. 136. In einem Brief vom 19. 4. 1837 an den jüdischen Historiker I. M. Jost, einen Schulfreund von Zunz, äußern sich dieselben Schreiber weniger schonend: »An Zunzens Bibel haben wir [...] auch Manches auszusetzen, und ihm auch schon deshalb unsre Meinung mitgetheilt. Ich bin hierin sehr getäuscht worden: denn ich habe wirklich unter seiner Direction viel Bessres erwartet.« (Ebd., Nr. 137.)

10 Ludwig Feuchtwanger, *Die neue Berliner Bibel. Grundsätzliches zu einer neuen deutschen Bibelübersetzung*, in: Der Morgen 11 (1935/36), S. 123-130, bes. S. 128.

11 Fünfzehn Einzelbände erschienen bis 1937, die letzten sechs bereits ohne Franz Rosenzweig, der im Dezember 1929 während der Arbeit an Jesaja gestorben war. Erst in den Jahren 1958-1961 (nach seiner Emeritierung) kam Buber dazu, das Werk zu vollenden.

12 Dazu besonders M. Buber, *Leitwortstil in der Erzählung des Pentateuchs* (1927), in dem unter beider Übersetzer Namen erschienenen Aufsatzband *Die Schrift und ihre Verdeutschung*, Berlin 1936, S. 211-238, sowie F. Rosenzweig, *Das Formgeheimnis der biblischen Erzählungen* (1928), ebd., S. 239-261, bes. S. 248-257.

13 Dazu M. Buber, *Der Mensch von heute und die jüdische Bibel* (1926), ebd., S. 13-45, bes. S. 19.

14 Am 15. 8. 1925 antwortet Buber auf Rosenzweigs Vorschlag vom Vortag, die Gegenüberstellung der Gerechten und Frevler in Sodom (Gen. 18,22 ff.) mit ›die Guten‹, ›die Bösen‹ wiederzugeben: »In 18 wäre ich mit ›gut‹ einverstanden, wenn nicht dann die Antithese Gut-Böse dastünde, mit denselben deutschen Worten wie [Gen.] 2,9, und doch so anderen hebräischen – und so anderm Sinn! – entsprechend.«

Karl Stackmann

Dukus Horant – der Erstling jüdisch-deutscher Literatursymbiose[1]

Ernest Henry Lévy, Germanist im Straßburg der Zwischenkriegszeit, fand in der umfangreichen Sammlung jüdischer Dokumente, die 1896 aus der Genisa der Esra-Synagoge in Alt-Kairo in die Bibliothek der Universität Cambridge gelangt war, eine unscheinbare, zudem defekte spätmittelalterliche Handschrift mit sehr ungewöhnlichem Inhalt: Sie enthielt – aufgezeichnet in aschkenasischer Kursive – eine Reihe von Texten, deren Sprache am ehesten als mittelhochdeutsch bezeichnet werden konnte. Neben religiös-erbaulichen und lehrhaften Stücken fand sich in der Handschrift auch ein in Strophen abgefaßtes Gedicht, dessen Stoff zur deutschen Heldendichtung in Beziehung stand und daher die besondere Aufmerksamkeit des Germanisten auf sich zog. Es konnte als Variante zum Hildeteil der *Kudrun* aufgefaßt werden. In der Handschrift war es mit *Dukus Horant* überschrieben. Lévy bereitete eine Edition in normalisiertem Mittelhochdeutsch vor. Sie war noch nicht beendet, als er 1940, beim Beginn der deutschen Offensive, ins Innere Frankreichs flüchtete. Dort starb er im Juni des gleichen Jahres. Trotz aller Bemühungen von Freunden, die sich des Nachlasses annahmen, gingen Lévys Vorarbeiten verloren.[2] Es bedurfte einer neuen Entdeckung der Cambridger Handschrift, bevor eine breitere wissenschaftliche Öffentlichkeit von der Existenz des *Dukus Horant* erfuhr. Diese zweite Entdeckung ist dem Cambridger Hebraisten J. L. Teicher zu danken. Von ihm auf die Handschrift aufmerksam gemacht, veröffentlichte der Niederländer Laib Fuks im Jahre 1957 eine Transkription aller Texte.[3] Einige Jahre später folgte dann eine von sprachlichen und literarhistorischen Untersuchungen begleitete Einzelausgabe des *Dukus Horant* durch die englischen Germanisten Werner Schwarz, Frederick Norman und Peter F. Ganz, nach der man das Gedicht heute zitiert. Zwei von den drei Herausgebern gehören, wie schon der Name anzeigt, zu denen, die aus Hitler-Deutschland vertrieben wurden und in England eine neue Heimat fanden.[4]

Nach diesem Rückblick auf die Entdeckungsgeschichte, die in unserem Zusammenhang wohl nicht ganz überflüssig war, skizziere ich zunächst den Inhalt des Fragments: Etene, König über Deutschland und viele andere europäische Länder, berät mit seinen Fürsten über eine standesgemäße Heirat. Ihm wird geraten, Hilde, die Tochter König Hagens, für sich zu gewinnen. Die Werbung ist gefährlich, weil Hagen, ein schrecklicher Tyrann, seine Tochter keinem Werber gönnt. Horant läßt sich nach anfänglichem Sträuben als Anführer für die Werbungsfahrt gewinnen. Ihn begleiten unter anderm Wate und Morunc. Im Lande Hagens geben sich die Werbungsgesandten als Vertriebene aus, die angeblich vor dem Zorn des Königs Etene geflohen sind. Horants Gesang ist von solcher Schönheit, daß die Prinzessin unbedingt mit ihm sprechen möchte. Ein Treffen kommt zustande, er kann Etenes Werbung vorbringen, und sie willigt in die Entführung ein. Mit dem Anfang eines höfischen Festes, das auf diese Verabredung folgt, bricht das Gedicht ab.

Die Verwandtschaft dieser Erzählung mit dem Hildeteil der *Kudrun* ist offenkundig: Nicht nur eine Reihe von Namen stimmt überein, ebenso auch das Thema ›Gefährliche Brautwerbung‹ und im Zusammenhang mit diesem Thema das Motiv der Vertriebenenlist. – Es gibt Verwandtschaftsbeziehungen des *Dukus Horant* auch noch zum *König Rother* und zur Herbort-Sage, aber darüber ist erst später zu sprechen. Zunächst einmal ist nur der Zusammenhang mit der *Kudrun* von Bedeutung. Er wurde beim Bekanntwerden des *Dukus Horant* als so wichtig empfunden, daß man das neu aufgefundene Gedicht anfangs geradezu als »jiddische Kudrun« bezeichnete.[5]

Das Interesse der Forschung, das schon durch den Textabdruck bei Fuks geweckt worden war, wurde durch die Ausgabe von Schwarz, Norman und Ganz mächtig beflügelt. Dennoch ist das, was man heute an wirklich Sicherem über die Handschrift wie über das Gedicht weiß, bemerkenswert wenig. Es besteht ein weitgehender Konsens darüber, daß die Datierung auf 1382, die sich bei zwei Stücken der Handschrift findet, nicht aus einer Vorlage übernommen ist, sondern das Jahr der Niederschrift bezeichnet, die Handschrift also in diesem Jahr angefertigt wurde.[6] Offen ist aber, ob ausgewanderte Juden sie aus Deutschland nach Ägypten mitbrachten oder ob sie erst dort entstand. Offen ist weiter, ob man die Sprache der Handschrift als Deutsch, als frühestes Jiddisch oder als eine Mischung aus Jiddisch und Deutsch anzusprechen hat, und es kommt obendrein noch hinzu, daß die Antwort, wenn man sie denn begründet geben könnte, nicht für alle Stücke gleich lauten müßte. Der *Dukus Horant* beispielsweise könnte eine andere Vorgeschichte haben als die übrigen Texte. Nur eines kann man heute wohl mit einiger Sicherheit über dieses Gedicht sagen: seine Aufzeichnung in der Cambridger Handschrift erfolgte nach einer schriftlichen Vorlage. Wenn es sich um ein Stück ursprünglich mündlicher Poesie handeln sollte – worüber noch zu sprechen sein wird –, dann ist die Übertragung in eine schriftliche Fassung jedenfalls schon vor 1382 geschehen.[7]

Im übrigen hat die Forschungsdiskussion über den *Dukus Horant* zur Formulierung von mehr Fragen als Antworten geführt. Es ist auch heute noch, nach gut 25 Jahren intensiver Bemühungen um das Gedicht, fraglich, ob wir es mit dem Werk eines jüdischen oder eines deutschen Autors zu tun haben, ob man sich ihn in Regensburg tätig vorstellen darf oder nicht, ob der Verfasser unsere *Kudrun* und unseren *König Rother* kannte oder irgendeine nicht erhaltene Vorstufe dieser beiden Dichtungen. So könnte ich fortfahren bis hin zu strittigen Einzelheiten, aber ich denke, die Liste ist auch so lang genug, um die Situation zu verdeutlichen, in der sich die Forschung befindet.

Über der Diskussion all der Probleme, die sich der Spezialforschung stellen, ist eine sehr allgemeine und eigentlich auch sehr einfache Frage ein bißchen zu kurz gekommen, die Frage, was denn ein so außergewöhnlicher Fund wie der dieser ›jiddischen Kudrun‹, um das Schlagwort aus der Zeit der Entdeckung aufzugreifen, eigentlich für unser Gesamtbild von der spätmittelalterlichen deutschen Literatur bedeutet. Dieser Frage, der einzigen, auf die ich als Nicht-Jiddist mich einlassen kann, möchte ich ein wenig weiter nachgehen. Dafür ist der gegenwärtige Zeitpunkt vielleicht nicht ganz ungünstig. Denn wenn ich mich nicht täusche, haben heute die beiden wichtigsten Streitfragen, die bisher alle Aufmerksamkeit fesselten, viel von ihrer Anziehungskraft verloren. Damit wird der Blick frei für andere Probleme.

Die eine dieser beiden Streitfragen ist die nach der Bedeutung des *Dukus Horant* für die Klärung genetischer Probleme im

Bereich der Helden- und Spielmannsdichtung. Die Faszination, die für die Germanistik stets von solchen Fragestellungen ausgegangen ist, wird sehr deutlich an der immer wieder aufgenommenen Erörterung darüber, ob der *Dukus Horant* ein Hildelied des 12. Jahrhunderts oder auch das vielbeschworene Kurzepos vom König Rother aus dem gleichen Jahrhundert bezeugt. Heute, unter dem Eindruck des allzu Spekulativen aller solcher Rekonstruktionsversuche, unter dem Einfluß wohl auch des Strukturalismus, ist man bereit, der Synchronie – gemeint hier: der Stellung eines Textes im Gefüge der Literatur seiner Zeit – mehr Beachtung zu schenken. Die zweite Streitfrage, die – zumindest in Deutschland – erheblich an Wichtigkeit eingebüßt hat, ist die Frage, ob man den *Dukus Horant* zur mündlichen Poesie rechnen darf, ob er also als ein Produkt improvisierender Sängerkunst angesehen werden kann, wie sie in Übertragung von Beobachtungen moderner folkloristischer Feldforschung auf ältere Verhältnisse in den europäischen Kulturen des Mittelalters vermutet wird. Die bisherige Erörterung dieser Fragen hat, wenn ich recht sehe, eine gewisse Klärung der Grundprobleme gebracht. Einerseits wird niemand bestreiten wollen, daß es solche Kunst im Mittelalter gegeben haben kann. Anderseits erscheint es aber unmöglich, sie, auf welchem Weg auch immer, zu rekonstruieren und ihre Produkte von denen einer im Medium der Schrift existierenden Literatur zu unterscheiden. Sicherlich kann man konstatieren, daß es in der schriftlichen Überlieferung aus dem Mittelalter Texte gibt, die allerlei Merkmale der ›oral poetry‹ aufweisen, und der *Dukus Horant* gehört sicherlich zu ihnen. Aber wir kennen solche Texte eben nur in einer durch die Schrift fixierten Form und können in vielen Fällen – etwa im Bereich der mittelalterlichen deutschen Heldenepik – feststellen, daß sie wie ganz ›normale‹ Texte durch Abschreiben weiterverbreitet wurden.

In dem Maße, wie das Dilemma deutlich wurde, das hier verborgen liegt, hat man Auswege gesucht, indem man Kompromisse schloß und etwa von Übergangsformen zwischen mündlicher und schriftlicher Poesie sprach. Im Sinne eines solchen Kompromisses heißt es dann beispielsweise, der *Dukus Horant* stehe mündlicher Überlieferung »noch sehr nahe«, und der Zustand nach der Aufzeichnung des Textes wird mit den Worten umschrieben: »Als unser Epos schon in schriftlicher Form vorlag«.[8] Gerade diese Formulierung erscheint mir verräterisch. Sie suggeriert die Meinung, es habe vor der Fixierung durch die Schrift schon etwas gegeben, was dem aufgezeichneten Text ähnlich oder womöglich sogar gleich war. Eben das ist aber nach der Lehre der oral poetry *nicht* der Fall: Was im Gedächtnis der Sänger existierte, war nur das Thema des Gedichts, die Namen der handelnden Personen und die Abfolge der Begebenheiten. Der Wortlaut dagegen wurde improvisierend, d. h. mit Hilfe der dem Sänger verfügbaren Formeln, beim Auftritt vor dem Publikum jedesmal neu hergestellt. Es ›gab‹ ihn nur bei dieser einen Gelegenheit. Das nächste Mal war zwar der Inhalt noch der gleiche, aber die Einkleidung in Worte eine durchaus eigene und neue. Es gehört zum Wesen eines solchen Gedichts, daß es keine über den jeweiligen Auftritt des Sängers hinausreichende Dauer hat. Ein in der Schrift festgehaltener Text, mag er auch das gleiche Thema mit den gleichen Figuren und den gleichen Auftritten behandeln, hat demgegenüber eine völlig andere Qualität. Er steht mit der im Verlauf der Niederschrift fixierten Fassung für beliebig viele Wiederholungen durch Abschreiben, durch lautes oder durch leises Lesen zur Verfügung. Mit der Aufzeichnung ist er unwiderruflich zu einem Stück Literatur geworden.

So meine ich denn, man kann die Frage nach einer mündlichen Dichtung *Dukus Horant* auf sich beruhen lassen und das Gedicht als einen literarischen Text behandeln. Dazu besteht um so mehr Anlaß, als im *Dukus Horant* literarische Entlehnungen nachgewiesen sind, deren Vorkommen man unter den Bedingungen einer schriftlos existierenden Dichtung, wie sie von der ›oral poetry‹-Theorie vorausgesetzt wird, nicht erklären könnte. Ich belege das mit einem einzigen Beispiel. Es wurde fast gleichzeitig von Röll und Gerhardt einerseits sowie Colditz anderseits nachgewiesen. In der Strophe 73,3 wird Wates Aussehen beim Aufbruch zum Hoffest beschrieben:

ein śamit gar sa grune waś sin wafen rok,
dën beśten dën man kunde vinden in deś kunegoś lant von Maroc.
guldine lewen śtunden dar an.
ër schein ein engel unde nicht ein man.

Dies alles ist Wort für Wort mit Einschluß des ausgefallenen Reimes *wafen rok: Maroc* aus einem kleinen Abschnitt im »Lanzelet« Ulrichs von Zatzikhoven zusammenmontiert.[9] Der Befund, der durch weitere Beobachtungen untermauert werden könnte, erlaubt nur einen Schluß über den Autor: Wer auf diese Weise Lesefrüchte verarbeitete, mußte Bücherkenntnisse besitzen, war also Teilhaber einer Schriftkultur.

Diese Schriftkultur kann nur die deutsche gewesen sein. Darauf weist die Verwandtschaft des *Dukus Horant* mit mittelalterlichen deutschen Dichtungen, darauf weisen auch die Zitate, die im übrigen die Annahme nahelegen, das Gedicht sei frühestens um 1300 geschaffen worden. Bei meinen weiteren Überlegungen setze ich daher als gegeben voraus, daß der *Dukus Horant* ein Stück mittelalterlicher *deutscher* Literatur repräsentiert. Demgegenüber lasse ich es offen, ob der Verfasser als Jude oder als Deutscher anzusehen ist. Für beide Ansichten sind Gründe genannt worden. Wer den Verfasser für einen Deutschen hält, kann für diese Meinung anführen, daß der *Dukus Horant* gut in das Bild paßt, das man sich von der deutschen Unterhaltungsliteratur des späten 13. und frühen 14. Jahrhunderts macht. Aber das ist natürlich alles andere als ein stringenter Beweis. Besser steht es freilich auch nicht mit den Argumenten, die man beigebracht hat, um den Verfasser als Juden zu erweisen. Hier wird vor allem geltend gemacht, daß sich Horant von dem Gastfreund, der ihn als den angeblich Vertriebenen aufnimmt, einen großen Geldbetrag leiht. Das sei, so sagt man, ein Erzählmotiv, das nur aus dem Interesse städtischer Juden an Geldgeschäften erklärt werden könne.[10] Dem mag so sein, denn tatsächlich kümmert sich die deutsche Literatur des Zeitalters nicht viel um Geld und Geldangelegenheiten. Doch werden sie auch nicht gänzlich übergangen. Das läßt sich mit Versnovellen wie der *Rittertreue* oder *Der Junker und der treue Heinrich* leicht nachweisen. In beiden Erzählungen spielen Geldgeschäfte zwischen Rittern und Stadtbürgern eine nicht unerhebliche Rolle.

Unsere Mittel reichen nicht aus, diese Streitfrage zu klären. Das kann man hinnehmen, denn wie immer sie zu entscheiden sein mag, das Ergebnis würde für den Literarhistoriker nicht viel ändern. War der Verfasser ein Deutscher, dann muß man doch konstatieren, daß er ein jüdisches Publikum gefunden hat, und war er ein Jude, so jedenfalls einer, den man in seinem Metier als Verfasser einer epischen Dichtung von einem deutschen Kunstgenossen nicht unterscheiden kann.[11]

Ich will jetzt den *Dukus Horant* als einen literarischen Text der

Zeit um 1300 genauer ins Auge fassen. Zu diesem Zweck kehre ich noch einmal zu der Inhaltsübersicht zurück, mit der ich begonnen habe. Sie war auf diejenigen Passagen beschränkt, in denen *Dukus Horant* und Hildeteil der *Kudrun* übereinstimmen. Hier nehme ich den Faden wieder auf. Eine der Figuren, die *Dukus Horant* und *Kudrun* gemeinsam haben, ist Wate. Im *Dukus Horant* ist er kein gewöhnlicher Vasall des Königs Etene, sondern ein Riese, der mit zwei anderen Riesen, Asprion und Witolt, zusammen im Walde haust. Asprion und Witolt kennen wir nicht aus der *Kudrun*, wohl aber aus dem *Rother*. Dort gehören sie zu den Begleitern Rothers, der sich in der Maske eines Vertriebenen unter dem Namen Dietrich an den griechischen Hof begibt, nachdem König Konstantin, der Vater der umworbenen Prinzessin, seine Werbungsboten hat einkerkern lassen. Asprion und Witolt geben im *Dukus Horant* ganz ähnliche Proben von Stärke und Wildheit wie im *Rother*. Überhaupt ist die Erzählung vom Aufenthalt Horants in der Stadt Hagens auf weite Strecken nach dem gleichen Muster gebaut wie im *Rother* die Erzählung von ›Dietrichs‹ Aufenthalt in Konstantinopel. Auch die Umorientierung des geographischen Rahmens vom Nordseemilieu der *Kudrun* ins Griechisch-Mittelmeerische des *Dukus Horant* läßt eine Ähnlichkeit mit dem *Rother* erkennen.

Markante Ähnlichkeiten gibt es weiter zwischen einer Reihe von Motiven des *Dukus Horant* und der Herbortsage. Darauf will ich hier nicht weiter eingehen, denn der deutsche Vergleichstext, den es zweifellos gegeben hat, ist nicht erhalten. Ich beschränke mich im folgenden auf eine Kontrastierung von *Dukus Horant, Kudrun* und *Rother*.

Grundlage des Vergleichs ist die durch die bisherige Forschung gerechtfertigte Feststellung, daß man da, wo Parallelen gegeben sind, weder den *Dukus Horant* aus der *Kudrun* oder dem *Rother* herleiten kann noch umgekehrt *Kudrun* oder *Rother* aus dem *Dukus Horant*. Das bedeutet: Die Verwandtschaft dieser Texte beruht letzten Endes darauf, daß es einen Vorrat von Handlungsformeln und Motiven gab, die für eine freie Kombination miteinander bereitlagen und zur Variation eines vorgegebenen Bauplans genutzt werden konnten. Das bedeutet weiter: Die Texte weisen eine strukturelle Offenheit auf, wie Heinzle sie als Charakteristikum der aventiurehaften Dietrichepik beschrieben hat.

In dieser Sicht erscheint der *Dukus Horant* als freie und gleichberechtigte Fassung einer Erzählung vom Erwerb der Hagentochter Hilde für König Etene/Hetel neben der anderen Erfüllungsvariante, die im Hildeteil der *Kudrun* vorliegt. Zu den Unterschieden in der Ausgestaltung des Bauplans kommen solche der Erzählweise hinzu. Der Verfasser des *Dukus Horant* arbeitet vor allem mit formelhaftem Sprachmaterial, seine Erzählung wirkt daher im ganzen viel einfacher, um nicht zu sagen primitiver, als diejenige des *Kudrun*-Dichters – eines Mannes, von dem man auch nicht gerade sagen kann, daß er über ein großes Erzähltalent verfügt hätte. Entsprechend hart fallen daher im allgemeinen die Urteile über den *Dukus Horant* aus. Sie lauten etwa: »hölzerne Simplizität« oder »poetische Armut«.[12] Man kann ihnen nicht einfach widersprechen, denn der *Dukus Horant* ist sicherlich ein Zeugnis für die Ausbildung literarischer Formen am untersten Rand einer in Bildung begriffenen Schriftkultur – für diesen Vorgang übrigens ein besonders wertvolles Zeugnis. Im allgemeinen sind solche mit mancherlei Unvollkommenheiten behafteten Texte wohl sehr früh der totalen Vergessenheit überantwortet worden.

Dies zugegeben, muß man auch einiges zur Ehrenrettung des unbekannten Verfassers sagen. Nicht alles, was unbeholfen anmutet, verdient diese Einschätzung wirklich. Das hat sich recht deutlich gezeigt, als kürzlich die Wiederholungen etwas genauer untersucht wurden, die einem im *Dukus Horant* auf Schritt und Tritt begegnen. Sie wirken zunächst einigermaßen ungeschickt: Zweimal verhandelt Horant mit einem Stadtbürger über die Gewährung eines Darlehens, zweimal wird erzählt, daß die Prinzessin beim Kirchgang Horant mit Blicken grüßt, zweimal, daß er, um auf sich aufmerksam zu machen, sein Pferd mit goldenen Hufeisen beschlagen läßt, die dann abfallen und von den Stadtbewohnern aufgesammelt werden. Zweimal wird es im gleichen Jahr Pfingsten, wenn man den Text wörtlich nimmt, und was dergleichen mehr ist. Eine australische Germanistin hat nun kürzlich gezeigt, daß das konsequente Arbeiten mit Doppelungen ein Mittel ist, dessen sich der Erzähler bedient, um die Wichtigkeit einer Sache zu unterstreichen.[13]

Recht geschickt verwendet er das Motiv der Sangeskunst Horants. Es zieht sich leitmotivartig durch die ganze Erzählung. Horant wird als der Beste aller Sänger eingeführt. Etene begründet seine Bitte, Horant möge die Werbungsgesandtschaft übernehmen, mit dem Hinweis auf dessen Kunstfertigkeit:

46,1 *ich erkene dich wol, liber here, du biśt ein alse hubescher man,*
mit dime suśen gesange brëchteśt du mir di maget ḥer dan.

In Konstantinopel angekommen, schlagen die Riesen vor, die Braut mit Gewalt zu erobern. Horant will es anders:

66,2 *da śprach der kune Horant »ir scholt oir vëchten lan.*
ich kan vil baś gewinen di maget wol getan.
mit dëme suśen gesange min
bringe ich unś daś mëgetin.«

Sein Gesang verzaubert die ganze Natur:

66,3 *ër hup uf alse lute ein śtime unde sank,*
daś ëś sa wuneklichen durch di wolken drank,
unde daś di kleinen vogelin
ir vligen muśten lośen sin
4 *unde begunden ale zu dër linden dringen.*
si horten alse gërne dën kunen Horanden singen.
unde daś di wilden ëber św in
ir woilen muśten lośen sin.

Die Prinzessin ist von der Schönheit des Gesangs überwältigt. Sie läßt den Sänger zu einem Besuch in ihrer Kemenate einladen. Er weigert sich: wenn sie ihm zuhören wolle, so läßt er ihr ausrichten, möge sie zu ihm unter die Linde kommen. Sie folgt seiner Aufforderung, das gibt ihm Gelegenheit, die Werbungsbotschaft auszurichten und die Entführung zu verabreden.

Man hat gemeint, diese Abweichung gegenüber dem Erzählverlauf in *Kudrun* und *Rother*, wo das Werbungsgespräch in den Gemächern der Prinzessin stattfindet, sei ein weiterer Zug, der auf einen jüdischen Verfasser schließen lasse: In der Unterordnung der Frau unter die Wünsche des Mannes mache sich orientalische Anschauungsweise bemerkbar.[14] Nichts verfehlter als das! Der Erzähler hat die Sangeskunst Horants zu einem zentralen Motiv gemacht, so ist es nur folgerichtig, daß es in der Durchbrechung der höfischen Etikette seine höchste Steigerung erhält. Bisweilen findet der Verfasser einen einfachen, volksliedhaften Ton, der gut mit der unprätentiösen Erzählung zusammenstimmt:

51,5 *da zugen si uf ire sëgel unde vuren uf daś mer,*
Horant unde sin geselen, ein groś kreftigeś her.
si vuren uf dëme mer hin dan
Horant unde ale sine man.

6 si vuren al gerichte uf daś wilde mer
Horant unde sin geselen, ein groś kreftigeś her.
Horant hup uf unde sank,
daś ëś durch di wolken klank.

Alles in allem präsentiert sich der *Dukus Horant* als ein bescheidenes Seitenstück zu einem Ausschnitt aus der *Kudrun*, aber eben doch als Seitenstück zu diesem hochmittelalterlichen Heldenroman, und darin liegt seine eigentliche Bedeutung für die Geschichte unserer älteren Literatur. Durch die Auffindung des *Dukus Horant* ist die *Kudrun* aus ihrer Isolierung gelöst worden. Er beweist uns, daß die Hildesage mehr als einmal literarisch bearbeitet worden ist. Damit wird das Urteil ein wenig korrigiert, das vom 15. Jahrhundert mit seiner einseitigen Vorliebe für die Dietrichepik über alle andere Überlieferung aus dieser Sparte der Literatur gefällt wurde. Alles, was dieser Vorliebe nicht entsprach, verschwand aus der Überlieferung. Nur ein glücklicher Zufall wie die Auffindung des *Dukus Horant* zeigt uns etwas von dem Verlorenen.

Die Parallele zur *Kudrun*, die im *Dukus Horant* vorliegt, unterstreicht die Bedeutung, die bei der Überführung von Heldensage in Literatur den Handlungsformeln und Motiven der sog. Spielmannsdichtung zukam. Auch der Hildeteil der *Kudrun* stellt sich uns dar als ein Gemisch aus Erzählelementen einer alten Heldensage und der Spielmannsdichtung – auch hier übrigens vor allem des *Rother*. Unter der Einwirkung der neu hinzutretenden Elemente verliert die Heldensage ihren tragischen Charakter, das Geschehen steht nicht mehr unter dem Gebot eines alles zermalmenden Schicksals. Auf der ältesten mit unseren Rekonstruktionsversuchen erreichbaren Stufe der Sagenentwicklung gab es keinen Werbungshelfer und keine Werbungslist. Der Entführer war vermutlich Blutsbruder des Mannes, dem man die Tochter raubte. Der Vater stellte das Paar auf der Flucht, es kam zum Kampf zwischen den Blutsbrüdern, und beide fanden den Tod. Im Hildeteil der *Kudrun* gibt es zwar noch einen Kampf zwischen Hagen und den Entführern, aber er endet versöhnlich, und zum Schluß sind die ehemaligen Feinde friedlich bei einem großen Fest versammelt.

Ein solcher Prozeß der Vermischung mit Elementen der Spielmannsdichtung ist auch sonst auf dem Gebiet der Heldendichtung zu beobachten. Ich erinnere nur an den ersten Teil des

Nibelungenliedes mit dem ›spielmännischen‹ Requisit der Tarnkappe, dessen Einführung ein einigermaßen burleskes Element in den Ablauf der blutigen Ereignisse hineinbringt. Vor allem aber ist an die Aufnahme aventiurehafter Elemente in die jüngere Dietrichdichtung zu erinnern. Ihre Bedeutung für die literarische Weiterbildung der Dietrichsage ist uns heute durch Heinzles Arbeit recht gut bekannt.[15]

Aufs Ganze gesehen handelt es sich, wie ich meine, um einen Prozeß, in dessen Verlauf sich die heimische Heldensage allmählich ins Europäische, in Richtung auf übernationale Erzähltraditionen und -konventionen öffnet. Macht man sich diesen Zusammenhang klar, dann wird deutlich, daß eine Unterscheidung von ›Heldendichtung‹ und ›Spielmannsdichtung‹ für die Zeit, in welcher der *Dukus Horant* entstand, nicht mehr sinnvoll ist. Aus beiden hat sich etwas Drittes gebildet, für das uns ein passender Name fehlt. Am ehesten könnte man von einer Abenteuererzählung sprechen. Wir treffen sie hier, in der Funktion einfachster Unterhaltungsliteratur, in einem Zustand, der eine Entwicklung sowohl in Richtung auf die Volksballade wie auf den Abenteuerroman möglich erscheinen läßt.

Ich brauche wohl nicht eigens zu unterstreichen, daß die Auffindung eines solchen Prototyps von außerordentlichem Interesse für den Literarhistoriker ist. Er kann dem unbekannten Schreiber der Cambridger Handschrift nicht dankbar genug dafür sein, daß ihm durch den *Dukus Horant* ein Blick auf eine Schicht der in ihrer ersten großen Ausweitung begriffenen deutschen Literatur ermöglicht wird, die ihm im allgemeinen nicht zugänglich ist.

*

Unter dem Eindruck dessen, was Hans Mayer gestern abend gesagt hat, füge ich meinem Vortrag noch zwei Sätze hinzu: Gewiß beweist der *Dukus Horant*, daß es im Spätmittelalter Ansätze zu einer jüdisch-deutschen Literatursymbiose gegeben hat. Ebenso gewiß ist aber der nordafrikanische Fundort ein Zeichen dafür, daß diese Symbiose nicht einfach, daß sie nicht ungefährdet, daß sie nicht dauerhaft angelegt war.

1 Vorweg sei folgendes bemerkt: Ich stelle in diesem Bericht einige Forschungsergebnisse unter Gesichtspunkten zusammen, die ich unter den aktuellen Bedingungen meines Faches für wichtig halte. – Im Zusammenhang meines Berichts werde ich einige Male den Begriff ›Heldensage‹ verwenden. Dahinter verbirgt sich keine wie immer geartete Heldensagen-Theorie. Ich will mit diesem unbestimmten Ausdruck lediglich auf Fassungen von Heldensagen-Stoffen hinweisen, die uns aus schriftlicher Überlieferung nicht zugänglich sind.

2 Jean Fourquet, *Ernest Henri Lévy (1867-1940) et le Dukus Horant*, in: Etudes Germaniques 14 (1959), S. 50-56.

3 *The Oldest Known Literary Documents of Yiddish Literature (C. 1382)*, hg. v. Laib Fuks, 2 Bde., Leiden 1957.

4 *Dukus Horant*, hg. v. P. F. Ganz, F. Norman, W. Schwarz, Tübingen 1964 (Altdt. Textbibliothek, Ergänzungsreihe 2). Zitiert als ›Tübinger Ausgabe‹. – Über die Schicksale von Werner Schwarz erfährt man einiges aus den Gedenkworten, die ihm Peter F. Ganz gewidmet hat, *Werner Schwarz 1905-1982*, in: GLL 36 (1982/83), S. 182. – Ich habe Herrn Ganz sehr dafür zu danken, daß er mir eine Kopie seines Nachrufes zur Verfügung gestellt hat.

5 Vgl. z. B. F. Norman, *Remarks on the Yiddish Kudrun*, in: Journal of Jewish Studies 5 (1954), S. 85 f. – Franz J. Beranek, *Neues zur jiddischen Gudrunhandschrift*, in: Mitteilungen aus dem Arbeitskreis für Jiddistik 4 (1956), S. 49-52. – James W. Marchand, *Einiges zur sogenannten »jiddischen Kudrun«*, in: Neophil. 45 (1961), S. 55-63.

6 Tübinger Ausgabe [vgl. Anm. 4], S. 7 f.

7 Vgl. dazu die von Walter Röll, Studi Medievali, 3ª serie, 7/1 (1966), S. 270, Anm. 6, angeführte Literatur.

8 Die Zitate stammen aus der – für die Diskussion der *Dukus Horant*-Probleme durchaus nicht unwichtigen – Arbeit von Manfred Caliebe, *Dukus Horant*, Berlin 1973 (Philol. Studien u. Quellen 70), S. 114 u. S. 121. – Grundsätzliche Kritik an der Art, wie die Ergebnisse der Feldforschung zur ›oral poetry‹ auf historische Texte angewandt werden, übt Klaus von See: *Was ist Heldendichtung?* in: Klaus von See (Hg.), *Europäische Heldendichtung*, Darmstadt 1978 (WdF 500), S. 1-38. – Eine Kritik der Anwendung speziell im Bereich der jüngeren Heldendichtung bei Joachim Heinzle [vgl. Anm. 15], S. 67-79.

9 Walter Röll und Christoph Gerhardt: *Zur literarhistorischen Einordnung des sogenannten ›Dukus Horant‹*, in: DVjs 41 (1967), S. 517-527, bes. S. 521-523. – Siegfried Colditz, *Das hebräisch-mittelhochdeutsche Fragment vom ›Dukus Horant‹*, in: Forschungen und Fortschritte 40 (1966), S. 302-306, bes. S. 305.

10 Siegfried Colditz, *Das jiddische Fragment vom Herzog Horand in*

seinem Verhältnis zum Gudrunepos und dem König Rother, in: Mitteilungen aus dem Arbeitskreis für Jiddistik 12 (1960), S. 17-24, bes. S. 24. – Ders., *Das hebräisch-mittelhochdeutsche Fragment vom ›Dukus Horant‹* [vgl. Anm. 9], S. 306. – Hellmut Rosenfeld, Rez. zur Tübinger Ausgabe, in: DLZ 87 (1966), Sp. 126-29, bes. Sp. 128.

11 Hierin liegt der Grund dafür, daß ich den *Dukus Horant* und nicht etwa das schmale Werk Süßkinds von Trimberg, das wohl um einige Jahrzehnte älter ist, als ›Erstling jüdisch-deutscher Literatursymbiose‹ bezeichnet habe. Denn soweit wir darüber überhaupt etwas sagen können, müssen wir die Dichtung Süßkinds ausschließlich der deutschen Literatur zurechnen. Sie fügt sich bruchlos dem Bild ein, das wir uns von der deutschen Spruchdichtung des späteren 13. Jahrhunderts machen (vgl. dazu Verfasserlexikon, Bd. 4, 1953, Sp. 349 f.). Es gibt keinerlei Anzeichen dafür, daß sie – wie es beim *Dukus Horant* nicht zu bezweifeln ist – auch ein jüdisches Publikum fand.

12 Hans Neumann, *Sprache und Reim in den judendeutschen Gedichten des Cambridger Codex T-S.10.K.22,* in: *Indogermanica, Festschrift für Wolfgang Krause,* Heidelberg 1960, S. 145-165, bes. S. 161. – Tübinger Ausgabe [vgl. Anm. 4], S. 87.

13 Marie-Elisabeth Tisdell, *Studien zur Erzählweise einiger mittelhochdeutscher Dichtungen,* Bern – Frankfurt a. M. – Las Vegas 1978 (Europäische Hochschulschriften I, 217), S. 76-78 und Anm. 112.

14 Tübinger Ausgabe [vgl. Anm. 4], S. 103 f. – Hellmut Rosenfeld, in: DLZ 87 (1966), Sp. 128.

15 Joachim Heinzle, *Mittelhochdeutsche Dietrichepik,* München 1978 (MTU 62).

Christian Wagenknecht

Isachar Falkensohn Behrs *Gedichte von einem pohlnischen Juden*

*Ein Kapitel aus der Literaturgeschichte der Judenemanzipation**

In dem schwierigen und langwierigen Prozeß, den man die Literaturgeschichte der Judenemanzipation nennen könnte, haben auf deutschem Boden um die Mitte des 18. Jahrhunderts vor allem zwei Erscheinungen Epoche gemacht: die Veröffentlichung von Lessings Lustspiel *Die Juden*, 1754, und die Entdeckung des jüdischen Autors der *Philosophischen Gespräche*, 1755. Die achtungswürdige Figur des Reisenden in Lessings Drama und die feingebildete Gestalt des Moses Mendelssohn – sie haben nicht nur im allgemeinen einer höheren Schätzung der Judenschaft die Bahn bereitet, auf der sich um die Jahrhundertwende dann die bürgerliche Verbesserung der Juden einleiten ließ; im besonderen war damit auch der Grund gelegt für das erste Auftreten eines jüdischen Dichters auf dem Schauplatz der deutschen Literatur, die bis dahin allenfalls einen Süßkind von Trimberg hatte sehen lassen. Die im Zeitalter Goethes rasch aufsteigende Reihe von Schriften jüdischer Autoren wurde noch zu Lessings und Mendelssohns Lebzeiten eröffnet durch ein alsbald vielbeachtetes und weithin geschätztes Buch: die *Gedichte von einem pohlnischen Juden* aus dem Jahre 1772. Der leicht entdeckte Verfasser findet sich bereits in August Küttners *Charakteren teutscher Dichter* porträtiert (1781) und nimmt sowohl in Meusels *Gelehrtem Teutschland* (1796) wie auch in Jördens' *Lexikon deutscher Dichter und Prosaisten* (1810) eine, allerdings bescheidene, Stelle ein. Dann gerät der Name dieses Dichters in Vergessenheit – oder wird, wie in Goedekes *Grundriß* und in der *Allgemeinen deutschen Biographie*, nur darum noch genannt, weil man seit 1830 wußte, daß eine Rezension seines Buches, in den *Frankfurter gelehrten Anzeigen*, ein Werk des jungen Goethe ist. Erst neuerdings haben Werner Kraft, in einer schönen Würdigung der

Goetheschen Rezension, und Gerhard Alexander, in einem noch ungedruckten Aufsatz biographischen Charakters, die Gedichte des polnischen Juden wieder in den Blick gefaßt. Aber auch eine rein literaturgeschichtliche Betrachtung dieses Werks, und seines Verfassers, dürfte sich lohnen – indem sie Einsichten verspricht in die Bedingungen, unter denen noch mitten im 18. Jahrhundert ein polnischer Jude mit deutschen Gedichten hat hervortreten können.

Über den Verfasser des Buches wissen wir wenig. Kein Bild und kein Brief sind bekannt. Bekannt ist der Name: Isachar Falkensohn Behr; auch das Jahr seiner Geburt: 1746. Die Angaben über seinen Geburtsort verweisen teils auf Salantin in Litauen, teils auf Zamosz bei Lublin. Jedenfalls soll Behr, Küttner zufolge, in »einem der traurigsten Winkel von Europa, unter halben Wilden und dem verächtlichsten Haufen seiner Glaubensgenossen, geboren und auferzogen« worden sein. In Handelsgeschäften, so wird weiter berichtet, hielt er sich dann in Hasenpoth in Kurland auf. Eine Geschäftsreise führte ihn 1768 nach Königsberg – und dort hatte er das Unglück, »daß ihm ein Stück Sammet gestohlen wurde, worin sein ganzer Reichthum bestand. Aus Furcht, wenn er nach Hause ginge, wegen dieses Unglücks verhöhnt zu werden, entschließt er sich, auf der dortigen Universität zu bleiben. Er erhält den Zutritt zu einigen Professoren, und lernt die Deutsche Sprache aus Wolfs mathematischen Schriften«. Das berichtet Karl Lessing seinem Bruder in Wolfenbüttel am 11. Juli 1771. Behr selber greift den Königsberger Vorfall in einer seiner Oden auf:

Mein Fuß betrat
Kaum die blühende Stadt Preussens, die sich voll Stolz
Am besegelten Hafen thürmt,
Und ins friedliche Thor handelnde Völker zieht;
Zeigt' ein Goldesverlust mir schon,
Wandelnd Erz sey kein Quell steter Zufriedenheit.

In der Vorrede des Buches, die als »Schreiben an einen Freund« abgefaßt ist, teilt Behr außerdem mit: »daß ich zwar schon seit 1768 den Studien mich gewiedmet habe, daß ich aber zu dieser Zeit, als Jüngling lernen mußte, was sonst ein Kind von sechs Jahren schon weiß; das ist, deutsch und latein lesen.« Allerdings scheint er sich auch schon früher hervorgetan und die Aufmerksamkeit eines Gönners gefunden zu haben: des polnischen Landrats und Herrn auf Schloß Hasenpoth Friedrich Ewald Fircks, dem er das Buch seiner Gedichte dann förmlich widmen darf. Gerhard Alexander hat eine Reihe von Anzeichen zusammengetragen, die dafür sprechen, daß an der Förderung des augenscheinlich begabten und strebsamen Mannes freimaurerische Kreise beteiligt waren; vielleicht gar hat sich Behr schon mit der Absicht nach Königsberg begeben, dort mit einem Studium zu beginnen. Jedenfalls kam er wenig später von Königsberg aus mit Empfehlungen an Moses Mendelssohn nach Berlin und wohl über seinen Verwandten Israel Zamosz ins Haus des Daniel Itzig. »Hier in der blühenden / Künste Pflanzstadt«, wie Behr in der angeführten Ode schreibt, konnte er nun, unterstützt von Juden wie von Christen, und bewegt von einem offenbar unbändigen Bildungstrieb, sich in den Sprachen und Künsten der besseren Gesellschaft üben. »Anfangs ging er wie ein polnischer Jude«, berichtet Karl Lessing, »und konnte kein Wort Deutsch.« »Jetzt« aber, kaum drei Jahre später, »schreibt er ziemlich gut Deutsch, versteht ein lateinisches und französisches Buch, und ist in der Mathematik, Philosophie und Medicin kein Fremdling.« Und schon versucht er sich auch in der Poesie. Wohl auf Ramlers Vermittlung erscheinen im Leipziger Musenalmanach auf das Jahr 1771 außer einer Ode eben an Ramler drei seiner Lieder – schon hier mit der Angabe: »von einem polnischen Juden« und begleitet von einer Anmerkung des Herausgebers, welche lautet: »Eine merkwürdige Erscheinung: Dieser außerordentliche Dichter vereinigt in seinen Liedern die größte Natur mit der größten Zärtlichkeit; seine Ode ist ganz horazisch.« Eine eigene Sammlung seiner Gedichte ließ denn auch nicht lange auf sich warten, ja, noch im Jahre ihres Erscheinens, 1772, schickte Behr ihr einen *Anhang* nach. Als Verleger zeichnet Jakob Friedrich Hinz im kurländischen Mitau. Bevor ich davon einiges Nähere sage, soll zunächst von Behrs fernerem Leben die Rede sein. Spätestens in Berlin muß er sich entschlossen haben, sich zum Arzt auszubilden, dem einzigen Beruf, auf den sich ein Jude damals auf Universitäten vorbereiten konnte, und so ging er denn erst nach Leipzig und später nach Halle, wo er mit einer Dissertation, von der wir nur den Titel kennen, noch im Jahre 1772 promoviert worden ist. Über Breslau, wo die orthodoxe Gemeinde den Schützling Mendelssohns mit Mißtrauen betrachtete und behandelte, kehrte er nach Hasenpoth zurück, ging später nach Mohilev in Weißrußland, und praktizierte schließlich, mit dem Titel eines Hofrats, am Militärlazarett in Kamenez-Podolsk in der Ukraine, wo er siebzigjährig 1817 gestorben ist. Die Zulassung für ganz Rußland hatte er bereits 1782 erhalten – gewiß nicht zufällig gerade zwei Monate nach seinem Übertritt zum griechisch-orthodoxen Christentum.

Das Dichten hat auch der fertige Arzt nicht völlig aufgegeben. Als am 21. April 1781 das »Geburtsfest der Großen Kayserin Katharina der Zweyten« gefeiert wurde, stellte sich auch »Isachar Falkensohn Behr, der Arzneygelahrtheit Doctor«, mit einer gedruckten Huldigung ein: einem »Jubellobgesang« auf die »Allergrößte Fürstin« und »beste Landesmutter«, die in einer Strophe auch als »Schutzgöttin« der Juden gepriesen wird:

Auf deren Fußtritt jüngsthin eine Wolke,
Voll Königlicher Milde sich ergoß,
Und bis zu Israels verdrängtem Volke,
Der reine Gnadenstrom hinunter floß!

Das dürfte auf die den russischen Juden günstige Gouvernementsreform von 1778 zu beziehen sein. Am Schluß spricht Behr eine größere Hoffnung aus:

Und will die große Fürstinn liebreichst gönnen,
Dem Sänger Israels, ein horchend Ohr;
Den Fremdling sich zum Unterthan ernennen,
Und zieht Sie huldreichst ihn von Staub hervor! – –

O Mächtigster, o Lenker des Geschickes!
Soll je mich eine Seligkeit erfreun,
So gönne mir, nur diesen Tag des Glückes,
Und müßt' er, meines Lebens letzter seyn!

Dem Katalog der Göttinger Bibliothek zufolge soll der inzwischen getaufte Jude (»Behr Dr. M. Juif baptisé«) außerdem einen schmalen Band mit französischen Gedichten veröffentlicht haben. Das Buch ist unter dem Titel *Production d'une muse étrangire* im Jahre 1783 anonym wiederum in St. Petersburg erschienen, enthält Lobgedichte auf Angehörige der russischen Adelsgesellschaft sowie eine Reihe von galanten Liedern, und sticht in beiden Teilen nicht weit von Behrs Sammlung seiner deutschen Gedichte ab.

Diese nun hat zu ihrer Zeit einiges Aufsehen erregt und ist von

Anthologisten bis hin zu Matthisson am Beginn es 19. Jahrhunderts mehrfach exzerpiert worden. Die Gründe solcher Schätzung sind nicht schwer zu erkennen; den wichtigsten hat Behr in der Vorrede selber genannt. »In meinem Büchlein«, heißt es da, »wird schwerlich neues zu finden seyn, es wäre denn der Titel: Lieder eines pohlnischen Juden. – In der That mögen diese Worte wohl in ein paar tausend Jahren nicht beysammen gestanden haben; und die Herren Kunstrichter werden vielleicht so gütig seyn, und mir wegen dieser Seltenheit alle Fehler übersehen.« Die captatio benevolentiae richtet sich zunächst gewiß auf die schonende Beurteilung technischer Mängel, die schon dem Zeitgenossen Küttner nicht entgangen sind: »Nicht immer weiß er die Mühe zu verbergen, die Sylbenmaaß und Reim ihm kosteten: viele seiner schönen Gedanken leiden unter dem Zwange der Versifikation.« Darüber hinaus aber will Behr die Erstlinge seiner Muse auch nicht im allgemeinen allzu scharf verglichen und beurteilt sehen:

Mir ist kein neues Lied gelungen!
Ich singe nicht wie Uz gesungen,
An Klange keinem Ramler gleich!
Und sucht ihr Gleims und Saphos Lieder –
Ach! legt geschwind mein Büchlein nieder!
Um euer Geld beklag ich euch!

Die Reihe dieser Namen, deren letzter natürlich die deutsche Sappho, die berühmte Karschin, meint, bezeichnet treffend den Charakter und annähernd auch den Rang der Behrschen Lyrik. Nicht nur sie ist heute ja vergessen; selbst von Ramlers gediegenem Werk haben sich kaum fünf Gedichte im Gedächtnis der Nachwelt erhalten. Was man aber in Behrs Gedichten jedenfalls nicht wird suchen dürfen, das ist ein Ton, den seine Vorbilder und Lehrmeister nicht schon angestimmt hätten: an dem man ihn gar als einen polnischen Juden erkennen könnte. Die Lieder, im ersten Teil des Buches, halten sich ganz im Geist und Stil der Anakreontik, wie sie um die Mitte des Jahrhunderts in Mode war. Da werden die Liebe und der Wein besungen, Amor und Bacchus treten auf; die Mädchen sind allemal schön und vor allem spröde, sie heißen Phyllis und Psyche, Aglaja und Rosalinde; der Zephyr weht durch die Myrten und die Nachtigall flötet. Nur am Rande dieser Kunstwelt, in einigen Überschriften, ist eine Spur von

Wirklichkeit zu erkennen – wie in dem Gedicht *Auf des Herrn F. kleine Tochter*, vielleicht die Tochter des Gönners Fircks, und in der *Verzweiflung eines Vermählten*, wie sie Behr, der in Polen Frau und Kinder hatte, im Umgang mit Berliner Schönheiten erfahren haben mag. Die beiden Gedichte selbst aber halten sich ganz im Rahmen der galanten Liebespoesie der Zeit. Im zweiten Teil des Buches, der die Oden enthält, zeigt Behr sich nicht minder gelehrig und geschickt; nur daß das Vorbild hier nicht Uz oder Gleim, sondern Ramler heißt, mit dessen Lob denn auch die Reihe beginnt. Die letzten Strophen des im sapphischen Maß abgefaßten Gedichts lauten so:

Auch mir gab Melpomenens Huld die Laute;
Doch auf Lithuaniens kalten Höhen
Wild erwachsen rühr' ich sie roher, als der
Nordwind erbrauset.

Lehre mich, o Meister der deutschen Leyer,
Lehre mich ein Lied dir nachlallen! Sing' ich
Je ein Lied der Ewigkeit, ist es dir ein
Ewiges Danklied.

Auch die Ode an Mendelssohn kann sich hören lassen. In sinnreicher Abwandlung und Anwendung des horazischen »Exegi monumentum aere perennius« beginnt das ebenfalls in asklepiadeischen Strophen gehaltene Lobgedicht mit dem Vers:

Allauslöschend verschont, Mendelsohn, dich die Zeit,

und faßt mit ähnlicher Stilsicherheit die Bezugnahme auf den Lavater-Streit, denn darum scheint es sich zu handeln, in ein mythisches Bild:

Cerberus heiseres
Bellen scheuchet dir vom Antlitz die lächelnde
Sanftmuth nie; steigt sein Odem
Ihm vom Rachen gleich giftesvoll,

Deinem ewigen Ruhm raubt er den Glanz doch nie.

So wenig überall prosodische Mängel zu übersehen sind, weiß Behr sich doch in seinen Oden als durchaus wohlinformierter Poet zu zeigen. Eine stattliche Reihe sprachlicher Kühnheiten, in Wortbildung und Wortfügung, läßt ihn auch mit Klopstocks lyrischem Werk vertraut scheinen, dessen Namen die Vorrede wenigstens beiläufig nennt. Ebenso gattungsgemäß sind in den

Huldigungsoden die namentlichen Apostrophierungen (»Ramler«, »Mendelsohn«) und in den Liebeselegien die poetisch verbürgten Benennungen der Geliebten (»Lalage« nach Horaz und »Laura« nach Petrarca). Wenn hier öfter als in den Liedern biographische Einzelheiten zur Sprache kommen, so ist auch das »ganz horazisch«. Den Abschluß der Reihe macht die Ode *An die Hoffnung* – mit ihrem Rückblick auf den Königsberger »Goldesverlust« und auf die glückliche Wendung, die den Dichter dann nach Berlin und einer höheren Bestimmung zugeführt hat. Nun soll die Hoffnung, die sich ihm so günstig zeigt, auch seine Eltern trösten:

Daß mein Vater nicht mehr innigst verwundet ob
    Mein verzweifeltes Wohl, nicht mehr
Meine Mutter, das Aug' weinender Sehnsucht voll,
    Ob des Lieblings Abwesenheit
Seufze.

Auf den letzten Seiten des Buches hat Behr eine Kantate drucken lassen, ein Melodrama, das die Geschichte der gefesselten und von Perseus befreiten Andromeda mehr lyrisch als szenisch vor Augen stellt. Ovid und Corneille gaben, wie die »Vorerinnerung« berichtet, den Stoff; die Form hatte Rousseaus *Pygmalion* (1762) geprägt. In Deutschland war die Gattung schnell beliebt geworden, auch Ramler hatte sich darin versucht, Brandes, Gotter und Goethe (mit der *Proserpina* von 1778) schlossen sich an. Behrs Kantate nimmt sich in dieser Reihe nicht übel aus, und die Zeitgenossen haben sie geschätzt. »Das musikalische Gedicht, Andromeda«, schreibt Küttner 1781, »die reifste Frucht seines Genies, ist einer Meisterhand würdig.« Noch 1805 hat Matthisson das Stück mit einigen Abänderungen in seine *Lyrische Anthologie* aufgenommen. Wohl möglich, daß Behr mit seiner Kantate nicht mehr im Sinn hatte, als sich den Anforderungen auch dieser Gattung gewachsen zu zeigen; den Mythos aber scheint er doch darum gewählt zu haben, weil er sein eigenes Schicksal darin abgebildet fand. Die Schlußverse des Chors erinnern an die Hoffnungs-Ode:

Schien uns nicht Andromeda
Schon dem schwarzen Stixe nah,
Und ihr Untergang beschworen?
Doch in einem Augenblick
Floh die Furcht, sie ward, o Glück,
Zu dem Götterstand erkohren!

Alles in allem wird man Küttner zustimmen dürfen, der vor zweihundert Jahren seinen Artikel über Behr mit den Worten geschlossen hat: »Gut, daß Ramler die schönsten seiner Lieder in die lyrische Blumenlese aufnahm; er steht mit eben so großem Rechte in einer so ehrenhaften Gesellschaft, als Süskind der Jude von Trimberg im Zirkel der Minnesinger.« In seinem 1900 erschienenen Aufsatz über Behr hat Daniel Jacoby diese Worte zitiert – freilich nicht ohne hinzuzufügen: »Aber weder Süßkind noch Behr zeigen Ursprünglichkeit. So wenig wie Süßkind sich – nach dem unbefangenen Urteil Roethes – von den Anschauungen seiner christlichen Kollegen im 13. Jahrhundert im wesentlichen entfernt, so wenig Behr von denen, die der Poesie der Zeitgenossen gemeinsam sind.« Ja eben darum, weil sich die *Gedichte von einem pohlnischen Juden* so gut wie ganz den poetischen Konventionen der Zeit zu fügen bemüht haben, ist ihnen ein wenn auch flüchtiger Ruhm zuteil geworden. Nur auf dem Weg einer solchen Assimilation konnte Behr innerhalb von drei Jahren »Von Poloniens Wüsten / Zu dem Fuße des Helickons« gelangen: gefördert und geachtet von aufgeklärten und wohlmeinenden Männern wie dem polnischen Landrat Fircks und dem preußischen Professor Ramler, die ihren Glauben an die Vervollkommnungsfähigkeit des Menschen nicht leicht besser betätigen und bestätigen konnten als mit der Zähmung und Bildung eines Wilden. In Isachar Falkensohn Behr haben sie ein williges und tüchtiges Beispiel gefunden. Indem er seine Herkunft selber nicht verleugnet, vielmehr ausdrücklich bezeugt, daß er »auf Lithuaniens kalten Höhen / Wild erwachsen« sei, rückt er auch von sich aus den Prozeß seiner Zivilisation vor die Augen des erstaunten Publikums. Den Ausgangspunkt hat er in der Vorrede mit der rhetorischen Frage bezeichnet: »Erregen nicht die Worte: pohlnischer Jude, in der Seele das Bild eines Mannes, schwartzvermummt, das Gesicht verwachsen, die Blicke finster, und rauh die Stimme? wird die angewöhnte misverstandene Frömmigkeit einiger zärtlicher Leserinnen, das Bild nicht gräßlicher malen, als es meine armen Landesleute wirklich sind?« Stattdessen stellt sich diesen Leserinnen nun ein ganz anderer vor:

Ihr Zärtlichen,
Kein falsches Bild!
Ihr müßt mich sehn,

Ich bin nicht wild,
Vielleicht gar schön!

Voll Sehnsucht blickt,
Mein Augenpaar,
Und Puder schmückt
Mein Lockenhaar!

Mein Bart ist glatt,
Und glätter hat,
Ich sag es kühn,
Kein Jüngling ihn!

Mein Rock ist grün,
Und ziemlich schön,
Ihr solltet ihn
Nur einmahl sehn:
Ihr wärt mir hold,
Denn ihn schmückt Gold!

Ihr Zärtlichen,
Kein falsches Bild!
Ihr müßt mich sehn,
Ich bin nicht wild,
Vielleicht gar schön!

Nicht mehr schwarzvermummt, sondern im grünen Rock; das Gesicht nicht mehr verwachsen, sondern glattrasiert; die Blicke nicht mehr finster, sondern voller Empfindsamkeit; nicht mehr rauh die Stimme, sondern zärtlich und gefällig, wie das hübsche Gedicht es ja selber bezeugt: auf dem Weg einer solchen Emanzipation war es dann nicht mehr weit bis zur Ablegung auch des jüdischen Namens. »Wenn er so fortfährt«, hatte Karl Lessing im Blick auf Behrs Berliner Studien geschrieben, »kann er es weit bringen«. Und wenig später schrieb Boie aus Göttingen an den späteren »Urfreund« Goethes, an Knebel: »die Gedichte des Litauers sollen auch jetzt gedruckt seyn. Sie haben recht, die jüdische Nation verspricht sehr viel, wenn sie einmal erwacht.« Goethe selbst jedoch, in Wetzlar, war von diesen Gedichten wenig erbaut – obwohl oder vielmehr weil er sich viel davon erwartet hatte. »Zuförderst müssen wir versichern, daß die Aufschrift dieser Bogen einen sehr vortheilhaften Eindruck auf uns gemacht hat. Da tritt, dachten wir, ein feuriger Geist, ein fühlbares Herz, bis zum selbständigen Alter unter einem fremden rauhen Himmel aufgewachsen, auf einmal in *unsre* Welt. Was für Empfindungen werden sich in ihm regen, was für Bemerkungen wird er machen, er, dem alles neu ist?« Unser geselliges und gesellschaftliches Leben werde ihn finden lassen, was er nicht sucht, und suchen, was er nicht findet, und wenn er auch nichts Neues zu sagen wüßte, so würde alles doch eine neue Seite haben. »Das hofften wir, und griffen – in Wind.« Zwar: »Es ist recht löblich ein polnischer Jude seyn, der Handelschaft entsagen, sich den Musen weihen, deutsch lernen, Liederchen ründen; wenn man aber in allem zusammen nicht mehr leistet, als ein christlicher Etudiant en belles Lettres auch, so ist es, däucht uns, übel gethan, mit seiner Judenschaft ein Aufsehn zu machen.« Ausführlich geht Goethe nur auf die Liebeslieder ein: »Seine Mädchen sind die allgemeinsten Gestalten, wie man sie in Societät und auf der Promenade kennen lernt, sein Lebenslauf unter ihnen, der Gang von tausenden«. Von den Oden sei wenig zu sagen: »durchgehends die, Göttern und Menschen, verhaßte Mittelmäßigkeit«. Über die Andromeda-Kantate fällt überhaupt kein Wort. Ja, im zweiten Teil der Rezension verliert Goethe, wie er am Ende selbst gestehen muß, den polnischen Juden ganz aus dem Blick; entwirft vielmehr in bewegten Sätzen das Bild einer ebenso heftigen wie innigen Liebe zwischen einem Jüngling und einem Mädchen, zweier »Herzen«, die »jung und warm« ganz füreinander bestimmt scheinen und deren jedes den »Innbegriff der Glückseligkeit« im anderen ergreift. Der von Goethes Begegnung mit Charlotte Buff inspirierte Hymnus nimmt bis in Einzelheiten der Motivführung und der Satzbildung einige Züge des Werther-Romans vorweg; er bekundet zugleich das Lebens- und Dichtungsverständnis einer neu auf den Plan tretenden und neue Wege erprobenden Generation. Dieser Generation hat Behr nur dem Alter nach angehört. Ein Meisterschüler; kein Originalgenie. Wie ein Jahrzehnt vor ihm die Gastwirtstochter und Schneidersfrau Anna Luise Karsch, die gleichfalls von Ramler und Mendelssohn gefördert worden war, konnte der polnische Jude nicht wohl ein anderes Idiom sprechen lernen als das seiner Lehrer – also artig und zierlich Liederchen ründen und horazische Oden von mäßigem Enthusiasmus drechseln. Anders als auf dem Weg einer solchen Nachahmung und Anpassung war eine Teilnahme an der literarischen Kultur der Deutschen schwerlich zu bewirken – im 18. weniger noch als im 19. Jahrhundert. Diesen Weg hat noch der im Zeitalter der Toleranzpatente und Emanzipationsedikte geborene deutsche Jude Heinrich Heine einschlagen müssen: mit Liebesliedern und Schicksalsdramen im nunmehr herrschenden romantischen Geschmack und mit den ersten Proseschriften im modischen Genre des Reisebilds. Die *Hebräischen Melodien* des *Romanzero* hat erst der alte Heine angestimmt.

Anmerkung

* Die ältere Literatur ist in Goedekes *Grundriß* verzeichnet (Bd. 4,1 [[3]1916], S. 493); einige neue Daten zur Biographie finden sich in der *Encyclopaedia Judaica* (Bd. 6 [1930], S. 915 f.) s. v. ›Falkensohn‹. Werner Krafts Aufsatz *Gedichte von einem polnischen Juden und der junge Goethe* ist 1981 in den ›Neuen Deutschen Heften‹ (S. 722-729) erschienen; Gerhard Alexanders Aufsatz *Isachar Falkensohn Behr (1746-1817)*, den ich im Manuskript habe lesen dürfen, erscheint in Bd. 14 der ›Wolfenbütteler Studien zur Aufklärung‹. Wichtig sind auch die Abschnitte über Behr in Alexander Altmanns Mendelssohn-Biographie (Alabama 1973; S. 335-338). Ein Neudruck von Behrs Gedichten, unter Einschluß der bisher unbeachtet gebliebenen Huldigung an Katharina die Große, steht noch aus.

Conrad Wiedemann

Zwei jüdische Autobiographien im Deutschland des 18. Jahrhunderts: Glückel von Hameln und Salomon Maimon

Die literarische Emanzipation der deutschen Juden beginnt mit Moses Mendelssohn, dessen Größe nicht im Aufbegehren, sondern in der Vermittlung lag. Sein Denken hatte, gemessen etwa an dem seines Freundes Lessing, sedative Wirkung, auch und gerade in bezug auf das Hauptproblem der jüdischen Aufklärung, die Identitätsfrage. Denn indem er die Vereinbarkeit der jüdischen Religion mit der autonomen Vernunft verhieß, leugnete er zwar nicht die Frage selbst, wohl aber das wahre Ausmaß der ihr innewohnenden Spannung. In jeder Vermittlung, auch der genialsten, steckt nun einmal ein Moment des Verbergens.

In der Folge soll nicht von Mendelssohn und dem Geist der Vermittlung die Rede sein, sondern von den Spannungspolen, zwischen denen er auszugleichen versucht hat. Sie werden sichtbar in zwei jüdischen Autobiographien vom Anfang und vom Ende des Aufklärungszeitalters, Werken von unzweifelhaftem Rang, die indes gegenwärtig nicht allzu bekannt zu sein scheinen.[1] Dabei haben sie kaum historische Patina angesetzt und bereiten nicht nur Fachleuten ein hohes Lesevergnügen. Die erste, zwischen 1691 und 1719 niedergeschrieben, stammt von einer wohlhabenden hamburgischen Kaufmannsfrau und Familienmutter, Glückel von Hameln, die zweite, 1792/93 erschienen, von einem der begabtesten Kantschüler und Kantzeitgenossen, Salomon Maimon aus Polnisch-Litauen. Beide Schriften sind nicht nur unmittelbar aus der Diasporaproblematik erwachsen, sie haben sie auch zum Gegenstand, wobei Glückel die Position religiöser Selbstbewahrung durch strenge Gesetzesbindung vertritt, Maimon hingegen die eines radikalen und subjektiv verantworteten Emanzipationsbedürfnisses.

Natürlich hätte es zur philologisch angemessenen Beurteilung beider Werke judaistischer Kenntnisse, die der Referent kaum, im Fall der Glückel auch jiddistischer, die er überhaupt nicht hat, bedurft. Meine Interpretation wird also philologisch unzureichend sein, was mir freilich nicht Grund genug scheint, sie zu unterlassen.

I

Glückels *Memoiren*, dies soll nicht übergangen werden, haben eine interessante Überlieferungsgeschichte. Die Verfasserin, deren Originalhandschrift verloren ist, dachte wohl nie an einen Druck, und die Kinder, denen das Werk ausschließlich zugeeignet war, ebensowenig. Als der Judaist David Kaufmann 1896 die erste Buchausgabe edierte, konnte er sich auf zwei Abschriften aus der unmittelbaren Nachkommenschaft (Sohn und Enkel) stützen.[2] Seine Edition erhebt wissenschaftlichen Anspruch, bewahrt also den ursprünglichen Sprachstand, ein hamburgisch-nichtsephardisches Judendeutsch, und die ursprüngliche hebräische Schreibweise. 1910 und 1913 erschienen unabhängig voneinander zwei Übertragungen ins Hochdeutsche, von denen die letztere, besorgt von Alfred Feilchenfeld, leider die bekanntere geworden ist und mehrere Auflagen erfahren hat, u. a. einen reprographischen Nachdruck von 1980.[3] Leider: weil diese Ausgabe, wiewohl mit reizvollen zeitgenössischen Illustrationen und einem nützlichen Kommentar ausgestattet, nicht nur stilistisch geglättet[4], sondern auch erheblich gekürzt ist, u. zw. planmäßig um die erbaulichen Teile, also die Exempelgeschichten und frommen Reflexionen der Autorin. Aus einer religiösen Autobiographie ist so die anmutende Geschichte eines wechselhaften Lebens geworden, deren historischer Zeugniswert stark eingeschränkt ist (der literarhistorische ist fast null).

Ganz anders die weitgehend unbekannt gebliebene, weil als Privatdruck erschienene Übertragung von 1910.[5] Sie läßt nicht nur das überlieferte Textcorpus unversehrt, sondern versucht auch so viel wie möglich vom ursprünglichen, also judendeutschen Erzähl- und Argumentationsduktus zu bewahren. Literarhistorikern, die des Jiddischen und Hebräischen nicht mächtig sind, kann nur diese Ausgabe empfohlen werden. Die Übersetzerin, Bertha Pappenheim (1859-1936), war im übrigen eine Nachfahrin der Glückel und ihrerseits eine Frau von historischem Format. Als Gründerin und Vorsitzende des Jüdischen Frauenbundes wurde sie im ersten Drittel unseres Jahrhunderts wegweisend in der jüdischen Sozialarbeit und im Kampf um die Frauenrechte.[6] Darüber hinaus ist sie, wie wir seit E. Jones' Freud-Biographie wissen, identisch mit Josef Breuers und Sigmund Freuds Anna O., der berühmten ersten Hysterie-Patientin, an deren Fall Freud das Grundproblem der Psychoanalyse aufging.[7] Nach 1890 entfaltete sie eine breitgefächerte publizistische Tätigkeit, verfaßte Denkschriften, Romane und Erzählungen und gab mit dem *Maasse-Buch* (1929)[8] und der sog. *Zenne renne* (1930)[9] weitere Standardwerke der westjiddischen Tradition in Übertragungen heraus. Daß sie sich in den 20er Jahren von L. Pilichowsky als Glückel von Hameln porträtieren ließ[10], war zweifellos mehr als eine Marotte – offensichtlich fühlte sie sich der Hamburgerin nicht nur familiär, sondern auch wesensverwandt. Die wissenschaftliche Erschließung ihres Lebenswerks ist im übrigen nur in Ansätzen geleistet und wäre im Jerusalemer germanistischen Institut denkbar gut plaziert.

Glückel Hameln (1645-1724), Tochter des Kaufmanns und langjährigen hamburgischen Gemeindevorstehers Löb Pinkerle, begann ihre Niederschrift 1791, im Alter von 45 Jahren. Mittelbarer Anlaß war ihr der zwei Jahre zurückliegende Tod ihres Mannes Chajim: »Ich habe dieses angefangen zu schreiben mit Gottes Hilfe nach dem Tode eures frommen Vaters, und es hat mir wohl getan, wenn mir die melancholischen Gedanken gekommen sind, aus schweren Sorgen« (S. 3).[11] Also Schreiben und Erinnern als therapeutische Trauerarbeit. Zugleich ging es ihr freilich ausdrücklich darum, ihren Kindern eine Familienchronik zu hinterlassen und ihnen jüdische Moral und jüdische Lebensart ans Herz zu legen. Dementsprechend lassen sich in ihrem Buch zwei Darstellungsebenen unterscheiden, die eines fakten- und erfahrungsgesättigten Berichts und die eines moralisierenden, genauer noch: eines religiösen Kommentars.

Der Bericht, der etwa zwei Drittel des Umfangs ausmacht, schildert in linearer Zeitfolge die Stationen ihres Lebens von der frühesten erinnerten Jugend an: den Umzug von Hamburg nach Altona und zurück, den Schwedeneinfall in Altona, die Geschichte ihrer Verehelichung mit Chajim Hameln, das vorübergehende Leben in der Provinz, die glücklichen und – ausführlicher noch – die unglücklichen Geschäfte ihres Mannes, ihre vielen Kindsgeburten und, fast wichtiger noch, die Verheiratung ihrer

Kinder, schließlich Krankheit und Tod ihres Mannes, ihr Leben als verwitwete Geschäftsfrau, ihre Wiederverehelichung und Übersiedlung nach Metz, den Bankrott ihres zweiten Mannes, ihre erneute Witwenzeit und die Altersjahre in Armut. Eingestreut sind sorgfältige Auskünfte über Verwandtschaftsbeziehungen, sowie kleine Porträts der engsten Angehörigen, der Eltern und Großeltern, des Schwiegervaters, einzelner Vettern und Basen.

Der Kommentarteil besteht aus einer Vielzahl teils moralisierender, teils affektiver Parenthesen zum Erzählten, vor allem aber aus einem Fundus exemplarischer Geschichten, insgesamt siebzehn, die in unregelmäßigen Abständen, aber durchaus beziehungsvoll, etwa im Sinn des christlichen Predigtmärleins, in den chronistischen Text eingestreut sind.

Wer den literarhistorischen Ort der Glückelschen Autobiographie zu bestimmen sucht, hat Widersprüchliches zu bedenken, vor allem ein merkwürdiges Nebeneinander von Traditionalismus und Originalität. Als originär muß besonders die Gattungswahl gelten. An sie dachte der Herausgeber David Kaufmann wohl in erster Linie, als er die *Memoiren* ein Werk »von hoher Selbständigkeit und alles Herkommen durchbrechender Einzigartigkeit«[12] nannte. In der Tat scheint es in der vorhergehenden jiddischen wie in der nachfolgenden deutsch-jüdischen Literatur kaum etwas Vergleichbares zu geben.[13] Erst mit Salomon Maimon und den jüdischen Frauen der Berliner Salons, also nach mehr als hundert Jahren, findet die von Glückel begonnene Linie ihre Fortsetzung, wenn auch in ganz anderem Geist und ohne daß die Späteren etwas von ihrer Vorgängerin gewußt hätten. So gesehen wäre die Hamburger Autodidaktin also eine Einzelgängerin, eine Unzeitgemäße.

Andererseits ist ihre autobiographische Attitüde so selbstverständlich und formsicher, daß es ganz unsinnig wäre, an eine Eigenschöpfung ohne jedes Vorbild zu denken. Sollte ihr, der Türhüterin jüdischer Eigenart, die Anregung dazu von außen gekommen sein? Erinnern wir uns: auch in der außerjüdischen Literatur des 17. Jahrhunderts spielt die Autobiographie lange keine nennenswerte Rolle. Die Initialleistungen der Renaissance auf diesem Gebiet wirkten im frühabsolutistischen Zeitalter nicht fort; anstatt Manifestationen der Individualität waren solche der öffentlichen Norm gefragt. Erst in der zweiten Jahrhunderthälfte deutete sich eine Umwertung an, wobei die innovative Kraft offensichtlich von religiösen Einzelgängern und Neuerern ausging. Kann es barer Zufall sein, daß Glückels religiöse Autobiographie zeitlich mehr oder minder genau mit einer allgemeinen Wiederbelebung der Gattung aus religiösem Geist zusammenfiel, einer Wiederbelebung zudem, an der Frauen – zum ersten Mal in der Geschichte – einen hervorragenden Anteil hatten? In den 70er und 80er Jahren des Jahrhunderts entstanden die Autobiographien der eingekerkerten dänischen Gräfin Ulfeldt *(Jammers Minde)* und der abgedankten schwedischen Königin Christine *(Memoiren)*, die manche strukturelle Ähnlichkeit mit der ihren aufweisen. Die Wahrscheinlichkeit, daß sie von ihnen wußte, ist indes nicht sehr groß. Eher könnte ihr schon die Lebensbeschreibung der Pietistin Johanna Eleonora Petersen[14] in die Hand gefallen sein, die 1689 im holsteinischen Plön erschien, zwei Jahre bevor sie selbst so genrebewußt zur Feder griff. Glückel war zu diesem Zeitpunkt eine selbständige Geschäftsfrau, und das Buch lag bei Hamburger Buchführern wahrscheinlich aus. Sicherlich, Eleonoras Welt ist nicht die der Glückel, und konkrete Abhängigkeiten werden sich nicht nachweisen lassen. Aber auch hier gibt es frappierende Analogien, so daß man zumindest sagen können wird: das Buch der Hamburger Jüdin fügt sich gattungsgeschichtlich in den Zeitgeist und in eine spezifische Modernität.

Zu den Hauptindizien dieser Modernität gehört vorrangig der Wille und das Vermögen zu erlebnishafter Darstellung. Glückels Sicherheit im Faktischen, die auf ein ungewöhnliches Erinnerungsvermögen schließen läßt, geht nämlich Hand in Hand mit einem ausgeprägten Sinn für Atmosphärisches und einer um Nuancen nicht verlegenen Vergegenwärtigungskraft. Vor allem in den episodenhaften Partien läßt sie ihrer persönlichen Anteilnahme freien Lauf. Nichts erinnert hier mehr an vorsubjektivistisches Rollensprechen. Das Komische gerät ihr heiter, nicht drastisch, das Dramatische spannend, nicht theatralisch, das Erschütternde anrührend, nicht pathetisch. Zeitgenössische Kritiker hätten ihr vielleicht das berühmte *je ne sais quoi*, das gewisse Etwas zugesprochen – jedenfalls Naturell. Als Erzählerin erlebter Wirklichkeit ist Glückel ganz bei sich selbst.

Die subjektivistischen Aspekte der Gattungswahl, der Emotionalität und des vergegenwärtigenden, szenischen Erinnerns, die durchaus an Christian Thomasius' gleichzeitige *Monatsgespräche*

(1688-90) oder sogar an Johann Christian Günther gemahnen, scheinen freilich ein naives, jedenfalls unreflektiertes Element darzustellen. Auch sind sie nur für die Konstitution des erzählenden Ichs, nicht für die des erzählten Ichs von Belang. Ja mehr noch – und hier stoßen wir auf ein wichtiges Strukturprinzip der Glückelschen *Memoiren* –, sie stehen ganz im Dienst eines traditionalistischen, und das heißt natürlich: nichtsubjektivistischen Menschenbildes. Damit ist zugleich der Hauptunterschied zu den frühpietistischen Autobiographien eines Francke oder einer Johanna Eleonora Petersen bezeichnet. Geht es in diesen ausschließlich um den privaten, individuell verantworteten Weg zu Gott und die Überwindung kirchlicher Gesetzesfrömmigkeit, so bei Glückel gerade um das Gegenteil. Ihr religiöser Begleittext ist eine einzige angstvolle Beschwörung der Gesetzestreue, ein Sich-Versichern-und-wieder-Versichern einmal in der Befolgung der Halacha und zum andern in der stoischen Annahme des Schicksals, wie immer es beschaffen sein möge. Beides wird im ersten Buch, einer rein moraltheologischen Reflexion ohne biographischen Inhalt, geradezu leitmotivisch angeschlagen. Wir sind wie Leute, so heißt es dort, die vom Schiff ins Meer gefallen sind und denen der Steuermann ein paar Stricke zugeworfen hat – die Thora. »An unserer lieben Thora können wir uns festhalten.« (S. 4) Nicht im Einzelgängertum könne das Heil liegen und in übermäßiger Askese. »Gott begehrt nicht, daß man sich mit der Buße ums Leben bringen soll. Nein, alles hübsch wie unsere Weisen geschrieben und in unserer Thora steht, und wenn der Mensch dann solches tut, so macht er sein Buch rein auf dieser Welt und hat keine verworrene Rechnung« (S. 5).

Was die Unterwerfung unter das von Gott gesandte Schicksal betrifft, so scheint sie der pietistischen Glaubenshaltung eher verwandt, doch will Glückel – so als kennte sie die pietistische Auffassung – ausdrücklich nichts von der sinndeutenden Beziehung der Vorsehung auf das Ich wissen. »Unser Gesetzgeber Moses hat es gerne wollen und hat gesagt: ›Mache mir Deine Wege bekannt‹, ist aber nicht dazugekommen. Darum sollen wir nicht darüber grübeln.« (S. 2) Und: »Obschon es der eine besser als der andere auf der Welt hat, so können wir nichts judizieren, und ist oft manchem sein Vorteil vorbehalten für jene Welt.« (S. 6 f.) Wäre nicht auch diese Schicksalsergebenheit alte jüdische Tradition, man könnte sie anstatt mit dem pietistischen Vorsehungsglauben mit dem barocken Neustoizismus niederländischer Provenienz vergleichen, umso mehr, als sich dort wie hier (»rudernd untergehen«) ein unbeirrbares diesseitiges Arbeitsethos damit verbindet. Die biographischen Partien der *Memoiren* verdanken diesem Arbeitsethos zweifellos die fast optimistische Lebenszugewandtheit, die über weite Strecken dort herrscht. Hingegen haben der Fatalismus und die Melancholie der religiösen Belehrung ihren Sitz anderswo, nämlich in den begleitenden Exempelerzählungen.

Diese Geschichten sind, christlicher Erbauungspraktik darin nicht unähnlich, als objektivierende Kraft gegen das Individuelle und Akzidentielle des Lebensberichts gestellt. Durch sie erübrigt sich jede subjektiv verantwortete Kritik oder Kommentierung des Erlebten. Dabei ist ihre Thematik eng, fast stereotyp. Im Grunde sind es nur die beiden schon genannten Maximen, die durch sie illustriert werden: Lasse nicht nach im Studium des Gesetzes, es ist das Höchste, und übe dich in Geduld gegenüber der Welt, es ist das Beste! Insgesamt also eine Schule der Disziplin und der Leidensbereitschaft, freilich in so bunte und faszinierende Stofflichkeit gehüllt, daß dem autobiographischen Part daraus Konkurrenz zu erwachsen droht. Offensichtlich fühlte sich Glückel nicht kompetent oder berechtigt, halachische Moral in abstrakter Gesetzesform zu lehren. Das scheint den »lernenden« Männern vorbehalten. »[...] ich gehe nicht darauf aus, euch ein Moralbuch zu machen und zu schreiben, ich bin nicht kapabel dazu, dazu sind unsere Weisen da, die viele Bücher darüber geschrieben haben.« (S. 3) Und: »Leset im deutschen [judendeutschen?] Brand-Spiegel, im ›Leb taub‹ oder, wer lernen kann, in Moralbüchern, dort findet man alles.« (S. 11)

All das weist darauf hin, daß Glückel, sieht man einmal von ihrer autobiographischen Singularität ab, sich aus einer spezifischen Tradition heraus versteht, nämlich der der sog. jüdischen Frauenliteratur.[15] Diese hatte sich seit dem Spätmittelalter als Pendant zum hebräisch geschriebenen Talmud- und Thoraschrifttum der gelehrten Männer herausgebildet und besaß ihr Publikum in den »gescheftigen und tuichtigen«[16] Frauen der Oberschicht. In Jiddisch (»waiber taitsch«) abgefaßt, vermittelte sie auf volkstümliche Art Unterhaltung und Erbauung, möglichst beides in einem. Große Verbreitung fanden Schriften wie die schon genannte *Zenne-renne*, eine kommentierte Frauenbibel, oder das *Fraun buechlein*, in dem jüdische Lebensregeln zusammengestellt waren. Daneben eröffnete sich freilich bald auch ein Markt für weltliche Erzählliteratur, vor allem für Übertragungen deutscher Volksbücher, was von der Orthodoxie durchaus als Gefahr für das Judentum empfunden wurde und zu dem Versuch führte, den fremden Einfluß durch eigene Überlieferung zu neutralisieren. In solcher Absicht entstanden, fast gleichzeitig mit der bekannten Reformversammlung der deutschen Rabbiner in Frankfurt 1603[17], das *Maasse-buch* (1602), eine immer wieder überarbeitete und ergänzte Exempel- und Novellensammlung, und der *Brantspiegel* (1602), welcher ebenso wie das von Glückel empfohlene *Leb tov* (1620) einem weitgefächerten ethischen Schrifttum zugehörte, der sog. Mussar-Literatur[18], die sich im Laufe des 17. Jahrhunderts immer selbstkritischer, aber auch immer restaurativer im Sinne der rabbinischen Tradition entwickelte. Sie hatte einen fatalistischen Grundzug, beklagte den zunehmenden Sittenverfall der jüdischen Gemeinden und predigte Demut und Selbstentäußerung. »Die Mussarliteratur verschrieb sich ganz der Aufgabe, das religiöse Leben zu reformieren. Darin lag ihre reaktionäre Rolle: dort wieder zu beginnen, wo alte Sitten und Gesetze ihre Gültigkeit verloren hatten.«[19]

Der Widerhall dieses Geistes in Glückels Schrift ist unverkennbar. Mag der Ton der Erzählerin frühsubjektivistische Züge haben, das Rollenbild, das sie von sich entwirft, ist höchst konventionell. Es ist das einer frommen jüdischen Tochter, Ehefrau, Mutter und Witwe. Probleme mit der Rollenfindung gibt es offensichtlich nicht.[20] Ja, man wird noch weiter gehen und sagen müssen: der eigentliche Erzählmodus ist nicht der der ich-, sondern der der wir-Perspektive, wobei »wir« fast immer die engste Familie meint, Eltern und Kinder, nur selten die Großverwandtschaft und noch seltener die Judenheit.

Dieses Rollenverständnis (als mustergültige »Mame«?) bestimmt natürlich auch den Wahrnehmungshorizont des erzählten Ichs. Er geht über das familiäre Interesse nicht wesentlich hinaus. Man hat die Memoiren der Glückel wiederholt als wichtige und reiche Quelle für Geschichte und Kultur des Judentums in Deutschland bezeichnet.[21] Dem läßt sich nur zustimmen, wenn man sich auch die Einschränkungen klar macht. Nicht, daß es der Hamburgerin an Gesinnung und Kenntnissen gefehlt hätte, im Gegenteil, aber nichts liegt ihr ferner, als allgemein über Brauchtum und Feste, über Sabbatheiligung, Hygienevorschriften und religiösen Tageslauf zu berichten. Was wir etwa über das Gemeindeleben erfahren (z. B. Streitigkeiten), ist fast immer mit Geschäfts- und Familienbelangen verknüpft, und selbst ein so wichtiges Ereignis wie das Erscheinen Sabbatai Zewis spiegelt sich wesentlich nur in den familiären Konsequenzen. Erst gegen Ende ihres Lebens in Metz, als sie ihrer Kinder ledig und erneut verwitwet ist, wird ihr Blick offener. Am intensivsten werden ansonsten solche Außenereignisse registriert, die auch die eigene Familie gefährden, wie Epidemien oder Kriminalfälle, in die Juden verwickelt sind, Ereignisse also, hinter denen Pogromgefahr lauert.

Ist die jüdische Außenwelt schon merklich abgerückt (vermutlich als der Zuständigkeitsraum der Männer), so erscheint die christliche wie in weiter Ferne. Obwohl konkret gegenwärtig, ja greifbar nahe, ist sie doch fremd und abgelöst, das unbefragbare Andere. Wirklich ins Auge gefaßt wird sie nur einmal, nämlich als Fürst und Aristokratie von Cleve an der Hochzeit ihrer Tochter Zippora teilnehmen. Ansonsten ziehen gelegentlich christliche Amtspersonen – Soldaten, Schiffer oder Fuhrleute – wie Statisten am Auge der Erzählerin vorbei, wird ein Fürstenname oder ein Kriegsereignis genannt.

Bei allen geistigen Fähigkeiten der Glückel, – eine »Bereitschaft zur Auseinandersetzung mit anderen Glaubens- und Geisteswelten«[22] gibt es nicht; sie denkt, obwohl sie viel denkt, nie darüber nach, welchen Eindruck sie oder die Juden insgesamt auf die anderen machen und umgekehrt. Oder zumindest verbietet sie sich, solche Gedanken auszusprechen. Und was kaum wahrgenommen wird, wird erst recht nicht kommentiert. Findet sich einmal ein solcher Kommentar, etwa wenn sie von der Stadt Helmstedt sagt: »Dort ist eine hohe Schule, so daß es ein böser Ort ist [für Juden]« (S. 146), wirkt er wie unterlaufen. So ist Glückels Haltung scheinbar ein vollkommenes Beispiel jener Binnenmoral und Binnenperspektive, die Jakob Katz als typisch für den vorassimilatorischen Zustand beschrieben hat.[23]

Ich sage scheinbar, weil das Buch in einem solchen Befund natürlich nicht aufgeht. Es hat, wie wir sahen, moderne und konventionelle Züge zugleich. Da ist auf der einen Seite ein autobiographisches Erzähler-Ich, das, dem Gattungsparadigma entsprechend, zur Individualität drängt und dementsprechend erlebnishaft zu berichten vermag, auf der anderen Seite ein ganz ins traditionelle Rollenschema der jüdischen Frau eingegrenztes erzähltes Ich, das sich mit den Parolen und Exempelweisheiten seiner Religion umstellt. Das soll nicht heißen, daß ein scharfer Bruch zwischen Erzähler- und erzähltem Bewußtsein bestünde und das Erzählte weitgehend in Selbstkritik oder Stilisierung aufginge. Die Differenz ist vielmehr auf eine unreflektiert-gemischte Weise gegenwärtig, so wie ja auch das Erzählen selbst subjektive Erlebnissprache mit einem rabbinischen und biblischen Formelidiom vermischt. Und das ist wohl kein Zufall. Der Geist, aus dem Glückels Lebensbericht zu verstehen ist, ist offensichtlich der der Sorge um die jüdische Identität, und zwar nicht in einem allgemeinen, sondern aktuell geschichtlichen Sinn. Offensichtlich gab es nach 1670 konkreten Anlaß zu solcher Sorge.[24] Daß Glückel in ihrem letzten Buch vom Verfall der gottesdienstlichen Frömmigkeit zu berichten weiß, mag dafür ein Indiz sein. Wichtiger ist jedoch das Faktum, daß sie einen Hauptgrund der frühassimilatorischen Auflösungserscheinungen, nämlich das Aufkommen des jüdischen Hoffaktorentums und des damit verbundenen weltlichen Geistes, gleichsam am eigenen Leibe erfuhr. Während sie und ihr frommer Ehemann noch ganz im religiös-bürgerlichen Geist der reichen städtischen Händlerschaft wurzeln, bewegen sich mehrere ihrer Kinder bereits im Kreis des Hoffaktorentums. Die These der wenigen bisherigen Interpreten[25] von der naiven Weltsicht der Verfasserin muß deshalb mit Vorsicht betrachtet werden. Glückel ahnt, mittwegs zwischen Spinoza († 1677) und Joseph Süß Oppenheimer († 1738) schreibend, etwas vom Gang der Dinge. Dafür zeugen ihre mehrfach eingestandene Seelenangst, der extreme Fatalismus vieler ihrer Beispielgeschichten, vor allem aber die zunehmende Verdunklung ihres Gemüts. Am Ende des Berichts scheint die Kraft der Hoffnung erschöpft und pessimistischen, ja apokalyptischen Visionen Platz zu machen. Es steht für sie nicht gut um das Judentum. Das eindrucksvolle Bild, mit dem sie endet, läßt die Dinge in einer eigentümlichen Unentschiedenheit, freilich mit bedrohlichem Unterton:

Im Monate Nissan 1719 ist eine Frau an der Mosel gestanden und hat Geräte gesäubert, in der Nacht ungefähr um 10 Uhr. Da ist es hell wie bei Tag geworden und die Frau hat in den Himmel gesehn. Der Himmel ist offen gewesen als wie ein [...] [26] und Funken sind davongesprungen, und

danach ist der Himmel wieder zugegangen, als wenn einer einen Vorhang zugezogen hätte und es ist wieder ganz finster geworden.
Gott – er sei gelobt – soll geben, daß es zum Guten sein soll. Amen.

II

Wechseln wir das Epochentableau. 1792/93, rund hundert Jahre nach Beginn der Glückelschen Niederschrift, während in Paris die revolutionären Ereignisse auf den Königsmord zutrieben, Schiller über *Anmut und Würde* und Kant über *Die Religion innerhalb der Grenzen der bloßen Vernunft* nachdachte, erschien in Berlin die *Lebensgeschichte* des Salomon Maimon, ein Buch des radikalen Aufbegehrens gegen die Verstandesknebelung durch Religion, hier natürlich der jüdisch-rabbinischen, ein Buch somit auch, obwohl es die Revolution mit keinem Wort erwähnt, des symbolischen Vatermords, dafür um so entfernter von Schillers idealistischen Postulaten.

Was davon sich dem exzentrischen Charakter des Autors verdankt und was der Exzentrik der Zeitläufte, ist nicht leicht zu unterscheiden. Maimon war, darüber läßt S. J. Wolffs liebevolles Gedächtnisbuch[27] von 1813 keine Zweifel offen, ein vernunftbesessener Sonderling mit dem Hang zur Selbstüberschätzung und zur Selbstgefährdung, aber eben darin auch nicht untypisch für spezifische Widersprüche des Zeitalters. Denn seit den Tagen der Glückel waren die jüdischen Dinge entschieden in Bewegung geraten. Nicht nur ein Joseph Süß Oppenheimer war inzwischen aufgetreten, sondern auch ein Moses Mendelssohn – und beide mit tiefgreifenden, aber ungewissen Konsequenzen für die Judenheit in Deutschland. So war aus dem ökonomischen Bündnis der jüdischen Oberschicht mit den deutschen Territorialherren im Hoffaktorentum, dessen Anfänge Glückel noch voller Mißtrauen erlebt hatte, neben emanzipatorischen Hoffnungen auch eine neue, säkulare Form der Judenfeindlichkeit entstanden.[28] Und nicht viel anders verhielt es sich mit den Bürgerrechts- und Humanitätsmanifesten der christlichen Aufklärer. Schriften wie Lessings Juden-Dramen (1749 und 1779) und Christian Wilhelm von Dohms *Über die bürgerliche Verbesserung der Juden* (1781/83) stellten zwar die ersehnte staatsbürgerliche Gleichberechtigung in Aussicht, rechneten aber auch stillschweigend mit einer religiösen Selbstkritik der Betroffenen.[29] Man muß bezweifeln, daß sich Lessing und v. Dohm bewußt waren, wie sehr das an den Lebensnerv eines Volkes rührte, für das nationale Identität und religiöses Gesetz seit mehr als anderthalb Jahrtausenden dekkungsgleich waren. Entsprechend schwer tat sich die eigene jüdische Aufklärungsbewegung, die Haskala, die sich entweder auf ein aporetisches Vermittlungsspiel zwischen intellektuellem Freiheitsverlangen und nationalreligiöser Selbstbewahrung einlassen oder aber abtrünnig werden mußte.

Den ersten Weg beschritt Mendelssohn, den zweiten – wenigstens scheinbar – Maimon. Es ist hier nicht der Ort, diese Wege gegeneinander abzuwägen. Festzuhalten bleibt allerdings, daß Säkularisations- und Assimilationsgebot gegen Ende des 18. Jahrhunderts das Judentum als unausweichliche Herausforderung erreicht hatten und bewirkten, daß – nach Jahrhunderten hoher geistiger Uniformität – fortan kaum ein jüdisches Intellektuellenprofil mehr dem anderen glich. Was Goethe für die deutsche Intelligenz seiner Zeit konstatiert hat, nämlich daß sie durch die besonderen nationalen Gegebenheiten zur Subjektivität geradezu verurteilt sei[30], gilt wohl mit ähnlich großem Recht für die jüdische. Salomon Maimons *Lebensgeschichte* ist ein eindringliches, frühes Beispiel dafür.

Trotzdem hat sie nicht eigentlich literarische Karriere gemacht – und das, obwohl es fast unmöglich erscheint, nicht von ihr gefesselt zu sein. Sie ist weder ein Hausbuch[31] des emanzipierten Judentums geworden, noch – wie Karl Philipp Moritz in seiner Vorrede[32] suggeriert – eine Einführung in die jüdische Frage für aufgeklärte, nichtjüdische Leser, ja nicht einmal ein Objekt germanistischer Neugierde, jedenfalls bleibt sie in den deutschen Literaturgeschichten bis heute in der Regel unerwähnt. Lediglich in der Autobiographieforschung ist sie leidlich bekannt. Ralph-Rainer Wuthenow[33] hat sie, mit Recht, einer ausführlichen Inhaltsparaphrase für wert befunden, Günter Niggl[34] sich um eine gattungsgeschichtliche Zuordnung bemüht und den Entwicklungsaspekt näher beleuchtet. Als leidlich wird man auch die editorischen Gegebenheiten bezeichnen können. Immerhin verfügen wir, im Rahmen der reprographischen Ausgabe der *Gesammelten Werke* Maimons[35], über einen Nachdruck der Erstausgabe, der allein für die wissenschaftliche Arbeit in Frage kommt. Zwei spätere Ausgaben[36], die beide nicht mehr greifbar sind, bieten weder den originalen Sprachstand, noch den originalen Textumfang. Eine kritische und kommentierte Neuedition wäre also auch hier vonnöten.

Was hat Maimon zu berichten? Zweifellos Problematischeres, ja Anstößigeres als Glückel, denn seine Perspektive ist die eines Renegaten, seine Erlebniswelt die eines Besitzlosen und in spezifischer Weise sogar Asozialen. So schildert er ungemein farbig das konfliktreiche Nebeneinander von Juden und Polen unter der feudalen Willkürherrschaft des Adels, die wirtschaftlichen Balanceakte seiner Familie, wiederholte Pogromgefahren, seine ärmliche Schulzeit, seine Erfolge beim Talmud-Studium, seine Verheiratung im Alter von elf und seine Vaterschaft im Alter von vierzehn Jahren, seine handgreiflichen Auseinandersetzungen mit der Schwiegermutter, seine Arbeit als jugendlicher Privatlehrer und sein Studium der Kabbala, seinen Aufbruch nach Deutschland unter Zurücklassung von Frau und Kindern, seinen vergeblichen Versuch, Einlaß in die Stadt Berlin zu finden, sein unstetes Wanderleben als Betteljude in Norddeutschland und den Niederlanden, sein nachgeholtes Gymnasialstudium in Altona, seine Freundschaft mit Mendelssohn und sein Studium der großen Aufklärungsphilosophen in Berlin, den Rückfall ins Wanderleben und schließlich die Aufnahme einer kontinuierlichen philosophischen Schriftstellerei unter notdürftig gesicherten Lebensbedingungen. Eingesprengt in dieses farbige Episoden-Mosaik einer Wander- und Bohemienexistenz finden sich zahlreiche kritische Kommentare und Exkurse, die sich zur Mitte der Erzählung hin zu umfangreichen und geschlossenen Abhandlungen auswachsen, z. B. über die jüdische Orthodoxie, die Kabbala, die neuen Chassidim, die Lehre des Maimonides und die Mendelssohns. Auch hier also zwei Darstellungsebenen und dementsprechend zwei Tonlagen der Rede, wenn auch nicht so scharf und eindeutig unterschieden wie bei Glückel. Wo diese nämlich die Selbstverantwortung ihres Erinnerns ständig durch einen traditions-, also außenbestimmten Kommentar neutralisiert, versucht Maimon den Sprachgestus des radikalen Selbstdenkers und Kritikers durchzuhalten, wenn auch bald mehr mit den darstellerischen Mitteln des Humors und der Parodie, bald mehr mit den diskursiven der vernunftkritischen Analyse, so daß der Urteilsaskese, ja Urteilsangst (»so können wir nichts judizieren«) bei ihr ein prinzipielles Urteilsgebot, ja eine Urteilsmanie bei ihm gegenüberstehen.

So gesehen muß Maimons Autobiographie wie die bare Umkehrfigur der Glückelschen erscheinen. Während sie sich im eigenen Idiom (Jiddisch) bewegt, wählt er das fremde (Hochdeutsch); während sie sich an den exklusiven Kreis der Familie wendet, schreibt er für eine nicht speziell eingeschränkte und jedenfalls nicht primär jüdische Öffentlichkeit; während sie die rabbinische Tradition stützt, versucht er sie zu denunzieren; während sie die demütige und fraglose Hinnahme des Schicksals predigt, demonstriert er geradezu die Verpflichtung zum Widerspruch und zur Selbstorganisation; während sie das Hohelied der Familie anstimmt, läßt er Frau und Kinder um seiner geistigen Freiheit willen im Stich; während sie ihre eigene Form findet und dabei vom nichtjüdischen Zeitgeist bestenfalls Impulse empfängt, bedient er sich bewußt fremder Denk- und Formtraditionen; während sie ohne Nachfolge bleibt, begründet er die moderne Autobiographie der Juden.

Die vorbehaltslose Auseinandersetzung mit dem Eigenen hat Maimon Lob und Tadel eingebracht. Karl Philipp Moritz, der Herausgeber der *Lebensgeschichte*, sah in ihr die erste »unparteiische und vorurteilsfreie Darstellung des Judentums« und deshalb ein bemerkenswertes Zeugnis für »die Würde der menschlichen Natur [...] und der sich hocharbeitenden Vernunft«.[37] Die Historiker des Judentums beurteilten sie eher mit Skepsis, nämlich als typische Überreaktion des jüdischen Aufklärers, »who being dazzled by the newly acquired knowledge, was not able to see his own culture in its proper setting«.[38]

Beide Urteile mögen ihre Berechtigung haben, denn weder fehlt es bei Maimon an echtem Wahrheitsenthusiasmus, noch an rigider und verletzender Zurückweisung. »Da ich nun die Wahrheit aufzusuchen, meine Nation, mein Vaterland und meine Familie verlassen habe, so kann man mir nicht zumuthen, daß ich geringfügiger Motiven halber der Wahrheit etwas vergeben sollte.« (S. 229) Oder über die Methode rabbinischer Talmud- und Mischna-Auslegung: »Die Feder entfällt meiner Hand, bey der Erinnerung, daß ich und mehrere meines gleichen die besten Jahre, wo die Kräfte in ihrer vollen Stärke sind, mit diesem Geisttödtenden Geschäft zubringen und Nächte durchwachen mußte, um, wo kein Sinn ist, einen Sinn hineinzubringen, Widersprüche, wo keine zu finden waren, durch Witz zu entdecken, und da wo sie offenbar anzutreffen sind, durch Scharfsinn zu heben, durch eine lange Kette von Schlüssen nach einem Schatten zu haschen, und Schlösser in die Luft zu bauen.« (S. 165) Doch Manifestationen wie diese – es gibt zahlreiche weitere – sind ebenso suggestiv wie irreführend. Im Gegensatz zu Rousseau, dem das erste Zitat nachformuliert ist, eignet sich Maimon nämlich durchaus nicht zum Heros aufklärerischer Humanität, hat er doch mit seiner Bornierung auf die Erkenntnisfrage und seiner Zurücksetzung von praktischer Moral und Gefühlskultur den Geist der Epoche gerade um ein spezifisches Humanum verkürzt. Doch ebensowenig darf er als barer Verächter der jüdischen Tradition oder gar als simpler Überläufer gelten, so sehr er auch seine Kritik auf das Eigene richtet. Wer den Verdacht pauschaler Assimilationsbereitschaft hegt, muß sich an seine Zeitgenossen Lazarus Bendavid[39] und David Friedländer[40] halten, nicht an ihn. In der *Lebensgeschichte* geht es um etwas anderes, nämlich um den gelebten Versuch, den Geist des Rabbinismus in einen rein vernunftphilosophischen zu transformieren, und zwar nicht durch bloße Anpassung, sondern durch einen autonomen Lern- und Vervollkommnungsprozeß. Erstaunlicherweise gelingt dies, wenn auch um einen hohen Preis, den Preis einer fast völligen Dissoziation von Lebenswelt und geistigem Streben. Je weiter Maimon nämlich in seiner vernunftphilosophischen Einsicht fortschreitet, um so ortloser wird er in sozialer Hinsicht. Für ihn selbst gab es offensichtlich keinen Zweifel, daß dies in der Notwendigkeit der Sache selbst begründet war. »Freie Ausbildung des Erkenntnisvermögens« (307) und Weltorientierung gehen für ihn nicht zusammen. Tatsächlich scheint er sich der Illusion hingegeben zu haben, er könne ererbte gesellschaftliche Bindungen aufkündigen, ohne neue eingehen zu müssen. So zeigt er sich nach seiner Ankunft in Deutschland an katholischer oder protestantischer Religiosität, an den politischen Verhältnissen und den zeitgeschichtlichen Ereignissen, ja an nichtjüdischer Lebenswelt überhaupt kaum mehr interessiert als seine konservative Vorgängerin Glückel. All das bleibt für ihn Außenwelt, auf die man bestenfalls reagiert. Nicht minder auffallend ist, wie häufig er von geistiger Emanzipation spricht und wie wenig von bürgerlichrechtlicher. Was ihm als Lebensmodus vorschwebt, ist offensichtlich die Abstraktion eines philosophischen Kosmopolitendaseins, eines Weltpriestertums der Kritik und der Spekulation mit dem

Anspruch auf Unterhalt durch die Gesellschaft. Eine eindringliche Analyse dieser Einstellung und des daraus resultierenden »abstrakten Ichs« des Erzählers hat kürzlich Zwi Batscha[41] vorgelegt, so daß wir uns hier auf Andeutungen beschränken können.

Freilich enthält die *Lebensgeschichte* implizit eine zweite Version des Sachverhalts, die dessen realistische und damit im wesentlichen jüdische Seite betrifft. Darin, daß Maimon seine Biographie als eine Schule des philosophischen Lernens gegen das Leben und auf dessen Kosten beschreibt, erscheint er uns nämlich eher als ein mißratener Lieblingssohn der Glückel von Hameln denn als typischer Adept der westlichen Aufklärung. Erinnern wir uns: zu den Grundmotiven von Glückels Traditionalismus gehörte ihre beständige Mahnung zum »Lernen«, zum Talmudstudium der jungen Männer ohne Rücksicht auf Gesundheit, Familie und Beruf. »Du sollst [...] lernen bei Tag und Nacht.« (S. 60) Um das zu illustrieren, erzählt sie u. a. die bekannte Geschichte vom armen Hillel, der den Groschen zum Eintritt in die Talmudschule nicht hat und sich deshalb außen ans Fensterkreuz klammert, bis er einschneit, festfriert, von den andern Schülern schließlich befreit und am Ofen des Lehrhauses aufgetaut wird. (S. 130).

Die gleiche Leidenschaft und Verabsolutierung des »Lernens« beobachten wir auch an Salomon Maimon, nur daß sie sich bei ihm, dem Renegaten, eine andere Bahn bricht, so daß man die Geschichte für ihn umzuerzählen geneigt ist. Nicht von außen, sondern von innen sehen wir ihn ans Fenster des rabbinischen Lehrhauses geklammert, nachdem er seit seiner Jugend Talmud und Halacha in sich eingesogen hat und darüber – wie er meint – innerlich verkümmert ist. Daß dieser Blick nach außen für ihn mit Gefahren verbunden sein könnte, scheint dem erkenntnishungrigen jungen Mann nicht in den Sinn zu kommen, obwohl der anvisierte Horizont – es ist der der westlichen Vernunftphilosophie – räumlich wie geistig noch in vager Ferne liegt und es niemanden gibt, der ihn dort erwartete oder gar in ein bergendes Kollektiv einholte. Machen wir uns klar: arme polnische Juden, die nach Westen zogen, um ihr Glück zu machen, gab es schon vor Maimon genug. Sie wurden von ihren eingesessenen und z. T. verbürgerlichten deutschen Glaubensgenossen in der Regel mit zwiespältigen Gefühlen betrachtet. Wenn es überhaupt etwas gab, was sie bei diesen empfahl, so war es ihre Herkunft aus einer strengeren und reineren Orthodoxie. Nicht ohne Grund schickte man seine Söhne zum Talmud-Studium nach Polen oder verpflichtete von dort besonders fähige Rabbiner.

Bei Maimon nun verkehrt sich dieser sowieso schon problematische Normalfall ins heillos Paradoxe. Denn die Tatsache, daß er als rabbinisch hochgebildeter Kritiker der rabbinischen Orthodoxie, also quasi als Anti-Rabbiner, und erklärter Anhänger einer aufklärerischen Logik nach Deutschland kam und gleichwohl auf die jüdische Gesellschaft fixiert blieb (er sprach anfänglich nur hebräisch und ostjiddisch), macht nur die Hälfte seiner paradoxen Existenz aus. Die andere besteht darin, daß er, naiv oder borniert, glaubte, die sozialen Privilegien des »lernenden« Mannes, wie sie in der traditionalen jüdischen Gesellschaft bestanden, nämlich in Form beruflicher Freistellung – ein Phänomen, das er im übrigen selbst kritisiert und mit Spott übergossen hat (S. 4 f.) –, für sich auch unter den von Grund auf veränderten Umständen weiter beanspruchen zu können. Im Gegensatz zu seinem berühmteren Vorgänger Spinoza, der sich bekanntlich als Linsenschleifer durchbrachte, wehrte er jedenfalls die Annahme irgendeines Brotberufs ab. Er suchte Mäzene und fand sie auf Grund seiner beeindruckenden Kenntnisse gelegentlich auch, verlor sie aber natürlich früher oder später wieder durch seinen kompromißlosen Kritizismus. »Aber was thut dieses zur Sache? ich liebe die Wahrheit, und wo es darauf ankömmt, frage ich selbst nach dem Teufel und seiner Großmutter nicht.« (S. 299)

Die Legitimität solchen Weges leitete Maimon wohl aus dem Bewußtsein ab, daß sein Rationalismus in der jüdischen Tradition selbst verwurzelt war, nämlich in der Lehre seines Über-Ichs und Namenspenders, des großen Maimonides (1135-1204), der freilich der Orthodoxie seit je als Häretiker galt. Tatsächlich steht im Mittelpunkt der *Lebensgeschichte* nicht etwa eine Hommage an Christian Wolff oder Kant, sondern eine 150-seitige, bekenntnishafte Abhandlung über den mittelalterlichen Religionsphilosophen. Ähnlich wird man sagen dürfen, daß Maimons unverwechselbarer Gelehrtenhabitus, so radikalaufklärerisch er sich präsentiert, in vielen Zügen nur als eine säkularisierte Erscheinungsform des »talmid chacham« zu begreifen ist, des rabbinischen Weisen, in anderen als die des »chassid«, des religiös Erwählten, wie sie beide Gershom Scholem beschrieben hat.[42] Wo sonst sollten Bewußtsein und Form seines Kritizismus, seiner Auslegungsmanie, seines philosophischen Lernens, seiner Erwähltheit, seiner Berufsauffassung und seiner Radikalität herstammen.

Maimons biographische Selbstdarstellung erschöpft sich also bei weitem nicht darin, eine bloße Umkehrfigur der Glückelschen zu sein. Trotz des radikalen Positionswechsels sind die Dinge vieldeutiger und komplizierter geworden, läßt sich Jüdisches und Nichtjüdisches nicht mehr ohne weiteres auseinanderdividieren. Das liegt, wie wir sahen, an Maimons individuellem Emanzipations- und Assimilationsweg, es liegt aber mehr noch – und damit betreten wir eine sehr viel allgemeinere Problemebene – am spezifischen Verhältnis von Aufklärung und Judentum. Es ist das Verdienst von Hannah Arendt, gezeigt zu haben, daß die Akzeptabilität des aufklärerischen Freiheits- und Toleranzangebots für das Judentum an eine besondere Rahmenbedingung gebunden war, nämlich an das Prinzip der Trennung von (absoluter) Vernunft- und (relativer) Geschichtswahrheit. »Diese Trennung ist deshalb so überaus wichtig, weil sie die innerhalb der Geschichte zufällige Assimilation legitimieren kann; sie braucht dann nur als fortschreitende Einsicht in die Wahrheit, nicht als Angleichung und Rezeption einer bestimmten Kultur in einem bestimmten und damit zufälligen Geschichtsstadium zu erscheinen.«[43] Fortschritt anstatt Übertritt – das war in der Tat eine taugliche Rechtfertigungsformel für das nicht unbeträchtliche Risiko einer jüdischen Aufklärung. Um so mehr, als eine Geistesbildung, die das ewig Wahre selbständig und geschichtsunabhängig zu denken erlaubte, aufs genaueste der traditionellen Haltung der Juden zur Welt entsprach. »Die Welt ging ihn [den Juden] in einem solchen Maße nichts an, daß sie zu dem Unveränderlichen schlechthin wurde. Die neue Freiheit der Bildung, die Freiheit des Selbstdenkens und der Vernunft ändert daran nichts. Die geschichtliche Welt bleibt für den ›gebildeten‹ Juden in derselben Gleichgültigkeit wie für den Unterdrückten des Ghettos.«[44]

Obwohl dieses Grundmuster die jüdische Aufklärung schlechthin betrifft, wurde es von keinem so vorbehaltlos angenommen und dargestellt wie von Maimon. Denn während der sehr viel weltklügere Mendelssohn es benutzte, den Glauben seiner Väter als einen vernünftigen zu erweisen, und andere die Notwendigkeit einer Konversion daraus ableiteten, folgte er ihm ohne Netz und Sicherung, als einer, der die Wette auf die reine Vernunftkompetenz einzugehen bereit war, auch um den Preis gesellschaftlichen Identitätsverlustes. Naivität wird man ihm dabei nicht unterstellen dürfen. Da er wußte, »wie genau die jüdische Theokratie mit ihrer Nationalexistenz verknüpft ist, so daß die Abschaffung der ersten die Vernichtung der letzten nothwendig nach sich ziehen muß« (S. 538), wußte er auch, was sein Verdikt über die positiven Religionen für das Judentum und für ihn bedeutete. Daß er für seine eigene Emanzipation von einem vernunftreligiösen Kern des Judentums (überliefert in der Lehre des Maimonides) ausging und somit jüdischen Geist und westliche Aufklärung symbiotisch verband, verschlug dabei wenig. Maimon hatte sich gegen die jüdische »Nationalexistenz« und für einen utopischen Bildungskosmopolitismus entschieden. Utopisch vor allem deshalb, weil 1792/93, als die *Lebensgeschichte* entstand, die aufklärerische Trennung von Vernunft und Geschichte längst der Kritik verfallen war und die Völker Europas sich unter dem Einfluß von Montesquieu und Herder um die säkulare Neubestimmung ihrer nationalen Identität im Sinne einer individuellen Verfaßtheit bemühten. Dies ändert freilich nichts daran, daß mit Maimon der Prototyp einer jüdischen Emanzipation erschienen war, die sich den Einstieg in die moderne Welt am angemessensten durch kulturelle Assimilation, durch Bildung jeglicher, aber vornehmlich philosophischer und ästhetischer Art, eröffnen zu können glaubte, wobei ihr zweifellos die für sie absolute Tradition rabbinischen »Lernens« zu Hilfe kam.

Wie nicht anders zu erwarten, gibt es zahlreiche Wechselbeziehungen zwischen diesem Befund und der formalen Struktur der *Lebensgeschichte*. Maimon, von seinem Selbstverständnis her reiner Philosoph, sah sich hier erstmals einem praktisch-ästhetischen Problem gegenüber – und erwies sich als bestens gewappnet. Werfen wir zunächst einen Blick auf die Gattungsfrage. Wenn irgendwo, so ist Maimon hier scheinbar mühelos die Assimilation an das Fremde gelungen. Im Gegensatz zu Glückel bleibt bei ihm zu keinem Zeitpunkt verborgen, daß er mit seiner Darstellung in einer historischen Nachfolge steht und stehen will, der Nachfolge des Rousseau-Typs. Und das ist kein Zufall. Hatte er doch in K. Ph. Moritz einen Freund und Mentor gefunden, der selbst zu den profiliertesten Vertretern dieser Reihe gehörte. Moritz' *Anton Reiser* (1785-90) gab denn auch neben Rousseaus *Confessions* (1781/89) das Hauptvorbild für die eigenen Bemühungen ab. Trotzdem folgte er dieser Vorgabe nicht sklavisch. Vom aufklärerischen Typ des »life and opinions«-Romans wurde ganz offensichtlich die Anregung zum Wechsel von biographischer Erzählung und kritischem Essay übernommen und von der pietistischen Autobiographie der Gedanke der geistigen »Wiedergeburt« (S. 301), die sich bei ihm bezeichnenderweise mit der Maimonides-Rezeption verbindet.

Maimon wußte also sehr wohl, was die gattungsgeschichtliche Stunde geschlagen hatte. Ja, wenn Bernd Neumanns[45] Pauschaldefinition des historischen Autobiographietyps als einer Individualgeschichte der sozialen Rollenfindung Stich hält, und es spricht wenig dagegen, dann kann die *Lebensgeschichte* von 1792/93 als ein Musterbeispiel des Genres zwischen Rousseau und Goethe gelten, scheint doch der Held am Ende mit dem Studium und der Kritik Kants sein eigenes philosophisches System und damit seine Identität – denn eine andere als eine philosophische strebt er ja nicht an – gefunden zu haben.

Andere Aspekte, wie der Widerstreit zwischen Vorsehungs- und Entelechiekonzept (B. Neumann) oder zwischen pragmatischer und selbstkonstitutiver Schreibmotivation (G. Niggl), denen zweifellos erhebliche Bedeutung für die *Lebensgeschichte* zukommt, können hier nicht weiter verfolgt werden. Sie zeigen indes, daß Modernitätsanspruch und Problembewußtsein des Autors kaum hoch genug eingeschätzt werden können.

Doch Maimon wäre nicht er selbst, wenn das assimilatorische Kunststück der Gattungskonstitution bruchlos in sich aufginge. So leicht es Maimon nämlich fällt, das moderne Schema aufzunehmen und für sich zu nutzen, so wenig bereit oder in der Lage ist er, es essentiell zu füllen. Im Endeffekt ist er meilenweit von den ganzheitlichen Bildungsvorstellungen eines Rousseau, Moritz oder Goethe entfernt. Wo es diesen um den stufenweisen Prozeß der Selbstfindung in der Schule des Lebens geht, also um die Bildung des ganzen Menschen, beschreibt uns jener die Geschichte einer rein intellektuellen Entelechie bei zunehmender Weltentfremdung. Das aber entspricht im Grunde der dualistischen Struktur der religiösen Biographik mit ihrem divergenten Kräftediagramm aus Weltüberwindung und Vergeistigung, einem Modell, dem somit paradoxerweise und doch zugleich begründeterweise der säkularisierte Maimon stärker ausgeliefert bleibt als die nichtsäkularisierte Glückel.

Als ähnlich differenziert und nicht minder vieldeutig erweist sich auch die Stilfrage. Wie schon angedeutet, verfügt Maimon, nicht anders als Glückel, über zwei deutlich unterscheidbare Stillagen, eine ruhig und konzentriert entwickelnde für seine kritischen Exkurse und eine szenisch veranschaulichende, wenn auch stark auktorial eingefärbte für die biographischen Partien. Wirklich »bei sich« scheint der rigorose Intellektualist Maimon nur in der ersten zu sein. Nicht, daß das dort verwandte Idiom sich sonderlich vom hinlänglich bekannten Philosophen- und Kritikerdiskurs der deutschen Hochaufklärung unterschiede, im Gegenteil, doch indem es jederzeit selbstverantwortet und unverstellt wirkt und auch persönlicher Züge nicht entbehrt, vermag sich in ihm die philosophische Identität des Autors uneingeschränkt zu bestätigen. Ganz anders dagegen seine Erzählsprache. Daß sie zum Humoristischen, Grotesken, ja Zynischen tendiert, nimmt nicht Wunder, hat sie es doch durchwegs mit Konflikterfahrungen donquixotesker Art, mit Kämpfen gegen die Windmühlenflügel jüdischer Rückständigkeit und Isoliertheit zu tun. Und da die Welt sich nun einmal als unwirtlich und unbelehrbar erweist, tut der skeptische Philosoph gut daran, sie zur Komödie zu stilisieren. Der oft provozierend selbstbewußte Emanzipations- oder Kopftext erscheint also eingebettet in einen wenig selbstgewissen Komödien- oder Welttext. Doch damit nicht genug. Maimon geht in seiner Distanzierung noch einen Schritt weiter, indem er der Außenwelt auch den Status des Authentischen versagt und das Subjektive seiner Erfahrung so oft wie möglich in die Fremdverantwortung des Stilzitats überführt. Einen von ihm als Kind verübten Diebstahl schildert er »à la Rousseau« (S. 75), eine bitterernste Pogromgeschichte im zynischen Stil des Voltaireschen *Candide* (S. 19), eine Jünglingsfreundschaft nach dem Muster von K. Ph. Moritz (S. 189); komische Szenen berufen sich auf Hogarth und Sterne; Kapitelüberschriften erinnern an Swift, Fielding, Wieland und Nicolai, ja sogar Herder. Wie groß der wahre Umfang dieses Zitaten- und Anspielungsgeflechts ist, muß hier offen bleiben, dürfte aber ein lohnendes Untersuchungsthema abgeben. Interessant ist in diesem Zusammenhang die Beobachtung, daß Maimon im Lektürekatalog schöngeistiger Literatur, den er im 25. Kapitel des zweiten Teils zusammenstellt (Longin, Homer, Sappho, Ossian, Geßner), gerade die von ihm verarbeiteten Autoren ausspart, was ihnen einen besonderen, vom bloßen Bildungswert der genannten Namen unterschiedenen Status verleiht.

Maimon hat seine Zitationstechnik nicht erfunden; sie entstammt bekanntlich dem humoristischen Roman der europäischen Spätaufklärung, wo sie spezifische Funktionen erfüllt. Doch wachsen ihr natürlich in einer Autobiographie und gar in einer von der Art der Maimonschen zusätzliche und neue Funktionen zu. Sollte sie einfach die literarische Bildung des Autors demonstrieren? Sollte sie die subjektiven Gründe für einen zweifellos als schmerzlich empfundenen Weltverlust überdecken? Oder brisanter noch: die objektiven Gründe? Oder sollte sie die moralische Last eines allzu denunziatorischen und verwerfenden Umgangs mit dem Eigenen mildern? Sieht man von der ersten Begründung ab, so bleibt in jedem Fall ein Moment des Ich-Verbergens, des Schutzsuchens im Kollektiven bestehen.

Ziehen wir einen Vergleich mit Glückels Schreibverhalten, so kommen wir zu dem merkwürdigen Befund, daß dort, wo die emanzipationsfeindliche Hamburgerin fraglos unselbständig reagiert, nämlich in der kommentierenden Rede, der emanzipierte Maimon durchaus autonom ist, und umgekehrt dort, wo sie selbstbestimmt erscheint, nämlich in der biographischen Erzählung, er eher fremdbestimmt ist oder wenigstens um Legitimation von außen bemüht. Eine echte Umkehrung also, und doch auch nicht. Denn natürlich läßt sich auf einer höheren Ebene die Vernunftautonomie Maimons als eine objektive Kraft verstehen, während man seine Entäußerung vor der Erfahrungswirklichkeit auch als gesteigerte Subjektivität deuten kann. Die Geschichte jüdischer Identitätsproblematik ist mit Maimon nicht einfacher geworden.

Anmerkungen

1 Zur Integrationsfrage deutsch-jüdischer Autoren in die deutsche Literaturgeschichte fehlt eine zusammenfassende Darstellung. Zum problematischen Verhältnis von Jiddistik und Germanistik vgl. Helmut Dinse, *Die Entwicklung des jiddischen Schrifttums im deutschen Sprachgebiet*, Stuttgart 1974, Vorwort.

2 *Die Memoiren der Glückel von Hameln. 1645-1719*, hg. v. Prof. Dr. David Kaufmann, Frankfurt/M. 1896. – Eine verkürzte Fassung des ausführlichen Vorworts dieser Ausgabe findet sich in: D. K., *Gesammelte Schriften*, Bd. 1, hg. v. M. Braun, Frankfurt/M. 1908, S. 174-193.

3 *Denkwürdigkeiten der Glückel von Hameln*, aus dem Jüdisch-Deutschen übers., mit Erl. vers. und hg. v. Dr. Alfred Feilchenfeld, mit 25 Bildbeigaben, Berlin 1913, [4]1923. – Der reprographische Nachdruck von 1980 (Königstein/Ts.) ist mit einem kurzen Vorwort zur Neuauflage von Hans Lamm versehen. Dort Hinweise zu weiteren Ausgaben in deutscher, englischer und hebräischer Sprache.

4 Es sei, so Feilchenfeld im Vorwort, »nicht darauf Gewicht gelegt worden, Eigentümlichkeiten des Satzbaues und des Ausdrucks, die unserm deutschen Sprachgefühl störend erscheinen, mit herüberzunehmen«.

5 *Die Memoiren der Glückel von Hameln, geboren in Hamburg 1645, gestorben in Metz 19. September 1724*, autorisierte Übertragung nach der Ausgabe des Prof. Dr. David Kaufmann von Bertha Pappenheim, Wien 1910 (Privatdruck).

6 Literatur zu Bertha Pappenheim: Ruth Rapp Dresner, *Bertha Pappenheim – The Contribution of a Jewish Pioneer Social Reformer to Social Work: 1859-1936*, Master's dissertation Fordham University 1954; dies., *The Work of Bertha Pappenheim*, in: Judaism 30 (1981), S. 204 bis 211; Dora Edinger, *Bertha Pappenheim. Leben und Schriften*, Frankfurt/M. 1963; Marion A. Kaplan, *The Jewish Feminist Movement in Germany. The Campaigns of the »Jüdischer Frauenbund«, 1904-1938*, Westport: Greenwood Press 1979.

7 Ernest Jones, *Das Leben und Werk von Sigmund Freud*, Bd. 1: *Die Entwicklung zur Persönlichkeit und die großen Entdeckungen 1856-1900*, übers. von Katherine Jones, Bern und Stuttgart 1960, S. 264 ff. (Freundlicher Dank für diesen Hinweis ergeht an Prof. Karlfried Gründer, Berlin.)

8 *Allerlei Geschichten. Maasse-Buch. Buch der Sagen und Legenden aus Talmud und Midrasch nebst Volkserzählungen in jüdisch-deutscher Sprache. Nach der Ausgabe des Maasse-buchs*, Amsterdam 1723, bearbeitet von Bertha Pappenheim, mit einem Geleitwort von I. Elbogen, hg. v. Jüdischen Frauenbund, Frankfurt/M. 1929.

9 *Zeenah und Reenah. Frauenbibel*, Übersetzung und Auslegung des Pentateuch von Jacob Ben Isaac aus Janow, nach dem Jüdisch-Deutschen bearbeitet von Bertha Pappenheim, hg. v. Jüdischen Frauenbund, Bereschith. Erstes Buch Moses, Frankfurt/M.: J. Kauffmann Verlag 1930.

10 Abgebildet in: Der Orden Bne Briss. Mitteilungen der Großloge für Deutschland, Oktober 1930, Nr. 10, S. 187; Näheres über die Entste-

hung des Bildes (vor 1925) s. D. Edinger [vgl. Anm. 6], S. 155 (für Hinweise zu Bertha Pappenheim danke ich Dr. Ruth Horowitz und Elazar Benyoëtz, beide Jerusalem).

11 Alle Glückel-Zitate nach der Edition von Pappenheim [vgl. Anm. 5].

12 David Kaufmann (Hg.) [vgl. Anm. 2], S. XIII f.

13 Über die wenigen Zeugnisse jüdischer Autobiographie vor Glückel vgl. *Encyclopaedia Judaica*, Bd. 4/B, Sp. 1010-1014; *Monumenta Judaica. 2000 Jahre Geschichte und Kultur der Juden am Rhein*, im Auftrag der Stadt Köln hg. v. Konrad Schilling, 1963, S. 269-75 (Kap.: *Jüdische Memoiren aus dem 17. und 18. Jh.*); Meyer Waxman, *A History of Jewish Literature*, Bd. 2: *From the twelfth century to the middle of the eighteenth century*, South Brunswick [2]1960, S. 508-16.

14 *Eine kurtze Erzehlung / Wie mich die leitende Hand Gottes bißher geführet / und was sie bei meiner Seelen gethan hat*, in: *Gespräche des Hertzens mit GOTT, Ander Theil*, auffgesetzet von Johanna Eleonora Petersen, Gebohrne von und zu Merlau, Ploen [...] 1689. – Erweiterte Fassung 1719. – Zum literarhistorischen Stellenwert dieser Autobiographie vgl. Günter Niggl, *Geschichte der deutschen Autobiographie im 18. Jahrhundert. Theoretische Grundlagen und literarische Entfaltung*, Stuttgart 1977, S. 6 ff., bes. S. 10.

15 Vgl. H. Dinse [vgl. Anm. 1], S. 69-96.

16 Ebd., S. 72.

17 *Jüdische Geisteswelt. Zeugnisse aus zwei Jahrtausenden*, hg. v. Hans Joachim Schoeps, Wiesbaden 1980, S. 164-169.

18 Vgl. H. Dinse [vgl. Anm. 1], S. 91 ff. und S. 118 ff.

19 Ebd., S. 121.

20 So gesehen ist, legt man B. Neumanns Gattungsunterscheidung von Autobiographie und Memoiren zugrunde, der von D. Kaufmann gewählte Titel *Memoiren* (Feilchenfeld wählt *Denkwürdigkeiten*) für die Glückelsche Lebensbeschreibung durchaus sinnvoll. – Vgl. Bernd Neumann, *Identität und Rollenzwang. Zur Theorie der Autobiographie*, Frankfurt/M. 1970, S. 9-42.

21 D. Kaufmann [vgl. Anm. 2], S. XIV f.

22 Jacob Katz, *Die Entstehung der Judenassimilation in Deutschland und deren Ideologie*, in: J. K., *Zur Assimilation und Emanzipation der Juden*, Darmstadt 1982, S. 25.

23 Ebd., S. 23 f.

24 Vgl. Heinz Mosche Graupe, *Die Entstehung des modernen Judentums. Geistesgeschichte der deutschen Juden 1650-1942*, Hamburg [2]1977, S. 41-58. – Lion Poliakov, *Geschichte des Antisemitismus*, V: *Die Aufklärung und ihre judenfeindliche Tendenz*, Worms 1983, S. 23 ff.

25 Neben den Vorworten von Kaufmann [vgl. Anm. 2] und Feilchenfeld [vgl. Anm. 3] seien genannt: L. Ysaye, *Einiges aus den Memoiren der*

Glückel von Hameln, in: Mitteilungen der Gesellschaft für jüdische Volkskunde 7 (1901), S. 1-19; Meyer Waxman, *A History of Jewish Literature,* Bd. 2, South Brunswick u. a. ^{2}1960, S. 510-16. – Die einzige wichtige philologische Studie: Dr. A. Landau, *Die Sprache der Memoiren Glückels von Hameln,* in: Mitteilungen der Gesellschaft für jüdische Volkskunde 7 (1901), S. 20-68 (mit Glossar).

26 Unleserliches Wort im Manuskript.

27 *Maimoniana. Oder Rhapsodien zur Charakteristik Salomon Maimon's,* aus seinem Privatleben gesammelt von Sabbatia Joseph Wolff, Doct. Med., Berlin 1813.

28 Vgl. Poliakov [vgl. Anm. 24], S. 23-36; Graupe [vgl. Anm. 24], S. 79 ff.

29 Vgl. Karl S. Guthke, *Lessing und das Judentum. Rezeption. Dramatik und Kritik. Krypto-Spinozismus,* in: Wolfenbütteler Studien zur Aufklärung 4 (1977), S. 229-71.

30 Vgl. *Literarischer Sansculottismus* (1795), in: *Goethes Werke (Hamburger Ausgabe),* Bd. 12, S. 239-44.

31 Die Tendenz, ein jüdisches Hausbuch zu werden, hatten im ersten Viertel unseres Jahrhunderts offensichtlich die *Memoiren* der Glückel (die Ausgabe von Feilchenfeld erreichte 1923 bereits die 4. Auflage).

32 Diese Vorrede ist im reprographischen Nachdruck der *Lebensgeschichte* von 1965 [vgl. Anm. 35] leider (aus Versehen?) nicht enthalten.

33 Ralph-Rainer Wuthenow, *Das erinnerte Ich. Europäische Autobiographie und Selbstdarstellung im 18. Jahrhundert,* München 1974, S. 101-110.

34 Günter Niggl [vgl. Anm. 14], S. 141-43.

35 *Salomon Maimon's Lebensgeschichte,* von ihm selbst geschrieben und herausgegeben von K. P. Moritz, in zwei Theilen, Berlin, 1792 bei Friedrich Vieweg dem ältern. – Zweiter und letzter Theil, Berlin, 1793. (Salomon Maimon, *Gesammelte Werke,* hg. v. Valerio Serra, Bd. 1, Hildesheim 1965, reprograph. Nachdruck.)

36 *Salomon Maimons Lebensgeschichte.* Mit einer Einleitung und mit Anmerkungen neu hg. v. Jakob Fromer, München ^{2}1911; Salomon Maimon: *Geschichte des eigenen Lebens (1754-1800),* Berlin 1935 (Bücherei des Schocken Verlags 33-34). Als Herausgeber und Verfasser des Nachworts dieser Ausgabe zeichnet M. S. (Moshe Spitzer). – Weitere Ausgaben verzeichnet: Noah J. Jacobs, *Schrifttum über Salomon Maimon. Eine Bibliographie mit Anmerkungen,* übersetzt von Gerd Leisersohn, in: *Judentum im Zeitalter der Aufklärung,* hg. v. Vorstand der Lessing-Akademie (Wolfenbütteler Studien zur Aufklärung, Bd. 4), Bremen – Wolfenbüttel 1977, S. 353-398.

37 Zitiert nach der Edition des Schocken-Verlags [vgl. Anm. 36], S. IX.

38 *The Autobiography of Salomon Maimon,* with an Essay on Maimon's

Philosophy by Hugo Bergmann, (translated from the German by J. Clark Murray), London 1954, S. 10.

39 Vgl. Poliakov [vgl. Anm. 24], S. 218 f.

40 Vgl. Graupe [vgl. Anm. 24], S. 135 f.

41 Zwi Batscha, *Zur Auklärungsproblematik in Salomon Maimons »Lebensgeschichte«*, in: *Deutsche Aufklärung und Judenemanzipation. Internationales Symposion anläßlich der 250. Geburtstage Lessings und Mendelssohns,* Leitung: W. Grab, Tel Aviv 1980, S. 91-117, hier: S. 96.

42 Gershom Scholem, *Drei Typen jüdischer Frömmigkeit,* in: G. Sch.: *Judaica 4,* hg. v. Rolf Tiedemann, Frankfurt/M. 1984, S. 262-286 (zuerst 1973).

43 *Aufklärung und Judenfrage,* in: Hannah Arendt, *Die verborgene Tradition. Acht Essays,* Frankfurt/M. 1976, S. 108-126, hier: S. 108.

44 Vgl. Anm. 43, S. 114.

45 Bernd Neumann [vgl. Anm. 20].

Jürgen Stenzel

Idealisierung und Vorurteil
Zur Figur des ›edlen Juden‹ in der deutschen Literatur des 18. Jahrhunderts[1]

Die literarische Figur des ›edlen Juden‹, deren Sinn ich an drei Beispielen anzudeuten suche, antwortet einem auch im Jahrhundert der Aufklärung[2] sehr kräftigen Antisemitismus.[3] Idealisierung gegen Vorurteil, oder vielmehr: eine *literarische* Idealisierung wird gegen eine *soziale* Idealisierung gekehrt. Denn nicht nur die Figur des edlen Juden ist Ergebnis einer Idealisierung; auch das Vorurteil ist es. Inwiefern?

Unter Idealisierung verstehe ich die Konzeption oder Darstellung eines Gegenstandes dergestalt, daß dieser mit einem von ihm gefaßten – positiven oder auch negativen – Begriff übereinstimmt. »Der Teufel, idealisiert, müßte moralisch schlimmer werden, als er es ohne das wäre«, erklärt Schiller 1795.[4] Der Begriff des Teufels faßt nämlich das absolut Böse unter sich, während der empirisch verunreinigte, banale Teufel immerhin doch Kinder und Schäferhunde streichelt und uns allerdings tiefer verstört als der idealisierte, auf seinen Begriff gebrachte Teufel.

Literatur zuerst: Je mehr sie ihre Gegenstände unter Begriffe bringt, desto stärker idealisiert sie; und umgekehrt: in dem Maße, in dem sie auf solche Herrschaft des Begriffs von einer Sache, auf Idealisierung also verzichtet, wird Literatur realistisch. Die Figur des ›edlen Juden‹ ist eine Gestalt, die unter den Begriff der Tugend gebracht worden ist, sie ist in *jeder* Hinsicht und *immer* tugendhaft; philosemitische steht mithin gegen antisemitische Idealisierung (wobei ich den Begriff des Philosemitismus jetzt als direkten Gegenbegriff zu dem des Antisemitismus verwende).

Auch das Vorurteil subsumiert sein Objekt unter einen Begriff, und es muß daher alle Erfahrung, die unter den Begriff nicht paßt, für unerheblich erklären; es darf solche Erfahrungen nicht groß werden lassen, weil das die Herrschaft des jeweiligen Begriffs gefährden könnte. Die Idealisierung des Vorurteils gegen Gruppen läßt daher nur All-Sätze gelten: *alle* Juden sind so und so. Ihre grammatische Lieblingsfigur ist der generalisierende Kollektivsingular (»Der Jude = Deutschlands Unglück«). Fragt man die

Logik, so wird ein All-Satz durch ein einziges Gegenbeispiel zu Fall gebracht. Das Vorurteil fragt jedoch nach Logik nicht, und so ist es in der Praxis sinnlos, dem Vorurteil mit Gegenbeispielen zu kommen, es wird sie umstandslos verdauen.

Dort, wo in der Literatur der Realismus steht (in der Mitte gleichsam zwischen positiver und negativer Idealisierung), befindet sich in der sozialen Wirklichkeit die realitätsoffene Urteilskraft (gleich unangefochten von positivem wie von negativem Vorurteil), eine Urteilskraft also, die dem konkreten Einzelfall – nein, eben nicht dem ›Fall‹ – gerecht zu werden sucht.

Ich hoffe, die Ähnlichkeit zwischen literarischer Idealisierung und Vorurteil ist auch in diesem Holzschnitt erkennbar geworden.

Aus ihr ergibt sich nun ein Dilemma, das in der Formel ›Idealisierung gegen Idealisierung‹ schon angeklungen ist; den Teufel mit Beelzebub austreiben, nennt der Volksmund das Verfahren. Die Figur des ›edlen Juden‹ hat Teil an diesem Dilemma, aus einem allgemeineren Grund und dann einem historisch besonderen: Literatur, die etwas ›beweisen‹ will, entkommt der Idealisierung kaum jemals. Einer realistischen Darstellung traut man – wahrscheinlich eben mit Recht – jene Stoßkraft nicht zu, die zum Beispiel einen realitätsverschlossenen Dogmatismus zu erschüttern vermöchte. Literatur gegen das Vorurteil ist beinahe genötigt, gegenzusteuern, so wie der Richtungswechsel des Schiffes vom Steuermann zunächst übertrieben wird. Ein fast rührendes Zeugnis für den Glauben an solches Gegensteuern ist es, wenn die *Encyclopaedia Judaica* von Lessing behauptet, er habe als erster deutscher Schriftsteller die Juden »in a reasonably objective manner« dargestellt.[5]

Hinzu kommt, daß die Literatur der Aufklärung realistische Vorstellungen gerade erst keimen sieht. Ich behaupte geradezu, sie sei in eben dem Grade Aufklärungsliteratur, in dem ihre Darstellungen über Begriffe vermittelt sind. *Ein* Zeugnis und zugleich Beispiel nur (der Beginn von Klopstocks Ode *Der Zürchersee*):

Schön ist, Mutter Natur, deiner Erfindung Pracht,
Auf die Fluhren verstreut; schöner ein froh Gesichte
  Das den großen Gedanken
    Deiner Schöpfung noch einmahl denkt.

Wer diese Ode kennt, weiß, wovon ich rede. Mit einem Wort: Die Literatur der Aufklärung verfährt im wesentlichen idealisierend – selbst dort, wo sie durch Mischung idealisierter Teilphänomene etwas quasi Realistisches zu synthetisieren versucht (vermischte Empfindungen, Charaktere, Gattungen). Von der Herrschaft des Begriffs zur Idealisierung genötigt: das hätte einer Bewegung, die sich dem Kampf gegen das Vorurteil verschrieben hatte, fragwürdig werden müssen, wenn sie das Dilemma hätte wahrnehmen können. Sie konnte es nicht und war darüber hinaus im Hinblick auf die Beschaffenheit des Vorurteils von jener glücklichen Naivität, ohne die ihr beneidenswerter Optimismus nicht lebensfähig hätte sein können.

Die drei ›edlen Juden‹ nun, von denen knapp die Rede sein soll, erfüllen unterschiedliche Funktionen: der Gellert'sche von 1748 als Zeuge für die Universalität der Tugend; der des jungen Lessing 1749/54 als Falsifikationsinstanz gegen das Vorurteil, und Nathan endlich (1779) als Repräsentant einer idealisierten Menschheit.

*

Der erste ›edle Jude‹, den die deutsche Literatur hervorgebracht hat, ist allem Anschein nach die Figur des polnischen Juden im zweiten Teil von Gellerts Roman *Leben der Schwedischen Gräfin von G****, 1746 geschrieben, 1747/48 zuerst veröffentlicht und sogleich in verschiedene europäische Sprachen übersetzt (so daß der erste ›edle Jude‹ der englischen Literatur vermutlich durch Gellert angeregt werden konnte).[6]

Gerne hätte ich Ihnen heute ein literarisches Vorbild dieses polnischen Juden vorgestellt, und ich habe diesem Wunsch viel Zeit geopfert: bisher vergeblich.[7] Es hat Judenfiguren überwiegend positiven Gepräges gegeben (etwa im 4. Teil von Schnabels *Insel Felsenburg*)[8], nie jedoch waren sie frei von allzu spürbarer Liebe zum Geld. Anscheinend ist es Gellert gewesen, der die Figur des ›edlen Juden‹ kreiert hat; möglich, daß die Person Spinozas einwirkte – wir wissen es nicht.

Ich verzichte auf den Versuch, Gellerts Juden vor dem Rundhorizont der unidealen Realität auftreten zu lassen, wie sie etwa Goethe im 4. Buch von *Dichtung und Wahrheit* anläßlich des Frankfurter Gettos geschildert hat.[9] Und ich verzichte weiter darauf, die Entwicklung der westeuropäischen Toleranzdebatte[10] bis zu dem Punkt nachzubuchstabieren, wo sie dem 31jährigen Leipziger Privatdozenten erlaubt, seinen polnischen Juden auszudenken. – Gellert schildert im zweiten Teil seines Romans u. a. die Schicksale eines schwedischen Grafen, der in russische Kriegsgefangenschaft gerät und zu elender Zwangsarbeit nach Sibirien deportiert wird, übrigens nach der Denunziation eines bösen Popen. Hier nun, auf Zobelfang, rettet er unter eigener Lebensgefahr einem halberfrorenen polnischen Juden das Leben. »Dieser Mann« – so berichtet später ein Brief des Grafen, »ist auf die edelste Art dankbar gewesen und hat mir bewiesen, daß es auch unter dem Volke gute Herzen gibt, das sie am wenigsten zu haben scheint.«[11] Der edle Jude dient hier vor allem zum Beweis, daß ein selbstlos-tugendhaftes Verhalten, das des christlichen Grafen nämlich, sogar unter den ungünstigsten Bedingungen die edelste Tugend zum Vorschein bringen kann. Gellert geht es weniger um die Juden als um die Kraft der Tugend, die sich gleichsam am schwierigsten Material bewährt. Deshalb stilisiert er das Verhalten des dankbaren Juden geradezu systematisch nach dem Vorbild der Predigt Jesu vom Weltgericht [Mt. 25, 35 f.]:

Ich bin hungrig gewesen, und ihr habt mich gespeist; ich bin durstig gewesen, und ihr habt mich getränkt; ich bin ein Fremdling gewesen, und ihr habt mich beherbergt; ich bin nackt gewesen, und ihr habt mich bekleidet; ich bin krank gewesen, und ihr habt mich besucht; ich bin gefangen gewesen, und ihr seid zu mir gekommen.

Die Zeit verbietet, das im einzelnen vorzuführen. Die Tugend erweist sich nicht nur in dem geretteten Juden; als er abreist, vertritt vielmehr ein anderer Jude seine Stelle auf die fürsorglichste Weise. Der Graf kommt schließlich frei und reist nach Moskau, wo er einige Wechsel einzulösen hat, die ihm jener zweite Jude anstelle verkaufter Juwelen an seine Glaubensbrüder mitgegeben hat. »Ich bekam binnen zehn Tagen mein Geld, zu dem mir Tompson [ein englischer Kaufmann] doch wenig Hoffnung gemacht hatte, und büßte nicht mehr als einen Wechsel von hundertundfünfzig Rubeln ein.«[12] – Man möchte an dieser Stelle meinen, fast hoffen, es erscheine nun endlich auch ein betrügerischer Jude, um dem allzu treuherzigen Bild einen schwarzen Tupfer mitzugeben. Aber mitnichten:

Der Jude, der mir ihn bezahlen sollte, war in die elendesten Umstände geraten, und seine Mitbrüder versicherten mich, daß sie binnen einem

Jahre das Geld für ihn erlegen wollten, wenn er's nicht tun könnte. Ich zerriß darauf den Wechsel und gab dem armen Juden noch zehn Taler von dem übrigen Gelde.

Alle sind sie edel, alle, vor allem der Graf. – Dieser ist endlich in Amsterdam mit seiner Gemahlin wieder vereint. Eines Tages bringt er unverhofften Besuch ins Haus – den polnischen Juden:

Sein Herz war wirklich seiner ehrlichen und einfältigen Miene gleich, und seine Sitten gefielen durch sein Herz. Er war schon bei Jahren, und sein grauer Bart und sein langer polnischer Pelz gaben ihm ein recht ehrwürdiges Ansehn. Die freundschaftliche Art, mit der wir mit ihm umgingen und ihm unsere Erkenntlichkeit zu bezeichnen suchten, rührte ihn ausnehmend.[13]

Die ganze Familie wetteifert, dem Gast seinen Aufenthalt zum Vergnügen zu machen. »Ich habe mein Tage kein solch Vergnügen gehabt, und niemand ist noch so großmütig mit mir umgegangen, als Sie tun«[14], bekennt der ehrwürdige Alte. Und beim Abschied – immer noch unter Hinweis auf seine Dankbarkeit gegenüber dem christlichen Lebensretter – hinterläßt er dessen Tochter 10 000 Taler und wertvolle Geschenke; kein Protest hilft. Fazit:

Der rechtschaffne Mann! Vielleicht würden viele von diesem Volke beßre Herzen haben, wenn wir sie nicht durch Verachtung und listige Gewalttätigkeiten niederträchtig und betrügerisch in ihren Handlungen machten und sie nicht oft durch unsre Aufführung nötigten, unsere Religion zu hassen. R** begleitete den Alten etliche Meilen und konnte gar nicht aufhören, seinen uneigennützigen und großen Charakter zu bewundern. Unter allen Merkmalen der Freundschaft, die wir ihm erwiesen, rührte ihn nichts so sehr als dieses, daß ihn der Graf abmalen und das Bild in seine Studierstube setzen ließ.[15]

Halten wir im Vorbeigehen fest, daß Gellert mit der Lebensweise seiner jüdischen Zeitgenossen nichts weniger als vertraut war. Porträtmalerei im Zeichen empfindsamen Freundschaftskultes – ein frommer Jude des 18. Jahrhunderts dürfte da seine Schwierigkeiten gehabt haben. Sein tägliches halbstündiges Gebet (»wenn die Sonne unterging«[16] immerhin) verrichtet er knieend, mit Christen tafelt er, ohne daß darüber eine Reflexion angestellt würde. Was aber nun die Position betrifft, die Gellert mit dem allen vertritt, so kommt sie derjenigen des 1705 gestorbenen Orientalisten Johann Christoph Wagenseil sehr nahe, der sich in der Hoffnung auf eine bevorstehende allgemeine Judenbekehrung für einen humanen Umgang mit den Juden erklärt hatte (wie übrigens auch, in einer anonymen Schrift, der pietistische Graf Zinzendorf) und ihrem moralischen Standard hohe Achtung bezeugte.[17] Gellert war ein überzeugter und frommer Christ, dem an solcher Judenbekehrung gelegen sein mochte, wenn wir dafür auch keine weiteren Zeugnisse besitzen. Wichtiger ist ohnehin der andere Aspekt der Sache, sind die »beßre[n] Herzen«. Es war sozusagen Gellerts lebenslanges Steckenpferd, Herzen zu bessern; in einem Brief 1754: »O wer wärest du! wie glücklich! *Ein Herz gebessert?* Ich trat näher an das Fenster u. beschaute den Himmel, in tausend Sorgen, daß der Stral des Lichts und der Freude nicht wieder aus meiner Seele verschwinden möchte.«[18]

Ich füge noch andeutend hinzu, daß Gellert in seinem Roman der ersten Erwähnung des edlen polnischen Juden eine Episode folgen läßt, in welcher ein Kosakenmädchen als ›edle Wilde‹ figuriert – eine damals beliebte Figur, die Gellert gleichzeitig mit seinem Roman in der kurzen Verserzählung *Inkle und Yariko* dargestellt hatte.[19] Auch dieses Kosakenmädchen »beweist, daß es auch unter dem wildesten Volke noch edle und empfindliche Herzen gibt«.[20]

Wie diese ›edle Wilde‹ ist der ›edle Jude‹ für Gellert in erster Linie ein besonders eindrücklicher Tugendzeuge – und vor allem um die Universalität der Tugend geht es ihm; nicht etwa um die bürgerliche Gleichstellung der Juden oder um den eigentlichen Kampf gegen das Vorurteil. Das zeigen die wenigen Briefstellen, in welchen Gellert beiläufig von Juden spricht: 1755 etwa über ein gerade erschienenes Buch: »Die Briefe über [die] Empfindungen sind das Werk eines jungen Juden in Berlin. Ein Jude! Ja. Sollte die Nation gar noch fruchtbar an witzigen Köpfen werden?«[21] 1769 lernt Gellert den Verfasser kennen: »Itzt war der Jude Mendelssohn bei mir. Er hat das Beschwerliche seiner Nation nicht an sich und redt sehr mit Verstande.«[22] Vor allem aber muß hier ein Brief aus dem Jahre 1764 interessieren; Gellert hat sich einen Zahn ziehen lassen, drei Dukaten hat es gekostet, und ein ganzer Tag ist elend und unter Zittern und Zagen dahin:

Indem ich über diesen meinen Verlust noch niedergeschlagen am Fenster stand, sahe ich einen alten ehrwürdigen Juden, wenn es solche giebt, einen Mann, den der Schlag vor vielen Jahren gerührt und der vierzig Meilen hinter Warschau herbey gekommen war, von seiner Frau und zwey

Kindern geleitet, vorbey schleichen u. dachte: bist du nicht viel glücklicher als dieser Mann? Du kannst noch gehn u. reden; das kann er nicht. Sey nicht undankbar![23]

»[...] einen alten ehrwürdigen Juden, wenn es solche giebt« – als hätte Gellert seinen Roman niemals geschrieben. Wie immer man diese Einschränkung motiviert sehen mag, sie zeigt jedenfalls, daß die Figur des edlen Juden für Gellert ihren Platz nahezu ausschließlich im Labor seines literarischen Tugendexperimentes hatte.

*

Immerhin läßt sich fragen, ob Lessing sein frühes Lustspiel *Die Juden*[24] ohne Gellerts Roman verfaßt hätte. Mindestens scheint sich Lessing in stiller Polemik auf Gellerts Arrangement zu beziehen: bei ihm ist es ein Jude, der einem Christen das Leben rettet. Er verdankt seine Tugendhaftigkeit nicht erst der tugendhaften Tat eines Christen. – Ich raffe die Fabel des Stückes aufs äußerste zusammen: Ein Reisender rettet einem Baron das Leben, als dieser von Räubern überfallen wird. Die Räuber haben sich als Juden verkleidet und geben die schlimmsten antijüdischen Äußerungen von sich. Auch der gerettete Baron ist nicht frei von – freilich etwas gemäßigter formuliertem – Antisemitismus, den er generalisierend aus einem einzigen negativen Erlebnis ableitet. Er lädt seinen Retter, der die empfindsame, gebildete, skrupulöse Tugendhaftigkeit in Person ist, auf sein Gut, wünscht ihn schließlich zum Schwiegersohn, was den Reisenden endlich nötigt, sich als Jude zu offenbaren. Der Baron darauf: »Ein Jude? grausamer Zufall [...] So giebt es denn Fälle, wo uns der Himmel selbst verhindert, dankbar zu sein?«[25]

Es ist natürlich dieser Himmel nur eine von Gott verordnete, zum Beispiel preußische Obrigkeit mit ihren Judengesetzen. Dem jüdischen Reisenden, der natürlich auch jedes Geldgeschenk ausschlägt, würde als Dank schon genügen, wenn der Baron »künftig von meinem Volke etwas gelinder und weniger allgemein urteilen« würde. Der Baron bekennt, sich seines Verfahrens der verallgemeinernden Urteile über die Juden zu schämen.

Die dramaturgische Methode Lessings bedeutet nicht nur deshalb eine Art von Revolution, weil er, seinem Rettungsreflex nachgebend, in seinem Lustspiel ein aktuelles Problem aufgriff, sondern vor allem, weil der junge Autor den Lasterhaften von der Bühne, wo ihn der Zuschauer gattungsgemäß lokalisieren und auslachen durfte, ins Parterre verpflanzt. Nicht der rabiate Antisemitismus der christlichen Räuber, wohl aber der vornehmere des Barons, der sonst dem edlen Reisenden an Tugend nicht nachsteht, lud das Publikum zur Identifikation ein. Lessing wollte »dem Volke die Tugend« da zeigen, »wo es sie ganz und gar nicht vermutet«[26] – nämlich bei einem Juden. Das Publikum soll sich mit zwei Figuren identifizieren: dem Baron und dem Reisenden. Die Krise, in welche diese zweifache Sympathie geraten muß, als der eine sich als Jude bekennt, läßt das Publikum erfahren, daß es selbst – wie der Baron – sich seiner Vorurteile zu schämen hat.

Freilich nimmt Lessing am Schluß des Stücks dessen dramaturgisches Verfahren gleichsam gedanklich zurück; denn es war ja eine idealisierte Judenfigur, mit deren Hilfe er der negativen Idealisierung des Antisemitismus entgegengetreten war. Am Ende also läßt Lessing den Baron sagen: »Alles, was ich von Ihnen sehe, entzückt mich. [...] O wie achtungswürdig wären die Juden, wenn sie alle Ihnen glichen!« – Der Baron wünscht sich also einen Grund zum generellen Philosemitismus, um dem Antisemitismus absagen zu können, nämlich, daß alle Juden edle Juden wären (während der christliche Diener des Juden das Problem der kognitiven Dissonanz auf seine Weise löst: »Nein, [vgl. Anm. 27] der Henker! Es gibt doch wohl auch Juden, die keine Juden sind«).[27]

»O wie achtungswürdig wären die Juden, wenn sie alle Ihnen glichen!« – Der Jude erwidert mit höflich-leiser Ironie: »Und wie liebenswürdig die Christen, wenn sie alle Ihre Eigenschaften besäßen!« Mit dieser Ironie führt er die Sehnsucht des Barons, statt negativer All-Sätze über die Juden nunmehr positive vertreten zu können, ad absurdum, zumal in eben dem Moment die beiden sehr unliebenswürdigen christlichen Räuber ins Gefängnis wandern. Worauf er indirekt drängt, ist eben das Ertragen dissonanter Erfahrungen, die Aufgabe der Idealisierung zugunsten einer Realitätsoffenheit, welcher gute und böse Juden ebenso begegnen können wie gute und schlechte Christen.

Vielleicht hat Lessing mit diesem kleinen Wortwechsel die rational aussichtsreichste Position zur Bekämpfung des Vorurteils eingenommen, obgleich sein dramatisches Kalkül deren

Höhe nicht zu erreichen vermochte, so genial es im Grunde angelegt war.

An die Figur des edlen Juden schloß sich denn auch eine Debatte über ihre Wahrscheinlichkeit an, die zwischen dem Göttinger Orientalisten Michaelis und Lessing geführt worden ist[28] und in welcher Moses Mendelssohn als Zeuge und Ankläger (gegen Michaelis) auftritt. Leider kann ich hier nur streifen, daß Lessing und Mendelssohn hier teilweise an Michaelis vorbeireden, und daß auch in diesem Falle eine kleine Rettung eigentlich angebracht wäre.[29] Unter anderem ist jedenfalls interessant, daß die Problemlage Lessing dazu führt, die Falsifikation antisemitischer All-Sätze nicht mehr nur einer erfundenen Bühnenfigur zu übertragen, sondern auf eine reale sich zu berufen: auf Moses Mendelssohn: »Freilich muß man [...] die Juden näher kennen, als aus dem lüderlichen Gesindel, welches auf den Jahrmärkten herumschweift.«[30]

*

Ein Wort zum *Nathan* schließlich: Lessing wußte, daß er mit seinem »dramatischen Gedicht« eine unbequeme ›Utopie‹ verfaßt hatte. Von Augenblicken schrieb er in seiner Ankündigung des Stückes,

> in welchen man immer gern vergessen möchte, wie die Welt wirklich ist. Aber mit nichten: die Welt, wie ich mir sie denke, ist eine eben so natürliche [wahrscheinliche] Welt, und es mag an der Vorsehung wohl nicht allein liegen, daß sie nicht ebenso wirklich ist.[31]

Und in einem Vorredenentwurf sogar:

> Noch kenne ich keinen Ort [Utopie!] in Deutschland, wo dieses Stück schon jetzt aufgeführt werden könnte. Aber Heil und Glück dem, wo es zuerst aufgeführt wird.[32]

Die prophetische Segensformel wird uns sogleich wiederbegegnen.

Daß Nathan und inwiefern er ein edler Charakter ist, brauche ich Ihnen nicht zu erläutern. Inwieweit er tatsächlich als Jude dargestellt, nicht lediglich als einer bezeichnet wird, ist eine andere Sache. Denn Juden im historisch konkreten Sinne – mit ihrer Sprache, ihren Gesetzen und Gebräuchen –, das waren unsere edlen Juden allesamt nicht.

Aber als ein Jude wird der wenigstens vor-, wenn auch nicht

dargestellt, den Lessing zum Sprecher seiner Religion der allgemeinen Menschenliebe und Toleranz gewählt hat. Ich muß versuchen, mein Problem von *einem* Punkt aus zu erhellen: Dem kleinen Wortwechsel am Schluß der *Juden*, von dem die Rede war, entspricht strukturell jene Stelle in der 7. Szene des vierten Aktes, in welcher der Klosterbruder ausruft: »Nathan! Nathan! / Ihr seid ein Christ! – Bei Gott, Ihr seid ein Christ! / Ein beßrer Christ war nie!« Und Nathan antwortet mit einer Segensformel:

> »Wohl uns! Denn was
> Mich Euch zum Christen macht, das macht Euch mir
> Zum Juden! – Aber laßt uns länger nicht
> Einander nur erweichen. Hier brauchts Tat! [...]«[33]

Nathan selber weist darauf hin, daß dieser Gesprächsaugenblick von höchster empfindsamer Rührung ist, ohne jede Spur von Ironie (die man seiner Antwort unterlegt hat).[34] Denn der Klosterbruder hat ja nicht etwa beabsichtigt, Nathan mit seinem Ausruf in die christliche Kirche einzugemeinden. Er hat vielmehr in der rhetorischen Figur der Emphase gesprochen. »Nathan, Ihr seid ein Christ« meint: Nathan, Ihr seid, was einen Christen wesentlich ausmacht oder doch ausmachen sollte. Das zu verstehen erlaubt freilich erst die unmittelbare Vorgeschichte dieses Dialogteils, Nathans Erzählung von der Ermordung seiner Familie in einem christlichen Pogrom, von seiner Verzweiflung und seinem Haß, und endlich von der sanften Stimme der Vernunft, die das grausame Geschehen als Gottes Ratschluß annehmen heißt und der gehorchend er in dem christlichen Waisenkind einen ersten Ersatz für seinen Verlust empfängt.

Es ist also Ergebenheit in Gottes Willen und praktische Nächstenliebe, die Judentum und Christentum dort eins werden lassen – im Entscheidenden –, wo es nicht lediglich um die jeweiligen Traditionen von Dogmen und Gebräuchen geht. Nur für diesen Bereich der unterschiedlichen Traditionen aber wäre denn Toleranz, Ertragen also, allenfalls noch vonnöten, wenn die Einigkeit im Wesentlichen – wie Lessing es sieht – denn wirklich wäre: »und es mag an der Vorsehung wohl nicht allein liegen [...]«

Mit andern Worten: Der edle Jude – wie der edle Klosterbruder – sind Repräsentanten einer idealisierten Menschheit. Der idealisierte Jude dient nicht mehr als Instanz gegen das Vorurteil, sondern ist Verkünder einer Welt, in der es kein Vorurteil mehr gibt und in welcher es der Toleranz nur noch an ihren Rändern bedürfte. Was für ein rührender Traum; ein unaufgebbarer vielleicht. Aber wie sollen wir ihn denn träumen, die wir doch zu wissen glauben, daß das Vorurteil weniger durch falsches Denken als durch Angst und Minderwertigkeitsgefühle entsteht (von denen die Überwertigkeitsgefühle nur die Kehrseite sind); die wir zu wissen glauben, daß zuerst die Herzen frei davon sein müßten, bevor man an die Berichtigung der Köpfe gehen könnte?

Der ›edle Jude‹ der deutschen Aufklärung: Tugendzeuge, Falsifikationsinstanz, Menschheitsrepräsentant. Glückliches 18. Jahrhundert. Und wir? Wir müssen seinen Traum noch einmal träumen – anders, und unter unendlich erschwerten Bedingungen.

Anmerkungen

1 Die stark verkürzte Vortragsform dieses Aufsatzes wurde beibehalten. – Grundlegend: Helmut Jenzsch, *Jüdische Figuren in deutschen Bühnentexten des 18. Jahrhunderts*, Diss. phil. Hamburg 1974. Unergiebig: Rose Sh. Wightman, *The changing image of the Jew as reflected in German drama in the time of Lessing and Heine*, Ann Arbor Microfilms 1967. Vgl. jetzt auch Leif Ludwig Albertsen, *Der Jude in der deutschen Literatur 1750-1850. Bemerkungen zur Entwicklung eines literarischen Motivs zwischen Lessing und Freytag*, in: Arcadia 19/1 (1984), S. 20-33.

2 Vgl. jetzt Werner Schneiders, *Aufklärung und Vorurteilskritik. Studien zur Geschichte der Vorurteilstheorie*, Stuttgart 1983 (Forschungen und Materialien zur deutschen Aufklärung II, 2). – Wilfried Barner, *Vorurteil, Empirie, Rettung. Der junge Lessing und die Juden*, in: Bulletin des Leo Baeck Instituts 69 (1984), S. 29-51.

3 Vgl. Klara Carmely, *Wie ›aufgeklärt‹ waren die Aufklärer in bezug auf die Juden?* in: *Humanität und Dialog. Lessing und Mendelssohn in neuer Sicht*, Beiheft zum Lessing Yearbook, Detroit/München 1982, S. 177-188. Léon Poliakov, *Geschichte des Antisemitismus, V: Die Aufklärung und ihre judenfeindliche Tendenz*, Worms 1983.

4 *Werke*, (Nationalausgabe), Bd. 22, Weimar 1958, S. 293 (zu Gottfried Körners Aufsatz über Charakterdarstellung in der Musik).

5 Bd. 11, Jerusalem 1971, Sp. 49.

6 Vgl. M. F. Modder, *The Jew in the Literature of England to the end of the 19th century*, New York 1960 (zuerst 1939), S. 60 f. – Zur engli-

schen Übersetzung des Romans vgl. *C. F. Gellerts Briefwechsel*, hg. von John F. Reynolds, Bd. 1 (1740-1755), Berlin/New York 1983, S. 109 und 191.

7 Die Braunschweiger Magisterarbeit von Ulrike Gau (1982) ist allen bisher bekannten Spuren nachgegangen. Vgl. jetzt auch Wolfgang Martens, *Zur Figur des edlen Juden im Aufklärungsroman vor Gotthold Ephraim Lessing*, in: Der Deutschunterricht 36/4 (Juden in der deutschen Literatur I), 1984, S. 48-58.

8 Nordhausen 1943, S. 504-508. Elisabeth Kretschmer, *Gellert als Romanschriftsteller*, Diss. phil. Breslau 1902, S. 47, zweifelt nicht, daß Schnabels »ehrliche[r] Jude Rabbi Moses« Gellert als Vorbild gedient habe.

9 *Werke* (Hamburger Ausgabe), Bd. 9, S. 149 f.

10 Vgl. S. Ettinger, *The beginnings of the change in the attitude of European society towards the Jews*, in: Scripta Hierosolymitana. Publications of the Hebrew University Jerusalem, Bd. 7 (Studies in History), 1961, S. 193-219. – Harald Schultze, *Lessings Toleranzbegriff. Eine theologische Studie*, Göttingen 1969 (Forschungen zur systematischen und ökumenischen Theologie 20).

11 Ich zitiere den Roman nach der von Jörg Ulrich Fechner besorgten Reclam-Ausgabe, Stuttgart 1968, hier S. 79.

12 Ebd., S. 106.

13 Ebd., S. 113.

14 Ebd.

15 Ebd., S. 114 f.

16 Ebd., S. 113.

17 Gellert hatte in seiner Bibliothek das Buch des konvertierten Juden Friedrich Albrecht Christiani, *Der Jüden Glaube und Aberglaube* (Leipzig 1705), dem als Vorrede eine Auseinandersetzung von Christian Reineccius mit Wagenseils Vorstellungen beigegeben ist.

18 *Gellerts Briefwechsel* [vgl. Anm. 6], S. 215: An Hans Moritz Graf von Brühl, 20. Dezember 1754.

19 Vgl. dazu Peter Pütz, *Die Herrschaft des Kalküls. Form- und Sozialanalyse von Gellerts ›Inkle und Yariko‹*, in: *Wissen aus Erfahrungen. Werkbegriff und Interpretation heute. Festschrift für Herman Meyer zum 65. Geburtstag*, Tübingen 1976, S. 107-121.

20 Gellert [vgl. Anm. 11], S. 97.

21 Hier zitiert nach Werner Keller, *Und wurden zerstreut unter alle Völker. Die nachbiblische Geschichte des jüdischen Volkes*, München/Zürich 1966, S. 408.

22 17. April an Joh. Adolf Schlegel. Ich verdanke diese noch ungedruckte Stelle der Freundlichkeit des Herausgebers von Gellerts Briefwechsel [vgl. Anm. 6], John F. Reynolds.

23 7./8. August 1764 an Mademoiselle Lucius; vgl. *Briefwechsel Gellerts*

mit Demoiselle Lucius, hg. v. F. A. Ebert, Leipzig 1823; zitiert nach dem Text von Reynolds [vgl. vorige Anm.].

24 Vgl. Karl S. Guthke, *Lessings Problemkomödie ›Die Juden‹*, in: *Festschrift H. Meyer*, S. 122-134. – Derselbe, *Lessing und das Judentum. Rezeption. Dramatik und Kritik. Kryptospinozismus*, in: *Judentum im Zeitalter der Aufklärung*, Wolfenbüttel 1977 (Wolfenbütteler Studien zur Aufklärung 4), S. 229-271. – Wolfgang Trautwein, *Zwischen Typenlustspiel und ernster Komödie. Zur produktiven Verletzung von Gattungsmustern in Lessings ›Die Juden‹*, in: Jahrbuch der Deutschen Schillergesellschaft 24 (1980), S. 1-15. – Wilfried Barner, *Lessings ›Die Juden‹ im Zusammenhang seines Frühwerks*, in: *Humanität und Dialog*, S. 189-209. – Zur Rezeption im osteuropäischen Judentum vgl. Chaim Shoham, *›Nathan der Weise‹ unter Seinesgleichen: Zur Rezeption Lessings in der hebräischen Literatur des 19. Jahrhunderts in Osteuropa*, in: Lessings Yearbook 12 (1981), S. 1-30.

25 Alle zitierten Stellen aus dem vorletzten, 22. Auftritt.

26 Vorrede zum 3. und 4. Teil seiner *Schriften* 1754, zitiert nach der von Herbert G. Göpfert u. a. herausgegebenen Ausgabe der *Werke*, Bd. 2, München 1971, S. 645.

27 So die spätere Fassung; 1754 noch: »Nein, der Henker! Die Juden sind großmütige Leut«, vgl. Lachmann-Muncker I 411.

28 Lessings Aufsatz *Über das Lust-Spiel die Juden* im 3./4. Stück der *Theatralischen Bibliothek: Werke* [vgl. Anm. 26], Bd. 1, S. 415-422.

29 Sie beträfe vor allem den Punkt, daß Michaelis es für »zwar nicht unmöglich [!], aber doch allzu wahrscheinlich« hielt, ein so edler Jude, wie von Lessing dargestellt, könne sich unter den obwaltenden Umständen »gleichsam selbst bilden« (Julius W. Braun, *Lessing im Urtheile seiner Zeitgenossen*, Bd. 1, Berlin 1884, S. 36). Michaelis erinnerte nochmals an diesen Punkt in seiner Besprechung von Lessings *Theatralischer Bibliothek* (Braun, S. 46 f.).

30 Lessing [vgl. Anm. 28], S. 418.

31 *Werke* [vgl. Anm. 26], S. 749.

32 Ebd., S. 748 f.

33 *Werke* [vgl. Anm. 26], S. 316 f.

34 Karl S. Guthke, *Lessing und das Judentum*, S. 243.

Wilfried Barner

Jüdische Goethe-Verehrung vor 1933

Für Albrecht Schöne zum 17. Juli 1985

»Durch all mein Leben begleitete der Dichter mich unfehlbar, und kräftig und gesund brachte der mir zusammen, was in Unglück und Glück zersplitterte, und ich nicht sichtlich zusammenzuhalten vermochte. Mit seinem Reichthum machte ich Kompagnie, er war ewig mein einzigster, gewissester Freund; mein Bürge, daß ich mich nicht nur unter weichenden Gespenstern ängstige; mein superiorer Meister, mein rührendster Freund, von dem ich wußte, welche Höllen er kannte! – kurz, mit ihm bin ich erwachsen, und nach tausend Trennungen fand ich ihn immer wieder, er war mir unfehlbar.« Dies ist das Bekenntnis der 37jährigen Berliner Jüdin Rahel Levin in einem Brief vom 22. Juli 1808 an ihren späteren Gatten Karl August Varnhagen von Ense[1]: Goethe als der lebenslange Begleiter, der Angebetete, der Seelenfreund, der Überlegene, der Integrierende, der immer wieder Gefundene.

Gut zwei Jahrzehnte später, am 20. November 1830, schreibt der Frankfurter Jude Ludwig Börne, vormals Löb Baruch, im Vierzehnten seiner *Briefe aus Paris*: »Goethe ist der König seines Volkes; ihn gestürzt, und wie leicht dann mit dem Volke fertig zu werden! Dieser Mann eines Jahrhunderts hat eine ungeheuer hindernde Kraft; er ist ein grauer Star im deutschen Auge, wenig, nichts, ein bißchen Horn – aber beseitigt das, und eine ganze Welt wird offenbar. Seit ich fühle, habe ich Goethe gehaßt, seit ich denke, weiß ich warum«.[2]

Als Prototyp des geborenen Goethe-Hassers ist Börne in die Geschichte eingegangen, so wie Rahel Levin, die spätere Varnhagen, als Prototyp der schwärmerischen Goethe-Verehrerin. Die Tochter eines preußisch privilegierten Juwelenhändlers und Bankiers und der im reichsstädtischen Ghetto aufgewachsene Sohn eines ärmlichen Hof-Faktors: was mag sich in der Einstellung dieser beiden zu Goethe Gemeinsames finden außer der Tatsache einer jeweils offenkundigen sozialen Vorprägung? Gibt es ›die‹

jüdische Goethe-Verehrung oder auch ›den‹ jüdischen Goethe-Haß in einem benennbaren Sinne? Ist nicht die Geschichte der Goethe-Rezeption im ganzen, zunächst unter den Deutschen, gespannt in die Polarität von Vergötterung und mäkelnder Kritik, von hingegebener Bewunderung und kaltem Neid – oder auch Enttäuschung (vor allem bei manchen seiner frühen Weggenossen)? Läßt sich überdies irgend Substantielles aussagen über ›Jüdisches‹ in der deutschen Bildungshistorie, ohne genaue Unterscheidung nach den »Frommen der alten Schule« (mit Gershom Scholem zu reden), nach Reformjuden und ›Revisionisten‹, nach solchen, die sich – wie Rahel Levin und Börne – schließlich taufen ließen, und solchen, die, als sie aufwuchsen, nicht einmal mehr wußten, daß sie jüdischer Herkunft waren?

Zunächst scheint es übergenug Fragen zu geben, berechtigte Zweifel am Thema, Bedenken gegen das Isolieren des Integrierten, auch Scheu vor dem Mißverstandenwerden. Schon dies mag erklären, warum in der so ausgebreiteten Literatur zur Wirkungsgeschichte Goethes das Jüdische so selten gefragt, bedacht worden ist.[3] Frag-würdig mögen auch die Motive für eine Untersuchung jüdischer Goethe-Verehrung sein, die eingestandenen wie die uneingestandenen. Ein Wiedergutmachungs- oder Versöhnungsthema? Goethe, als Autor der Weltliteratur und des klassischen Humanitätsideals, mag sich dazu als vorzüglich geeignet anbieten. Oder eines jener bisweilen gedankenlos behauptenden »Symbiose«-Themen? Die Verlockung ist nicht gering, zumindest nebenbei mit herauszubekommen, daß doch auch die Deutschen etwas zu geben hatten, das selbst die Juden mit ihrer unüberbietbar alten Kulturtradition anerkennen mußten: also nicht nur ›Das Jüdische bei Heine‹, ›Das Jüdische bei Kafka‹, sondern endlich einmal einer der großen Deutschen im Judentum selbst wirkend. Die Fragen und Bedenken sind weder hyperselbstkritisch noch gar ›rhetorisch‹. Sie gehören, wie sich zeigen wird, zum Kern des Themas selbst.

Vorderhand gibt es Auffallendes, unbezweifelbar Tatsächliches. Ich nenne vorgreifend aus dem Übervielen nur weniges. Von Rahel Varnhagen und Ludwig Börne als herausragenden Gestalten der Goethezeit selbst war schon die Rede. Am Beginn der modernen, kritischen Goethe-Textphilologie steht, mit seiner exemplarischen Studie von 1866, der Jude Michael Bernays. Initiator und langjähriger Herausgeber des ›Goethe-Jahrbuchs‹, des zentralen Organs der Goetheforschung über Jahrzehnte hin, war der Jude Ludwig Geiger. Erster Präsident der Goethe-Gesellschaft, die 1885 gegründet wurde, war der Jude Eduard von Simson, damals Präsident des Reichsgerichts in Leipzig. Die frühesten, seit 1885 erscheinenden und bis in die 20er Jahre hinein wirkungskräftigen Goethe-Biographien stammen von jüdischen Autoren; ich erwähne nur den einen Namen Albert Bielschowsky. Die Gegenwendung, hin zu den großen ›Gestalt‹-Monographien um die Zeit des Ersten Weltkriegs, wird wesentlich von jüdischen Wissenschaftlern bestimmt; zwei Namen einstweilen: Georg Simmel, Friedrich Gundolf. Selbst die ins Psychoanalytische und Sozialkritische sich richtende Goethedeutung wird von Juden angeführt, von Emil Ludwig vor allem; die Linie führt bis zu Richard Friedenthal und Hans Mayer und damit schon über die hier gewählte Zeitgrenze hinaus.

Gewiß repräsentiert sich in alledem zunächst das, was man den ›Anteil‹ der Juden an der deutschen Bildungs- und Wissenschaftsgeschichte überhaupt zu nennen sich angewöhnt hat. Doch zeigt schon ein Blick in die analogen Bezirke der Wirkungsgeschichte Lessings oder Schillers[4], der beiden anderen großen Nationalklassiker aus dem 18. Jahrhundert, nichts vergleichbar Auffälliges über anderthalb Jahrhunderte hin. Der Frage nach dem Besonderen im Falle Goethes, nach dem Wie und nach dem Warum, kann hier nur an wenigen Stufen und Repräsentanten eines langen und komplizierten Prozesses nachgegangen werden, und mit nur geringer Hilfe aus einschlägigen Studien.[5] Es geht um ein ungeschriebenes, in mehr als einer Hinsicht symptomatisches Kapitel aus der Geschichte von Deutschen und Juden.

Die provozierende, ja kontradiktorische Spannweite zwischen den Positionen einer Rahel Varnhagen und eines Ludwig Börne zunächst ist vor allem aus drei Gründen zeitcharakteristisch: weil der nationalliterarische Kanonisierungsprozeß, an dem Goethe selbst nicht nur als ›Objekt‹ beteiligt ist, in jenen Jahrzehnten noch in vollem Gange sich befindet, partiell durchaus noch offen ist; weil innerhalb dieses Prozesses die potentiellen Rollen emanzipierter Juden noch nicht ›durchgespielt‹ sind; weil schließlich Goethes persönliche, bekannt ambivalente Einstellung gegenüber dem Judentum noch zeitgenössisch, noch auf aktuelle jüdische Existenz bezogen ist.[6]

Als Goethe aufwächst, bahnt sich gerade erst, mit Moses Mendelssohn, ein epochemachend neuer Typus seinen Weg, der mit der Haskala zugleich einen tiefen Zwiespalt in das deutsche – nicht nur deutsche – Judentum hineinträgt. Als Goethe stirbt, sind viele der den Weg öffnenden Edikte und Juden-Reglemente schon Geschichte, zum Teil bereits zurückgenommene Reform.[7] Vor allem aber hat sich das von Frankreich her, im Gefolge der Revolution und Napoleons Kommende vielen Deutschen, nicht zuletzt Goethe selbst, als das Oktroyierte tief skeptisierend eingeprägt.

In Goethes Einstellung zu den Juden durchkreuzen sich auf oft schwer differenzierbare Weise religiöse, soziale, moralische und ästhetische Momente.[8] Die ausgeprägtesten Reize liegen für ihn in dem, was er »Zäheit« nennt, in der Traditionsfestigkeit und der historischen Ehrwürdigkeit des an dem Gott seiner Väter festhaltenden Volkes; und sie liegen in der großen »Poesie« der Psalmen und des Hohen Liedes, das er ja selbst aus dem Urtext übersetzt hat (wobei er vor allem Herder die Entdeckung der althebräischen Dichtung verdankt). Das nachhaltigste Moment der Abstoßung ist verankert im frühen Erlebnis des düster-exotischen Frankfurter Ghetto-Judentums, mit all den Schemata der spezifisch christlichen Judendiskrimination (vom Schachern und Feilschen bis zu den Ritualmorden), und: mit dem»barock« klingenden Frankfurter »Judendeutsch«.[9] In der Distanz gegenüber dieser Ausprägung des Judentums kommt Goethe einer Position sehr nahe, die sich damals bekanntlich in der aufsteigenden jüdischen Minorität selbst schon zu artikulieren beginnt.

Lessings Hinwendung zu »den Juden« entsteht früh aus der scharfen Beobachtung und streitbaren Decouvrierung der alltäglichen Unterdrückung, der »Verfolgung«, wie es bei ihm heißt.[10] Bei Goethe korrespondiert eine aufmerksam mitleidige Distanziertheit gegenüber dem Ghetto-Judentum mit einer auffallend raschen Bereitwilligkeit, den ästhetisch-gesellschaftlich ansprechend auftretenden, durch Talent und Tüchtigkeit bereits arrivierten Juden liberal zu akzeptieren: als Interessenpartner, als geistreiches Gegenüber, als Verehrer. Vielfältige Zeugnisse belegen dies, von der zum Teil jüdischen Frankfurter Klientel des jungen Advokaten Goethe über Weimarer, Prager, Berliner Bankiers bis zu dem gern gesehenen und gehörten, gehätschelten Wunderkind Felix Mendelssohn. Unverkennbar geschmeichelt fühlt er sich durch geistvolle jüdische Anbeterinnen.

Rahel Levin mit ihrem exquisiten Gesellschaftszirkel in der vielbeschriebenen »Dachstube« der Berliner Jägerstraße Nr. 54 ist nur die entschiedenste und wirkungskräftigste unter ihnen, nicht die erste. Henriette Herz, die um einige Jahre ältere, verbreitet Goethes Ruhm schon etwas früher in ihrem Salon.[11] Und mit beiden wetteifert schließlich Dorothea Veit, die Tochter Moses Mendelssohns, um Goethes Gunst. »Begegnungen im Niemandsland« hat man in der Berliner Ausstellung ›Juden in Preußen‹ die den Salons gewidmete Sektion überschrieben.[12] Im Hinblick auf die Goethe-Verehrung ist an dreierlei zu erinnern: daß sie mitten in jener Stadt sich ereignete, deren aufklärerischer ›Berolinismus‹ mit dem Exponenten Nicolai dem Weimarer Goethe zutiefst verhaßt war – was den Triumph desto interessanter machte; daß es der Jüdin Rahel – aber auf ihre Weise auch Henriette und Dorothea – gelang, ausgerechnet im Wirkungskreis der opponierenden Avantgarde der Romantiker dem Goetheschen Genius Respekt zu verschaffen; und schließlich: daß Rahel, gleichgerichtet mit Karl August von Varnhagen (der die Beförderung seines eigenen Ruhms dabei nicht aus den Augen verlor), auch nach außen hin propagandistisch für Goethe tätig war, am eindrücklichsten wohl in ihrer Mitwirkung an Varnhagens Sammlung *Goethe in den Zeugnissen der Mitlebenden* (1823), der frühesten Dokumentation dieser Art überhaupt.[13]

Bei keiner der um Goethe schwärmerisch sich versammelnden Frauengestalten – Bettina Brentano und Caroline Schlegel nicht zu vergessen – zeigt sich so charakteristisch wie bei Rahel Varnhagen das komplizierte Ineinander von romantisch-fraulicher Seelenzerrissenheit und nach Orientierung und Halt suchender jüdischer Selbstbefreiung.[14] Das Elternhaus war wenig bildungsbeflissen gewesen. Selbst hatte sie sich, nicht zuletzt über wechselnde Freundschaften, herausgearbeitet, von »Menschenhunger« getrieben, wie Hannah Arendt prägnant formuliert hat.[15] Goethe selbst hob an ihr hervor, daß sie »denkend« sei *und*, im Gegensatz etwa zu Henriette Herz, »stark in jeder ihrer Empfindungen«: eine »schöne Seele«.[16] Es ist kaum Zufall, daß gerade *Wilhelm Meister*, zunächst die *Lehrjahre* als die bürgerliche Epopöe des Strebens nach dem Höheren, mit der gefährdenden Anziehungskraft des Poetischen und mit dem Praktischwerden des Helden, in Rahels wie in Karl Augusts Bemühungen um Goethe einen Hauptorientierungspunkt bildet.[17]

Konvergenz von Interessen, auch von recht ichzentrierten: man tut dem Wechselverhältnis zwischen Rahel und Goethe kein Unrecht, wenn man auch hiernach fragt. Was dagegen konnte den Journalisten Börne, außer seiner Frankfurter Herkunft, mit dem Weimarer Nationalautor verbinden, und was schließlich die beiden jüdischen Gestalten untereinander? Zwar berühren sich früh die Entfaltungssphären beider. Börne zählte zu den Vertrauten der Henriette Herz in seiner Berliner Zeit (wovon die überwiegend auf ihr Geheiß niedergeschriebenen Briefe Zeugnis ablegen).[18] Was jedoch Börne schon auf dieser Erfahrungsstufe mehr und mehr abstieß, war das unfrei kompensatorische Sichsonnen arrivierter jüdischer Kreise – namentlich Henriettes und Rahels – im Goetheschen Glanz, andererseits das imperiale Gewährenlassen, ja Befördern durch Goethe, der in Börnes Augen längst ein Unfreier geworden war.

Das Börnesche Wort vom »Fürstenknecht« Goethe (dem »gereimten« neben dem »ungereimten« Fürstenknecht Hegel) ist in der Folgezeit tausendfach zitiert worden, triumphal auf der Seite mancher Goethe-Opponenten, aber auch von erzürnten Goetheanern: als aus Neid und Haß geborene Ungerechtigkeit gegenüber dem Weimarer ›historischen Kompromiß‹ zwischen Fürst und Dichter. Man soll bei Börne das Moment des persönlichen Ressentiments aus erfahrener Diskriminierung nicht wegreden wollen. Goethe repräsentierte ihm *auch* die unerreichbare reichsstädtische Patrizierschaft seiner Jugend. Wesentlicher noch ist Börnes Sprachrohrfunktion. So wie Rahel Varnhagen, bei aller Unverwechselbarkeit ihres Verehrungs-Tons, zugleich Emanzipationsbedürfnisse jüdischer wie nichtjüdischer Literaturbeflissener verkörperte, so wurde Börne rasch zum virtuosen Artikulator gesellschaftspolitischer Gruppenmeinungen. Als einer der Sprecher der liberalen, dann radikaldemokratischen Opposition, bestärkt noch durch seine Pariser Perspektive, stilisierte er den unverblümten Revolutionsgegner Goethe zum Mitschuldigen an der deutschen Misere.

Heinrich Heine, als Jude die besonderen beruflichen Entfaltungsmöglichkeiten des Zeitungswesens ähnlich nutzend wie der dezidierte Prosaiker Börne, stand von vornherein, mit seinen lyrischen Anfängen, unter dem unvergleichlichen Bann Goethes (und der Romantiker).[19] Sein Verhältnis zu ihm blieb zeitlebens schillernder, schwankender, mitunter auch diplomatischer. Zentralpunkt seiner Kritik wurde, seit der Menzel-Rezension von 1828, gerade dasjenige, wovon er selbst mit schmerzhafter Betroffenheit sich erst freiarbeiten mußte und nie ganz freiarbeiten konnte: das Goethesche Abheben der Poesie von aller Zweckbindung. Auf eigentümliche Weise begegnet sich hier die Position Heines Ende der 20er, Anfang der 30er Jahre, als er mehrfach jungdeutsche Attacken gegen Goethe formulierte, mit romantischer Goethekritik etwa eines Josef Görres, der die Tendenz zur Isolierung und damit Depravierung des Poetischen beklagte.[20] Nur auf den ersten Blick irritierend, trat dann Heine in den 30er Jahren wieder als subtiler Verteidiger Goethes auf – als die ›Tendenzpoesie‹ im Sinne Theodor Mundts auf den Schild gehoben wurde.

In der radikaldemokratischen Position blieb Heine seinem jüdischen Konkurrenten auf dem Felde der Publizistik, Ludwig Börne, nahe bis zuletzt. Doch gerade diese spannungsgeladene Nachbarschaft trieb ihn schließlich zu jener Schmähschrift, die 1840 – drei Jahre nach Börnes Tod – erschien. Der Sohn des Frankfurter jüdischen Hof-Faktors kontrastierte nun als der Nazarener, als der zum Martyrium sich Drängende, von judäischem Spiritualismus, ja Asketismus Beherrschte gegen Goethe als den hellenischen Geist, den aus der Fülle Lebenden, den zum Herrscher Geborenen, den Statthalter des poetischen Geistes auf Erden.

Wichtiger als das Börne-Psychogramm dieser sensationellen Schrift, wichtiger auch als die ironisch-komparative Zuspitzung des Goethe-Bildes ist der Eindruck, den diese öffentliche Abrechnung zweier prominenter Juden und Goethekritiker bei Zeitgenossen und Nachwelt hinterließ: ein Bild jüdischer Selbstzerfleischung, das den einen die tragischen Züge der schmerzhaft sich Emanzipierenden zu offenbaren schien, den anderen aber die Doppelzüngigkeit, ja Falschheit und moralische Verderbtheit der jüdischen Stimme nachgerade verbürgte. Und Goethe diente als das Objekt, ja als Opfer dieses erbarmungslosen Selbstdarstellungstriebes.

Viktor Hehn, der große Kulturhistoriker, der sich durch seine Dorpater Goethe-Vorlesungen 1848/51 bedeutende Verdienste gerade um das Verständnis der Goetheschen Lyrik erworben hat[21], eingefleischter Antisemit, hat denn auch in seiner berühmten Studie über *Goethe und das Publikum* genüßlich die Heine-

Börne-Konstellation aufgegriffen, zu Demonstrationszwecken, nicht wenigen Gebildeten in Deutschland dabei aus dem Herzen sprechend. Börne, in dessen Bann Hehn ursprünglich selbst gestanden hatte, wurde jetzt ganz auf den Hasser, den Agitator, den Streitsüchtigen zurechtgeschnitten, einen »Geistesverwandten Lessings«, wie es durchaus mit abwertender Intention heißt.[22] Heine figuriert als der gegenüber Goethe »heuchlerisch« Schwankende, als der Jude ohne »Gemüth«, als der typische jüdische Imitator von allem und jedem, so wie manche seiner »Stammesbrüder« schnalzen könnten wie die Nachtigall, immer nach der Mode gerichtet.[23] Selbst Rahel Varnhagen, Henriette Herz und Dorothea Veit erhalten rückwirkend ihr Brandzeichen: sie hätten mit jüdischem Scharfsinn nur eben »den Perlen- und Ducatenwerth der goetheschen Dichtungen am frühesten erkannt«.[24] Goethes eigene Stellung zu den Juden wird, mit decouvrierend einseitiger Zitatenauswahl, in den düstersten Farben gemalt. Ein nach allen Seiten geschlossenes Bild.

Börne aber und Heine sind für Hehn nur die Repräsentanten des »Liberalismus«, des »jüdisch-französischen Radikalismus«, Einläuter des »jüdischen Zeitalters«.[25] Die Agitation eines Stoekker oder Treitschke schließt hier nahtlos an. Und nun die thematisch einschlägigste These: diese beiden, Heine und Börne, seien es gewesen, die mit ihrer perfiden und verantwortungslos durchschlagenden jüdischen Kritik »die Kluft zwischen Goethe und den Deutschen aufgerissen und befestigt« hätten.[26] Dies ist nicht der Augenblickseinfall eines Außenseiters, sondern der strategisch vorbereitete Satz einer Autorität, der auf eine seit langem anstehende, peinliche Frage der deutschen Bildungsgeschichte antwortet.

Seit Goethes Tod war es in der Tat stiller in der Pflege seines Erbes geworden, aus Gründen, die hier notgedrungen unerörtert bleiben müssen: Irritierung, ja Abgestoßenwerden durch das Goethesche Spätwerk, Erschöpfung durch den zu lange schon andauernden Olympierkult – gewiß auch politische Kritik im Vorfeld der 48er Ereignisse.[27] Im gleichen Zusammenhang gewannen Lessing und Schiller an Anziehungskraft. Es mag als peripher, aber vielleicht doch auch als symptomatisch erscheinen, daß in eben dieser Zeitspanne die ersten jüdischen Versuche unternommen wurden, einzelne Goethetexte durch hebräische Übersetzung ins Eigene gewissermaßen hineinzuziehen; dies geschah vor allem im habsburgisch-polnischen Bereich. Die wohl früheste hebräische Übersetzung eines Goetheschen Gedichts, *Schäfers Klagelied*, erschien 1825 in einer gemischt deutsch-hebräischen Anthologie.[28] Der erste größere Goethetext aber – Jahrzehnte später – ist nicht *Werther* oder *Iphigenie*, sondern das bürgerliche Kleinepos *Hermann und Dorothea*, erschienen 1857 in Warschau.[29] 1865 folgte, in Wien, eine hebräische Umdichtung des *Faust*.[30]

Hebraisierung Goethes (und anderer deutscher Klassiker): das bedeutete zumindest zweierlei. Den um Emanzipation und jüdische Traditionsbewußtheit zugleich Bemühten wurde durch die Gedichtübersetzung demonstriert, daß das wiederbelebte Hebräische in seiner sprachlich-ästhetischen Qualität auch diesem Gipfel der neueren Poesie gewachsen war[31] – hatte doch Goethe selbst der Poesie der alten Hebräer seine Reverenz erwiesen. Das andere ist die Vermittlungsfunktion in einem direkteren, praktischeren Sinn, gerade gegenüber dem Ostjudentum; die Erscheinungsorte Wien und Warschau deuten schon darauf hin. Hier waren, zugleich mit dem Sichregen von Bildungsbedürfnissen im Judentum einzelner Städte[32], auch reale Sprachbarrieren zu überwinden.

Goethe im Ostjudentum? »Schiller war der Dichter des Ghetto«, schreibt der 1848 in Mähren geborene Gustav Karpeles; »von der Popularität Schillers im Ghetto, namentlich in den Talmudschulen (Jeschivas) kann man sich gar keine Vorstellung machen«.[33] In einschlägigen Erinnerungen, Briefen, Berichten osteuropäischer Juden – darunter besonders Karl Emil Franzos[34] –, aber auch aus den Ghettos im engeren deutschen Bereich sind eine Fülle von Anekdoten und kleinen Szenen überliefert, die eine erstaunliche Präsenz Schillerscher Gedichte, Balladen, auch einzelner Theaterstücke (vor allem *Don Karlos*) bezeugen.[35] Schiller war der deutsche Dichter, mit dessen Humanitätsforderungen, mit dessen Freiheitspathos, mit dessen Zukunftsorientierung man sich identifizieren konnte: ein sehnsüchtig, ein glühend verehrter Dichter. Bekanntlich wählten nicht wenige Juden seinen Namen, als sie durch Edikt zum Tragen eines deutschen Namens gezwungen wurden. Auch Lessing wurde von Juden solchermaßen geehrt.

Und Goethe? Kaum. Wieder zeigt sich an der jüdischen Goetherezeption des 19. Jahrhunderts etwas Eigentümliches und zugleich etwas für das ›Gastland‹ Repräsentatives. Hier ist es die vielbeklagte Dichotomierung der Klassikerverehrung: Schiller der programmatische, der explizite, der verständliche, der populäre, Goethe der anspruchsvolle, der vermittelt redende, der Autor einer Elite. Es ist eine Polarität der Rezeption, die bis in die Lebenszeit der beiden zurückreicht, polemisch ausgetragen von den Spätaufklärern, den Romantikern, dann den Jungdeutschen. Die Neigung richtet sich in der Mehrheit des deutschen Judentums, gar im Ghetto, auf Schiller. Desto entschiedener artikuliert sich bei den Maskilim, bei den Intellektuellen, das Nicht-Loslassen des anderen, die angestrengte Bemühung um Goethe. Sie vollzieht sich im überindividuellen Zusammenhang bildungseifriger, auch schon bildungsstolzer jüdischer Familien. Am sichtbarsten freilich wird sie in der herausragenden Leistung Einzelner, nicht primär zu verstehen aus isoliert jüdischen Bedürfnissen, sondern als Wahrnehmung fälliger Aufgaben in vorderer Position.

Ein Jahr vor der juristischen Freigabe derjenigen Klassiker, die vor 1837 gestorben waren, ein Jahr, bevor – als Symbol und als Instrument einer neuen Bildungsbewegung – die ersten 35 Hefte von Reclams Universalbibliothek erschienen, 1866, veröffentlichte Michael Bernays, Sohn des Oberrabbiners von Hamburg Isaac Bernays, seine epochemachende Schrift *Über Kritik und Geschichte des Goetheschen Textes*.[36] Mit dem Aufweis signifikanter Textverderbnisse am Beispiel vor allem des *Werther* öffnete Bernays den Weg in die eigentliche moderne Goethephilologie, tatkräftig unterstützt durch den jüdischen Buchhändler, Verleger und Goethesammler Salomon Hirzel in Leipzig. Wenige Jahre nach dem Tod seines Vaters (1849) hatte sich Michael Bernays, wie vor ihm Heine und Börne und Rahel Varnhagen und viele andere, taufen lassen, ausgerechnet in der Geburtsstadt seines Vaters (Mainz).

Das hat ihm sein Bruder Jacob Bernays, der große Klassische Philologe, nie verziehen; er hat alle Kontakte abgebrochen. Ernst Simon hat ihm, der – wenngleich kein eifriger Synagogenbesucher – gewissenhaft seinen täglichen Glaubenspflichten nachkam, ein glänzendes Porträt gewidmet.[37] Michael machte akademische Karriere, wurde nach der Reichsgründung auf den ersten Münchner Lehrstuhl für neuere deutsche Literatur berufen (1872), während der Bruder, den Nietzsche als den glänzendsten Vertreter einer »Philologie der Zukunft« pries (und den Wilamowitz nicht zuletzt wegen seines Judentums geringschätzte), über die Stelle eines Leiters der Bonner Universitätsbibliothek nicht hinausgelangte: zwar Professor, aber nicht Ordinarius.

Mit der Reichsgründung, mit der rechtlichen Pro-forma-Gleichstellung der deutschen Juden als Staatsbürger, mit der Stärkung der radikaldemokratischen und der sozialistischen Bewegung, mit der Wirtschaftskrise der ersten Gründerjahre wuchs bekanntlich der organisierte Antisemitismus speziell in Deutschland – mit nicht geringen Folgen auch für die Stellung einzelner Juden innerhalb der neuen literarischen Nationalpädagogik. Ich kann diesem umfassenden Prozeß hier nicht nachgehen, bis hin zu dem Vorwurf Heinrich von Treitschkes, die Juden weigerten sich hartnäckig, der deutschen Kultur und Gesellschaft sich zu öffnen, und bis zu Ludwig Bambergers Behauptung, die Verschmelzung sei bereits vollzogen.[38]

In dieser Situation fand ein anderer deutscher Jude, einer der rührigsten Goetheaner in Deutschland bis heute, Ludwig Geiger[39], eine sehr persönliche und zugleich symptomatische Antwort. Der Sohn Abraham Geigers, eines der großen Bahnbrecher des Reformjudentums, eines der Begründer auch der neueren Wissenschaft vom Judentum (neben Zunz, Frankel und Steinschneider), hatte früh die wissenschaftliche Laufbahn eingeschlagen. Er hatte zunächst in den Spuren des Vaters eine zweibändige *Geschichte der Juden in Berlin* geschrieben (erstmals unmittelbar aus archivalischen Quellen, im Auftrag der Jüdischen Gemeinde) und sich dann als Schüler von Georg Waitz, zugleich unter der Obhut von dessen Lehrer Ranke, mit einer Arbeit zum antiken Judentum habilitiert. Am 28. August 1879, anläßlich von Goethes 130. Geburtstag, versandte er ein Rundschreiben zur Gründung eines ›Goethe-Jahrbuchs‹. Ein Jahrzehnt nach dem Aufblühen der eigentlich modernen, philologisch-historischen Beschäftigung mit Goethe sollte dieses Jahrbuch, wie er mit ostentativer Einschränkung, aber auch Entschiedenheit, formulierte, »ein Repertorium der Goethe-Literatur« werden, vorrangig mit Quellenpublikationen, Erörterung biographischer Fragen und Bibliographie.[40]

Der Stempel ›Positivismus‹ bietet sich an, gewiß nicht zu Unrecht – dem gläubigen Juden Ludwig Geiger aber dient das Programm als ein Schutzschild, im Hinblick auf etwas, dessen

Fälligkeit kein Verständiger bestreiten konnte. Der Impuls, das in der Öffentlichkeit Wirkende leitete sich her aus der definitiven Kanonisierung Goethes nach der Reichsgründung und aus der immer nachdrücklicheren Bemühung um eine Reichsideologie. Ludwig Geiger, mehrfach Inhaber wichtiger Ehrenämter der Berliner Jüdischen Gemeinde, stellte sich mit Geschick und Unbeirrbarkeit an die Spitze einer wissenschaftlich kreditierten und zugleich national deutschen Aufgabe. Er hat das Jahrbuch fast dreieinhalb Jahrzehnte lang, von 1880 bis 1913, herausgegeben, propagiert, gegen Kritiker verteidigt. Als er das Unternehmen begann, existierte noch nicht einmal eine Goethe-Gesellschaft.

Sie konstituierte sich erst im Juni 1885 in Weimar, zwei Monate nachdem Goethes letzter noch lebender Enkel und Alleinerbe, Walther Wolfgang, gestorben und auch das Haus am Frauenplan zugänglich geworden war.[41] Ein Jude wiederum wurde erster Präsident, freilich ein mit 11 Jahren getaufter: Eduard von Simson, ehemals Präsident der Paulskirchenversammlung, des Preußischen Abgeordnetenhauses, jetzt Präsident des Reichsgerichts in Leipzig. Als Parlamentarier hatte er sich, der Mehrheit folgend, vom Nationalliberalen nach und nach zum treuen Antisozialisten, Konservativen, Erbmonarchisten gewandelt.

Zwei emanzipierte deutsche Juden, zwei Wege, die sich jetzt im Zeichen des deutschen Nationalautors Goethe begegneten. Es ging beiden nicht nur um das gewissermaßen pflichtgemäße Partizipieren an einem frisch etablierten Kult, sondern um dessen Vorantreiben an herausgehobener Stelle. Als wissenschaftliches Organ der neuen Goethe-Gesellschaft bot sich das bereits existierende Jahrbuch an; Geiger versah seine Funktion gewissenhaft, mit dem Ziel, »das Werk würdig zu machen des Heros, dessen Erkenntnis und Verständnis es zu befördern sucht«.[42] In seinen Schriften bekannte er sich, namentlich wo es um religiöse Fragen ging, mehrfach ausdrücklich als »Deutscher jüdischen Glaubens« oder »jüdischer Konfession«.

Er ist, auf der neuen Stufe eines Reformjudentums, nicht den Weg des Michael Bernays gegangen. Er hat das jüdische Erbe, das der Vater Abraham Geiger mit Stolz als ein geschichtlich gewordenes zu erschließen und vorzuzeigen unternommen hatte, in ein nationales Deutschtum einzubringen versucht, integrativ, auch nicht ohne harmonikale Tendenzen. Börne, dem er eine eigene Abhandlung widmete[43] – das Thema stellte sich dem jüdischen

Goetheaner mit aktueller Dringlichkeit –, fand bei ihm wenig Sympathie. Gegen den ›Fürstenknecht‹-Vorwurf verteidigte er seinen Heros mit Verve. Und: gegen christliche Goethekritik katholischer wie lutherischer Provenienz. Sie gehört bekanntlich als Konstante zur Goetherezeption, seit die Leipziger Theologische Fakultät im Jahr 1775 den *Werther* als eine Apologie des Selbstmords zu verbieten beantragte. Geiger ging hier mit besonderer Umsicht und Kennerschaft vor, deutlich als Angehöriger jüdischen Glaubens, der im Namen Goethes eine Mittlerrolle und, wenn es sein mußte, auch eine Verteidigerrolle wahrnahm gegenüber den »Pfaffen« (wie er sie zu nennen auch wagte).[44]

Das Faust-Thema wurde, wie Hans Schwerte als erster auf breiter Basis nachgewiesen hat[45], seit den 70er Jahren zunehmend zum Lieblingsthema der national gesonnenen Goethe-Deutung und Goethe-Verehrung auf der Suche nach einer Wesens-Ideologie. Das Thema, mit den epochemachenden Beiträgen eines Erich Schmidt und Konrad Burdach[46], wurde zur großen Chance jüdischer Goethe-Verehrung. Auffallend früh meldeten sich hier jüdische Stimmen als jüdische: hier, wo es um Goethes Religiosität, auch um das Überkonfessionelle daran ging, und um die in seinem Werden früh verankerte Beschäftigung mit den Büchern des Alten Testaments (als den Zeugnissen einer den Deutschen unerreichbaren nationalen Glaubenstradition). Faust und Moses, Faust und Hiob, Goethe und das Alte Testament avancierten zu bevorzugten Themen jüdischer Autoren – nicht nur Philologen – bis weit in die 20er Jahre unseres Jahrhunderts hinein.[47] 1882 schon, als sich zum 50. Mal Goethes Todestag jährte, hatte sich der hessische Landesrabbiner Julius Landsberger zum Gegenstand seines Festvortrags gewählt: *Faust und Hiob*.

Wurde in solchen Würdigungen jüdische Religiosität noch vermittelnd, ja verteidigend zur Sprache gebracht, sich *als* jüdische Religiosität artikulierend, so wich sie nachgerade ostentativ zurück, als gegen das Jahrhundertende hin die Popularisierungen Goethes, vornehmlich wiederum durch jüdische Autoren, einsetzten. Das von der Forschung – nicht zuletzt in Geigers Jahrbuch – aufgearbeitete quellengeschichtliche und biographische Material drängte, zugleich mit den verstärkten nationalpädagogischen Bestrebungen, zur gemeinverständlichen Darstellung. Ludwig Geiger selbst veröffentlichte einen solchen rasch erfolgreichen *Goethe*, mit dem Untertitel: »Sein Leben und Schaffen.

Dem deutschen Volke erzählt«.[48] Das »Volksbuch«, wie er es selbst bald mit Stolz nennen konnte, verdankte sich dem Ineinander von lebensgeschichtlicher und werkinterpretierender Perspektive ebenso wie dem durchgängigen Erzählton. Mit fast bedenklicher Eindeutigkeit entwickelte sich dieses Genre, dem ein schier unstillbarer Bedarf zu entsprechen schien, um die Jahrhundertwende zu einem Quasi-Monopol jüdischer Autoren: neben Geiger vor allem Richard Moritz Meyer, Georg Witkowski, Eduard Engel[49] und, alle anderen an Resonanz überflügelnd, Albert Bielschowsky mit seinem zweibändigen *Goethe. Sein Leben und seine Werke*, 1895 »als Neuigkeit zu Weihnachten« erschienen (so der stolze Hinweis des Verlags) und dann bis 1922 in nicht weniger als 42 Auflagen verbreitet, 1926 noch einmal postum überarbeitet. Es wurde zum Hausbuch, repräsentativ und mit Goldschnitt, das nun wirklich in jedem Bücherschrank des vielberedeten deutschen Bildungsbürgertums stand, und beliebtes Geschenk zu Konfirmation, Kommunion oder – wie vielfach in persönlichen Erinnerungen berichtet wird – zur Bar-Mizwa- bzw. Bat-Mizwa-Feier. Ein Buch von unabsehbarer Wirkung, gekonnt in seiner einfühlenden Biographik, im Aufspüren der angeblichen ›Modelle‹ für Goethes Figuren, geschickt auch in den wichtigen Werk-Paraphrasen, die sich im Schulunterricht so trefflich verwenden ließen. Ein harmonischer, ein olympischer, ein nationaler Goethe – alle diese Klischees treffen, nur in Nuancen abweichend, auch bei Geiger, Witkowski, Meyer oder Engel zu.

War nun auch in der Goethe-Verehrung mit definitiver Deutlichkeit zum Vorschein gekommen, was Erich von Kahler als das »Eilige«, das Angestrengte, ja Perfekte der Bedürfniserfüllung insonderheit an den deutschen Juden diagnostiziert hat, das »Vorwegnehmenwollen der Gleichberechtigung«, »belastet mit den ungleichen Gewichten von Jahrhunderten«?[50] Der Zugang zu öffentlichen, auch akademischen Ämtern war selbst getauften Juden oft noch erschwert. Bedeutete dieses Sichwerfen auf das Populare – nicht nur, aber besonders eindrücklich in der Goethepflege – erzwungenes Ausweichen, wie so oft in der Geschichte des Judentums, und zugleich ostentative nationale Pflichterfüllung?

Die Frage ist nicht neu, sie schließt in seiner verzweifelten Apologetik noch den ›Reichsbund jüdischer Frontsoldaten‹ nach dem Ersten Weltkrieg ein. Auf dem nationalpädagogisch zentralen Feld der Goethepflege wird die Frage zusätzlich kompliziert dadurch, daß auch die bald fällige sogenannte ›antipositivistische‹ Gegenbewegung, das Beschwören des großen Helden Goethe jenseits aller Biographik und Werkanalyse, ebenfalls maßgeblich von jüdischen Autoren getragen wurde. Ich kann den wissenschaftsgeschichtlich überaus diffizilen Vorgang, in den natürlich Gestalten wie Nietzsche, Dilthey und viele andere hineingehören, hier nur eben andeuten. Neben Georg Brandes, dem dänischen Juden, dessen Goethevorlesungen, als Grundlage seiner Goethemonographie, noch in die Jahre 1888/89 zurückreichen[51], neben ihm und ihn überschattend sind es vor allem Georg Simmel (1913) und Friedrich Gundolf (1916).[52] Nicht nur das prinzipiell Eingegrenzte, ja Problematische jedes Fragens nach dem ›Jüdischen‹ in der Goetheverehrung, sondern mehr noch die Besonderheit dieser historischen Stufe wird erkennbar, wenn zu den beiden, als ein in vielem gleichgerichteter Goetheaner, Houston Stewart Chamberlain hinzugenommen werden muß: der Wahldeutsche, Schwiegersohn Richard Wagners, der fatal wirkungsmächtige Wortführer des systematisch-propagandistischen Rassismus, der schließlich auch zu einem Kronzeugen des nationalsozialistischen Judenwahns wurde.

Er – dessen *Goethe* 1912 erschien[53] – und zwei große deutsche Juden von höchster Kultiviertheit und Intellektualität in der gleichen, dem ›Heroischen‹ verfallenen, der Popularität hochmütig sich verweigernden Grundtendenz zusammenstehend: wird hier die Überspannung des Ganz-vorne-sein-Wollens im Sinne Erich von Kahlers[54] oder auch die illusionistische Selbstaufgabe, wie sie Gershom Scholem kritisiert hat[55], als Perversion offenkundig? Für eine Gestalt wie Ludwig Geiger läßt sich bei aller assimilatorischen Geschäftigkeit noch ein Kontinuum, wenn nicht gar eine geschichtliche Teleologie vom wissenschaftlich, historisch unterbauten Judentum des Vaters her konstruieren. Hier dagegen springt die Attitüde um ins offene Preisgeben der religiösen Tradition. Sie wird – nicht nur bei Gundolf – ersetzt oder überwölbt durch den unter den Georgianern kultivierten Glauben an die Wesens-Verwandtschaft von Juden und Deutschen, an das Aufeinander-Verwiesensein noch im Haß. So hat es der Meister selbst im *Stern des Bundes* (1914) versifiziert.

Blond oder schwarz demselben schooss entsprungne
Verkannte brüder suchend euch und hassend
Ihr immer schweifend und drum nie erfüllt![56]

Ein faustisches Verhältnis mithin zwischen Juden und Deutschen – und Goethe als der deutsche Dichter, der eben diese Grundspannung in sich, seinem Leben, seiner »Gestalt«, als Heros »vorbildhaft«, »urbildhaft« ausgetragen hat; einer, der deshalb, auch in einer späten Bildungswelt (so Gundolf), gleichrangig an die Seite der frühen Nationalautoren wie Dante und Shakespeare treten darf. Ich kürze hier ab, so reizvoll ein detaillierter Vergleich der drei Heroiker Gundolf, Simmel und Chamberlain sub specie Iudaismi wäre. Gundolfs *Goethe* wurde zu einem der meistdiskutierten literaturwissenschaftlichen Exempel der Weimarer Zeit (insbesondere die an Goethe demonstrierte Unterscheidung von »Bildungserlebnis« und »Urerlebnis« wurde vielen zum goldenen Schlüssel), und Hans Mayer hat zu Recht die Linien von Gundolf über 1933 und noch 1945 hinaus gezogen.[57] Zweifellos haben die Biographen von Geiger bis Bielschowsky und die wirkungsmächtigen Gestaltbeschwörer Brandes, Simmel, Gundolf die immer lauter werdende These mit befördert, auch die Goetheforschung und Goethepflege – als ein unbestreitbar zentraler Bereich des deutschen Kulturlebens – sei mittlerweile vornehmlich in jüdischer Hand.

Denkt man an Gundolfs ins Hohe, Unerreichbare gespannten Goethe, so muß man sich zugleich ins Bewußtsein rufen, daß ja auch ein Bielschowsky – grell die Zerrissenheit der Bildungswirklichkeit in Deutschland beleuchtend – weiterhin von Hunderttausenden gelesen wurde; und: daß allmählich auch literatursoziologische und psychoanalytische Richtungen vordrangen, wiederum stark von jüdischen Autoren geprägt. Im Fall Goethes dominierte das Buch von Emil Ludwig, das 1920 erschien[58] und innerhalb eines einzigen Jahrzehnts 34 Auflagen erreichte. Hier konzentrierte sich das analytische Interesse, schon deutlich gegen die Mythisierungstendenzen gerichtet, auf das Untergründig-Dämonische in Goethe, auf sein Triebleben, auch auf Kompensierendes in seinen imperial-abweisenden Haltungen.

In manchem eigentümlich hiermit konvergierend wirkte das völkische Goethebild Josef Nadlers[59], das damals zunehmend Beachtung fand, aus entschieden katholisch-österreichischer Perspektive und mit unverkennbarer Distanziertheit gegenüber dem Weimarer Heros gezeichnet. Vielen Nationalsozialisten war Goethe ohnehin verdächtig wegen seiner Okkupation durch die »jüdische Clique«, wie es jetzt immer häufiger hieß, aber vor allem wegen seines angeblichen Mangels an Erdverbundenheit; auch der alte Anti-Popularitäts-Vorwurf wurde neu belebt. Im ›Völkischen Beobachter‹ vom 10. Februar 1932[60] wurde Goethe offen seine Neigung zum »Weltbürgerlichen«, ja zum »Internationalismus« vorgeworfen, was ihn zum literarischen »Führer« untauglich mache (und nach einem solchen suchten ja auch so unterschiedliche Geister wie Max Kommerell und Julius Petersen).

Das Goethe-Jubiläum des »Entscheidungsjahres« 1932[61] wurde zum Katalysator. Willy Haas, Begründer und Herausgeber der ›Literarischen Welt‹ seit 1925, Prager Jude, versandte schon im Sommer 1931 an bekannte Schriftsteller und Wissenschaftler eine Anfrage, ob nicht angesichts der kulturpolitischen Zerstrittenheit das Schweigen die »einzige ehrenhafte, reinliche Geste« sei.[62] Die im September 1931 in der ›Literarischen Welt‹ auszugsweise gedruckten Antworten[63] – darunter von Jakob Wassermann und Emil Ludwig – waren höchst dissonant. Am eindringlichsten zur Wahrnehmung des Kairos mahnte Thomas Mann. Schon 1929, im Lessingjahr, hatte er als einer der ganz wenigen – neben dem Juden Fritz Strich – gegen den aufkommenden antiaufklärerischen Irrationalismus, gegen das »chthonische Gelichter« der raunenden Beschwörer der Inhumanität Stellung bezogen, während ein nationalistischer Rausch das Gros der Lessing-Feiernden ergriff.[64]

Thomas Manns große Berliner und Weimarer Goethe-Reden vom 18. und vom 21. März 1932[65], mit ihrer Warnung vor den »mörderischen Gemütlichkeiten« und mit ihrem Appell an den noch existierenden Kern der bürgerlichen Humanität, sind bekannt genug. Der ›Völkische Beobachter‹ hatte ihren Autor schon Wochen vorher, unter Anspielung auf die Pringsheims, als »jüdisch versippten Philosemiten« zu disqualifizieren versucht, während Goethe auf einmal als der »große Artbewußte« erschien, der sich »aller Teilnahme an Juden und Judengenossen« enthalten habe.[66] So, und ähnlich, hatte es schon ein halbes Jahrhundert zuvor bei Viktor Hehn, und nicht nur bei einem Treitschke, Stoecker oder Dühring, gelautet. Das Terrain war gut vorbereitet.

Hatten die deutschen Juden, Altgläubige und Reformierte, Getaufte und Ungetaufte, sich in ihrem langen und immer neue Wege suchenden paradigmatischen Werben um Goethe zuletzt – oder überhaupt von Anfang an – verschätzt? Zeigte sich nun unabweisbar das, was Scholem im Hinblick auf den freiheitlichen, den populären Schiller die »idealistische Selbsttäuschung« des deutschen Judentums genannt hat[67], im Falle Goethes nur noch verschlungener, noch tiefergehend, noch katastrophaler?

Es gibt, wie mir scheint, die einheitliche und alles abdeckende Antwort nicht, schon weil es ›die‹ jüdische Goetheverehrung in Deutschland nicht gibt. Im März des Jahres 1932 begingen auch Juden der Kölner Gemeinde, wie in manchen anderen Städten, Goethes 100. Todestag.[68] Das Gemeindeblatt berichtete Anfang April über »Goethe-Gedanken in der Sabbat-Predigt« des Gemeinderabbiners Dr. Kober in der Synagoge Roonstraße. Es heißt da: »Das Judentum huldigt dem Manne, dessen höchster Ruhmestitel war: ›Denn ich bin ein Mensch gewesen‹, dem Dichter, der in seinem ›Faust‹ jenen sittlichen Idealismus uns erschließt, der da lehrt, festen Fuß zu fassen auf realem Boden der Welt, das optimistische Glaubensbekenntnis von dem endlichen Siege des ›Reiches Gottes auf Erden‹.«

Judentum, exemplarisches Menschsein, sittlicher Idealismus, Fußfassen, realer Boden, optimistisches Glaubensbekenntnis, endlicher Sieg des ›Reiches Gottes auf Erden‹: gedrängter läßt sich die ganze Widersprüchlichkeit der Situation, das Trotzdem und die Hoffnung, kaum zusammenfassen. An Goethes Todestag selbst fand im Haus des Rektors Coblentz vor Vertretern der Kölner Synagogengemeinde eine Goethefeier statt. Auf einen Vortrag folgte, von Schallplatten, Mozarts *Kleine Nachtmusik*. Als im ›gemütlichen Teil‹ ein »Realist« (wie er genannt wird) das Gespräch auf die aktuelle Lage der Juden in Deutschland zu bringen versuchte, winkte man ab, lenkte zu Goethe zurück und sprach von »der Macht der Demokratie« und von »der Unmöglichkeit, den deutschen Menschen oder gar den Kölner Christen für eine Politik des Hasses zu gewinnen«.

Ich breche hier an einem Zeitpunkt ziemlich genau ein Jahr vor der Machtergreifung der Nationalsozialisten ab. Es sei nur noch der Hinweis angefügt, daß es natürlich auch nach 1933 in Deutschland jüdische Goethe-Verehrung gegeben hat, privat, in Zirkeln, und im ›Kulturbund deutscher Juden‹: jener Organisation vom Mai 1933, mit dem reichen Theaterleben zunächst unter Julius Bab, der im Jahre 1926 noch selbst eine große Studie über *Goethe und die Juden* veröffentlicht hatte. Aber der symptomatische Grenzbereich bleiben das Goethejahr 1932 und das Jahr der Machtergreifung. Goethe unter Hitler, Goethe im jüdischen Exil, jüdische Goethe-Verehrung nach 1945, auch in Israel: das sind neue Kapitel.

Von Rahel Levin bis zu den Kölner Juden des Jahres 1932 – gibt es in dieser wechselvollen, oft verzweifelt widersprüchlichen Geschichte (von der hier nur wenige Ausschnitte angesprochen werden konnten) identifizierbar Jüdisches? Es gibt offenkundig nicht nur den sozusagen ›proportionalen‹ Anteil der Juden an der Goethe-Verehrung in Deutschland mit den charakteristischen Grundmotiven wie dem Seelenfreund, dem Dichterfürsten, dem Zusammenschließenden, dem Antipoden zu Schiller, dem nach und nach kanonisierten Nationalautor, dem Dichter des »Faustischen«, der uneinholbaren »Gestalt«, dem exemplarischen »Menschen« und seinen Grenzen. Es gibt in allem diesen auch Momente jüdischer Betroffenheit. Nicht aus einem hypothetischen jüdischen »Wesen« heraus, sondern aufgrund der sich wandelnden, oft zeitgenössisch einander widerstreitenden Positionen von Juden und Judengruppen: Goethe den Integrierenden für die nach Emanzipation und seelischer Orientierung suchende Sonderexistenz, den Konservatismusvorwurf und die Olympier-Schelte aus erfahrener Diskriminierung, die Ausrichtung auf die anerkannte nationale Größe, die besondere Hinwendung zu Faust und zum Faustischen aus beglückt empfundener Nähe zur Überlieferung der eigenen Väter, den geschärften Blick des Außenseiters für das bedingende Soziale. Es gibt jenes eigentümliche Vorschnellen, das Vorwegnehmen-Wollen, das gezielte Propagieren mit Talent und aufgezwungener sozialer Rolle. Es gibt, funktionsgeschichtlich dieser Einstellung ganz nahe, das Sich-an-die-Spitze-Stellen bei fälligen nationalen Aufgaben, aus dem reflektierten oder nur intuitiven Bestreben heraus, hier wie in anderen Dingen ein guter, ein vorbildlicher Deutscher zu sein. Es gibt schließlich, mit sehr nüchternem sozialem Hintergrund, das Ausweichen in nicht verschlossenes oder noch nicht besetztes Feld.

Und doch bleibt ein Rest, der mit den vielbemühten Klischees von der »Symbiose« und von der gewählten oder der erzwungenen »Assimilation« allein nicht zu greifen ist. Warum eigentlich dieses immer neue Bemühen gerade um Goethe, dieses insistente Werben? Hätte nicht Lessing, der früh und unmißverständlich für die Menschenrechte der Juden eingetreten war, der eigentliche Heros ihrer Verehrung unter den deutschen Schriftstellern sein sollen? »Wenn ein Jude betriegt, so hat ihn, unter neunmalen, der Christ vielleicht siebenmal dazu genöthiget«: ein solcher Satz des 20jährigen Lessing (›Die Juden‹, 3. Auftritt), ein Satz, der schlagartig und provozierend hinter die Mechanik der Diskriminierung leuchtet, findet sich in Goethes Riesenwerk ebensowenig wie die Gestalt des edlen jüdischen Reisenden oder gar ein Nathan (bei aller Bedenklichkeit, die er, als Modell der Emanzipation genommen, im Lauf der Geschichte gezeitigt hat, als »Jude ohne Synagoge«, wie ihn Ernst Simon zweifelnd nannte). Goethe hingegen, in seiner schwankenden, bisweilen verwirrenden Einschätzung und Behandlung der Juden, zieht gerade dadurch an, daß er sich entzieht. Dieses Sich-Entziehen grenzt ihn auch von Schiller ab, dem eine ganz andere Rezeptionstypik im deutschen Judentum entspricht (auch im osteuropäischen). Der Weg zu Schiller war direkt, identifikatorisch. Zu Goethe bedurfte es oft der Umwege, des mitunter mühevollen Erschließens und Vermittelns: das reizte; es reizte insonderheit Juden, und es hielt konkrete historische Aufgaben bereit.

Hinzu tritt ein anderer, hiermit kategorial verknüpfter geschichtlicher Grund, der mit der besonderen Genese der deutschen Nation und ihrer Literatur zu tun hat. Keine der großen europäischen Nachbarnationen hat ihre dichterische ›Klassik‹, ihre normsetzende literarische Hoch-Epoche so spät wie die deutsche (auf die vielerörterten Gründe kann ich hier nicht eingehen). Wo ein Dante, ein Shakespeare die Blütezeit repräsentierten, gestaltete sich das nationalliterarische Bewußtsein, insonderheit aber die nationalpädagogische Aufgabe anders. In Deutschland fand die Emanzipation der Juden – nicht zufällig – in eben jener historischen Spanne ihren Höhepunkt, in der nach bald sich herausbildendem nationalem Konsens auch die Poesie ihren Gipfel erreichte, mit Goethe als der Leitgestalt. Hier wartete noch ein Auftrag. Hier war Propagation des als werthaft Erkannten möglich, ja notwendig. Dies galt nicht zuletzt im Hinblick auf die einflußreiche literarische Opposition gegen Goethe, aber auch auf das in weiten Teilen des Publikums noch herrschende Desinteresse.

Die Aufgabe wiederholte sich, unter je spezifischen historischen Vorzeichen: um die Wende vom 18. zum 19. Jahrhundert unter dem Eindruck der Französischen Revolution und der Napoleonischen Kriege, dann im Vorfeld und in der Folge der Reichsgründung 1871. Beide Male wirkten Juden in vorderer Position für die Verbreitung des Goetheschen Ruhms gegen noch bestehendes Unverständnis – gewiß nicht isoliert, aber doch mit erkennbar und interpretierbar eigentümlichem Engagement. Selbst noch die um den Ersten Weltkrieg sich regende antipositivistische Gegenwendung eines Brandes, Simmel und Gundolf (Walter Benjamins Goethe-Studien stehen bei aller Gundolf-Kritik durchaus in einer ähnlichen Front) hat dieses Werbende, um nicht zu sagen Missionarische.

Am Ende des hier in perspektivischer Verkürzung angesprochenen Prozesses, bei den Kölner Juden des Jahres 1932, steht das halb illusionäre, halb verzweifelte Sich-Klammern an Goethe als einen Garanten für den humanen Kern des Deutschtums. Vom Gang der Geschichte her ist man versucht, auch die jüdische Goethe-Verehrung unter das zu subsumieren, was Martin Buber, gewiß überpointiert, die »Vergegnung« der Juden und der Deutschen genannt hat. Als während des Goethejahres 1982 in der Jüdischen Nationalbibliothek in Jerusalem eine kleine Ausstellung zeigte, welcher Reichtum an Goetheana aus Schenkungen und Nachlässen deutscher Juden zuletzt auch nach Israel gelangt war, wurde ein Stück ›Normalität‹ der Assimilation sichtbar. Und zugleich mehr: das, wodurch Goethe in den Augen der Rahel Levin »unfehlbar« war.

Anmerkungen

1 *Briefwechsel zwischen Varnhagen und Rahel*, Bd. 1, Leipzig 1874, S. 17 (der Text dort: »was ich, Unglück und Glück«).

2 *Sämtliche Schriften*, Bd. 3, hg. v. Inge und Peter Rippmann, Düsseldorf 1964, S. 71.

3 Zum Bibliographischen sei hier, der Raumersparnis wegen, lediglich auf zwei Monographien verwiesen: Karl Robert Mandelkow, *Goethe*

in Deutschland. Rezeptionsgeschichte eines Klassikers, Bd. 1: 1773-1918, München 1980, S. 336 ff. (Mandelkows im ganzen vorzügliche Darstellung muß im folgenden bei vielen das ›Jüdische‹ heraushebenden Abschnitten jeweils vorausgesetzt werden); Wolfgang Leppmann, *Goethe und die Deutschen. Der Nachruhm eines Dichters im Wandel der Zeit und der Weltanschauungen*, Bern und München [2]1983, S. 291 ff.

4 *Lessing – ein unpoetischer Dichter. Dokumente aus drei Jahrhunderten zur Wirkungsgeschichte Lessings in Deutschland*, hg. v. Horst Steinmetz, Frankfurt/M. und Bonn 1969; *Schiller – Zeitgenosse aller Epochen. Dokumente zur Wirkungsgeschichte Schillers in Deutschland*, hg. v. Norbert Oellers, 2 Bde., Frankfurt/M. 1970 und München 1976.

5 Sie beschränken sich im wesentlichen auf Untersuchungen zu Einzelfiguren, besonders aus der Frühzeit, wie Rahel Varnhagen, Ludwig Börne, Heinrich Heine.

6 Zum Nachfolgenden s. Wilfried Barner, *150 Jahre nach seinem Tod: Goethe und die Juden*, in: Bulletin des Leo Baeck Instituts 63 (1982), S. 75 ff. (die Literatur hierzu ist, im Gegensatz zum Thema ›die Juden und Goethe‹, umfangreich).

7 Beispiele bei Alex Bein, *Die Judenfrage – Biographie eines Weltproblems*, Bd. 1, Stuttgart 1980, S. 201 ff. (mit umfangreichen Belegen in Bd. 2, S. 143 ff.).

8 In der Vernachlässigung dieses Ineinanders liegt eine Hauptschwäche vieler einschlägiger Arbeiten (oft aus apologetischer oder harmonisierender Tendenz heraus).

9 So in Goethes Darstellung im 4. Buch von *Dichtung und Wahrheit*, Hamburger Ausgabe, Bd. 9, hg. v. Erich Trunz, Hamburg 1955, S. 123 ff. (hier: S. 124).

10 Zum Hintergrund vgl. Wilfried Barner, *Lessings ›Die Juden‹ im Zusammenhang seines Frühwerks*, in: *Humanität und Dialog. Lessing und Mendelssohn in neuer Sicht*, hg. v. Ehrhard Bahr, Edward P. Harris und Lawrence G. Lyon, Detroit/München 1982, S. 189 ff.

11 Hierzu Herbert Scurla, *Begegnungen mit Rahel. Der Salon der Rahel Levin*, Berlin [2]1963.

12 *Juden in Preußen. Ein Kapitel deutscher Geschichte*, hg. v. Bildarchiv Preußischer Kulturbesitz, Dortmund 1981, S. 90.

13 Sie behielt ihre Wirkung auch noch, als fünf Jahre später, 1828, die zweite Sammlung dieser Art, *Über Goethe. Literarische und artistische Nachrichten* von Alfred Nicolovius, erschien.

14 Verwiesen sei hier der Kürze halber auf den letzten Band der verdienstvollen Rahel-Kassette: Rahel Varnhagen, *Gesammelte Werke*, Bd. 10, hg. v. Konrad Feilchenfeldt, Uwe Schweikert und Rahel E. Steiner, München 1983 (mit Studien und Dokumentationen).

15 *Rahel Varnhagen*, München 1962, S. 36.

16 Vgl. die schöne Skizze *Rahel und Goethe* von Käte Hamburger, jetzt wieder abgedruckt in Bd. 10 der in Anm. 14 zitierten Ausgabe, S. 179 ff. (mit den einschlägigen Zitaten).

17 *Goethes Wilhelm Meister. Zur Rezeptionsgeschichte der Lehr- und Wanderjahre*, hg. v. Klaus F. Gille, Königstein/Ts. 1979 (dort S. 99 ff. und 144 ff. auch zwei Arbeiten Varnhagens zu den *Wanderjahren* abgedruckt).

18 Die Briefe beginnen 1802 und reichen bis in Börnes Heidelberger Studienjahr 1807; als 1861 die Briefe ohne Herausgeber-Angabe erschienen, vermutete man dahinter sogleich Varnhagen.

19 Unter den zahllosen Arbeiten zu ›Heine und Goethe‹, auch ›Börne und Goethe‹ etc. ist für den größeren historischen Zusammenhang immer noch besonders anregend Walter Dietze, *Junges Deutschland und deutsche Klassik. Zur Ästhetik und Literaturtheorie des Vormärz*, Berlin(-Ost) 1957, vor allem S. 35 ff.

20 Die wichtigsten Textausschnitte sind abgedruckt in *Goethe im Urteil seiner Kritiker. Dokumente zur Wirkungsgeschichte Goethes in Deutschland*, Bd. 1, hg. v. Karl Robert Mandelkow, München 1975, S. 212 ff. (im gleichen Band auch einschlägige Partien von Heine, Börne u. a.).

21 Vgl. die Nachlaß-Edition: *Über Goethes Gedichte*, hg. v. Eduard von der Hellen, Stuttgart u. Berlin 1911.

22 Viktor Hehn, *Über Goethes Hermann und Dorothea*, hg. v. Albert Leitzmann und Theodor Schiemann, Stuttgart 1893, S. 27.

23 Viktor Hehn, *Goethe und das Publikum. Eine Literaturgeschichte im Kleinen*, in: V. H.: *Gedanken über Goethe*, Berlin 1887, S. 49 ff.; hier: S. 163.

24 Ebd., S. 162.

25 Ebd., S. 161.

26 Ebd.

27 Zu diesen sog. ›dunklen Jahrzehnten‹ der Goethepflege s. Mandelkow [vgl. Anm. 3], S. 85 ff.

28 Enthalten in: *Erstlinge. Ein Almanach*, Bd. 6, o.O. 1825, S. 68 f. Hier und im folgenden verdanke ich Itta Shedletzky (Jerusalem) entscheidende Hilfe.

29 Übersetzer: Mordechai Rothberg. Die Beliebtheit gerade von *Hermann und Dorothea* zeigt sich auch daran, daß 1917 in Jaffa eine Neuübersetzung durch S. Ben-Zion erschien (2. Auflage Berlin 1923).

30 Bearbeiter: Max Letteris. Eine knappe Zusammenstellung der Übersetzungen Goethescher Texte ins Hebräische enthält die Zeitschrift Ost und West 5 (1905), Sp. 308 ff.

31 Zum Gesamtzusammenhang s. Simon Halkin, *Modern Hebrew Literature from the Enlightenment to the Birth of the State of Israel*, New York [2]1970.

32 Shmuel Ettinger, *Vom 17. Jahrhundert bis zur Gegenwart. Die Neuzeit*, München 1980 (Geschichte des jüdischen Volkes, hg. v. Haim Hillel Ben-Sasson, Bd. 3), S. 126 ff.
33 Zitiert nach Ludwig Geiger, *Die deutsche Literatur und die Juden*, Berlin 1910, S. 146. Vgl. kontrastiv Gustav Karpeles, *Goethe in Polen*, Berlin 1890 (S. 113 auch kurz zu Schiller).
34 *Schiller in Barnow*, in: K. E. F., *Aus Halb-Asien*, Bd. 1, Leipzig 1876, S. 69 ff.
35 Illustrative Beispiele bei Geiger [vgl. Anm. 33], S. 142 ff.
36 Zu den vereinzelten Vorläufern Mandelkow [vgl. Anm. 3], S. 156 ff.
37 *»Ein kostbares Instrument«. Zur Begegnung zwischen Deutschtum und Judentum*, in: E. S., *Entscheidung zum Judentum*, Frankfurt/M. 1980, S. 249 ff.
38 Eine der nach wie vor scharfsinnigsten Analysen bietet Arthur Eloesser, *Vom Ghetto nach Europa. Das Judentum im geistigen Leben des 19. Jahrhunderts*, Berlin 1936, bes. S. 233 ff.
39 Zu ihm fehlt immer noch eine kritische, historisch situierende Untersuchung; die wichtigste ältere Literatur verzeichnet der einschlägige Artikel der *Neuen Deutschen Biographie*, Bd. 6, Berlin 1971, S. 144 f.
40 So im Vorwort zum 1. Jahrgang des Goethe-Jahrbuchs (1880), S. III.
41 Näheres bei Wolfgang Goetz, *Fünfzig Jahre Goethe-Gesellschaft*, Weimar 1936; vgl. Julius Petersen, *Goetheverehrung in fünf Jahrzehnten* (1935), abgedruckt in: J. P., *Drei Goethe-Reden*, Leipzig 1942, S. 28 ff. Neuere, auch ideologiekritisch akzentuierte Darstellung bei Leppmann [vgl. Anm. 3], S. 137 ff.
42 Vgl. Anm. 40.
43 *Die deutsche Literatur und die Juden* [vgl. Anm. 33], S. 161 ff.
44 *Goethe*, Berlin/Wien 1913 ([1]1901), S. 15.
45 *Faust und das Faustische. Ein Kapitel deutscher Ideologie*, Stuttgart 1962, S. 148 ff.
46 Die beiden sind hier exemplarisch genannt: Erich Schmidts Entdeckung des *Urfaust* (1887) und Konrad Burdachs Abhandlung *Faust und Moses* (1912; als Beginn seiner großen Reihe von *Faust*-Beiträgen).
47 Die annähernd zwei Dutzend Beiträge, darunter mehrere Monographien, können hier nicht aufgeführt werden.
48 Vgl. Anm. 44.
49 Die Jahre des ersten Erscheinens: Meyer 1895, Witkowski 1899, Engel 1909.
50 *Die Verantwortung des Geistes*, Köln 1952, S. 78; vgl. besonders auch: *Israel unter den Völkern*, München 1933, S. 103 ff.
51 Näheres im Vorwort zu seinem *Goethe*, Berlin [2]1922, S. 5 ff. Geschrieben wurde das Buch nach eigener Angabe August 1914 bis Mai 1915. Die Entstehung in Kopenhagen, relativ abgeschlossen von der innerdeutschen Diskussion, und der späte Erscheinungstermin (1921)

sind wohl die Hauptgründe für die zunächst geringe Beachtung.

52 Beide Monographien erscheinen bezeichnenderweise mit dem kargen Titel *Goethe* (Simmel: Leipzig 1913; Gundolf: Berlin 1916), ohne die bisher üblichen erläuternden und werbenden Zusätze.

53 Ebenfalls in der kürzestmöglichen Titelfassung *Goethe* (München 1912).

54 Vgl. Anm. 50. An die Prägung Kahlers durch den George-Kreis und insbesondere die enge Freundschaft zu Gundolf (der seinen *Goethe* Fine von Kahler widmete) kann hier nur erinnert werden.

55 Besonders in *Juden und Deutsche*, in: G. Sh., *Judaica 2*, Frankfurt/M. 1970, S. 20 ff. Vgl. für die ersten drei Jahrzehnte unseres Jahrhunderts jetzt auch Klara Pomeranz Carmely, *Das Identitätsproblem jüdischer Autoren im deutschen Sprachraum. Von der Jahrhundertwende bis zu Hitler*, Königstein/Ts. 1981.

56 Stefan George, *Werke*, Bd. 2, München 1983, S. 145.

57 *Goethe im 20. Jahrhundert. Die Germanisten und Goethe*, in: *Rezeption der deutschen Gegenwartsliteratur im Ausland*, hg. v. Dietrich Papenfuß und Jürgen Söring, Stuttgart usw. 1976, S. 43 ff.

58 *Goethe. Geschichte eines Menschen* [!], München 1920.

59 Am deutlichsten in: *Literaturgeschichte der deutschen Stämme und Landschaften*, Bd. 3, Regensburg 1931 (in der Gruppe ›Franken und Schwaben‹).

60 Zitate aus dem Artikel *Der Geist von Weimar einst und jetzt* im folgenden nach: *Klassiker in finsteren Zeiten 1933-1945. Eine Ausstellung des Deutschen Literaturarchivs im Schiller-Nationalmuseum Marbach am Neckar*, Bd. 1, Marbach/N. 1983, S. 49 ff. (dort auch weitere aussagekräftige Zeugnisse aus dem Goethejahr 1932).

61 So der Titel einer wichtigen einschlägigen Publikation des Leo-Baeck-Instituts: *Entscheidungsjahr 1932. Zur Judenfrage in der Endphase der Weimarer Republik*, hg. v. Werner E. Mosse, Tübingen [2]1966.

62 *Weimarer Republik. Manifeste und Dokumente zur deutschen Literatur 1918-1933*, hg. v. Anton Kaes, Stuttgart 1983, S. 110.

63 Ebd., S. 109 ff.

64 Wilfried Barner, *Lessing 1929. Momentaufnahme eines Klassikers vor dem Ende einer Republik*, in: *Literatur in der Demokratie. Für Walter Jens zum 60. Geburtstag*, München 1983, S. 439 ff.

65 *Schriften und Reden zur Literatur, Kunst und Philosophie*, Bd. 2, Frankfurt/M. 1968, S. 62 ff. und 89 ff.

66 Vgl. Anm. 60, S. 60.

67 Vgl. Anm. 55, S. 30.

68 Das Folgende (einschließlich der Zitate) nach der vorzüglichen Dokumentation: *Die Juden in Köln. Von den ältesten Zeiten bis zur Gegenwart*, hg. v. Zvi Asaria, Köln 1959, S. 325 (vgl. S. 392).

Martha Bickel

Zum Werk von Karl Emil Franzos

Im Jahre 1976 ging ich mit Freunden durch ein ruthenisches Dorf in den Karpathen. Am Fenster einer kleinen weißgetünchten Hütte saß eine alte Frau und spann. Sie winkte uns herbei und bat uns, ihr ein wenig Gesellschaft zu leisten. Sie fragte uns, woher wir kämen. Als sie erfuhr, wir seien Bukowinaer, begann sie in ihrer harten Aussprache ein ellenlanges deutsches Gedicht aufzusagen. Darin war die Rede von der großen Kaiserin Maria Theresia. Dann erzählte sie uns in ihrer Muttersprache von der guten alten Zeit des guten alten Kaisers Franz Joseph.

Diese Landschaft war – nachdem Joseph der Zweite sich selbst die Bukowina zum Geschenk gemacht hatte – der östlichste Vorposten deutscher Kultur. Und wenn Galizien und die Bukowina auch nicht solche Namen aufzuweisen haben wie Böhmen und Mähren, gaben auch diese Provinzen, immerhin, der deutschsprachigen Literatur einige nicht unbedeutende Autoren. Zu ihnen gehört auch Karl Emil Franzos.

Franzos war im Revolutionsjahr 1848 in dem Städtchen Czortkow in Galizien geboren. Sein Vater, Doktor Heinrich Franzos, hatte in München das Medizinstudium beendet und übte dann seine Tätigkeit als Bezirksarzt in dem kleinen galizischen Städtchen aus. Von den Ideen Moses Mendelssohns und Lessings stark beeinflußt, erzog er den Sohn im Geiste der Aufklärung. Nathan der Weise war das Vorbild, dem nachzustreben geboten war. In seiner autobiographischen Skizze *Die Geschichte des Erstlingswerks* berichtet Karl Emil Franzos, sein Vater habe ihm gesagt: »Du bist deiner Nationalität nach kein Pole, kein Ruthene, kein Jude, du bist ein Deutscher. Deinem Glauben nach bist du ein Jude.« Ebenso wie Nathan der Weise aus Pflichtgefühl und Tradition am Glauben seiner Väter festhielt, sollte auch der Sohn seinen Glauben nicht aufgeben. Franzos hat in späteren Jahren sowohl auf das Stipendium für das Studium klassischer Philologie als auch auf eine Richterkarriere verzichtet, nur um sich nicht taufen lassen zu müssen. Durch die Erziehung des Vaters fand sich der Schriftsteller unter den Umständen, in denen er lebte, von seiner frühesten Kindheit an von der Umgebung isoliert. Überall war er ein Außenseiter, ein Fremder. Als Jude wurde er von den Polen und Ruthenen, als Sohn eines Aufklärers von den fanatischen frommen Juden gemieden. Ein Wurzel- und Heimatloser, suchte er Zuflucht in der deutschen Sprache und Kultur.

Im Jahre 1859 starb der Vater. Vor dem Tod hatte er den Wunsch geäußert, die Familie möge nach Czernowitz übersiedeln. Der letzte Wunsch des Sterbenden wurde nach seinem Tode erfüllt. Trotz der schweren Lage der Familie verbrachte Franzos in dieser Stadt einige glückliche Jahre. Als er 1875, schon ein bekannter Journalist, die Eröffnung der Czernowitzer Universität begrüßte, sagte er über die Bukowina und über ihre Hauptstadt: »Prächtig liegt die Stadt auf ragender Höhe. Wer da einfährt, dem ist seltsam zu Mute: er ist plötzlich wieder im Westen, wo Bildung, Gesittung und weißes Tischzeug zu finden sind. Und will er wissen, wer dieses Wunder vollbracht, so lausche er der Sprache der Bewohner: sie ist die deutsche. Der deutsche Geist, dieser gütigste und mächtigste Zauberer unter der Sonne hat dies blühende Stückchen Europa hingestellt mitten in die halbasiatische Kulturwüste [...] Denn wie eine Oase liegt dies Ländchen mitten in der Wüste östlicher Unkultur«; und weiter: »Es war mir eine liebe Aufgabe, von dem Lande meiner Jugend so viel Schönes und Lichtes berichten zu können.« (Paul Celan nannte die Bukowina »eine Gegend, in der Menschen und Bücher lebten«.)

In Czernowitz beendete Franzos das Gymnasium, in dessen Programm das Studium humanistischer Fächer auf einem sehr hohen Niveau stand. Er studierte dann Jura in Wien und in Graz. Schon sehr früh begann er eine rege literarische Tätigkeit zu entfalten. Er war Berichterstatter der ›Neuen Freien Presse‹, Redakteur des ›Pester Journals‹, Mitarbeiter des ›Pester Lloyds‹. Im Jahre 1879 gab Franzos erstmals die Werke von Georg Büchner heraus. Martin Mary Lynne bezeichnet dieses literarische Ereignis als einen Markstein in der Entwicklung der deutschen Literatur, denn Büchner war vorher völlig vergessen gewesen. Auch das *Deutsche Dichterbuch aus Österreich* verdankt Karl Emil Franzos sein Erscheinen im Jahre 1883. Von 1884 bis 1886 war Franzos Schriftleiter der ›Neuen Illustrierten Zeitung‹. Von 1886 an gab er die Zeitschrift ›Deutsche Dichtung‹ heraus, in der Briefe von Goethe, Grillparzer und Börne veröffentlicht wurden. Es erschienen Beiträge von Paul Heyse, Felix Dahn und Robert Hamerling, später auch von Christian Morgenstern, Stefan Zweig und Arthur Schnitzler. Franzos publizierte hier auch seine eigenen Artikel über Heine, Auerbach, Kompert und C. F. Meyer. Im Jahre 1895 veröffentlichte Franzos die Sammlung *Geschichte des Erstlingswerks*.

Der Schriftsteller starb im Jahre 1904 im Alter von 56 Jahren, ohne den Zusammenbruch seiner »aufgeklärten Welt« erlebt zu haben.

Der literarische Nachlaß des Schriftstellers besteht aus Skizzen, Natur- und Reisebeschreibungen, Genrebildern und vor allem aus Erzählungen, Novellen und Romanen. Ein großer Teil seines Werks diente der Entlarvung der mißlichen Zustände seiner Heimat in Podolien und Galizien. In seinen Werken tritt er gegen soziale und nationale Unterdrückung auf, gegen fanatischen religiösen Dogmatismus und Aberglauben, gegen Alkoholismus, gegen jedwelche Erniedrigung menschlicher Würde.

Zwischen den Jahren 1876 und 1883 erscheinen unter dem aufsehenerregenden Titel *Aus Halb-Asien* sechs Bände seiner Schriften. Die meisten von ihnen waren schon früher in verschiedenen Zeitungen und Zeitschriften veröffentlicht worden. Die ersten zwei Bände der Sammlung haben den Untertitel *Land und Leute des Östlichen Europa*, der dritte und der vierte sind vereint im zweiten Teil *Vom Don zur Donau. Aus der Großen Ebene* heißt der dritte Teil, den der fünfte und sechste Band bilden. Man warf Franzos vor, er habe diesen Titel gewählt, um das Interesse der Leser zu erwecken. Der Schriftsteller selbst sagt im Vorwort: »Der Titel, den ich diesem Buch vorgesetzt habe, mag seltsam und auffallend klingen. [...] doch ich habe ihn gewählt, weil er mir die Kulturverhältnisse [...] richtig zu bezeichnen scheint.« Die Bilder *Aus Halb-Asien* zeugen von der Vielseitigkeit der Interessen des Kulturträgers Franzos. Hier gibt es Artikel und Essays über ruthenische und jüdische Volksgerichte, über die Emanzipation der Frauen, das Leben europäischer Gouvernanten in Rußland und in Rumänien, Lebensbilder prominenter Persönlichkeiten, Satiren gegen den Bürokratismus, gegen die Sturheit polnischer und österreichischer Beamter und Erzählungen von tragischen Schicksalen ruthenischer Bauern und gläubiger Juden.

Mit besonderer Wärme spricht Franzos von den ruthenischen Bauern, die der Willkür polnischer Adeliger völlig ausgeliefert waren.

Dem Thema des ruthenischen Dorfes ist auch sein Roman *Ein Kampf ums Recht* gewidmet. Der Dorfrichter Taras Barabola wird zum Haidamaken, zum Räuber. Sein ganzes Leben ist er bemüht gewesen, gerecht zu sein, deshalb kann er die Ungerechtigkeit, die seiner Gemeinde widerfahren ist, nicht dulden. Er beschließt, selbst Recht zu üben. Lange hält er sich für unfehlbar, bis er einmal einer Verleumdung glaubt und einen unschuldigen Menschen ermorden läßt. Nun versteht er, daß auch er schicksalhafte Fehler begehen kann. Er liefert sich selbst dem Gericht aus. Der Name Taras Barabola erinnert an Gogols Taras Bulba (Barabola und Bulba bedeuten Kartoffel im Ukrainischen). Verglichen mit Gogols Helden ist Taras Barabola jedoch sehr zahm und zurechtgekämmt, so ein Gemisch von Karl Moor, Michael Kohlhaas und Robin Hood. Bevor Taras in die Berge zieht, hält er vor seinen Dorfgenossen eine Rede voll edler Gedanken und Gefühle, sehr im Stil eines Juristen, wie Franzos es war. Es ist wohl kaum anzunehmen, daß ein galizischer Bauer des vorigen Jahrhunderts so sprach.

Obwohl der Schriftsteller die Gestalten seiner Erzählungen zu kennen glaubte, blieben sie ihm fremd, war er doch immer nur ein Beobachter aus der Ferne. Deshalb sind seine Gestalten nur schematische Symbole: des Edelmuts oder der Niedertracht, der Milde oder der Grausamkeit, der Schlauheit oder der Naivität, scharf kontrastierende Gegensätze, aber keine lebenden Gestalten.

Wie eingangs gesagt, war Franzos auch den Juden gegenüber ein Außenseiter. In der Einleitung zum Roman *Der Pojaz* sagt der Schriftsteller: »Denn je näher ich das national-orthodoxe Judentum kennen lernte, desto mehr fühlte ich mich durch seine Auswüchse im tiefsten Herzen verwundet und fremdartig berührt. Auch entging mir zwar das Poetische an vielen seiner Formen nicht, aber ihren Zauber können sie doch wohl nur auf einen voll üben, dem sie zugleich ein Stück Kindheitserinnerung bedeuten. Dies war bei mir nicht der Fall.«

Dem Thema der Liebe zwischen einem Juden und einer christlichen Aristokratin ist das Erstlingswerk von Franzos, *Das Christusbild*, gewidmet. Ein Jugenderlebnis des Schriftstellers lag dieser Erzählung zugrunde. Erst nachdem Franzos durch die Herausgabe seiner Kulturbilder *Aus Halb-Asien* Anerkennung erlangt hatte, gelang es ihm, das *Christusbild* zusammen mit anderen Erzählungen im Sammelband *Die Juden von Barnow* zu veröffentlichen.

Schon dieses Erstlingswerk zeugt davon, daß Franzos die Kunst des Aufbaus einer Erzählung beherrscht. *Das Christusbild* beginnt mit einer kleinen Einleitung in der Ich-Form. Ein Dorfjunge zeigt dem Erzähler ein von der Gutsbesitzerin des Ortes gemaltes Christusbild. Der Erzähler, selbst noch ein Junge, erkennt in der Gestalt Jesu seinen gewesenen Privatlehrer. Darauf folgt die Lebensgeschichte dieses Lehrers: Unter den schwierigsten Bedingungen war es dem Gettojungen gelungen, das Gymnasium zu beenden, er kam dann nach Deutschland, studierte Medizin und ließ sich hier als Arzt unter einem neuen Namen nieder. In einem Kurort lernt er die Gutsbesitzerin, der sein Geburtsstädtchen gehört, kennen, ohne zu wissen, wer sie eigentlich ist. Leidenschaftliche Liebe verbindet die beiden, bis die junge Frau erfährt, daß ihr Geliebter Jude ist. Die Vorurteile ihrer Erziehung sind stärker als ihre Liebe. Sie glaubt, ihre Beziehung abbrechen zu müssen. Er kehrt in sein Getto zurück und widmet sein Leben seinen ärztlichen Pflichten. Für seine Umgebung ist er ein wahrer Segen. Die junge Frau erkennt ihren Fehler zu spät.

Tragische Liebe, bedingt durch fanatisch religiöse und nationale Vorurteile, ist das Thema vieler Erzählungen von Franzos: *Der Shylock von Barnow*, *Judith Trachtenberg*, *Melpomene* u. a. Die meisten der epischen Werke von Franzos schließen mit einem tragischen Ende, mit Mord, Selbstmord, Nervenfieber mit letalem Ausgang, Wahnsinn.

Eine besondere Stelle nimmt in der Sammlung *Die Juden von Barnow* die Erzählung *Zwei Retter* ein. Es ist hier die Rede von zwei einfachen Menschen, die zu verschiedener Zeit und unter verschiedenen Umständen ihrer Gemeinde aus schwerster Not heraushelfen.

Am Abend vor dem Passachfest bittet eine alte zerlumpte Bäuerin in einem jüdischen Haus um Unterkunft. Die junge Frau des Hauses beherbergt sie aus Mitleid; am nächsten Morgen erweist sich, daß die Bäuerin eine Kindesleiche unter dem Bett zurückgelassen hat und selbst verschwunden ist. Ein Ritualmordprozeß droht der Gemeinde. Schon stürmen die Gendarmen die Treppe hinauf. Da wirft die Frau, als jene schon die Tür öffnen, die Leiche zum Fenster hinaus und schreit, sie habe ihr eigenes

Kind ermordet. Das Eingreifen des österreichischen Gerichts rettet die Frau vor der Verurteilung.

Der zweite »Retter« ist der Kantor des Gettos. Der Gutsverwalter, ein getaufter Jude, quält die Gemeinde, wie kein Christ es vor ihm getan hat. Er erfährt nun, die Juden hätten einen Deserteur aus Rußland bei sich verborgen. Am Jom Kippur kommt der Verwalter ins Bethaus, um die Gemeinde auf frischer Tat zu ertappen. Hier hört er den Kantor – im Alltag ist das ein kleines, lächerliches Männlein – singen: »Wie er so sang, war er kein trällernd Männlein mehr, sondern ein gewaltiger Priester, der für sein Volk die Stimme zu Gott erhebt. Er dachte an die einstige Herrlichkeit und dann an die vielen Jahrhunderte der Schmach und der Verfolgung, und in seiner Stimme klang es, wie wir ruhelos gehetzt worden sind über die Erde, die Ärmsten unter den Armen, die Unglücklichsten unter den Unglücklichen. Und wie die Verfolgung noch nicht geendet hat, und wie immer neue Dränger gegen uns den Arm erheben, und wie immer neue Schwerter in unserem Fleisch wühlen. All unser Leiden klang in seiner Stimme, unser unsägliches Leid, unsere unzähligen Tränen. Aber noch etwas anderes klang darin, unser Stolz, unsere Zuversicht, unser Gottvertrauen.« Im Verwalter erwacht das Gewissen. Stumm verläßt er das Bethaus, später bietet er der Gemeinde seine Hilfe an.

Das »wir« in dem Zitat geht nicht vom Verfasser aus. Die Geschichte wird von einer alten Jüdin erzählt. Wie sehr Franzos sich auch über die Judenverfolgung empört und mit den Juden mitfühlt, identifiziert er sich doch nicht mit ihnen, mit »diesem Volk«, »diesem Stamm«. Ursache und Folge vertauschend, schreibt er den Juden die Schuld für ihre Isolierung zu. Er ist davon überzeugt, daß Assimilation der einzige Ausweg aus ihrer Lage ist. Entschieden trat Franzos gegen den Zionismus auf. Wir hören ihn sagen: »So erklärt sich auch die beklagenswerte Erscheinung, daß in den letzten Jahren der Zionismus unter den Juden des Ostens zahlreiche Anhänger finden konnte.«

Seine Einstellung zum Judentum (nicht zum Zionismus) änderte sich in reiferen Jahren etwas. Im Vorwort zu seinem Roman *Der Pojaz* heißt es: »ich wollte die jüdische Volksseele tiefer als bisher ergründen lernen.«

Seine Novelle *Leib Weihnachtskuchen und sein Kind* zeugt davon, daß er es wirklich ernst damit meinte. Leib Weihnachtskuchen, ein Dorfschänker, ist eine rührend tragische Gestalt. Klein, mit dürren, krummen Beinen wirkt er grotesk in seiner schäbigen, alten, altmodischen traditionellen Tracht. Von allen und jedem wird er gedemütigt, erniedrigt, beleidigt, geschlagen und verlacht. Er ist nicht imstande zu lügen oder zu betrügen, was ihm nur den Spott der Bauern und seiner Stammesgenossen einbringt. Ein lebensunfähiger Schlehmil, hungert er sich mit Frau und Tochter recht und schlecht durch. So gewöhnt ist er an die ständigen rohen Beleidigungen, daß er sie nicht mehr bemerkt. Und doch hört man nie eine Klage von diesem Menschen. Er würde es als Sünde betrachten, sich unglücklich zu fühlen. Seine Liebe zu seiner Frau und zu seinem Kind und vor allem sein großes Vertrauen zu Gott lassen ihn das Leben als hell und freundlich betrachten. Sein Glaube an Gott bestimmt jede seiner Äußerungen, jede seiner Handlungen. Spricht sein Gewissen, so meint er Gott zu hören, Gott ist ihm immer gegenwärtig. »Da bin ich, Ewiger, ein schwer geprüfter Mann und dein geringer Knecht, aber was ich dazu vermag, damit Dein Name auf Erden durch Erfüllung Deines Willens geheiligt werde, geschieht.«

Im Dorf gibt es einen jungen Bauernsohn, der seiner Häßlichkeit und seines mürrischen Charakters wegen von allen gemieden wird. Sein einziger Freund ist Leib Weihnachtskuchen. Der hilft dem häßlichen Janko, als der Gutsbesitzer ihn übertölpeln will, und verliert dabei beinahe seine Pacht. Auch Leibs Töchterchen ist sehr freundlich zu Janko. Sie ist seine einzige Freude. Als sie jedoch heranwächst, begreift Janko, daß er sie liebt. Die ganze Familie muß für die Freundschaft, die sie diesem düsteren, ungeschlachten, von dunklen Leidenschaften beherrschten Menschen geschenkt hat, mit dem Leben bezahlen.

Das bedeutendste literarische Werk von Franzos ist zweifelsohne sein Roman *Der Pojaz*, der erst 1905, ein Jahr nach dem Tod des Schriftstellers, erschien. Es ist wieder die Geschichte eines Gettojungen, der an der Beschränktheit der fanatisch religiösen Chassidim zugrunde geht.

Im Vorwort zu diesem Roman sagt Franzos, die Tonart seiner früheren Schriften hätte sich zwischen Tragik und Komik bewegt. Die Tonart dieses Romans sei eine humoristische, man müsse älter geworden sein und erfahrener und mehr gelitten haben, um das »Lächeln unter Tränen« zu erlernen. Tatsächlich sind die Farben in diesem Roman hell und freundlich, obwohl die

Hauptgestalt, Sender Glatteis, nach einem harten, vergeblichen Kampf um das Recht, Schauspieler zu werden, noch in ganz jungen Jahren an Schwindsucht stirbt. Bis zum letzten Atemzug hofft Sender noch, sein Ziel erreichen zu können. Seine letzten Worte sind: »Das Leben so schön, so schön.«

Zu seinen Lebzeiten bis zum Ende der zwanziger Jahre war Franzos ein vielgelesener Schriftsteller. 1928 erschien die 16. Auflage seiner *Juden von Barnow*. Auch der *Pojaz* und seine Halb-Asien-Kulturbilder waren weit bekannt und in viele Sprachen übersetzt. Das Interesse der Leser läßt sich durch die Neuartigkeit und Exotik des Themas erklären, aber auch durch sein Darstellungstalent, von dem Wilhelm Goldbaum[1] sagt, es bemächtige sich weniger vielseitig als intensiv aller Praktiken der Virtuosität. G. Creutzburg[2] nennt Franzos einen »Pointillisten des Stils«, der »planvoll und zielbewußt eine Vielzahl kleiner Mosaiksteinchen zu einem lebendigen Ganzen« zusammenbaut. Gestatten Sie mir, hier eine seiner Schilderungen anzuführen: »Darum rastet unter diesen Bäumen gern das fahrende Volk, das im Sonnenbrand über die Heide zieht. Die Zigeunerschar, die rastlos stehlend umherwandert und daneben wahrsagt, fiedelt und die Pferde kuriert, der slowakische Drahtbinder, der ukrainische Tagelöhner, der jüdische ›Dorfgeher‹, der von Sonntag bis Freitag von Gehöft zu Gehöft zieht und Waren und Schmeichelworte vertauscht gegen Geld und Schläge, der fremde Gaukler, der russische ›Sänger‹, sehr ehrwürdig und sehr eigentumsgefährlich, der unserem zahmen Bauern von den Großtaten seiner Ahnen und Stammesgenossen, der Kosaken, berichtet und sich dabei demütig durchbettelt und frech durchstiehlt, endlich Bettler schlechtweg, jeglicher Nation, jeglichen Glaubens, darunter der ›Schnorrer‹, der daneben auch Talmudist ist und die lebendige Zeitung für seine Glaubensgenossen.«[3]

Auch der Bau, die Architektonik der Geschichten von Franzos ist bemerkenswert. Jedesmal ändert sich die Erzählerperspektive, bald beginnt der Bericht in der ersten Person, bald läßt der Schriftsteller andere erzählen. In der erwähnten Erzählung *Zwei Retter* ist es eine alte, ehrwürdige Frau, die der um sie versammelten Jugend ihre Erinnerungen beschreibt. In der Novelle *Der wilde Starost und die schöne Jütta* erfahren wir aus dem Gespräch zweier Arbeiter vom Schicksal ihres Herrn, des Starosten, der durch seine tragische Liebe zu einer Jüdin wahnsinnig geworden ist. Der Erzählerblick ändert sich, und dasselbe Ereignis wird von einer alten Frau vom Standpunkt der jüdischen Gemeinde aus beschrieben. Doch auch wenn der Schriftsteller in der dritten Person erzählt, ist er immer anwesend durch seine Betrachtungen und Erklärungen. Er läßt dem Leser auch nicht die geringste Möglichkeit, selbst zu urteilen und Schlußfolgerungen zu ziehen. Immer steht er mit schulmeisterlich erhobenem Finger da, belehrt, warnt und fordert.

Die Sprache von Franzos ist oft zu gewählt. Statt ›Kopf‹ gebraucht er gewöhnlich ›Haupt‹, statt ›Gesicht‹ ›Antlitz‹, die vorangestellten Genitive sind nicht immer am Platz (›so weit des Auges Sehkraft reicht‹, ›ihres Atems Ton‹, usw.).

Der Schriftsteller hat ein scharfes Auge für das Komische. In seinen satirischen Äußerungen ist der Einfluß von Heine sehr groß. Ironie und Humor beleben die Prosa von Franzos. Hier einige Beispiele: »Es ist eine unheimliche Tatsache, daß Witwer meistens zur Liebe und Ehe geneigt sind, wie ja auch gerettete Selbstmörder oft wieder zum Strick greifen. [...] nachdem sein Weib Antonie am Gallenfieber und mehreren Ärzten verschieden war, wurde er heimlicher Atheist, nur um nicht an die Auferstehung der Toten glauben zu müssen. [...] ich habe sie mir gegeben, der Herr hat sie mir genommen, der Name des Herrn sei gelobt!« – »an Schmuck trägt das Ehepaar einen mäßigen Juwelenladen auf dem Leibe; er war früher Bankhalter in einer Spielhölle Moskaus, und sie – sprechen wir von etwas anderem.« – »Rosen blühten ihr nicht entgegen [...] Das war auch nicht nötig, denn sie war selbst eine Rose, eine Klatschrose nämlich.«

In den dreißiger Jahren war Franzos als Schriftsteller von der weiten Leserschaft vergessen, doch erweckte die Vielseitigkeit seiner Themen das Interesse der Literaturforscher. Eine ganze Reihe von Artikeln, Dissertationen und Monographien sind seinem Werk gewidmet.[4]

Abschließend wäre noch folgendes hinzuzufügen: Miriam Roshwald spricht von »Franzos' contradictory loyalties«. Die Loyalität den Juden gegenüber schwankt zwischen satirischer Hyperbolisierung, Ablehnung und tiefem Mitleid. Seine Loyalität den Deutschen gegenüber ist eindeutig. Von sich selbst sagt Franzos immer wieder: »Ich als Deutscher«, »Wir Deutschen«, von den Juden heißt es oft »Dieses Volk, dieser Stamm«. Doch wie sehr er sich auch zu distanzieren versucht, er bleibt Jude. In seiner Erzählung *Der deutsche Teufel* sagt er von einem deutschen Fürstensohn: »[...] es kann kein Mensch abfallen von seinem Volke. Die sichtbaren Bande kann man abtun: Sprache, Tracht und Brauch, aber tausend unsichtbare Fäden lassen sich nicht zerschneiden, und es kommt die Stunde, wo sie fühlbar werden, wo ein abtrünniges Herz, das sie fesseln, in Scham und Reue zuckt.« Franzos denkt nicht daran, daß diese Worte sich auch auf ihn beziehen. Sein nationaler Minderwertigkeitskomplex, seine exaltierte Verehrung und Begeisterung für alles Deutsche, sein scharfer Sinn für Humor und vor allem seine naive Einbildung, er könne »was lehren, die Menschen zu bessern und zu bekehren«, bekunden seine Zugehörigkeit zum jüdischen Volk.

Anmerkungen

1 Wilhelm Goldbaum, *Literarische Physiognomien*, Wien 1880.

2 G. Creutzburg, *Leben und Werk von Karl Emil Franzos* [Einleitung zu *Der wilde Starost und die schöne Jütta*], Berlin: Verlag der Nation 1964.

3 Karl Emil Franzos, *Aus Halb-Asien*, Bd. 1, Leipzig 1876, S. 53.

4 Emma Suschitzki, *K. E. Franzos als Erzähler*, Wien 1935. – Peter Schkilujak, *Galizien bei K. E. Franzos*, Innsbruck 1946. – Richard Montgomery, *The Cultural Thought of C. E. Franzos*, 1954. – Alexander Malycki, *Das Ukrainentum in den Dichtungen von K. E. Franzos*, Cincinnati 1961. – Mary Lynne Martin, *K. E. Franzos. His Views on Jewry, as Reflected in His Writings on the Ghetto*, Diss. Univ. of Wisconsin, Ann Arbor Microfilms 1968. – Miriam Roshwald, *The »Stetl« in the Works of K. E. Franzos, Scholom Aleichem and Shmuel Josef Agnon*, Diss. Univ. of Minnesota 1972, Ann Arbor Microfilms 1973. – Mark H. Gelber, *Ethnic Pluralism and Germanization in the Works of K. E. Franzos* (1848-1904), in: The German Quarterly 56/3 (1983), S. 376-385.

Mark H. Gelber

Das Judendeutsch in der deutschen Literatur

Einige Beispiele von den frühesten Lexika bis Gustav Freytag und Thomas Mann

Zunächst einige Bemerkungen zum Terminus ›Judendeutsch‹. Die moderne wissenschaftliche Erforschung des Jiddischen brachte die Jiddisten Max Weinreich, Uriel Weinreich, Zosa Sjakowsky und andere dazu, das Wort völlig abzulehnen.[1] Sie betrachteten es als eine veraltete und irreführende Bezeichnung für das Westjiddische, d. h. für die spezifisch jüdische Sprache, welche die Juden Mitteleuropas als ihre Umgangs- und Geschäftssprache verwendeten, bevor die damaligen Massenauswanderungen nach Osteuropa infolge der mittelalterlichen Judenverfolgungen und schließlich die Einverleibung slawischer Elemente eine Veränderung des früheren Charakters dieser Sprache in den verschiedenen Dialekten des Ostjiddischen verursachten. Diejenigen Juden, die an diesen Auswanderungen nicht teilnahmen, fuhren meist fort Westjiddisch zu sprechen, bis diese Sprache allmählich als Opfer des Prozesses der Judenemanzipation in den deutschsprachigen Gebieten praktisch verschwand – ungeachtet der Tatsache, daß Westjiddisch bis ins 20. Jahrhundert in bestimmten Orten noch verwendet worden ist. Die Sprecher dieser Sprache hatten selbstverständlich keine Ahnung davon, daß sie sprachwissenschaftlich gesehen möglicherweise eine unabhängige Fusions- und Kultursprache beherrschten, die in einer eigenartigen Phonologie, Syntax, Morphologie und Semantik aus hebräisch-aramäischen, romanischen und germanischen Elementen verschmolzen ist. Insofern, als Juden ihre Sprache schon je mit einer gewissen Distanz betrachteten, sahen sie sie wohl nur als einen deutschen Dialekt, so wie die anderen deutschen Mundarten, etwa wie das jüdische Deutsch, die jüdische Form des Deutschen. Sogar die erste Bezeichnung dieser Sprache unter den Sprechern war ›Taytsch‹. In diesem begrenzten Sinn also, d. h. von der Perspektive der historischen Sprachgemeinschaft selbst aus gesehen, ist das Wort »Judendeutsch« immer noch zutreffend, denn es deutet auf den jüdischen Bewußtseinszustand hin.

Auch wurden Juden in dieser Ansicht unterstützt, indem mehrere nichtjüdische Beobachter mit unterschiedlicher Autorität ein starkes Interesse an der jüdischen Sprache zeigten und oft deren Inferiorität zu belegen versuchten. In seiner grundlegenden, in Jiddisch verfaßten Arbeit, *Sprach-Forschung und Literatur-Geschichte* (1906), unterschied Dov Ber Borochow (1881-1917) sechs verschiedene Typen nichtjüdischer Forscher des Jiddischen.[2] Unter den Humanisten, Theologen, Missionaren, Philologen, Bibliographen und bloß Neugierigen gab es immer wieder solche, die sich darum bemühten, Lexika oder Lehrbücher der spezifisch jüdischen Sprache zusammenzustellen, d. h. Lehrbücher, die ihren individuellen Zwecken dienen sollten. Im 17. und 18. Jahrhundert zeichnen sich solche Werke durch eine Tendenz zur Proselytenmacherei aus. Die Verfasser, z. B. Johann Heinrich Callenberg (1694-1760) oder Wilhelm Christian Justus Chrysander (1718-1788)[3], waren bestrebt, christliche Missionare in ›Juden-Teutsch‹ zu unterrichten, damit sie die jüdische Bevölkerung leichter konvertieren könnten. Im 19. Jahrhundert war das nicht mehr aktuell. Ein wachsendes Interesse an Wörterbüchern des Rotwelschen ist ferner zu erwähnen. Diese Gauner- und Diebessprache, öfters auch ›Jenisch‹ genannt, enthielt einen wesentlichen Anteil von judendeutschen Vokabeln. Wenn diese Lexika überhaupt nützlich waren, dienten sie offensichtlich als Warnung und mögliche Hilfe für potentielle christliche Opfer von Räuberbanden. Ein solches Lexikon erschien 1833 im jüdisch-interessierten, zugleich aber judenfeindlichen Friedrich Gödsche-Verlag in Meißen. Es hieß: *Chochemer Loschen Wörterbuch der Gauner= und Diebs=vulgo Jenischen Sprache nach Criminalacten und den vorzüglichsten Hülfsquellen für Justiz=, Polizei= und Mauthbeamte, Candidaten der Rechte, Gendarmerie, Landgerichtsdiener und Gemeindevorsteher.* Die Sprache wird im Vorwort beschrieben als »ein Gemisch von gemein oberteutschen, jüdischteutschen, selbstgemachten, verdrehten und verstümmelten Worten, seit jenen Zeiten unter den europäischen Zigeunern, Dieben, Bettlern und Gaunerjuden« gesprochen.[4] Interessant ist, daß der Titel – *Chochemer Loschen Wörterbuch* (wörtlich: »die Sprache der Klugen«; aus dem Judendeutsch frei übersetzt etwa: »Geheimsprache«) – und die vielen judendeutschen Einträge den jüdischen Aspekt dieser Sprache hervorheben.

In der ersten Hälfte des 19. Jahrhunderts erschienen auch mehrere Lexika des Judendeutsch selbst, jetzt auch Loschenkodesch oder Loussnekoudesch (»heilige Sprache«) genannt. Zwei Beispiele sind Rudolf Giehrls *Jüdisches Conversationslexikon für Christen aus allen Ständen*, das 1828 in Nürnberg gedruckt wurde, und das *Lexikon der jüdischen Geschäfts- und Umgangssprache*, das 1832 wiederum bei Gödsche erschien, bearbeitet von einem gewissen Itzig Feitel Stern. In seiner Vorrede sprach sich Giehrl von jeder Voreingenommenheit frei, seine Absicht sei vielmehr Unterhaltung und Belehrung schlechthin.[5] Stern dagegen zeigte eine beinahe pathologische Faszination für das Judendeutsch. Zusätzlich zum Lexikon verfaßte er eine ganze Reihe von bitter-satirischen Skizzen und Gedichten in dieser Sprache, die der deutsche Leser nur mit Mühe entziffern konnte. Um nur einige Titel zu erwähnen: 1. *Gedichter vun dien grausse Lamden der Jüdischkeit mit Nume, Itzig Feitel Stern* (1828), 2. *Die linke Massematten der houchlöbliche Jüdenschaft oder Spitzbubereyen und Gaunerstreiche der Juden und ihre verderbliche Umtriebe unter Christen. Ein unentbehrliches Noth und Hülfsbüchlein für Jedermann insbesondere für den Bürger und Landmann, sich vor Schaden und Unglück durch Juden zu bewahren und ihren betrügerischen Kunstgriffen zu entgehen* (1832), 3. *Die Schabbeslamp von pollische Messing mit ächt koschere Schimen ahngizündt* (1835), 4. *Das Schabbesgärtle vun unnere Leut, chittische Meloche. Mit einem lexekumistischen Warterbuch* (1832).[6]

Der Erlanger Archivar Ludwig Göhring, der diesen Itzig Feitel Stern erst im Jahre 1928 als Friedrich Freiherrn von Holzschuher demaskierte, bezeichnete ihn als »einen scharfen Antisemit[en]«. Er charakterisierte seine literarische Sprache als »das Rotwelsch der Viehmärkte, der Jargon des Dorfghettos, eine Art jüdischdeutsch, d. h. ein mit hebräischen Wörtern durchsprenkeltes, lächerlich verzerrtes Deutsch«.[7] Im Gegensatz dazu haben einige Sprachforscher des Jiddischen, darunter Borochow, Franz Beranek und unlängst Steven Loewenstein, behauptet, daß diese Sprache eine treue Wiedergabe des Judendeutschen darstelle, das mehr oder weniger charakteristisch für »die fränkische Landschaft des Jiddischen« sei.[8] Vergleicht man das besondere Judendeutsch Holzschuhers mit dem von jüdischen Autoren in hebräischen Lettern geschriebenen Judendeutsch – etwa mit den Dramen von zwei Schülern des Moses Mendelssohn (Isaac Abraham Euchels *Reb Chanoch oder was thut man dermit* [1784] und Aron Halle Wolfssohns *Leichtsinn und Frömmelei* [1796]), dann erkennt man die linguistische Sorgfalt, mit der Holzschuher seine Schriften konzipiert und ausgeführt hat.[9] Sein Versuch, die Sprache der Juden trotz oder wegen seiner literarisch-antisemitischen Absicht genau wiederzugeben, gleicht derselben Erscheinung in anderen, ähnlich gesinnten literarisch-antisemitischen Werken, wie zum Beispiel in der vieldiskutierten Posse *Unser Verkehr* (1813) von Karl Borromäus Alexander Sessa, die gleichfalls eine gewisse linguistische Genauigkeit zeigte, wie auch in einer Reihe von literarisch-antisemitischen Nachahmungen, die bald darauf folgten.

Obwohl die Texte von Schriftstellern wie Holzschuher und sogar Sessa für die Sprachwissenschaft möglicherweise brauchbar sind, um die Kenntnis der damaligen Formen des Jiddischen zu ergänzen, ist dieser Aspekt für unsere Zwecke nebensächlich. Uns interessiert hier, daß das dargestellte Judendeutsch als ein immer wiederkehrendes wichtiges Element des deutschen literarischen Antisemitismus fungiert hat. Zugleich komisch und kritisch, bewirkt es zusammen mit anderen ästhetischen Mitteln die gewünschte Reaktion dadurch, daß die gesellschaftliche Distanz zwischen Juden und Nicht-Juden betont wird. Nach meiner Definition ist literarischer Antisemitismus das Potential eines Textes, antisemitische Meinungen oder antisemitisches Verhalten zu stimulieren oder positiv zu bewerten. Es ist wahr, daß die Erscheinung der ersten modernen positiven jüdischen Bühnenfigur in der deutschen Theatergeschichte – Lessings Reisender in *Die Juden* (1749, 1754) – ästhetisch auf der Vermeidung des Judendeutsch in seiner Rede basiert. Ohne die Fähigkeit dieser Figur, sich perfekt in der deutschen Sprache auszudrücken, wäre die Handlung des Stückes unmöglich, d. h., der Reisende hätte sein Judentum nicht verhehlen können, um sich als tugendhafter Mensch zu beweisen.[10] In der Tat sprechen die ›edlen Juden‹ des deutschen Dramas im 18. Jahrhundert meist ein Deutsch, das von dem der positiven christlichen Mitfiguren nicht zu unterscheiden ist. Aber es wäre unwahr zu behaupten, daß die Anwendung des Judendeutsch in der Rede jüdischer Bühnenfiguren literarischen Antisemitismus unvermeidlich verursacht. Beispiele jüdischer und nichtjüdischer Dramatiker, z. B. Louis Angelys' *Paris in*

Pommern (1821) oder David Kalischs sehr populäres *Hunderttausend Taler* (1847) zeigen, daß andere literarästhetische Elemente, vor allem eine ausgewogene jüdische Figurenkonstellation, aber auch andere Techniken, den literarischen Antisemitismus mäßigen oder mildern.[11]

Die Erscheinung des Judendeutsch in *erzählerischen* Texten reflektiert ähnliche Tendenzen, aber die weitere Perspektive des erzählerischen Standpunktes fordert eine separate Analyse. Die Darstellung einer besonderen jüdischen Sprache in der deutschen Prosa ist nicht nur oder nur teilweise in Zusammenhang mit der langsam steigenden Tendenz zum Realismus in der deutschen Literatur zu verstehen. Auch wenn man – wie im Falle Holzschuhers – von der treuen Wiedergabe einer wirklichen Sprache sprechen kann, ist dieser Aspekt im Rahmen einer Betrachtung der Erzählprosa praktisch ohne Bedeutung. Das beruht auf den verschiedenen Funktionen der direkten Rede innerhalb eines erzählerischen Textes, d. h. auf der Kunst und Bedeutung der Integration der Gesprächswiedergabe in erzählerischen Werken – ein sehr kompliziertes Thema, das bereits eine umfangreiche literaturtheoretische Debatte hervorgebracht hat.[12] Ohne darauf einzugehen, möchte ich nur erwähnen, daß die Wirkung solcher Textstellen bei verschiedenen Leserschichten den narratologischen Absichten empirisch nicht immer entsprechen muß. Wegen der wesentlichen ästhetischen Spannung zwischen der mimetischen Funktion und der polemischen oder programmatischen Intention einerseits und der Tatsache, daß der implizite Rezipient nicht immer dem realen historischen Leser gleich ist, entstehen manchmal unerwartete Rezeptionsgeschichten, die sowohl den Verfasser als auch den sorgfältigen Leser erstaunen können.

Das aufschlußreichste Beispiel deutscher Prosa ist wohl in diesem Kontext Gustav Freytags Bestseller *Soll und Haben* (1855), der in der Sekundärliteratur schon sehr oft diskutiert worden ist. Dieser besondere Aspekt aber ist bis jetzt völlig vernachlässigt worden. Hans Mayer hat die hierarchische Schematisierung der wichtigsten jüdischen Figuren analysiert und auf die moralische Progression dieser Außenseiter hingedeutet.[13] Interessant ist, daß die gesprochene Sprache der differenzierten jüdischen Figuren im Roman den programmatischen ästhetischen Prinzipien des Autors und nicht den gesellschaftlichen Verhältnissen entspricht. Ein Beispiel: Der negativ, aber komisch dargestellte und deshalb nicht ganz unsympathische galizianische Jude, Schmeie Tinkeles, der fahrende Händler aus Brody, spricht kein Jiddisch, wie man hätte erwarten können. Freytag vermeidet eine realistische Darstellung, aber zur gleichen Zeit versucht er, ein Gefühl von der deformierten Natur seiner Rede zu vermitteln. Als Tinkeles zum ersten Mal im »comptoir« des bürgerlichen Helden Anton Wohlfart auftaucht, wird er zurückgewiesen:

»Kein Geschäft?« ruft der unglückliche Tinkeles krächzend in abscheulichem Deutsch, so daß Anton ihn nur mit Mühe versteht. »Solche Wolle, wie ich bringe, ist noch nicht gewesen im Lande.«[14]

Die Charakterisierung der Sprache des Tinkeles durch den Erzähler als »abscheuliches Deutsch«, das Anton »nur mit Mühe versteht«, deutet darauf hin, daß die gesprochene Sprache des Tinkeles nicht tatsächlich im Text wiedergegeben wird. Die relativ leicht deformierte, syntaktisch defekte Sprache ist nur eine Andeutung seines tatsächlichen, abscheulichen Deutsch. Wäre dies im Roman transkribiert worden, wäre es einfach unlesbar, d. h. praktisch unmöglich zu entschlüsseln gewesen. Obwohl Tinkeles' Rede keinen jiddischen Wortschatz enthält, erinnert die anastrophische Syntax, gegenüber der deutschen, an seine jüdische Herkunft. Weiterhin ist die dargestellte Sprache Tinkeles' der des Hauptbösewichts des Romans, Veitel Itzig, ähnlich, obschon diese ein Produkt des *deutschen* Schulwesens in Schlesien ist. Itzig vermischt Judendeutsch mit seinem defekten Deutsch und verwendet oft hebräische Elemente. Ein Beispiel: Nach der erzählerischen Beschreibung einer Episode aus den Schultagen Itzigs, in der das Wort »Schüler« verwendet wird, spricht Itzig darüber selbst. In seinen eigenen Formulierungen benutzt er das aus dem Judendeutsch stammende Wort »Bocher« anstatt »Schüler«. Als Itzig kurz darauf zum Haus Ehrenthals gelangt und um Eintritt bittet, lautet der Text: »da wurde die Entreetür mit starker Hand aufgemacht, und Herr Ehrenthal stand vor dem armen Bocher«.[15] Da nun auch der *Erzähler* das judendeutsche Wort verwendet, zeigt er die Fähigkeit, diese Wendung in der Handlung, wie andere, von der Perspektive der Figuren aus darzustellen, eine Technik, die die Einfühlung des Erzählers in die Figuren betont. Oder in einem anderen Sinn: So wie die Juden ins Herz der deutschen Wirtschaft und Gesellschaft einzudringen drohen, so dringt auch ihre Sprache ins Gewebe des

Textes durch, in den Wortschatz des Erzählers, in die deutsche Sprache selbst.

Freytag, wie Dickens, der wahrscheinlich auch in diesem Punkte als Vorbild diente, betrachtete die Verwendung der deformierten direkten Rede als eine schematisierte ästhetische Technik, die nur indirekt mit der linguistischen Wirklichkeit verknüpft war.[16] Die gesprochene Sprache Tinkeles' (und die der anderen relativ positiven polnischen Juden im Roman, z. B. der mutigen Rebekka und ihres Vaters, die Nebenrollen spielen) enthält beinahe keine hebräisch-jiddischen Elemente, weil diese Figuren für den bürgerlichen Helden und die bürgerliche Gesellschaft keine Gefahr darstellen. Itzigs Sprache dagegen enthält häufiger Elemente des Judendeutsch, weil er dieser Gesellschaft gegenüber einen bedrohlich zersetzenden Faktor darstellt. Wahrscheinlich entlehnte Freytag noch eine ähnliche Technik von Dickens. Nach der Verwendung eines nicht leicht verständlichen Wortes – bei Freytag im Judendeutsch, bei Dickens in der Gaunersprache, z. B. in *Oliver Twist* – versucht eine andere Figur den esoterischen Terminus in leicht verständlichen Worten zu erläutern. Gegen Ende des Romans verleumdet Hirsch Ehrenthal den Veitel Itzig folgendermaßen: »Du bist es, der gekommen ist in mein Haus und der mich hat geschlagen, noch bevor ich liege in meinem Grabe; du bist es, welcher mir macht alle Tage das Chibbut Hakkefer.«[17] Daraufhin bemüht sich Itzig, dem Leser die judendeutschen Wörter zu erklären: »Was tun Sie immer, als ob Sie wären tot, und ich der böse Geist mit dem Schwerte?«[18] Diese ungeschickte Erläuterung – Chibbut Hakkefer sind die Leiden des toten Sünders im Grab – ist sehr unwahrscheinlich. Man muß fragen, wie Freytag zu einem Terminus wie Chibbut Hakkefer kam, da sich dieser von bekannten judendeutschen Wörtern wie Ganef, Goi, Meschpuche, Zores, u.s.w. unterscheidet.

Es ist vorstellbar, daß Freytag auch von den bereits erwähnten Quellen, nämlich von den Werken Giehrls, Holzschuhers und Sessas, beeinflußt war. Eine ausführliche Begriffsbestimmung des »Chibbut Hakkefer« zum Beispiel erscheint in Giehrls Wörterbuch.[19] Die Frage nach dem Einfluß ist vielleicht altmodisch, hier aber nicht nebensächlich. In der ausgedehnten Debatte über *Soll und Haben* bin ich auf keinen Hinweis darauf gestoßen, daß Freytag den Namen seines Bösewichts Veitel Itzig wahrscheinlich zum ersten Mal in Holzschuhers beliebtestem literarischen Pseudonym, Itzig Feitel Stern, begegnete. Holzschuhers Buch *Linke Massematten*, eine Art Handbuch für Deutsche, legt die unredlichen jüdischen Verhandlungsmethoden bloß und enthält eine Beschreibung des »typisch jüdischen« Hanges zum Wuchergeschäft, die gleichsam den Plan für Itzigs Karriere in Freytags Roman entwirft. Holzschuher stellt die List des Juden dar, der sich jedes kleinen Details, jedes Preises, aller gesetzlichen Nuancen bewußt ist und alles zu seinem eigenen Vorteil zu wenden weiß, geradeso wie Itzig in *Soll und Haben*, der den Untergang der Familie Rothsattel orchestriert. Holzschuhers Ausführung über das »System der Juden, den Bürger und Landmann zu ruinieren«[20], wird in der Ehrenthal-Rothsattel-Handlung des Romans buchstäblich befolgt. Holzschuher erläutert den jüdischen Plan folgendermaßen: erstens, anfängliche, falsche Einschmeichelungen; zweitens, die Unvermeidlichkeit des Geldleihens; drittens, die unerbittlichen Erhöhungen der Schuld; viertens, die Realisierung des Rechts auf Vermögen und Grundstück; zuletzt, das »unzeitige«, bzw. zeitlich kalkulierte Einfordern der Zahlung. Holzschuhers fiktionale Bearbeitung dieses Systems in der ersten Skizze seines in Judendeutsch verfaßten *Das Schabbesgärtle vun unnere Leut* hätte als Muster für die Ehrenthal-Rothsattel-Handlung in Freytags Buch dienen können.

Auch Sessas *Unser Verkehr*, das den Weg eines hochstrebenden, begierigen Juden und seine Aufnahme bei einer jüdischen Parvenuefamilie darstellt, hat viel mit der Itzig-Handlung in *Soll und Haben* gemeinsam. In der Tat schrieb der Literaturhistoriker Julian Schmidt, der Kollege und Freund Gustav Freytags, der mit ihm die wichtige Zeitschrift ›Die Grenzboten‹ herausgab, schon 1848 ausführlich über Sessas Posse und setzte sich mit dem Judendeutsch des Stückes auseinander, ohne es abzulehnen. Er schrieb:

»Unser Verkehr« oder »die Judenschule« war lange ein beliebtes Stück [...] Theils war das Interesse ein sinnliches, an dem komischen Dialekt und an den skurrilen specifisch jüdischen Gesten; theils bezog es sich auf die in jener Classe herrschenden Gesinnungen [...] aber der Vorwurf, den man von Seiten der Juden und ihrer Freunde gegen die sittliche Berechtigung einer solchen Parodie erhebt, ist ebenfalls unbegründet, wenn man den Schwäbischen, den Berliner, den Leipziger Dialekt auf die Bühne bringen darf, wenn man die Sprache der Eckensteher und Gardelieutnants nachspottet, so ist durchaus kein Grund abzusehen, warum das Jüdische, das offenbar viel komischer ist, als alle die übrigen Dialekte zusammengenommen, sich eines besonderen Ausnahmegesetzes erfreuen soll. Der gebildete Jude muß den Humor haben, wie der gebildete Berliner, die eigne Komik zu ertragen.[21]

Hier lehnte Schmidt es entschieden ab, die satirische Darstellung von Juden als grundsätzlich anders geartet als die der Schwaben oder Berliner einzuschätzen. Seiner Meinung nach waren die Juden »nicht mehr die Parias aller Nationen«, und es sei zu erwarten, »wenn auch noch einige Generationen vorüber gehen, daß das specifische Judentum aufhören wird«.[22] Schmidt glaubte in der deutschen Gesellschaft einen weitverbreiteten Humanitätsbegriff zu erkennen, der die unkritische Annahme antisemitischer Ansichten durch das Volk verhindern würde. So übt seine Auffassung der politischen und sozialen Zustände Einfluß auf seine Stellung zur ästhetischen Frage aus. Insofern aber satirisch-kritische Äußerungen als eine Art von literarischem Antisemitismus verstanden werden können, ergänzen sie zugleich andere politische, soziale, religiöse und wirtschaftliche Tendenzen oder Bewegungen, die – im Gegensatz zu einer Satire auf die Schwaben – eine bestimmte soziale Gruppe entrechten.

Soll und Haben ist in bezug auf die literarische Judenproblematik ein treues Ausarbeiten des Standpunktes Julian Schmidts. Freytag versuchte, die Wirkung der relativen Bosheit seiner negativ dargestellten Juden zu mildern: durch die ironische und distanzschaffende Vermittlung des Erzählers, der zum Beispiel wiederholt auf »Junker Itzig« oder »unser Veitel« hinweist, oder durch die Erklärung der bösen Karriere Itzigs, die zum Teil als Ergebnis des antisemitischen Vorurteils seiner christlichen Schulkameraden dargestellt wird. Der relative Mangel an Judendeutsch im Text und die besondere schematisierte Darstellung der Sprache der jüdischen Figuren, ja sogar das weniger penetrant stilisierte Judendeutsch selbst, ist streng von dem der lautstark antisemitischen Schriftsteller wie Holzschuher und Sessa zu unterscheiden. Trotzdem, wie Dieter Kafitz und andere gezeigt haben, konnte *Soll und Haben* zur »Quelle antisemitischer Argumentation werden, was zwar den liberalistischen Grundsätzen des Verfassers widerspricht«.[23]

Die in der zweiten Hälfte des neunzehnten Jahrhunderts allmählich sich durchsetzenden pseudowissenschaftlich-rassistischen Anschauungen förderten die retrospektive Aufdeckung von verwandten Elementen in bezug auf das Judendeutsch. In anderen Worten: Das Wiederauftauchen des Judendeutsch in der Sprache der jüdischen Figuren in der deutschen Literatur diente später als eine Art von Beweis dafür, daß die Juden als Volk, dann als Rasse, nicht einmal fähig seien, ein richtiges Deutsch zu sprechen; daß sie sich nie in reinem Deutsch, wie jeder wahre deutsche Staatsbürger in der Theorie, ausdrücken könnten und können würden. Die Sprache war gewiß ein Hauptfaktor der nationalen Identität zu einer Zeit, in der nationale Schlagworte von großer Bedeutung waren. Richard Wagner, zum Beispiel, ist einer der vielen Polemiker, die diese Idee verbreiteten. In seinem Aufsatz *Das Judentum in der Musik* (1849) behauptete er, daß »der Jude die Sprache der Nation spricht, unter welcher er von Geschlecht zu Geschlecht lebt, aber er spricht sie immer als Ausländer«. Er beschrieb auch die jüdische »Aussprechweise«: »Als durchaus fremdartig und unangenehm fällt unserem Ohre zunächst ein zischender, schillernder, summsender und murksender Lautausdruck der jüdischen Sprechweise auf. Eine unserer nationalen Sprache gänzlich uneigentümliche Verwendung und willkürliche Verdrehung der Worte und der Phrasenkonstruktion gibt diesem Lautausdruck vollends noch den Charakter eines unerträglich verwirrten Geplappers [...]«[24] Es besteht eine unverkennbare Verbindung zwischen diesen prärassistischen Erörterungen und denen der rassistisch eingestellten Schriftsteller. Wie George Mosse beobachtet hat, existierten auf der Grundlage der völkischen Ideologie praktisch alle sozial-kulturellen Manifestationen, die wir gewöhnlich mit der Rassenlehre asoziieren, schon vor dem Aufstieg des Rassismus in Europa.[25] Im Jahre 1933 faßte der rassistische Polemiker, Otto Hauser, es so zusammen: »Nichts scheidet den Juden – jeden Juden – so scharf von dem arischen Deutschen wie seine völlige Unfähigkeit, das Deutsche deutsch zu sprechen und zu schreiben.«[26]

Auf diesem Hintergrund ist es bedeutsam, daß mehrere deutsche Schriftsteller (und unter ihnen deutsch-jüdische), auch solche, die Feinde des Dritten Reichs wurden, vor und sogar nach der Machtergreifung der Nazis fortfuhren, judendeutsche Elemente in die Sprache der dargestellten jüdischen Figuren einzuflechten. Dies trotz der Tatsache, daß sie auch als Mittel des literarischen Antisemitismus wirken konnten. Das Beispiel von

Thomas Mann ist hier aufschlußreich. Trotz der Durchdringung seiner erzählerischen Werke mit komplizierten ironischen Dimensionen, die eine genaue Einschätzung des literarischen Antisemitismus erschweren, erscheinen relativ negativ dargestellte jüdische Figuren immer wieder in seinem Werk – vom Beginn seiner Schriftstellerkarriere gegen Ende des 19. Jahrhunderts bis zu seinem Roman *Doktor Faustus* (1947), der während und nach dem Holocaust konzipiert und niedergeschrieben wurde. In seiner umstrittenen Erzählung *Wälsungenblut* (1905), einer Travestie der *Walküre*, die Dekadenz, Inzest und Rache in einer assimilierten jüdischen Parvenuefamilie zum Thema hat, kommt das Wort ›Jude‹ oder ›jüdisch‹ nicht vor. Dank der »ironischen Diskretion«[27] des Erzählers ist es schwierig, die wirklichen gesellschaftlichen Verhältnisse im Hintergrund der Erzählung zu entschlüsseln. Der Erzähler deutet nur indirekt und auf ironische Weise auf Herrn Aarenholds Herkunft hin: er sei »im Osten an entlegener Stätte geboren«, er habe die Tochter eines »begüterten Händlers« geheiratet und sei durch »großartige Machenschaften« zu seiner scheinbar respektablen Existenz gelangt.[28] Mit anderen Worten: er ist als negativ typisierter Ostjude geboren, der durch »typisch jüdische« Intrigen *(Massematten)* reich geworden ist. In einigen in direkter Rede gehaltenen Sätzen wird er als »ein ehemaliger Wurm« und »eine Laus«[29] bezeichnet. Der Erzähler läßt Herrn und Frau Aarenhold kein Judendeutsch, bzw. Jiddisch, in der im Text dargestellten Rede sprechen, aber wie in Freytags Roman wird versucht, eine Ahnung der deformierten Rede zu vermitteln. An einer Stelle lautet der Text:

> Frau Aarenhold speiste gierig und antwortete, nach ihrer Art, ausschließlich mit Gegenfragen, die wenig förderlich waren. Ihre Rede war mit sonderbaren und an Kehllauten reichen Worten durchsetzt, Ausdrücken aus dem Dialekt ihrer Kindheit.[30]

In der ursprünglichen Fassung äußert sich der Zwilling Siegmund ganz am Ende auf Judendeutsch: »Beganeft haben wir ihn, den Goi!«[31] Dieser Ausruf, der eine Intensivierung des Rachemotivs reflektiert, stellt ein scharfes Abweichen von der ironischen Haltung des Erzählers dar, zeigt aber auch, daß ein jüdischer Kern im innersten Wesen dieses nur scheinbar gut assimilierten Juden weiterwirkt; daß das Jüdische in akkulturierten oder assimilierten Juden vielleicht nie zu überwinden ist.

Die komplizierte Publikations- und Rezeptionsgeschichte dieser Erzählung ist noch nicht definitiv und detailliert beschrieben worden. Die aus dieser Zeit stammenden Briefe Thomas Manns an seinen Bruder Heinrich deuten an, daß Oskar Bie, der Redakteur der ›Neuen Rundschau‹ im ersten Jahrzehnt des Jahrhunderts, Einspruch gegen das Ende der Erzählung erhob, weil er »fürchtete«, daß der Durchschnittsleser den Satz mit den ›Fremdwörtern‹ als roh empfinden würde«.[32] In einem Brief an Heinrich vom 5. Dezember 1905 schrieb Thomas über die innere Berechtigung des originalen, mit den judendeutschen Wörtern ausgestatteten Endes. Trotzdem beabsichtigte er einen anderen Satz einzusetzen, um Bie zu gefallen. Nach der endgültigen Kassation des Stückes sandte er seinem Bruder am 17. Januar 1906 eine Erklärung dazu. Er erwähnte das Gerücht, daß er eine »heftige ›antisemitische‹ (!) Novelle geschrieben habe«, in der er die Familie seiner Frau fürchterlich kompromittiere. Mann schrieb:

> Was hätte ich tun sollen? Ich sah meine Novelle im Geiste an und fand, daß sie in ihrer Unschuld und Unabhängigkeit nicht gerade geeignet sei, das Gerücht niederzuschlagen.[33]

Aus den jüngst veröffentlichten Tagebüchern Manns erfährt man, daß er die revidierte Version – ohne die potentiell beleidigenden judendeutschen Wörter – für die erste autorisierte Veröffentlichung in der Buchausgabe beim Phantasus Verlag (im Jahre 1921) nur aus *Versehen* drucken ließ. Als er seinem Freund Ernst Bertram am 16. April 1921 eine Kopie überreichte, schrieb er zuvor den fehlenden judendeutschen Satz mit der Feder hinein.[34] Hier und anderswo wird in den Tagebüchern bezeugt, daß Katja Mann, vielleicht infolge der jüdischen Herkunft ihrer Familie, in diesem Punkt viel empfindlicher als ihr Mann war. So schienen ihr immer die potentiell anstößigen oder literarisch-antisemitischen Aspekte seiner Schriften bewußt zu sein, während Thomas Mann selbst unbekümmerter war. Auch Mann hatte Interesse am Judendeutsch, am Mauscheln, wie er es nannte und wie die Tagebücher es jetzt bestätigen. Zu Weihnachten und anderen Festlichkeiten ahmte er zum Vergnügen der ganzen Familie und sämtlicher Gäste das Mauscheln nach. Der Tagebucheintrag vom 25. Dezember 1933, dem ersten Weihnachtstag, lautet: »Die Kinder, noch gestern Abend spät befragt, was von Weihnachten das schönste gewesen sei, erklärten: »Als Herr Papele [Mann selbst] bei Tisch einen Juden nachmachte.«[35]

Mann glaubte an die seelische Verwandtschaft von Juden und Deutschen, ein Thema, das er in seinen *Betrachtungen eines Unpolitischen* (1918) entwickelt hat. Verweisend auf einen Aufsatz des dänischen Schriftstellers Johannes V. Jensen, beschrieb Mann die Begegnung der Deutschen mit den Juden als einen Zusammenstoß, der den deutschen Volkscharakter so geschliffen habe, daß er momentan der schärfste, vollendetste moralische Apparat sei, den die Welt je gesehen habe.[36] Weiterhin unterschieden sich laut Mann die Deutschen von den Juden dadurch, daß diese die Eigenschaften der Deutschen in noch höherem Maße verkörperten. In seiner Studie über die *Betrachtungen* schreibt Ernst Keller, Mann habe eine Auffassung des Juden als des Überdeutschen propagiert.[37] Mann hielt sogar noch nach der Machtergreifung der Nationalsozialisten an dieser Meinung fest. Nach dem großen Wahlerfolg der NSDAP im Oktober 1930, nur einige Monate nach Manns nicht sehr bekanntem Besuch in Jerusalem und Palästina[38], sagte er in einem Interview für die Wiener ›Neue Freie Presse‹: »Beide Völker [Juden und Deutsche] sind politisch unreif, beide reagieren stark, beide sind romantisch und materialistisch zugleich.«[39]

Die in *Doktor Faustus* erscheinenden, relativ negativen jüdischen Figuren, die scharf untereinander differenziert werden, reflektieren ihr Außenseitertum auch durch die gesprochene Rede, doch Judendeutsch wird diesmal nicht verwendet. Den jüdischen Impresario Fitelberg, der sich in einer komisch-pathetischen Mischung von Französisch und Deutsch unter anderem über die deutsch-jüdische Problematik äußert, bzw. seine Sprache, verglich Mann mit der des Riccaut de la Marlinière aus Lessings *Minna von Barnhelm*.[40] Stéphane Moses hat bereits eine ausführliche Analyse des ästhetischen Hintergrunds zu dem durchaus unsympathisch wirkenden jüdischen Gelehrten Breisacher geliefert, dessen Sprache in diesem Sinn die eines jüdischen Überdeutschen ist.[41] An dieser Stelle möchte ich hinzufügen, daß die dritte sprechende jüdische Figur, Kunigunde Rosenstiel, eine Verehrerin des Komponisten Leverkühn, auch idiosynkratische Elemente und sonderbare Sprachgewohnheiten zeigt. Wie der Erzähler Zeitblom bestätigt, genießt sie »ein viel reineres und sorglicheres Verhältnis zur deutschen Sprache als der nationale Durchschnitt, ja selbst als die meisten Gelehrten [...]«.[42]

Die Erscheinung des sehr förmlichen, gehobenen Deutsch im Munde der jüdischen Figuren und die Verwendung des vulgär klingenden Judendeutsch sind im selben Text sich kontrastierend zusammenfügende Elemente. Die Figur des Isidorus Morgenländer, die in Sessas Posse und deren Nachfolgern auftaucht, spricht ein gehobenes komisch-poetisches Deutsch, das im Gegensatz zum Judendeutsch anderer Figuren überaus lächerlich wirkt. Isidorus, der ehemalige Ochsenhändler, hat in einem Jahr an 16 Universitäten studiert: »Ich verließ meine Ochsen und suchte die Wahrheit.«[43] Als der vulgäre Jakob Hirsch ihn fragt, ob er je in »Pedolien« gewesen sei, antwortet Isidorus:

> Du sprichst von einer vergangenen Zeit, die mystisch, idillisch und romantisch hinter mir liegt. Der Osten ist der Quell des Lichts, vom Osten strahlt es leuchtend und erwärmend, vom Osten kam die Weisheit zu uns her, und aus der Weisheit Born hab ich getrunken.[44]

Darauf erwidert Jakob Hirsch: »Du hast getrunken? Hast de getrunken än Schnapps?« Oder wie in Freytags *Soll und Haben*: Itzig strebt danach, seine Sprachkenntnisse zu verbessern, aber am Ende ist sein gehobenes Deutsch so widerlich wie sein ursprüngliches defektes Judendeutsch, das spät im Buch im Munde des jungen Angestellten Itzigs wieder zum Ausdruck kommt. Bei Thomas Mann dient das gehobene Deutsch einerseits als Kontrastelement zu den negativen Charakterzügen der jüdischen Figuren wie Aarenhold, Breisacher und Rosenstiel, die als Mitinhaberin eines Darmgeschäfts, eines Betriebes zur Herstellung von Wursthüllen (was in den Worten des Erzählers Zeitblom »etwas Derbes« hat) dargestellt wird. Dies funktioniert als starker Gegensatz zum Judendeutsch oder zum Juden-Französisch-Deutsch eines Fitelberg.

Ich möchte abschließend betonen, wie kompliziert es letzten Endes für die deutschen Schriftsteller sein mußte, eine Kritik an Juden literarisch zu gestalten, sich aber zur gleichen Zeit und im selben Text von den antisemitischen Meinungen oder Tendenzen der europäischen Gesellschaft zu distanzieren. Die Vermeidung des Judendeutsch oder des Jiddischen in der Rede der unassimilierten jüdischen literarischen Figuren trägt dazu bei, eine gewisse Sympathie für das Schicksal dieser Figuren zu erzeugen. Diese Balance findet man in der zionistischen Prosa, z. B. in Herzls *Altneuland* (1902), oder aber in den implizit antizionistischen

Novellen von Karl Emil Franzos, der die soziale Integration der akkulturierten Ostjuden in Österreich befürwortete. Gershom Scholem hat immer wieder behauptet, die in Hebräisch geschriebene zionistische literarische Kritik am jüdischen Leben in der Diaspora sei viel heftiger und bitterer gewesen als die der deutschen Schriftsteller wie Freytag, Raabe, Wassermann, Thomas Mann und anderer. Trotzdem verweist die entsprechende hebräische Literatur auf verschiedene Lösungen der sozialen und wirtschaftlichen Probleme der europäischen, besonders der osteuropäischen Judenschaft, die sich unzweideutig von denen der antisemitisch eingestellten Schriftsteller unterscheiden. Auch muß der Literaturhistoriker vor allem die soziokulturellen Folgen und die Rezeption der Texte in bezug auf die besondere Sprache des literarischen Schaffens und die der primären Adressaten in Betracht ziehen.

Anmerkungen

* Nachdem dieser Aufsatz schon geschrieben wurde, gelangen drei verwandte wissenschaftliche Studien zu meiner Kenntnis, auf die ich hiermit verweisen möchte, da sie verschiedene Aspekte meiner Arbeit weiterentwickeln: Leif Ludwig Albertson, *Der Jude in der deutschen Literatur, 1750-1850*, in: Arcadia 19/1 (1984), S. 20-33; Hans Vaget, *Sang réservé in Deutschland. Zur Rezeption von Thomas Manns ›Wälsungenblut‹*, in: German Quarterly 57/3 (1984), No. 3, S. 367-376; David Katz, *From the Earliest Literature on Yiddish to Phillip Mansch (1838-1890)*, in: Mark H. Gelber (Hg.), *Identity and Ethos. A Festschrift for Sol Lipzin on the Occasion of his 85th Birthday*, Bern: Lang 1986.

1 Siehe z. B. Max Weinreich, *History of the Yiddish Language*, übers. v. Shlomo Noble, Chicago 1980.

2 Dov Ber Borochow, *Sprach-Forschung und Literatur-Geschichte*, hg. v. Nachman Mayzel, Tel Aviv 1966, S. 76.

3 Schon 1733 schrieb der Philologe Johann Heinrich Callenberg, Professor zu Halle, in seiner *Kurzen Anleitung zur Jüdischteutschen Sprache*: »Die Jüdischteutsche Sprache ist eine vermischte Sprache, [...] Es ist hier die Rede von einer merklichen Vermischung. Eine geringe Vermischung macht keine eigene Sprache.« Chrysanders *Jüdisch-Teutsche Grammatik* erschien 1750. Vgl. Johann Christoph

Wagenseil, *Belehrung der Jüdisch-Teutschen Red- und Schreibart* (1699). Siehe auch Hans Peter Althaus' *Nachwort* in den von ihm herausgegebenen *Schriften zur jiddischen Sprache*, Marburg 1966, S. 283-294, und Salcia Landmann, *Jiddisch. Das Abenteuer einer Sprache*, Olten und Freiburg im Breisgau 1962, S. 101-102 u.ö.

4 J.R. von Train, *Chochemer Loschen Wörterbuch [...]*, Meißen 1833.

5 Rudolf Giehrl, *Jüdisches Conversationslexikon für Christen aus allen Ständen*, Nürnberg und Altdorf 1828, S. III.

6 Siehe Ludwig Göhring, *Itzig Feitel Stern, Leben und Werke eines bisher im Dunkel gebliebenen fränkischen Schriftstellers*, in: Zeitschrift für Bücherfreunde 6 (1928), S. 114-120. Es ist dementsprechend schwierig, die genaue Popularität dieser Bücher einzuschätzen. Von den fünf verschiedenen Auflagen des *Schabbesgärtles* in der jüdischen Nationalbibliothek in Jerusalem (höchstwahrscheinlich gibt es noch mehrere Auflagen, die nicht in Jerusalem zu finden sind) erschien die vierte Auflage 1851, die letzte 1908 in Nürnberg.

7 Ebd., S. 114.

8 Siehe Franz Beranek, *Die fränkische Landschaft des Jiddischen*, in: Jahrbuch für fränkische Landesforschung 21 (1961), S. 267-303.
Vgl. Charlene Lea, *Emancipation, Assimilation and Stereotype*, Bonn 1978.

9 Steven M. Loewenstein, *The Yiddish Written Word in Nineteenth-Century Germany*, in: Yearbook of the Leo Baeck Institute, Bd. 24, London 1979, S. 180 u.ö.

10 Siehe meinen in Druck befindlichen Aufsatz: *Wandlungen im Bild des gebildeten Juden in der deutschen Literatur*, in: Jahrbuch des Instituts für deutsche Geschichte, Bd. 13, Tel Aviv 1984.

11 Vgl. Hans Otto Horch, *Die Figur des Juden in der deutschen Literatur*, in: Mitteilungen der DFG 1983/1, S. 16-18 u. 32. Horch schreibt: »Je vielfältiger die Typenskala jüdischer und nicht-jüdischer Kunstfiguren ausfällt, desto weniger werden im Leser die vorhandenen Klischees ›jüdischen‹ Verhaltens bestätigt.« (S. 18)

12 Siehe z. B. Meir Sternberg, *Proteus in Quotation-Land: Mimesis and the Forms of Reported Discourse*, in: Poetics Today 3/2 (1982), S. 107-156.

13 Hans Mayer, *Außenseiter*, Frankfurt/M. 1975, S. 389-390.

14 Gustav Freytag, *Soll und Haben*, Bd. 1, Leipzig 1920, S. 60-61.

15 Ebd., S. 47.

16 Vgl. Roland Freymond, *Der Einfluß von Charles Dickens auf Gustav Freytag*, Prag 1912, und Lawrence M. Price, *English Literature in Germany*, Berkeley und Los Angeles: 1953 (Univ. California Publications in Modern Philology 37), S. 338 ff.

17 Freytag [vgl. Anm. 14], Bd. II, S. 78.

18 Ebd.

19 Giehrl [vgl. Anm. 6], S. 93.
20 Itzig Feitel Stern (Holzschuher), *Linke Massematten*, Meißen 1833, S. 5-6.
21 Julian Schmidt, *Theater-Juden*, in: Die Grenzboten, Nr. 40 (1848), S. 20.
22 Ebd.
23 Dieter Kafitz, *Figurenkonstellation als Mittel der Wirklichkeitserfassung*, Kronberg 1978, S. 75.
24 Richard Wagner, *Das Judentum in der Musik*, in: *Gesammelte Schriften und Dichtungen*, Leipzig 1897, S. 71.
25 George Mosse, *Germans and Jews*, New York 1970, S. 35 u.ö.
26 Otto Hauser, *Die Juden und Halbjuden der deutschen Literatur*, Danzig und Leipzig 1933, S. 16.
27 Thomas Mann – Heinrich Mann, *Briefwechsel 1900-1949*, hg. v. Hans Wysling, Frankfurt/M. 1969, S. 40-42.
28 Thomas Mann, *Wälsungenblut*, in: *Sämtliche Erzählungen*, Frankfurt/M. 1963, S. 305.
29 Ebd.
30 Ebd.
31 Vgl. Klaus Pringsheim, *Ein Nachtrag zu Wälsungenblut*, in: Neue Zürcher Zeitung, 17. Dez. 1961.
32 *Briefwechsel* [vgl. Anm. 27], S. 40 f.
33 Ebd., S. 45.
34 Thomas Mann, *Tagebücher 1918-1921*, hg. v. Peter de Mendelssohn, Frankfurt/M. 1979, S. 504 f.
35 Thomas Mann, *Tagebücher 1933-1934*, hg. v. Peter de Mendelssohn, Frankfurt/M. 1977, S. 276.
36 Thomas Mann, *Betrachtungen eines Unpolitischen*, in: *Gesammelte Werke* (GW), Bd. 12, Frankfurt/M. 1960, S. 469.
37 Ernst Keller, *Der unpolitische Deutsche. Eine Studie zu den Betrachtungen eines Unpolitischen*, Bern und München 1965, S. 100.
38 Siehe meinen Aufsatz: *Thomas Mann and Zionism*, in: German Life and Letters 37/1 (1984), S. 62-68. Vgl. Mark H. Gelber, *Thomas Mann and Antisemitism*, in: Patterns of Prejudice 17/4 (1983), S. 31-40.
39 Neue Freie Presse (Wien), 26. Okt. 1930, S. 11 f.
40 Thomas Mann, *Die Entstehung des Doktor Faustus*, in: GW 11, S. 280.
41 Stéphane Mosès, *Thomas Mann et Oskar Goldberg: un exemple de montage dans le ›Doktor Faust‹*, in: Etudes Germaniques 13/1 (1976).
42 Thomas Mann, *Doktor Faustus*, in: GW 6, S. 417.
43 K. B. A. Sessa, *Unser Verkehr*, Leipzig 1814, S. 33.
44 Ebd., S. 32.

Moshe Zimmermann

»Lessing contra Sem« Literatur im Dienste des Antisemitismus

Judenfeindschaft ist – wie andere Vorurteile – ein soziales Phänomen mit intellektuellen Prätentionen oder Fassaden. Das Vorurteil bedarf einer Rationalisierung, einer theoretischen Begründung, einer Ideologie. So sind Wort und Schrift – Literatur und Publizistik – stets Mittel der theoretischen Rechtfertigung und der systematischen Popularisierung der Vorurteile. Für den Antisemitismus als Vorurteil war die Literatur stets ein Bezugsobjekt – ein Feld, wo Freund und Feind sich gegenseitig bekämpften und einander ihre Existenzberechtigung streitig machten! Je grober und sinnloser das Vorurteil, desto wichtiger wurde die Literatur, d. h. die Kultur als Alibi. Bei den deutschen Antisemiten äußerte sich die Beschäftigung mit Literatur deshalb einerseits in der Suche nach »unechten« Elementen und der »Säuberung« der deutschen Literatur von jüdischen Elementen (d. h. Schriftstellern) und andererseits in der obsessiven Behauptung, die deutsche Literatur müsse judenfeindlich sein, d. h. die großen Dichter und Denker in Vergangenheit und Gegenwart seien geschlossen gegen die Juden. Praktisch bedeutete das erstens den Versuch, alle jüdischen Schriftsteller zu »entlarven« und als undeutsch zu diskreditieren, und zweitens die Bestrebung, bei allen großen deutschen Dichtern judenfeindliche Äußerungen und Einstellungen zu finden. Bei Ausübung dieser Praxis haben sich – wie die folgende Abhandlung zeigt – die Experten, die Literaturkritiker von den Laien nicht unterschieden. Die einen wie die anderen haben wenig wissenschaftliches Denken und viel vorurteilshafte und konservative Denkart zum Vorschein gebracht.[1]

Das *Handbuch der Judenfrage*[2] (früher, seit 1887: *Antisemiten-Katechismus*) bringt in seinem Kapitel über *Das Judentum in der deutschen Kulturgemeinschaft* mehrere Seiten über das »Judentum im deutschen Schrifttum«.[3] Die Ausführung zielt darauf hin, beweisen zu können, wie »außerordentlich schädlich das Judentum im deutschen Schrifttum gewirkt [hat], das in neuerer Zeit periodenweise das verjudetste der Welt gewesen ist und das die ganze jüdische Entsittlichung widergespiegelt und verbreitet hat«. Der Verfasser des Kapitels hat eine Liste erstellt, die mit Süßkind von Trimberg beginnt (»Mehr ein Bettellied als ein Gedicht«) und mit Rachel Sanzara schließt (die »einen Lustmord dargestellt hat«). Diese Ausführung im *Handbuch* stützt sich seit Beginn des zwanzigsten Jahrhunderts auf den Literaturkritiker Adolf Bartels, dessen Satz als Motto dient: »Ein Jude kann kein deutscher Dichter sein.« Für das vereinfachte Bild der Antisemiten mußte es nachweisbar sein, daß nicht-arische Schriftsteller nur eine »typisch jüdische« Literatur produzieren können; jede andere Interpretation der deutsch-jüdischen literarischen Leistungen hätte das antisemitische Weltbild in einem heiklen Punkt unterminiert. Die lange Liste deutsch-jüdischer Schriftsteller, Dichter, Literaturkritiker – etwa 250 – hat deshalb den Antisemiten sehr viel zu schaffen gemacht.

Es war die These Bartels, daß seit etwa 1870 die Juden die deutsche Literatur beherrschen konnten. Unter den »deutschen Dichtern der Gegenwart« fand er mehr als 25 Prozent Juden. Quantitativ – so meinte er – seien die Juden zehnmal einflußreicher als nötig gewesen. Die logische Schlußfolgerung war also: Um die deutsche Literatur und Kultur zu schützen, muß man die jüdische Literatur entfernen.[4] Dieses Ziel »technisch« zu erreichen – durch eine rassistische Unterscheidung zwischen semitischen und arischen Schriftstellern –, war verhältnismäßig einfach (obwohl immer wieder Probleme auftauchten: des öfteren mußten Antisemiten sich dafür entschuldigen, daß sie den einen oder den anderen Schriftsteller irrtümlicherweise für einen Juden gehalten hatten.)[5] Viel problematischer war für diese Weltanschauung ein deutscher, arischer Dichter, der die jüdische Sache nicht ablehnend behandelte, ja sogar verteidigte. Das bekannteste Beispiel dafür war und blieb Gotthold Ephraim Lessing, mit dem sich die folgende Abhandlung befaßt. Typisch ist in dieser Hinsicht die auf Bartels gestützte Stellungnahme des bereits zitierten *Handbuchs*: »[...] unser heutiger Abwehrkampf [gilt] weniger dem Lessing selbst, der seine hohe Bedeutung in unserer Literaturgeschichte behalten wird, als dem im 19. Jahrhundert wachsenden Lessingkultus und Lessinglegende; die zunehmende Verherrlichung Lessings hielt gleichen Schritt mit der wachsenden Macht des Judentums«[6]; und weiter: »Man muß die Wirkung des Lessingschen Duldungsdramas als unheilvoll bezeichnen, wie denn dieser deutsche Schriftsteller-Dichter überhaupt überschätzt worden ist, ob er auch manche Verdienste hat.«[7] Wieviel bequemer wäre es, behaupten zu dürfen – wie es Dühring tatsächlich tat[8], Lessing sei jüdischer Herkunft gewesen.

Derjenige aber, der trotz antisemitischer Einstellung mit wissenschaftlicher Methodik nicht brechen mochte, befand sich in einer Zwickmühle: wie kann ein deutscher, ein großer deutscher Dichter judenfreundlich sein? Anstelle einer angeblich jüdischen Herkunft hat Bartels den »jüdischen Verkehr« als Erklärung für Lessings »Irrweg« benutzt. Der Fachmann konnte genügend Beweise bringen: Die Zahl der Fragezeichen in *Nathan der Weise* (etwa tausend) ist eben für Bartels ein Beweis für »jüdische Züge« bei Lessing, die auf seinen »jüdischen Verkehr« zurückzuführen seien.[9] Das Problem war für den Antisemiten Bartels so schwerwiegend, daß er sich nicht – wie beim Thema »Juden in der deutschen Literatur« – mit einem Kapitel beruhigte, sondern ein umfangreiches Buch (372 Seiten) über *Lessing und die Juden* verfaßte. Hier gab er einerseits zu, daß man dem Nathan die Zeitbedeutung »nicht rauben kann«, andererseits betonte er, Lessings Ruhm sei das Resultat einer Literaturgemeinschaft, die »heute fast ganz in den Händen des Judentums ist«. Einerseits ist »der alte Lessing überwunden, der neue steht vor der Tür« – wobei die Aufgabe des neuen Lessing die Verbreitung »des Humanitätsideals des dritten Reichs« sei – andererseits trägt die Schule die Schuld dafür, daß Lessing so viel und falsch gelernt wird, »heilig und ewig verbindlich bleibt«.[10] Diese Unentschlossenheit des Literaturkritikers ist verständlich; sie wiederholt sich später in unwissenschaftlichen antisemitischen Publikationen vor und während der NS-Zeit, wie in dem oben erwähnten *Handbuch*. Ihre Quellen befinden sich in der früheren, schlicht und unwissenschaftlich judenfeindlichen Behandlung Lessings, sowohl im Versuch, Lessing judenfeindlich zu interpretieren, als auch im Versuch, ihn zu diskreditieren. Es ist unübersehbar, daß Bartels Kritik am Anfang des 20. Jahrhunderts zum Teil eine Paraphrase von Dührings *Überschätzung Lessings und dessen Anwaltschaft für die Juden* aus dem Jahre 1880 war. Es war Dühring, der Lessings Ruf kraß als Produkt der »jüdischen Reclame« bezeichnet und Lessing zum »Glossator ästhetischer Gegenstände« degradiert hatte.[11] Bei Bartels wie bei Dühring, bei den Nazis wie bei den ersten modernen Antisemiten – die im Mittelpunkt dieser Abhandlung stehen – wiederholt sich die gleiche Problematik: es geht um Vorurteile, die man im sozialen und politischen Kontext aktiviert und für die ein kulturhistorischer bzw. literaturwissenschaftlicher Deckmantel gesucht wird. Daß aber die Debatte um Lessing seit der Entstehung des modernen Antisemitismus so im Mittelpunkt steht, liegt nicht nur daran, daß die Literatur das Vorurteil rechtfertigen soll, sondern auch daran, daß es seit dem Übergang von der herkömmlichen religiösen Feindschaft zum modernen säkularen Antisemitismus um die Grenze zwischen Rassismus und Christentum ging. In diesem Zusammenhang war Lessings *Nathan* als Kultursymbol so relevant. Daher war es auch natürlich, daß die Entstehungsgeschichte der ersten sich antisemitisch nennenden Vereinigung, der Antisemiten-Liga, so eng mit den Namen Lessing und *Nathan* verbunden ist.

Im Jahre 1878 bereiteten sich insbesondere deutsche Juden auf das Lessing-Jubiläumsjahr 1879 vor: Hundert Jahre *Nathan der Weise* und 150 Jahre Lessing. Nach der Euphorie der Reichsgründung und der mit ihr verbundenen Judenemanzipation verbreitete sich rasch Frustration, und eine anti-emanzipatorische Welle schwoll an, die im Zusammenhang mit dem »Kulturkampf« und mit dem sogenannten »Gründerschwindel« entstand. In einer derartigen Atmosphäre war für die deutschen Juden die Rückbesinnung auf den Mythos Lessing hocherwünscht. Die verhältnismäßig junge und unternehmungslustige jüdische Organisation, der »Deutsch-Israelitische Gemeindebund«, hatte sich für ein *Lessing-Mendelssohn-Gedenkbuch zum 150. Geburtsjahr von Moses Mendelssohn und Gotthold E. Lessing sowie zur Säcularfeier von Lessings ›Nathan‹* entschieden. Als das Buch geschrieben und redigiert wurde, befand sich Wilhelm Marr, ein früherer Politiker und Journalist aus Hamburg – der Stadt, in der Lessing seine Zeitschrift herausgegeben hatte – in tiefster Depression über seine Mißerfolge. Nach der Reichsgründung kam er zu der Überzeugung, daß die Juden Deutschlands Herrscher würden, daß Deutschland verloren sei – finis Germaniae. Mitte des Jahres 1878 schrieb er ein Buch mit dem entsprechenden Titel: *Sieg des Judenthums über das Germanenthum, vom nicht confessionellen Standpunkt aus betrachtet*. Dieses Buch öffnete das Tor für die neue Welle der Judenfeindschaft, die ihre Gründe nicht in der

Religion, sondern in der Rasse fand und sich Antisemitismus nannte. Das Buch erschien erst Anfang März 1879, also kurz nach Lessings 150. Geburtstag. Zwar konnte es nicht als Reaktion auf die feierlichen Reden im deutsch-jüdischen Establishment gewertet werden, aber es fügte sich in die Diskussion um Lessing und die Juden ein: Eines von den sieben Kapiteln des Buches widmete Marr dem Versuch, die Bedeutung Lessings für die deutsch-jüdische Auseinandersetzung zu bewerten.[12] Marr hat in Hamburg – so wie früher Lessing – Zeitungen herausgegeben, war aber kein Literaturkritiker. Für ihn war Lessing – anders als für Dühring und Bartels – noch immer »der große«. Er hat Lessing keinen Vorwurf dafür gemacht, daß er »in seinem Nathan der Weise [...] einen philosophischen Irrweg« einschlug, da die Sage von den drei Ringen an und für sich »das Schönste, was die Poesie je geschaffen hat« sei. Lessing irrte – so Marr –, als er in seinem prinzipiellen Kampf um Toleranz gerade einen Juden als Symbol wählte. Als *Verehrer* Lessings betonte Marr, daß *Nathan* als »abstractum« in die »höchste idealste Poesie der Humanität eintritt«, also mehr als Symbol der Toleranzproblematik denn des Judentums; und dennoch, wenn schon als Jude, dann als realistische Figur: nicht als Spinoza, sondern als Bankier. Die Tatsache, daß Lessing den Juden nicht vom Geldmenschen trennen konnte, war für Marr gerade der Beweis für die Größe des Dichters, weil dieser eine sozialhistorische Gegebenheit nicht leugnen konnte. Eben deshalb war für den Demokraten und Freigeist Marr die größte Schwäche *Nathans*, daß ein »sozialer Jude« zum Mittel im Kampf für Toleranz und Emanzipation gewählt wurde, weil so den Juden als gesellschaftlicher Klasse der Weg zur Emanzipation auf Kosten der anderen Klassen im deutschen Volk geebnet worden sei. Für Marr war also *Nathan* aus sozialhistorischen, nicht aus religiösen Gründen unannehmbar, und seine Rezeption stellte eine Mißinterpretation der Toleranz Lessings und der Emanzipation im Sinne des Radikalismus des 19. Jahrhunderts dar, zu dem Marr sich zählte. Wenn man den Radikalismus als Fortentwicklung der Aufklärung versteht, so war Marrs judenfeindlicher Kommentar zu Lessings *Nathan* doch moderner als die religiös gefärbte anti-aufklärerische Interpretation während der Jahre 1879-1881, die die soziale und geistige Entwicklung des 19. Jahrhunderts zu ignorieren versuchte.

Eine Erwiderung auf Marr – von jüdischer oder jüdisch-freundlicher Seite – mußte gezielt den Prozeß der Aufklärung und der Emanzipation der Juden in einer sich säkularisierenden europäischen Gesellschaft erläutern und verteidigen. *Diese* Art der Erwiderung kam aber nicht zum Ausdruck, weil sich die Debatte um Judenemanzipation und Judenfeindschaft weiter auf der traditionellen Bahn des Religionsstreites bewegte. Selbst Marr, der angebliche Bahnbrecher für die neue, säkulare Art der Judenfeindschaft, wird bald seinen Kurs ändern müssen.

Als *Der Sieg des Judenthums* erschien, stand das Thema Lessing bereits auf der Tagesordnung. Zum 150. Geburtstag des Dichters hielt der Vorsitzende des »Deutsch-Israelitischen Gemeindebundes«, Emil Lehmann, eine Rede über *Lessing in seiner Bedeutung für die Juden.*[13] In der Sonntagsausgabe der Vossischen Zeitung wurde *Nathan* am 23. 2. 79 (eine Woche vor Erscheinen von Marrs Buch) und am 2. 3. 79 diskutiert.[14] Eine Woche später (11. 3. 79) rief der Deutsch-Israelitische Gemeindebund die Juden auf, Lessing zu feiern. Ziel des Aufrufs[15] war vor allem die jüdische Jugend, die dem Judentum gegenüber sich indifferent verhielt und nun vor unerwarteten Problemen stand. Beide Seiten – Juden und Judenfeinde – spürten, daß die Diskussion um Lessing die Diskussion um die aktuelle Judenfrage war – ohne zu begreifen, daß die Art der Diskussion eine neue werden sollte.

Der Deutsch-Israelitische Gemeindebund gab das *Lessing-Mendelssohn-Gedenkbuch* erst Anfang September heraus, als bereits die zehnte Auflage von Marrs *Sieg des Judenthums* erschien. Das Gedenkbuch war keine originelle, bestimmt keine zeitgemäße Auswahl: Lobworte von Gabriel Riesser und Abraham Geiger aus der Vormärzzeit wurden wieder zitiert. Zwei Rabbiner nahmen zu Lessings Werk Stellung, der eine sogar »gegen Lessing zu Ehren Lessings«, weil Lessing das rabbinische Judentum kritisiert hatte. Dazu kamen wissenschaftliche Beiträge (Steinthal über Toleranz, Wünsche über den Ursprung der Ringparabel und Berthold Auerbach über *Nathan*) und *Stimmen aus der Lessingliteratur.*[16] Gerade die eigene Werbung für das Buch übersah die Aussichtslosigkeit einer solchen Veröffentlichung zu *dieser* Zeit: »Jedermann weiß, wie unruhig wieder das Meer ist, über welches auch unser Schiff einherfährt [...] zwar ist noch kein Sturm da [...] aber der vorsichtige Steuerer weiß doch, wie leicht [...] die Elemente [...] in einen feindseligen Kampf gerathen können.«[17]

Drei Tage nach Veröffentlichung dieser Zeilen in der wichtigsten jüdischen Zeitung (›Allgemeine Zeitung des Judenthums‹) brach der Sturm aus: Adolf Stoecker, der Hofprediger aus Berlin, hielt seine erste judenfeindliche Rede als Führer der »Christlich-sozialen Partei«: »Unsere Forderungen an das moderne Judenthum« (19.9.79), und eine Woche später wurde die erste *antisemitische* Vereinigung, die Antisemiten-Liga, ins Leben gerufen (26.9.79). Die Herausgeber des *Lessing-Mendelssohn-Gedenkbuches* konnten nicht ahnen, wie aktuell in diesem Zusammenhang die Lessing-Diskussion sein würde.

Einer der Gründer der Antisemiten-Liga war der Verfasser des Buches *Sieg des Judenthums*, der – wie bereits erwähnt – Lessing als relevant für die moderne Judenfrage ansah. Noch bezeichnender ist die Tatsache, daß die Antisemiten-Liga ihren Ursprung in der Aktivität eines *Lessing-Vereins* hatte! In einem Brief an Wilhelm Marr[18] vom 20.9.79 lädt ihn ein leitendes Mitglied des Lessing-Vereins, Hektor de Grousilliers, zu einer Sitzung des Vereins am 2.10.79 ein. Am 26.9. fand unter Teilnahme von Marr und Groussilliers (und mehrerer Juden, obwohl Jom Kippur war) die Gründungsversammlung der Antisemiten-Liga statt, die allerdings ein Fiasko war. Kaum war die Liga gegründet, wurde sie bereits ausgelacht, und der Kampf um den Vereinsvorstand war da. Erst nach drei Wochen, also Mitte Oktober, konnte der konservative Grousilliers mit Hilfe seiner Lessing-Vereinsmitglieder den vorläufigen Vorsitzenden stürzen (Marr nennt ihn in seinen Memoiren nur »Bandwurm«[19]) und selbst den Vorsitz übernehmen. Ob es Marrs »Anrüchigkeit« als Politiker (wie seine Feinde behaupteten) oder seine für einen konservativen Verein unbequeme radikale Vergangenheit war (wie Marr selbst behauptete), die seine Wahl zum Vorsitzenden verhinderte, ist eine marginale Frage. Das Resultat war, daß Grousilliers die feierliche Antrittsrede hielt, und zwar über *Nathan der Weise und die Antisemiten-Liga*!![20]

An dieser Stelle muß die Bedeutung des Begriffs Antisemitismus für unseren Zusammenhang verdeutlicht werden. An dem erwähnten Abend, an dem die Gründung der Antisemiten-Liga stattfand, wurde das Wort Antisemitismus als politische und programmatische Kampfansage zum ersten Mal benutzt. Der Vater dieses Begriffs war Wilhelm Marr, der seiner antikonfessionellen judenfeindlichen Einstellung Nachdruck verleihen wollte: Die Kombination »Anti-Semit« enthält keine religiöse Komponente mehr, sondern ausschließlich eine rassische. Marr entschied sich für diesen Terminus technicus erst ein halbes Jahr *nach* Erscheinen seines Buches *Sieg des Judenthums*, und auch dann ohne gründliche Vorbereitung. Noch einige Wochen vor der Gründung der Liga hatte er die Gründung einer anti-*jüdischen* Zeitung und eines anti-*jüdischen* Vereins angekündigt. Dieser Plan wurde indirekt durch Stoeckers anti-jüdischen Angriff überflüssig. Marr wurde gezwungen, eine klare Grenze zwischen seiner säkularen, anti-konfessionellen und Stoeckers christlicher Judenfeindschaft zu ziehen. Das Wort »Antisemitismus« sollte die Lösung sein. Hätte Marr die feierliche Rede über Nathan und den Antisemitismus gehalten, wäre eine Wiederholung seines anti-konfessionellen Lessingkommentars aus dem *Sieg des Judenthums* in einem neuen konzeptionellen Rahmen zu erwarten gewesen. Es war aber nicht Marr, der diese Rede hielt und die Richtlinien der Vereinsideologie verkünden durfte.

Eines war Marr und Grousilliers gemeinsam – die Verehrung Lessings. Grousilliers ging darin weiter als Marr in seinem *Sieg des Judenthums – Lessing hat keinen* Irrtum begangen, es irren nur die falschen Interpreten. So wie Grousilliers den *Nathan* verstand, ist es ein *anti*jüdisches Drama. Es »bedeutet nicht die Emancipation des Judenthums, sondern viel eher die Emancipation *vom* Judenthum« – eine Bemerkung, die eher auf Marr oder Marx zurückgeführt werden könnte als auf Grousilliers' eigene konservative Denkart. Ferner betrachtete Grousilliers die Tatsache, daß »Nathan [...] die Eigenschaften seiner Rasse nicht verloren [hat]« als »dramatischen Meisterzug« Lessings.[21] Da der Vortrag mit der Feststellung beginnt, daß sowohl Germanen als auch Juden Rassen seien (»Die deutsche Bevölkerung [bietet] anatomisch einen anderen Rassentypus dar als die semitische«[22]), scheint Lessing bei Grousilliers – mehr als bei Marr – ein Glied in der Entwicklung der nicht-konfessionellen Behandlung der Judenfrage zu sein, die in den Rassismus, d. h. in den Antisemitismus einmündet. Erstaunlicherweise deutet die Rede auf eine Richtung hin, die in klarem Widerspruch zum »nicht-konfessionellen Standpunkt« steht: »Einen Gleichwert aller drei Religionen aus dem Drama zu folgern ist [...] blanker Unsinn [...] Wer überhaupt diesen Gedanken Lessing unterlegen kann, beweist, daß er Lessing weder gelesen noch verstanden hat« – so Grousilliers' Interpretation der umstrittenen Ringparabel, die er mit soviel scholastischer Mühe zu beweisen suchte.[23] Marr hätte die Rede nicht zu Ende hören müssen, um festzustellen, daß Grousilliers' Auffassung der Liga nicht seinen Erwartungen entsprechen würde, daß vielmehr Stoecker gewonnen hatte. »Das deutsche Volk«, hieß es zu Beginn der Rede, »ist seinem ganzen Wesen nach [...] ein *christliches*«, Rasse und Religion sind also untrennbar. Schlimmer noch – die Religion, nicht die Rasse oder irgendein anderes Kriterium, ist entscheidend. So erschien am Ende der Rede der unglaubliche Satz, der Marrs Vorstellung vom neuen Begriff des Antisemitismus auf den Kopf stellte[24]: »Darum haben wir das Wort Antisemiten-Liga gewählt und nicht anti-jüdische Liga, um zu zeigen, daß wir einen Unterschied zwischen jüdischen Deutschen [!!] und jener Bande [Kahal] constatiren: und wir nennen Semiten auch solche Deutsche, die, ihr Christenthum verleugnend, sich dem Wucher und ähnlichen Lastern ergeben haben«. So befand sich – nach einem kurzen Umweg – die Diskussion um Lessing und *Nathan* wieder am Ausgangspunkt, im Religionsstreit. Auch die Art der sehr ausführlichen Reaktion Grousilliers' auf das soeben erschienene Gedenkbuch[25] bewegt sich in diesem Bereich und reduziert sich auf die richtige Interpretation des Satzes »Sind Christ und Jude eher Christ und Jude als Mensch?«

In die gleiche Lessing-Diskussion des Herbstes 1879, an der Marr, Grousilliers, die Antisemiten-Liga und der Deutsch-Israelitische Gemeindebund teilnahmen, trat auch der Philosoph Eugen Dühring ein. In einem Vortrag über »die Entstehung der Judenfrage in Europa« im Oktober in Berlin äußerte Dühring seine bereits zitierte Auffassung, Lessings Ruf beruhe auf der »Judenreclame«. Damit begann eine zusätzliche Art der Lessing-Diskussion – Lessing wird nicht uminterpretiert, sondern diskreditiert, um die Juden zu treffen. Dühring führte seine Kampagne gegen die Juden und Lessing zugleich: Lessing, »der angebliche Dichter«, der Betrüger, der »Hazardspieler«, der Mann mit der »gemeinen Geschlechtsgier« sei selbst Jude gewesen, würde von den Juden als Deutscher hochgejubelt und hochgespielt. Der »Lessingcultus« sei letztlich ein jüdisches Geschäft, *Nathan* eine Verherrlichung des Judentums, eine reine historische Fälschung.[26]

Im Jahre 1880 ging die Diskussion unvermindert weiter. Joseph Samuel Bloch, der Rabbiner, zog ins Feld, um Lessing vor seinen

Angreifern zu retten. In seinem Buch *Quellen und Parallelen zu Lessings ›Nathan der Weise‹* versuchte er die positive Wirkung des Dramas auf die Juden und ihre Umwelt zu demonstrieren.[27] Gegen Ende des Jahres lieferte Dühring mit seinen Vorträgen, die sich mit der Überschätzung Lessings befaßten, neuen Zündstoff für die Diskussion, wo *auch er* – der »Anti-Christ« –, der eigentlich auf dem Fundament des Rassismus stand, nicht anders als Grousilliers oder der Deutsch-Israelitische Gemeindebund sich der religiösen Argumentation anschloß.[28] Es erschien ihm ausschlaggebend, daß Lessing den falschen Ring (das Judentum) für den echten halte und daß er den »Herrn ja selbst einen Juden« nennt; daß er versuche, »ostensibel von der Religion zu handeln und dabei unvermerkt Christus als Jude zu qualifizieren«.[29] Sogar Dühring versuchte also – wie später Theodor Fritsch, H. S. Chamberlain oder Bartels und viele andere –, Jesus für das Ariertum, das Christentums für die Rassentheorie und den Antisemitismus zu retten. Kein Wunder also, daß im nächsten Jahr, 1881, zum hundertjährigen Todestag Lessings, das Thema *Nathan* nicht nur abermals intensiver behandelt wurde, sondern auch im alt-neuen religio-antisemitischen Rahmen. Der Tenor war christlich – naiv oder gehässig, Reinterpretation oder Diskreditierung Lessings. So meinte der Naive, »daß Lessing in einem sehr wichtigen Punkte das Christenthum als die höhere Stufe der göttlichen Offenbarung ansieht«, daß er eigentlich das »Christentum des Geistes und der Wahrheit emporsteigen« ließ.[30] Dagegen (oder zusätzlich) stand der gehässige, krasse Judenfeind, der Lessings Schwäche in einem mangelnden Glauben sah, die Aufklärung als »Untergrabung des Christentums« betrachtete und für »eine starke Evangelische Kirche« als Antwort auf die jüdische Geldmacht eintrat.[31]

Die paradoxe Krönung der Abkehr von der originellen Idee des Begriffs »Antisemitismus« zugunsten einer religiösen Richtung war das im Jahre 1881 von Wilhelm Marr geschriebene Buch *Lessing contra Sem*.[32] Das Buch sollte im Grunde ein antisemitischer Kommentar zu *Nathan* sein – längere Lessingzitate sind dort durch Erläuterungen Marrs unterbrochen. Zwar zeigt sich der alte Atheist als unverbesserlich, wenn er den Vater in der Ringparabel, also Gott, als kurzsichtigen Vater, ja sogar als Schwindler bezeichnet, Seine Bewertung des Christentums ist dagegen frei von atheistischen Maximen: »Wer hat *Sem* emancipirt? […] das Christenthum […]: der ›rechte Ring‹, der selbst bei Sem ›beliebt‹ machte, ist in den Händen des Christentums.« Noch erstaunlicher – öfter erscheint im Buch die Kombination »Wir Christen« –: »Wir Christen haben ja die ›Kraft des echten Rings‹ gezeigt durch die Judenemancipation.«

Dieses unerwartete Glaubensbekenntnis hat seine Wurzeln vor allem im politischen Klima der Jahre 1880/81. Der Antisemitismus war nur ein Element in der antiliberalen (im politischen und wirtschaftlichen Bereich), antisozialistischen und konservativen Stimmung dieser Zeit. Die antikatholischen Maßnahmen des »Kulturkampfes« führten nun zu einem gemeinsamen katholisch-protestantischen antiliberalen Gegenangriff. Als die Reichstagswahl bevorstand, befand sich der Antisemitismus zwangsläufig auf der konservativen Seite, und auch Marr – der allerdings von dieser Seite finanzielle Hilfe bekam – mußte sich nolens volens anpassen. Bereits vor den preußischen Landtagswahlen (Ende 1879) war in seiner Broschüre *Wählt keinen Juden. Der Weg zum Sieg des Germanenthums über das Judenthum* ein christlicher Unterton erschienen, und nun – zu den Reichstagswahlen im Oktober 1881 – wurde diese Tendenz von ihm offen vertreten. *Lessing contra Sem* war ein Stück Wahlpropaganda: »Lest also die Lessingsche Parabel von den drei Ringen! Und wollt ihr *konsequente* Lessingianer sein, so werdet ihr entdecken, daß au fond Lessing ein Zukunftsschriftsteller contra Sem gewesen ist und ihr wählt keinen Juden!«[33] Wie öfters hat Marr während der Korrektur einige Seiten hinzugefügt[34], ohne auf die innere Einheit des Inhalts zu achten: Das Buch, das nicht *vor* den Wahlen erscheinen konnte, wurde unter dem Eindruck der Wahlergebnisse geändert. Gerade weil der linke, »jüdische« Liberalismus (u. a. die Sezessionsgruppe von Bamberger) so erfolgreich war – 115 statt 39 Sitze im Reichstag –, ist die Schrift noch vehementer konservativ geworden und empfahl sogar »das praktische Christentum« aus der kaiserlichen Rede zur Eröffnung des neuen Reichstages vom 17. 11. 81. Dieses »praktische Christentum« sollte als antisozialistische, antiliberale und nicht zuletzt antisemitische Maßnahme dienen – seine Legitimation suchte Marr bei dem seit hundert Jahren verstorbenen Lessing.

Ohne den *nach* den Wahlen entstandenen Zusatz und ohne den Druck des strenggläubigen Mäzens wäre Marrs Kommentar hingegen nicht völlig inkonsequent gewesen. Erstens versuchte er –

wie zwei Jahre zuvor –, Lessing zu beschützen und nicht, wie Dühring, zu diskreditieren. Zweitens war sein Ausgangspunkt ein sozialhistorischer – erst seit der Emanzipation der Juden hielt er die Konfession für irrelevant für die Judenfrage. Zu Lessings Zeit lag das Problem bei der religiösen Intoleranz – nicht aber hundert Jahre später. Lessing, so behauptete er, hatte den Juden als »philosophische Schachfigur« in seinem Toleranz-Feldzug benutzt. Dieser geniale Schachzug sei mißbraucht worden, und so hätten die Juden ihren falschen Ring zum »echten« machen können, indem die Emanzipation sie zum »Fürst des Hauses« gemacht hätte. »Die Parabel behandelt ja [...] nur den abstrakten Glauben. Die sociale Judenfrage, die Racenfrage, existirte erst seit der Emancipation in der Polemik in bewußter Weise [...] Die Judenfrage ist daher längst keine religiöse Frage [...], sondern eine sehr profane sociale Frage [...] Wenn aber Lessing gesehen hätte, wie das Judenthum social-politisch zügellos wurde, würde man dem Toleranten Lessing die Schande anthun zu glauben, er würde den socialen Druck, den die Handvoll Juden auf uns ausüben, billigen?«[35]

Man sieht, daß Marr seinen antisemitischen Kampf ziemlich konsequent ohne Einführung des christlichen Elements hätte weiterführen können, wenn die spezifischen Zwänge der Zeit ihn nicht aus dem »Gleichgewicht« gebracht hätten. Er gab auch indirekt zu: »Zwingt ihr uns, eine sociale Frage identisch mit Glaubensfragen zu betrachten, so machen wir von dem uns gewaltsam in die Hand gedrückten Glaubensschwert Gebrauch, denn ihr laßt uns ja keine andere Waffe.«[36] Offensichtlich ist dies, zumindest teilweise, eine deplazierte Reaktion – mit »ihr« müßte er eigentlich viel mehr seine antisemitischen Kameraden als die Juden meinen.

Von nun an haben sich aber in der Regel die eher konfessionelle Art des Antisemitismus und die Lessing diskreditierende Interpretation nebeneinander durchgesetzt. Für den katholischen Theologen Sebastian Brunner (1890) – wie für viele andere vor und nach ihm[37] – war *Nathan* eine falsche Figur, Shylock dagegen das wahre Bild des Judentums und Lessing – nur ein Sympathisant der jüdischen Reform. Ein anderer, der »Lessings Stellung zum Judenthum« (1893) behandelte[38], kritisierte Lessing dafür, daß er seine eigene Religion »recht stiefmütterlich bedacht«, Nathan aber, den Juden, ohne »schlechte Eigenschaften« dargestellt habe. Er wollte sogar Michaelis' Kritik aus dem Jahre 1754 an Lessings *Die Juden* rechtfertigen und betonte dazu, daß »der Kultus des Individuums [...] vor den Interessen des ganzen Volkskörpers« zurücktreten müsse. Es blieb also in der antisemitischen Lessingkritik bei der Kombination von völkischer bzw. rassistischer und christlicher Überzeugung. Zu dieser Kombination gelangten nicht nur die Agitatoren und Politiker, sondern auch der »Profi« Bartels: Einerseits behauptet er, Lessing habe »eine dunkele Ahnung, daß Rasse und Volk mehr bedeuten als Religion«, gehabt (obwohl sein Werk veraltet sei), andererseits nimmt auch er – mit Chamberlain – Jesus gegen die Bezeichnung als Rassenjude in Schutz. So verkündet Bartels das konsequente Ziel, das aus dieser Interpretation entstehen muß: Deutschchristentum – »religiöses [...] in deutschem Geiste«.[39]

Vom Standpunkt der Literaturwissenschaft aus kann man die Reduktion des *Nathan* auf die Ringparabel und seine Mißinterpretation als eines unter vielen Elementen der Fehlrezeption des Werkes verstehen.[40] Vom Standpunkt des Historikers aus ist die Frage der sozialen und politischen Motive einer bestimmten Rezeption die relevante. Die Beantwortung einer solchen Frage am Beispiel des *Nathan* illustriert die Motive und die Struktur des seit dem Jahre 1879 in Deutschland sich entwickelnden Antisemitismus.

Anmerkungen

1 Für die einschlägige Literatur siehe S. Seifert, *Lessing-Bibliographie*, Berlin (Ost) 1973; V. Eichstädt, *Bibliographie zur Geschichte der Judenfrage*, Hamburg 1938.

2 Th. Fritsch, *Handbuch der Judenfrage*, Leipzig [21]1937. Früher: Th. Frey [Th. Fritsch], *Antisemiten-Katechismus*, Leipzig 1887 (bis 1893 25 Auflagen).

3 *Handbuch* [vgl. Anm. 2], S. 362, 387; *Antisemiten-Katechismus*, S. 114-116.

4 Adolf Bartels, *Kritiker und Kritikaster*, Leipzig 1903, S. 113-124.

5 *Handbuch* [vgl. Anm. 2], S. 390; vgl. Sigila Veri, *Ph. Stauff's Semi-Kürschner. Lexikon der Juden, = Genossen und = Gegner aller Zeiten*

usw., Erfurt 1929, Bd. 1, S. 49 ff.; Bd. 3, S. 1042 ff. – Ein Fragezeichen weist darauf hin, daß die Verfasser bei Lessing eine jüdische Herkunft vermuten, es aber nicht beweisen können.

6 *Handbuch* [vgl. Anm. 2], S. 84; vgl. A. Bartels, *Lessing und die Juden, eine Untersuchung*, Dresden u. Leipzig 1918, S. 291, 293.

7 Bartels [vgl. Anm. 6], S. 84.

8 Eugen Dühring, *Die Überschätzung Lessing's und dessen Anwaltschaft für die Juden*, Leipzig 1881, S. 82-83.

9 Bartels [vgl. Anm. 6], S. 222 f.

10 Ebd., S. 224, 291, 293, 369.

11 Dühring [vgl. Anm. 8], S. V und 1.

12 Wilhelm Marr, *Der Sieg des Judenthums über das Germanenthum, vom nicht-confessionellen Standpunkt aus betrachtet*, Bern 1879, S. 21-25.

13 Emil Lehmann, *Lessing in seiner Bedeutung für die Juden*, Dresden, 21. 1. 1879.

14 Rudolph Genée, *Lessing's Nathan der Weise*, in: Vossische Zeitung, Nr. 8, 23. 2. 1879; Sally Gumbinner, *Nochmals Nathan der Weise*, in: Vossische Zeitung Nr. 9, 2. 3. 1879.

15 Allgemeine Zeitung des Judenthums, 11. 3. 1879, S. 162.

16 *Lessing-Mendelssohn Gedenkbuch*, hg. v. Deutsch-Israelitischen Gemeindebunde, Leipzig 1879. Inhalt: »Ein Wort gegen Lessing zu Ehren Lessing's. Von Rabbiner Dr. M. Joel; Ueber Lessing. Von Gabriel Riesser; Zum Lessing-Denkmal. Ein Aufruf. Von Dr. Abraham Geiger; Ueber Toleranz. Ein Vortrag von Prof. Dr. Steinthal; Zu Lessing's Andenken. Von Prof. Dr. Heinrich Wuttke; Zur Enthüllung der Lessingbüste. Weihe-Rede von Rabbiner Dr. A. Goldschmidt; Gedanken über Lessing's Nathan. Von Berthold Auerbach; Der Ursprung der Parabel von den drei Ringen. Von Dr. Aug. Wünsche; Warum ist Nathan ein Jude? Stimmen aus der Lessing-Literatur.«

17 *Das Lessing-Mendelssohn Gedenkbuch. Eine Festgabe zu Neujahr 5640*, in: AZJ, 16. 9. 1879.

18 Staatsarchiv Hamburg, Nachlaß Wilhelm Marr A 82.

19 Nachlaß Marr B I f., *Memoiren*, Bd. 6, S. 279-280.

20 H[ector] de Grousilliers, *Nathan der Weise und die Antisemiten-Liga*, Berlin 1880.

21 Ebd., S. 15, 17.

22 Ebd., S. 9.

23 Ebd., S. 13.

24 Ebd., S. 31.

25 Ebd., S. 14 f.

26 Dühring [vgl. Anm. 8], S. 1, 59, 61, 76 f., 82 ff.

27 Wien 1880.

28 Vgl. Jacob Katz, *Anti-Semitism. From Religious Hatred to Racial*

Rejection, Tel Aviv 1979, S. 251.

29 Dühring [vgl. Anm. 8], S. 68 f.

30 C. J. Paul Gerhard, *Lessing und Christus! Ein Friedenswort an Israel*, Breslau 1881, S. 15, 19.

31 Paul Köhler, *Die Verjudung Deutschlands und der Weg zur Rettung*, Stettin 1880, S. 23-25.

32 *Lessing contra Sem.* Allen »Rabbinern« der Juden- und Christenheit, allen Toleranz-Duselheimern aller Parteien, allen »Pharisäern und Schriftgelehrten« tolerantest gewidmet. Berlin 1885. Das Buch erschien im Jahr 1883 bei M. Schulze, lag aber beim Verleger bis zu dem Jahr, in dem Th. Fritsch den Verlag samt der gelagerten Bücher kaufte (1885). Als dieser das Buch (mit neuer Titelseite) verkaufte, war das Thema nicht mehr aktuell.

33 Ebd., S. 38.

34 Ebd., S. 39-43.

35 Ebd., S. 19-21.

36 Ebd., S. 22.

37 Bereits bei Heinrich Graetz, *Geschichte der Juden*, Bd. 11, Leipzig 1870 (»Praktisch war kein Jude ein Shylock«); vgl. W. P. Eckert, *Nathan der Weise und die Juden*, in: *Lessing's Nathan und die Jüdische Emanzipation im Lande Braunschweig*, Wolfenbüttel 1981, S. 31-40.

38 Johannes Dominicus, *Lessing's Stellung zum Judenthum*, Dresden 1893. In 1893 erschien auch Franz Mehrings Buch *Die Lessing-Legende*. Vom Standpunkt des Sozialisten Mehring ist Nathan anders zu verstehen: »Nicht törichter [...] als im Nathan [...] eine Verherrlichung des Judentums zu suchen ... Er hat wie jede soziale Unterdrükkung, so die soziale Unterdrückung der Juden bekämpft. [...] Dafür [...] [ist] es Lessings bleibender Ruhm [...] daß sich weder die Antisemiten, noch die Philosemiten mit irgendwelchem Recht auf ihn berufen dürfen.« (*Die Lessing-Legende*, Berlin 1946 S. 338–39)

39 Bartels [vgl. Anm. 6], S. 224, 371 f.

40 Vgl. Siegrid Suesse-Fiedler, *Lessings Nathan der Weise und seine Leser. Eine wirkungsästhetische Studie*, Stuttgart 1980.

Itta Shedletzky

Ludwig Jacobowski (1868-1900) und Jakob Loewenberg (1856-1929)

Literarisches Leben und Schaffen »aus deutscher und aus jüdischer Seele«

Als Gershom Scholem 1966 in Brüssel über *Deutsche und Juden* sprach, nannte er sein Vorhaben – im ersten Satz des Vortrags – ein »melancholisches Unterfangen« und betonte die Unmöglichkeit des unbefangenen Sprechens. Noch schwieriger wird es mit der Unbefangenheit, wenn man über konkrete Menschen spricht, zwei deutsch-jüdische Schriftsteller, die sich um die Jahrhundertwende – in Scholems auf die allgemeine Tendenz bezogener Formulierung – »so leidenschaftlich in das Abenteuer der Assimilation stürzten«. Und doch auch »wie verständlich!«, selbst für Scholem, den scharfen Kritiker der deutsch-jüdischen Selbsttäuschung.[1]

Ludwig Jacobowskis und Jakob Loewenbergs Leben und Werk sind sehr stark von ihrem »Jude-und-Deutscher-Sein« oder »Deutscher-jüdischer-Herkunft-Sein« geprägt. Im Schaffen Loewenbergs drückt sich ein deutsch-jüdisches »Wollen« aus – ein geläufiger Begriff der Nietzscheschen Zeitsprache –, bei Jacobowski war es ein deutsches Wollen. Zwei Varianten der Assimilation, eines ebenso komplexen Phänomens wie ihr Gegenpol: der Zionismus, für den jüdisches Wollen Voraussetzung der zu erstrebenden kulturellen und literarischen Renaissance war.

Als Antwort auf eine Umfrage nach dem Jüdischen in seinem Werk schrieb Jakob Loewenberg im Jahre 1925, sich auf seinen weitgehend autobiographischen Roman *Aus zwei Quellen*[2] beziehend:

> Die zwei Quellen – das sind Judentum und Deutschtum –. Aus ihnen beiden strömt dem Träger der Handlung sein Fühlen und Denken. Was er äußert, ist mein eigenstes Bekenntnis. Niemals habe ich einen Zwiespalt zwischen dem Juden und dem Deutschen in mir gefühlt. [...] Die Heimat meiner Seele ruht in beiden. Und wenn ich jemals auf etwas stolz war, so war es darauf: Deutscher und Jude zu sein.[3]

Im »Geleitwort zur dritten Auflage« seines Romans *Werther der Jude* schrieb Ludwig Jacobowski 1898:

Heute nach 8 bis 10 Jahren würde ich dasselbe Buch weniger finster und künstlerisch reifer vollenden können. In meinen Anschauungen über die Judenfrage aber bin und bleibe ich derselbe, der ich gewesen. Sie zeigen immer nur die eine Wegrichtung: Restloses Aufgehen in deutschen Geist und deutsche Gesittung.[4]

Ein bibliographisches Kuriosum war der Anlaß zur vergleichenden Gegenüberstellung der beiden Schriftsteller: 1899 veröffentlichte Jacobowski eine Anthologie deutscher Volkslieder unter dem Titel *Aus deutscher Seele*; 1901 erschienen Loewenbergs Gedichte *Lieder eines Semiten* (1892) in zweiter Auflage mit dem neuen Titel *Aus jüdischer Seele.* Zwei Dichter berufen sich auf die Seele – ihre eigene oder die Volksseele – und sogleich stellte sich die Frage: Wie jüdisch ist die deutsche Seele Jacobowskis? Wie deutsch die jüdische Seele Loewenbergs?

Aus der Untersuchung ergaben sich manche parallele Züge, bei aller Verschiedenheit des Lebenslaufes, des Temperaments, der dichterischen Leistung. Zu diesem letzten Aspekt: Jacobowski ist zweifellos nicht nur der bekanntere, sondern auch der wichtigere Dichter von beiden. Auf verschiedenen Ebenen ihres Lebens und Schaffens läßt sich Gemeinsames erkennen: Herkunft, Leseerlebnisse, menschliche Beziehungen, literarische Tätigkeit, Verhältnis zu Antisemitismus und Zionismus. Ob in diesem Gemeinsamen etwas Typisches liegt für eine ganze Gruppe deutscher Juden oder, absoluter ausdrückt, etwas »typisch Jüdisches«, wird im folgenden teilweise beantwortet, soll aber wegen des spekulativen Charakters dieser Fragestellung eher offenbleiben.

Beide wurden in der Provinz geboren und lebten später in einer Großstadt: Jacobowski kam mit fünf Jahren aus einer Posener Kleinstadt nach Berlin, Loewenberg aus einem westfälischen Dorf – nach Jahren der Lehrtätigkeit und des Studiums an verschiedenen Orten (u. a. Heidelberg) – als Dreißigjähriger nach Hamburg. Beide wuchsen in ärmlichen Verhältnissen auf, die Väter beider waren Handelsreisende.[5]

Für beide war Schillers *Don Carlos* ein wichtiges Leseerlebnis.[6] Beide waren mit Detlev von Liliencron befreundet[7], für beide war Freundschaft ein wichtiges Lebenselement. »Loewenbergs Leben war ein Leben mit Freunden für Freunde«.[8] Von Jacobowski als

Freund zeugen zahlreiche Briefe sowie auch der von Freunden ein Jahr nach seinem Tode herausgegebene Gedenkband.[9]

Beide widmeten einen großen Teil ihrer literarischen Tätigkeit der Volksbildung. Loewenberg gründete zusammen mit Otto Ernst, Gustav Falke und Liliencron die Literarische Gesellschaft Hamburg, wo er regelmäßig Vorträge hielt. Auch in Arbeiterbildungskursen sprach er über deutsche Literatur.[10] 1902 gab er im Auftrag der Hamburger Lehrervereinigung eine Anthologie »aus neuern deutschen Dichtern« unter dem Titel *Vom goldnen Überfluß* heraus, die bis 1932 in mehreren Auflagen von je über 100 000 Exemplaren erschien.[11] Diese Anthologie ist auch der einzige erwiesene Berührungspunkt der beiden Dichter. Es wurden darin einige Gedichte aus Jacobowskis *Leuchtende Tage* aufgenommen, die Loewenberg mit zwei Zeilen biographischer Daten einleitete.[12]

Auch Jacobowskis volksbildende Tätigkeit äußerte sich in Vereinsgründung und Publikationen. 1892 gründete er mit anderen (darunter Gustav Landauer) die ›Neue Freie Volksbühne‹ in Berlin.[13] Zwei Jahre vor seinem Tode begann er mit der Veröffentlichung einer Serie von Zehn-Pfennig-Heften in Auflagen von 100 000. Davon erschienen: *Neue Lieder der besten neueren Dichter fürs Volk* (1899), *Deutsche Dichter in Auswahl fürs Volk*, Heft 1: *Goethe* (1900), Heft 2: *Heine* (1900), und – aus dem Nachlaß – Heft 3: *Grimms Märchen* (1901), Heft 4: *Schiller* (1901).[14]

Beide betätigten sich daneben auch als Förderer neuer Dichtung, mit einem wesentlichen Gradunterschied: Loewenberg ging es um die neuere Dichtung[15], Jacobowski um die neueste. In den letzten Monaten seines Lebens gründete er in Berlin den Klub »Die Kommenden«, wo unter anderen sich trafen und aus ihrem Werk vorlasen: Else Lasker-Schüler, Samuel Lublinski, die Brüder Hart, Moritz Heimann, Rudolf Steiner, Ernst von Wolzogen, Clara Viebig, Anselma Heine.[16]

Beide litten unter dem Antisemitismus und traten öffentlich gegen ihn auf. Loewenberg vor allem in seinem Werk: *Lieder eines Semiten* (1892), in dem Roman *Aus zwei Quellen* (1914) und in dem Sammelband von Erzählungen und einem Drama *Der Gelbe Fleck* (1924).[17] Jacobowskis Auseinandersetzung mit dem Antisemitismus geschah – mit Ausnahme von *Werther der Jude* – vorwiegend publizistisch. Außer seiner achtjährigen Mitarbeit im

»Verein zur Abwehr des Antisemitismus« – wohl mehr administrativ als publizistisch und vor allem zur Bestreitung seines Lebensunterhalts ausgeübt – schrieb er 1891 eine *Offene Antwort eines Juden auf Herrn Ahlwardts ›Der Eid der Juden‹*, 1892 eine Broschüre über den *Anteil der Juden am Verbrechen*, und noch als letzte Arbeit vor seinem Tode in der von ihm redigierten Zeitschrift ›Die Gesellschaft‹ einen Artikel gegen Adolf Bartels.[18]

Beide anerkannten den Zionismus als eine mögliche Lösung für die unterdrückten Juden Osteuropas, lehnten ihn aber für die deutschen Juden kategorisch ab. Loewenberg äußerte sich in diesem Sinne in seinem Beitrag zur ›Kunstwart-Debatte‹, herausgefordert durch Moritz Goldsteins Aufsatz *Deutsch-Jüdischer Parnass* in der Zeitschrift ›Der Kunstwart‹ 1912:

Merkwürdig! Wie eng, wie unauflöslich wir deutsche Juden mit dem Deutschtum verknüpft sind, das schildert Goldstein ganz ergreifend. Um so verwunderlicher ist es, daß er mit den Zionisten liebäugelt, daß er die einzige Rettung in dem Sprung »in die neuhebräische Literatur« sieht [...] Der Zionismus kann uns nicht helfen, er mag eine Lösung, eine Erlösung für die unterdrückten [...] russischen Juden bedeuten [...] für uns deutsche Juden ist er nicht einmal ein ›Linderungsmittel‹. Wir haben uns unser Vaterland unter schweren Kämpfen, mit mehr Blut und Schweiß errungen als unsere Vorfahren ihr gelobtes Land, wir wohnen auf seinem Boden seit mehr als einem Jahrtausend [...] hier ruhen unsere Toten, und hier ist die Heimat unserer Seele. *Wir sind Deutsche, und wir wollen es bleiben:* Wir lieben unser Vaterland mit aller Kraft unsres schwergeprüften Herzens, und wenn Goldstein sagt, es ist eine unglückliche Liebe und eines Mannes unwürdig, so erwidern wir mit Goethe: ›Wenn ich dich liebe, was geht's dich an?‹ [...] Daß wir dabei unsere Väter nicht vergessen, daß wir uns stolz und frei als Juden bekennen, ist selbstverständlich, ist einfache Ehrenpflicht eines anständigen Menschen. Ist doch die Treue die Wurzel der jüdischen Geschichte.[19]

Etwas positiver, aber doch für sich persönlich ablehnend, schrieb er 1918 nach einer zionistischen Versammlung in sein Tagebuch:

Dieser Wille zum Volksein hat etwas Ergreifendes [...] und ich verstehe nur zu gut, wie in der Zeit der nationalen Spannung er die Jugend mit Begeisterung packt [...] Eine gesicherte englische Heimstätte – auch gut für alle Verfolgten [...] nicht aber für die, die mit allen Fasern ihres Herzens an der deutschen Heimat hängen.

Oder wie er es ein andermal formulierte: »Nie kann mir eine Zeder werden, was mir die deutsche Buche war.«[20]

Jacobowskis einzige zu seinen Lebzeiten veröffentlichte Äußerung über den Zionismus ist in hebräischer Sprache erschienen, in einem Gespräch zwischen ihm und dem hebräischen Schriftsteller Micha Josef Berdyczewski, das dieser 1897 in der hebräischen Zeitschrift ›Haschiloach‹ veröffentlichte:

[...] vielleicht für euch, die polnischen Juden, gibt es nationale Hoffnungen, aber für uns deutsche Juden – für uns?[21]

Außerdem brachte nur Jacobowskis Biograph Hermann Friedrich, etwas willkürlich, den Roman *Werther der Jude* mit Jacobowskis Ablehnung des Zionismus in Verbindung:

Noch bestimmter aber tritt er im »Werther«, während er dem Zionismus den Laufpaß erteilt, für »restloses Aufgehen in deutschem Geist und deutscher Gesittung« ein.[22]

Nach dem bisher Gesagten ist die zionistische Rezeption von Loewenbergs und Jacobowskis Werk überraschend: Loewenberg, der in seinen Gedichten, Erzählungen und Dramen als stolzer, pietätvoller Jude auftrat, war seinen zionistischen Kritikern bei weitem nicht jüdisch genug. Jacobowski, der so ausdrücklich und unbedingt nach totalem Aufgehen im Deutschtum strebte, wurde nach seinem Tode in mehreren Aufsätzen zionistischer Literaturkritiker als durch und durch jüdischer Dichter gewürdigt. Der hebräische Schriftsteller und Literaturhistoriker Ruben Brainin ging so weit zu vermuten:

Hätte Jacobowski länger gelebt, wer weiß, ob er dann nicht mit der Zeit in der vordersten Reihe für die Renaissance der jüdischen Nation gekämpft hätte.[23]

Jakob Loewenberg genoß in Hamburg großes Ansehen als fortschrittlicher Lehrer und Schuldirektor, als Dichter und Redner. Auch in weiten jüdischen Kreisen Deutschlands galt er, besonders nach Erscheinen seiner Gedichte *Aus jüdischer Seele* als Autorität auf dem Gebiet der jüdischen Belletristik und Jugenderziehung.[24] Dies obwohl er schon früh »sich von der Frömmigkeit seiner Jugend gelöst« hatte, und sein Amt als Vorbeter und Prediger aus Mangel an Gläubigkeit nicht mehr ausüben wollte. Über sein Verhältnis zu Religion und Judentum schrieb er 1918 an seinen Sohn Richard:

Das Göttliche, das Ahnungsvolle, [...] das Streben zum Höheren und Höchsten, [...] das Verbundensein mit der Natur und doch das Freisein von ihr – das alles ist mir Religion. [...] Weil sich aber alles das, was ich als Religion empfinde, als Göttliches, als Menschliches, am reinsten in Israels Propheten, in Israels Lehre, in Israels Geschichte offenbart hat, so steht mir das Judentum so hoch, daß ich mich freudig zu ihm bekenne [...] stolz bin [...] zu dem Stamm zu gehören [...][25]

Für die zionistische Kritik waren jedoch die meisten Gedichte des Bandes *Aus jüdischer Seele* nicht mehr als »Leitartikelpoesie«, in der sich »Zentralvereinsgefühle« ausdrücken und nur sehr selten die »Glut jüdischen Empfindens« durchbricht.[26] So sah sich denn auch – andrerseits – der »Centralverein deutscher Staatsbürger jüdischen Glaubens« durch Loewenbergs *Lieder eines Semiten* würdig vertreten.[27] In einer zionistischen Rezension der zweiten Auflage seiner Gedichte wurde ihm das Recht auf den Titel *Aus jüdischer Seele* abgesprochen:

Einer von der wachsenden Schar jener, die ihr Judenthum suchen. Findet es auch Herr Loewenberg? Ich glaube nicht ganz, und insofern hält auch der Inhalt nicht alles das, was der wohltönende Titel verspricht. »Aus einer jüdischen Seele« oder »Aus der Seele eines Juden« hätte das Buch füglich heißen sollen. Denn in der jüdischen Seele, der Volksseele regt es sich bereits heute, stark und zielbewußt, sie sucht nicht mehr; sie hat gefunden.[28]

Ähnliches wurde in der Monatsschrift ›Ost und West‹ an der dritten Auflage der Gedichte (1911) beanstandet:

Ein Dichter sicherlich! [...] Nur eins gefällt mir an dem Dichter nicht. Er setzt sich zu viel auseinander. Die ganze Welt darf nicht als Zeuge angerufen werden, wenn einer, und sei's auch ein Dichter, zwischen Deutschtum und Judentum in seiner Seele Brücken schlagen will [...] nur die Nachklänge dieser inneren Arbeit können sich in Gedichten hören lassen [...] Dazu ist das Judentum des Dichters zu zarter Natur [...] zu wenig positiver Inhalt und zuviel Abwehr, zuviel Resignation [...] zuviel schwer verhüllte Hoffnungslosigkeit. Allerdings die Laute sind echt, und in ihrer schlichten Echtheit ergreifend.[29]

Am schärfsten kam die zionistische Kritik an Loewenbergs Werk in einer Besprechung seines Romans *Aus zwei Quellen* zum Ausdruck:

Dem Dichter dürfen wir bemerken, daß er in Dr. Lennhausen [Hauptfigur des Romans, die am Ende an Cholera stirbt] eine Gestalt geschaffen hat, durch die seine im ›Kunstwart‹ niedergelegte Auffassung wesentlich vertieft wird. Denn einem [...] der nicht auf die Ehre verzichten kann, ein *deutscher* Lehrer zu heißen und *deutsche* Kultur zu machen, der aber auch als Jude seiner Menschenwürde nichts vergeben will; bei dem es so stark aus beiden Quellen strömt, dem kann sich das Leben nicht voll erschließen, er geht in jenen Wellen unter, wenn er nicht hüben oder drüben verzichten kann.[30]

Viel verwunderlicher jedoch als die Kritik an Loewenbergs Deutschjudentum ist die zionistische Begeisterung für Jacobowski und sein Werk. Besonders, wenn man bedenkt, daß seine nichtjüdischen Freunde ihn unter anderem deswegen schätzten, weil er – für ihre Begriffe – sein Judentum überwunden hatte. So Rudolf Steiner, der nahe Freund der letzten drei Lebensjahre und spätere Nachlaßverwalter Jacobowskis:

Von einem dieser dunklen Instinkte, dem antisemitischen, wurde Jacobowskis Aufmerksamkeit besonders erregt. Er verletzte ihn tief in seinen persönlichsten Empfindungen. Nicht etwa deshalb, weil er mit diesen Empfindungen an dem Judentume hing. Das war durchaus nicht der Fall. Jacobowski gehörte vielmehr zu denen, die mit ihrer inneren Entwicklung längst über das Judentum hinausgewachsen waren. Er gehörte aber auch zu denen, die in tragischer Weise fühlen mußten, welche Zweifel man einem solchen Hinauswachsen aus blinden Vorurteilen heraus entgegenbrachte.[31]

Oder die Dichterin Anselma Heine, Jacobowskis Tätigkeit im »Verein zur Abwehr des Antisemitismus« beschreibend:

Noch immer arbeitete er, um sich zu erhalten, im Bureau einer Gesellschaft, die sich die Erhaltung des Judentums zur Aufgabe gemacht hatte. Auch da längst nur ein Helfer, kein Gläubiger mehr.[32]

Was bewog die zionistischen Literaturkritiker dazu, in Jacobowski – man könnte sagen: trotz seiner selbst – einen stolzen, für das Judentum kämpfenden Juden zu sehen? Diese Einschätzung stützt sich wohl vor allem auf den Roman *Werther der Jude*, obgleich von einigen Rezensenten auch die Komödie *Diyab der Narr* und *Loki. Roman eines Gottes* als jüdische Problematik behandelnd interpretiert wurden (am ausführlichsten von Theodor Lessing in der Zeitschrift ›Ost und West‹).[33]

Für die ostjüdischen Zionisten Berdyczewski und Brainin war die Veröffentlichung des *Werther* mit seiner scharfen jüdischen Selbstkritik die mutige und außergewöhnliche Leistung eines Westjuden. In den Vorbemerkungen zu seinem Interview mit Jacobowski betonte Berdyczewski, daß im Gegensatz zu »unseren Brüdern im Westen [...] die sich ausschließlich um den

Eindruck kümmern, den wir auf die Nachbarvölker machen«, Jacobowski versuche »zu erkennen und verstehen, welchen Einfluß alle [...] Anklagen gegen uns, der Haß [...] die Not und Bedrängnis auf uns und unser Seelenleben haben, als Menschen [...] als Juden«. So waren für Berdyczewski die Leiden des jüdischen Werther »Leiden einer jüdischen Seele, die ihren Ursprung haben im Kampfe des jüdischen Menschen mit dem Lebenslauf der Völker um ihn«, und es war für ihn das Verdienst Jacobowskis, »diesen Kampf mit all seinen seelischen Konflikten [...] mit Künstlerhand« dargestellt zu haben.[34]

Die folgende Inhaltsangabe des Romans ist – mit kleinen Änderungen und Zusätzen – der Rezension Ludwig Geigers in der ›Allgemeinen Zeitung des Judentums‹ entnommen. Die negative Einschätzung des Buches entspricht vollkommen dem apologetischen, deutschjüdischen Standpunkt dieses Literaturhistorikers und -kritikers, der auch ein konsequenter Gegner des Zionismus war. Geiger lobt zwar die gute Milieuschilderung, tadelt aber die »falsche Grundvoraussetzung«. Für ihn ist Werther-Leo Wolff, der unmoralische Schwächling, echten Leidens unfähig. Er ist »ebensowenig ein Vertreter des Deutschtums wie des Judentums, und mit seinem Untergang wird die Lösung der brennenden Frage mit keinem Schritte gefördert«.

Leo Wolff, Sohn eines jüdischen Bankiers in einer kleinen westfälischen Stadt, studiert Philosophie in Berlin. Er ist Mitglied einer Burschenschaft, in der er bis zum Eintritt des adeligen Antisemiten Max von Horst keinerlei Diskriminierung spürt. Er liebt Helene, ein hübsches, anständiges Mädchen aus einer kleinbürgerlichen Familie, die ihm treu ergeben ist. Er vernachlässigt sie wegen einer neuen Leidenschaft für die kokette zweite Frau seines verehrten ehemaligen Schuldirektors. Da hört er vom Zusammenbruch eines Aktienunternehmens seines Vaters, bei dem der Direktor und der Pfarrer – Vater seines besten Freundes Richard – ihre Ersparnisse verlieren, seines Vaters Vermögen jedoch unbeschadet bleibt. Leo fährt nach Hause, ohne Wissen um Helenes Schwangerschaft, erkrankt dort – aus Enttäuschung über seinen Vater und sich selbst – an Nervenfieber. Kaum genesen, erfährt er aus einem Artikel in einer antisemitischen Zeitung, den Max von Horst ihm zugesandt hat, daß Helene aus Verzweiflung über ihre von einem Juden verursachte Schwangerschaft sich ins Wasser gestürzt hat. Leo erschießt sich und stirbt in den Armen seines Freundes Richard.[35]

Geiger erwähnt mit keinem Wort Leos Reflexionen und Gespräche über Antisemitismus und Judentum, sein – zumindest theoretisches – Streben nach einer ethischen Reformation der jungen jüdischen Generation, seine Gewissensbisse über den Widerspruch zwischen seinem Denken und Handeln:

Was hatte er doch immer von der großen ethischen Reformation der Juden gefabelt! [...] Wie hatte er sie an sich selbst durchgeführt, er, der ein Mädchen verführt hatte, der in Gedanken ein Verächter der Ehe, ein Schurke an seinem verehrten, greisen Lehrer werden wollte, er, der Jude, der keinen Ausweg wußte aus dem Labyrinth der Verfolgung der Juden als innere Umwertung ihrer ethischen Werte, als eine Regeneration ihrer moralischen Faktoren. Das fiel ihm schwer auf die Seele, schwerer als irgend ein anderes Argument. Wenn *er* schon fehlte gegen seine reformatorischen Grundsätze, wenn er schon nicht ein Mensch war »edel, hilfreich und gut«, was sollten erst die andern tun, die der Judenhaß noch mehr verbittert hatte und die sich noch mehr einkapselten in die Hülle der Unbräuche und Fehler.[36]

Für Berdyczewski und die zionistischen Literaturkritiker nach ihm war die konfliktreiche Entwicklung des Romans und Leos verzweifelter Selbstmord am Ende eine klare Bestätigung ihrer eigenen Auffassung von der Aussichtslosigkeit jüdischer Existenz in der Diaspora. Wer den Kampf eines Juden so darstellte, mußte doch früher oder später an eine alternative Lösung der Judenfrage denken. Herzls *Judenstaat* erschien 1896 und wurde kurze Zeit danach im Gespräch zwischen Jacobowski und Berdyczewski erwähnt. Warum sollte Jacobowski nicht dem Beispiel des Westjuden Herzl folgen, der zur Einsicht gekommen war, daß Assimilation in einer antisemitischen Umwelt unmöglich sei, und Zionist wurde? Dazu kommt noch, daß Jacobowski sein Bekenntnis zum »restlosen Aufgehen in deutschen Geist und deutsche Gesittung« erst der dritten Auflage des Romans 1898 beifügte. In den früheren Ausgaben stand nur das Motto:

Wenn ich nicht für mich bin,
Wer sollte für mich sein?
Und wenn ich nur allein für mich bin,
Wer bin ich dann?

Jacobowski entzog diesen Ausspruch des Tanaïten Hillel aus dem Mischna-Traktat *Sprüche der Väter* seinem jüdischen Kontext, indem er ihn einfach als »Alter Spruch« bezeichnete, und ließ auch die letzte Zeile weg: »Und wenn nicht jetzt, wann denn?«[37]

Im Kontext des Romans bezieht sich das Motto auf die Forderung nach der ethischen Reformation. Im Zionismus wurde dieser Mischnatext zum Schlagwort: ein Aufruf zur Selbstemanzipation, zum Aufbau einer neuen jüdischen Gemeinschaft im eigenen Lande. Dieses Motto vor allem veranlaßte Berdyczewski dazu, beim Verfasser des *Werther* Gedanken über nationaljüdische Erneuerung zu vermuten.[38] Jacobowskis ausdrückliche Ablehnung einer nationalen Lösung für das Problem der Westjuden und sein Streben nach »Aufgehen im Deutschtum« hinderten die spätere zionistische Literaturkritik nicht daran, ihn zum potentiellen Nationaljuden zu erklären. Das Gefühl der Geistesverwandtschaft mit diesem radikalen Kritiker der jüdischen Diasporaexistenz war wohl stärker als seine eigenen Aussagen und hatte für die Zionisten Ausstrahlungskraft genug, um ihnen sein ganzes Leben und Schaffen als durchaus jüdisch erscheinen zu lassen.

Abschließend sei noch etwas Gemeinsames in Jacobowskis und Loewenbergs Werk erwähnt: Für beide hing jüdische Thematik und Problematik mit der Judenfrage zusammen, mit dem Jude-Sein in feindlich gesinnter Umgebung. Sie setzten sich dagegen nicht mit dem Judentum als geistigem Erbe, nicht mit jüdischen Inhalten auseinander. Loewenberg bearbeitete zwar jüdische Motive, aber entweder in belehrenden Nacherzählungen wie im Gedicht über die talmudische Figur der *Beruria* oder als Analogie zur gegenwärtigen Situation der Juden wie in *Kämpfen und Bauen* (nach dem vierten Kapitel des Buches Nehemia).[39] Zu Jacobowskis Bildung gehörten, nach den biographischen Quellen zu schließen, kaum jüdische Inhalte. Jedoch gerade bei ihm findet sich in einem Prosastück aus dem Nachlaß ein Ansatz zu Jüdischem auf einer anderen Ebene, im ersten Abschnitt der Skizze *Die Falte:*

Nein, Schlächter konnten keine guten Menschen sein. Und weit im Bogen schlich ich vorbei, wenn der Henker der Tiere breitbeinig vor der Thür seines Ladens stand, die weiße, gestraffte Schürze über dem plumpen, gewölbten Bauch; das Schärfeisen klirrte dann gegen das rechte Bein, und die roten, blutroten, üppig gerundeten Hände strichen die Schürze glatt in unendlich gesättigtem Behagen. Immer hing mein furchtsamer Blick an seinen Augen. Und grell und rot schien es herauszuleuchten, und wenn er um sich sah, dachte ich, er würde jetzt mitten hinein greifen in die Herde der Kinder und Frauen, die vor dem Laden schwatzten, und ...

So kam es, daß ich nie dem Erzvater Abraham liebliche Gedanken weihen konnte. Er hatte Schlächterinstinkte. Und selbst wenn er es Gott zu Gefallen that, – ich zitterte vor Bängnis und Entrüstung – Gott konnte kein Freund der Schlächter sein.

Und ich war doch fromm. Fromm, wenn ich am Krankenbett der Mutter saß und ihre abgewelkte, magere Hand strich und kein armseliges Wort herausbringen konnte vor überhastiger Empfindung und sprechschwerer Zunge. Fromm, wenn ich an der Kirche vorbeiging, und der Abend seine grauen Spinngewebe um Haus und Garten, Himmel und Erde wob. Dann lehnte ich das horchende Ohr an das kalte Gemäuer, um den Engelgesang der Mädchenstimmen einzuschlürfen mit der endlosen Gier der jungen Seele, die vor den Wundern des Herrn erzitterte. Dann schien das klanglose Gestein der roten Mauer mitzuklingen, mein Ohr bebte mit, und die Tonwellen wankten und taumelten jauchzend mir ins beseligte Herz, daß ich nahe fühlte den Herrn der Heerscharen, den Herrn Zebaoth.

Was weiß ich heute vom Herrn der Heerscharen?

Weil er kein Herr der Heerscharen auf Erden war, habe ich ihn vergessen. Und mein kluger Kopf hat ihn ausgelöscht und sich selbst auf seinen Thron gesetzt. Frech und vermessen, breit und höhnisch steht meine kalte Vernunft auf seinem Thron, und wenn wie aus Nebeln und Dampf verschämtes Jugendgedenken emporsteigt, bringe ich es um, wie einen Verräter. Ich laß' ihm das Haupt abhacken, den Körper vierteilen und in den Strom des Vergessens versenken. Ich habe meinen Glauben hingeschlachtet.

Ja, ich hasse die Schlächter nicht mehr. Sie haben ein reinliches und rotes Handwerk. Nein, nicht Handwerk. Sie sind Künstler, und ich liebe ihre Kunst, nicht wie ein Stümper, sondern wie ein ganzer, echter Könner.[40]

Hier klingt etwas an wie ein Hadern mit Gott, ein In-Frage-Stellen von Abrahams Bereitschaft, seinen Sohn zu opfern. Vielleicht ein Ansatz zu einer dichterischen Auseinandersetzung mit geistigen Herausforderungen der jüdischen Tradition, welche über die rein existentielle Problematik der Judenfrage hinausgeht.

Anhang:

M. J. Berdyczewski:
Zum Zeitgeist[41]

So notwendig es ist, das Verhältnis der Völker zu uns zu erforschen und zu verstehen, um unsere Stellung in ihrer Mitte zu kennen, glaube ich, daß eine noch viel größere Notwendigkeit – eine uns *eigenste* – darin besteht, unser Verhältnis zu den Völkern zu ergründen und zu begreifen. Denn so wie der lebende und fühlende Mensch einen Einfluß ausübt, wirkt auch die Umgebung auf ihn ein. Und wie er den Willen hat, seinen Einfluß auf andere zu erkennen, so, und noch mehr, muß er sich Rechenschaft geben darüber, wie die anderen ihn beeinflussen, wie weit die Außenwelt auf seine Seele einwirkt.

Dies liegt in der Natur jedes freien Menschen, der nicht auf seine Existenz und auf das Recht seiner Eigenständigkeit verzichten will. Dies ist nicht der Fall bei unseren Brüdern im Westen. Sie sind freie Sklaven. Sie befassen sich ausschließlich mit dem Eindruck, den wir, unsere Taten, unsere Bräuche und Gedanken, unser Wille und Streben auf die Nachbarvölker machen. Zwei Fragen nur erfüllen ihr Herz: Was sagen die Völker? Und warum sagen sie es? Dabei vergessen sie uns selber vollkommen und fragen nie andersherum: Was sagen wir? Sie machen keinerlei Anstrengung zu erkennen und zu verstehen, welchen Einfluß alle Forderungen an und Anklagen gegen uns, der Haß und die Gegensätze, die Not und Bedrängnis auf uns und unser Seelenleben haben, als Menschen, die leben und ihr Wesen fühlen, als Juden. Und wenn da und dort bei Einzelnen solche Erwägungen aufkommen, geht man schweigend darüber hinweg, während wir jedes kleinste Ereignis und jede flüchtige Äußerung, die mit dem »ewigen Haß gegen das ewige Volk« zu tun haben, an die große Glocke hängen.

Über einen solchen Gedankengang, den, so viel ich weiß, bis heute niemand besprochen hat, möchte ich diesmal schreiben, obwohl seit seiner Veröffentlichung schon einige Jahre vergangen sind. Solche Dinge sind des Wissens wert, auch wenn sie nicht von heute sind.

*

Ludwig Jacobowski, einer der bekannteren Dichter und Schriftsteller der »Moderne« in der deutschen Literatur, hat vor drei Jahren einen großen Roman geschrieben mit dem Titel *Werther der Jude*. Dieser Roman hat großen Eindruck gemacht und ist in mehreren Auflagen erschienen.

Die Leiden von Goethes Werther – mit dem er den Titel gemeinsam hat – sind private seelische Leiden des Individuums in seinem Kampfe gegen die ihn bedrückende Gesellschaftsordnung, ein Kampf, in dem er unterliegt und aus der Welt scheidet. Die Leiden des jüdischen Werther jedoch sind Leiden einer jüdischen Seele, die ihren Ursprung haben im Kampf des jüdischen Menschen mit dem Lebenslauf der Völker um ihn, und auch dieser Kämpfer fällt im Kampfe ... Dieser Kampf mit all seinen seelischen Konflikten ist hier von einem wunderbaren Maler und Dichter von Anfang bis Ende mit Künstlerhand dargestellt. Die Lebensbilder sind realistisch; trotz klarster Darstellung der Geschehnisse und genauer Aufzeichnung der Bilder ist der Roman lyrische Dichtung, deren Trauer uns tief zu Herzen geht.

[...]

Dies ist die Geschichte von Werther dem Juden, seinen seelischen Leiden und seinem Ende, eine tiefe Tragödie, auf deren Titelseite der Verfasser schreibt: Wenn ich nicht für mich bin, wer sollte für mich sein?

Es war an ihrem Sabbat, an einem bewölkten Vormittag. Ich fuhr mit der Berliner Straßenbahn zum verabredeten Gespräch mit dem Verfasser des Werther. Ich hatte ihm geschrieben, daß ich ihn sprechen möchte, und er lud mich ein.

[...]

Wir beobachteten einander halb verstohlen, bis er endlich zu sprechen anfing:

J.: –Was hat Sie, mein Herr, in meinem Buche am meisten berührt?

B.: –Um die Wahrheit zu sagen, am meisten berührt hat mich, was ich darin nicht gefunden habe.

J.: –!?

B.: –Die Leiden Ihres Werther und seine Tragödie geschehen einem Juden, der sein Volk bereits verlassen hat und einem andern Volk nicht angehört, einer, der sich assimilieren will, aber nicht kann. Wieviel größer und schwerwiegender sind jedoch die seelischen Leiden derer, die sich ihrem Volk verbunden fühlen und es mit keinem anderen vertauschen wollen, die aber gegen ihren Willen vom väterlichen Tisch verbannt sind.

J.: –Der Dichter hat die Freiheit zu sehen, was er will.

B.: –Ich kritisiere nicht, *was* Sie gesehen, sondern *wie* Sie es gesehen haben, will sagen, daß Sie *darin* die Ursache der jüdischen Tragödie sehen, während sie ganz woanders liegt.

J.: –Für uns vollkommen westliche Menschen gibt es keine andere Ursache.

B.: –Ich glaube aber, daß selbst die westlichsten Juden eine geheime Neigung nach Osten haben.

J.: –Sie sprechen wie einer von der Partei der Nationalisten, wie Theodor Herzl.

B.: –Und wenn Ihr Leo [Wolff im *Werther*] unsere Hoffnungen von innen gekannt hätte, als das Böse ihn von außen befiel, dann vielleicht...

J.: –Dann – unterbrach er mich spöttisch – dann wäre er in den »Judenstaat« ausgewandert.

B.: –Ich dachte, Sie hätten mit einem ähnlichen Gedanken gespielt, als Sie das Motto auf die Titelseite schrieben: »Wenn ich nicht für mich bin, wer sollte für mich sein?« usw.

Er stotterte etwas. Sein Gesicht schien sich zu verdüstern.

J.: –Ja – sagte er besänftigend – vielleicht für euch, die polnischen Juden, gibt es nationale Hoffnungen, aber für uns deutsche Juden – für uns?

B.: –Für uns und für euch, dachte ich bei mir.

Wir sprachen noch einige Minuten über Schriftsteller und Literatur, über die neuen Zeitschriften und über die »Moderne«, über die neuen Juden in der Dichtung, über seine Meinung von Bahr.

[...]

Beim Abschied gab er mir zum Andenken sein philosophisches Buch (Der christliche Staat und seine Zukunft). Auch ein Buch, das sich mit der Zukunft befaßt – aber einer anderen als der Zukunft, die ich suche...

Berlin Dr. M. J. B.

Anmerkungen

1 Gershom Scholem, *Judaica 2*, Frankfurt/M.: Suhrkamp 1970, S. 20, 27, 28.

2 Erstabdruck in Fortsetzungen im ›Israelitischen Familienblatt‹ Hamburg, 9, 1906; als Buch erschienen: Berlin: Egon Fleischel 1914.

3 Jüdisch-liberale Zeitung 1925, V, S. 42. Zitiert nach Ernst Loewenberg, *J. L. Lebensbild eines deutschen Juden,* in: Jahrbuch für jüdische Geschichte und Literatur 27 (1931), S. 99-151, hier S. 151; Bibliographie von Loewenbergs Schriften, S. 99-100.

4 ^{1}1892, ^{2}1893, ^{3}1899, ^{4}1903, ^{5}1905, ^{6}1910, ^{7}1920. Französisch: 1899/1900; Jiddisch: 1913. Ich zitiere den Roman nach der Volksausgabe, Buchhandlung »Volksstimme«, Frankfurt/M., o. J.

5 Hermann Friedrich, *Ludwig Jacobowski. Ein modernes Dichterbild,* Berlin: S. Cronbach 1901, S. 2 f.; *Lebensbild* [vgl. Anm. 3], S. 101-04, S. 113-15. Über Loewenberg s. a. Ernst Loewenberg, *J. L. Excerpts from his Diaries and Letters,* in: Yearbook of the Leo Baeck Institute 15 (1970), S. 183-209. Über Jacobowski: Fred B. Stern, *L. J., Persönlichkeit u. Werk eines Dichters,* Darmstadt: J. Melzer 1966 (künftig: Stern, *L. J.*); ders. (Hg.), *Auftakt zur Literatur des 20. Jahrhunderts. Briefe aus dem Nachlaß von L. J.,* Bd. 1: Briefe; Bd. 2: Einführung, Kommentar, Bibliographie, Heidelberg: Lambert Schneider 1974 (künftig: Stern 1 bzw. 2).

6 Loewenberg schrieb seine Dissertation über *Schillers und Otways Don Carlos* 1886. Jacobowski beschrieb das *Don Carlos*-Erlebnis in einem Gedicht (Friedrich [vgl. Anm. 5], S. 4), s. auch *Werther* [vgl. Anm. 4], S. 36.

7 *Lebensbild* [vgl. Anm. 3], S. 125, 147, sowie J. L., *Detlev von Liliencron* (1905), Stern 1 [vgl. Anm. 5], S. 19-23 (Briefe von Liliencron an Jacobowski); Stern 2, S. 49-51.

8 *Lebensbild* [vgl. Anm. 3], S. 127.

9 Stern 1, 2 [vgl. Anm. 5] – L. J., *Im Lichte des Lebens,* hg. v. Marie Stona, mit Beiträgen von H. Friedrich, Rudolf Steiner, Otto Reuter, Georg Brandes, A. K. T. Tielo u. a., Breslau: S. Schottlaender 1901.
10 *Lebensbild* [vgl. Anm. 3], S. 121-26.
11 Leipzig: R. Voigtländer; s. a. J. L., *Eine Auswahl aus seinen Schriften,* hg. v. E. Loewenberg, Berlin: S. Schocken 1937, S. 3 (Einleitung).
12 *Vom goldnen Überfluß,* 3. Aufl. (nach 1904), S. 299.
13 Stern, L. J. [vgl. Anm. 5], S. 137; Stern 1, S. 203 ff.; Stern 2, S. 123-37.
14 Über den großen Erfolg der Serie s. A. K. T. Tielo, *L. J.'s volksthümliche Bestrebungen,* in: *Im Lichte des Lebens* [vgl. Anm. 9], S. 100-130.
15 In der lobenden Besprechung von *Vom goldnen Überfluß* in: Das literarische Echo 4 (1901/2), Sp. 1501 f. wird als Mangel hervorgehoben, daß dort »die jüngste Generation der Lyriker ganz fehlt«.
16 Stern 1 [vgl. Anm. 5], S. 525-38; 2, S. 256 ff.
17 *Lebensbild* [vgl. Anm. 3], S. 133 f., 146-49.
18 Stern, L. J. [vgl. Anm. 5], S. 150-71. – Das literarische Echo 3 (1900/01), Sp. 353 f. (Echo der Zeitschriften über L. J.'s Artikel *Adolf Bartels und ich* in: Die Gesellschaft 16 [1900]).
19 Der Kunstwart 25 (1912), Heft 22, S. 248 f.
20 *Lebensbild* [vgl. Anm. 3], S. 150.
21 M. J. Berdyczewski, *Zum Zeitgeist.* Auszüge daraus in deutscher Übersetzung im Anhang zu diesem Aufsatz (S. 204 ff.); Zitat S. 206.
22 Friedrich [vgl. Anm. 5], S. 21.
23 Ruben Brainin, *L. J. Bilder und Skizzen zu seiner seelischen Haltung als Erzähler und Dichter (Hebr.),* in: Haschiloach 10 (1902), S. 75-86, hier S. 86. Die hier behandelten Aufsätze von Berdyczewski und Brainin sowie das L. J.-Gedenkblatt in ›Die Welt‹ [vgl. Anm. 33] fehlen in der ausführlichen Bibliographie von und über L. J. in Stern 2 [vgl. Anm. 5].
24 Wegweiser für die Jugendliteratur 1 (April 1905), S. 2 f.; 4 (1908), Nr. 1, S. 2; Allgemeine Zeitung des Judentums 75 (1911), S. 477 (L. Geiger über J. L.'s Gedichte).
25 *Lebensbild* [vgl. Anm. 3], S. 110, 139 f.
26 Die Welt, Zentralorgan der zionistischen Bewegung, 16 (1912), Nr. 44, S. 1369 (Rezension der 3. Aufl. von *Aus jüdischer Seele*).
27 Im deutschen Reich. Zeitschrift des Centralvereins [...], 1 (1895), Nr. 4, S. 202 f.
28 Die Welt 5 (1901), Nr 52, S. 12.
29 Ost und West 11 (1911), Sp. 932 f.
30 Jüdische Rundschau 19 (1914), Nr. 30, S. 324.
31 Rudolf Steiner, *L. J. Ein Lebens- und Charakterbild [...],* in: Rudolf Steiner (Hg.), *Ausklang. Neue Gedichte aus dem Nachlaß von L. J.,* Minden: Bruns 1901, S. 16 f.
32 Anselma Heine, *L. J. Gedenkblätter,* in: Das literarische Echo 15

(1912/13), Sp. 151.

33 Theodor Lessing, *L.J. Einige Gedenkworte,* in: Ost und West 1 (1901), Sp. 561-76. – Max Nacher, *L.J. Ein Gedenkblatt,* in: Die Welt 8 (1904), Nr. 49, S. 4f.

34 Anhang, S. 205.

35 Allgemeine Zeitung des Judentums 74 (1910), S. 572f.

36 *Werther* [vgl. Anm. 4], S. 82f., 115-19, 145.

37 *Werther,* 2. Titelseite.

38 Anhang, S. 206.

39 *Aus jüdischer Seele,* 3. Aufl., Hamburg: M. Glogau o. J., S. 68-80, 64f.

40 *Stumme Welt. Symbole. Skizzen aus dem Nachlaß von L.J.,* hg. v. Rudolf Steiner, Minden: Bruns 1901, S. 3-5.

41 Vgl. S. 198 dieses Aufsatzes. Aus dem Hebräischen übersetzt von I. Shedletzky nach: Haschiloach 1 (1896/97), S. 575-579.

Leah Hadomi

Altneuland – ein utopischer Roman

Altneuland[1] ist Herzls zionistische These in der Form eines utopischen Romans, der, entstanden in einer national und sozial unbefriedigenden Gegenwart, dieser eine ideale Zukunftshoffnung und einen Plan zu ihrer Erfüllung gegenüberstellt. Das Utopische ist hier das Bild einer realen Konstruktion des national-gesellschaftlich Erhofften, aber auch Möglichen.[2] Das Streben des Verfassers nach Verwirklichung seiner Idee, den gegenwärtigen Zustand in einer »Neuen Gesellschaft« in Zion zu korrigieren und den Leser für diese Idee sowohl wie für die Tat zu gewinnen, gibt dieser Utopie ihre literarischen Züge. Wir wollen hier untersuchen, inwieweit sich *Altneuland* in den Rahmen der Gattungspoetik des utopischen Romans eingliedert, und außerdem Vergleiche ziehen zwischen diesem Buch und anderen, gleichzeitigen utopischen Texten ähnlicher Art, die in deutscher Sprache erschienen sind.[3]

Die Zeit, in der Herzl dieses Buch schrieb (1899-1907), war für ihn eine Periode von Enttäuschungen und Mißerfolgen. Es war ihm nicht gelungen, die Unterstützung Baron Rothschilds für seine Pläne zu gewinnen, und der türkische Sultan war nicht bereit, ihn zu einer Audienz zu empfangen. Angesichts der Möglichkeit weiterer Mißerfolge schreibt Herzl in sein Tagebuch (3.9.1900): »[...] wenn dieses käme, würde ich meinen Roman ›*Altneuland*‹ weiterschreiben. Denn dann ist unser Plan nur Zukunft und Roman.« In seinem Tagebuch finden wir auch den Ausdruck seiner Gefühle in dieser für ihn so enttäuschenden Zeit und einen Hinweis auf die Bedeutung, die das Schreiben des Buches für ihn hatte: »[...] ich bin jetzt eifrig am ›*Altneuland*‹. Die Erfolgshoffnungen im Praktischen sind zerflossen. Mein Leben ist jetzt kein Roman. So ist der Roman mein Leben.« (14.3.1901)[4] Aber trotz solcher Augenblicke der Mutlosigkeit stellte das Schreiben über die zionistische Utopie für Herzl doch keinen Ersatz dar für die Verwirklichung seines politischen Strebens. Die phantastische Form diente nur als literarisches Gewand für einen unbeirrt verfolgten politischen Plan. Nach Ablauf dieser, zeitlich begrenzten, Periode der Schwäche schreibt Herzl am 5. 10. 1902 an den Herzog von Baden über die Hauptaufgabe des Romans, so wie sie ihm damals erschien: »Es ist ein Märchen, das ich gleichsam bei den Lagerfeuern erzähle, um meine armen Leute auf den Wanderungen bei gutem Mute zu erhalten.« In zwei anderen Briefen unter demselben Datum warnt er sich selbst und seine Leser davor, von der imaginären Seite seines Buches sich irreführen zu lassen: »In der Form ist es eine Utopie, in der Sache nicht. Ich schreibe sogar die Utopie nur, um zu beweisen, daß es keine ist.«[5]

Folgende politische und soziale Ideen bilden die Grundpfeiler der »utopischen Welt«, auf denen die Gesellschaft in *Altneuland* ruht: Die nationale Wiedergeburt im alten-neuen Lande; eine ›mutualistische‹ Volkswirtschaft; Fortschritt der Gesellschaft auf Grund einer forcierten technologischen Entwicklung und vor allem – vielleicht als Ergebnis aller dieser Elemente – die Entstehung einer einzigartigen Lebensform, die den bestehenden Materialismus verneint und nach gesellschaftlicher Gerechtigkeit und kultureller Entfaltung strebt.

Die sozialen und nationalen Ideen, wie sie in *Altneuland* vertreten werden, sind aber als solche nicht der Gegenstand dieser Abhandlung. Wir beziehen uns hier lediglich auf den Einfluß, den diese ideologische Grundlage sowie das Verhältnis von Fiktion zur Wirklichkeitserfahrung auf die Form des utopischen Romans haben.[6]

Die »utopische Welt«, die hier als notwendige Konsequenz einer spezifischen national-historischen Lage dargestellt wird, und der Prozeß der Überzeugung, es sei möglich, diesen Traum hier und heute zu verwirklichen, ergaben die Form des Werkes, das als *konkrete Utopie* bezeichnet werden kann.[7] Der Wille des Verfassers, die ›Neue Gesellschaft‹ als Teil des europäischen Fortschrittsraums zu schildern, führte zum Einströmen von Elementen der *Sozialutopie*, während der Wunsch, seinen Plan zu popularisieren, ihn dazu bewog, das Buch mit Motiven der Unterhaltungsliteratur zu beleben. Die Orientierung an der nationalen Wirklichkeit in den Dimensionen von Zeit und Raum einerseits und das Streben nach einer *progressiv-universellen* sozialen Lösung andererseits bestimmten die grundlegende Konstruktion von *Altneuland*. Um das zu prüfen, ziehen wir hier die

Prinzipien der ›utopischen Welt‹ heran, wie sie von H. Freyer formuliert wurden: *Abgeschlossenheit, dynamisches Gleichgewicht der inneren Kräfte* und *Schutz gegen Störungen von außen.*[8]

Die *Abgeschlossenheit* der utopischen Welt entsteht in den Utopien von Morus bis Bellamy meist durch Versetzung der Handlung an einen isolierten und unbekannten Ort und/oder in die Zukunft. Diese charakteristische Beschreibung der erwünschten utopischen Lebensform führt in *Altneuland* zu einem Spannungsverhältnis gegenüber der nationalen Utopie, deren Verwirklichung ja an einem bestimmten Ort und in naher Zukunft erhofft wird. Der räumliche Hintergrund für die Erschaffung der idealen Gesellschaft schwankt also zwischen der für die Utopie üblichen ›einsamen Insel‹ und dem Erez Israel der nationalen Tradition.

Der Held der Erzählung, Dr. Friedrich Löwenberg, sucht nach einem Lebensweg als Mensch und Jude. Zu Beginn seiner Suche kommt er an einen fiktiv-utopischen Ort, und von dort gelangt er dann an einen konkreten, existierenden Ort von nationaler Bedeutung. Auf seinen Wanderungen wird er von dem Nichtjuden Kingscourt begleitet, der der europäischen Gesellschaft ebenfalls überdrüssig ist und nach einer besseren Lebensqualität sucht. Zu diesem Zweck »habe [ich] mir eine gute Jacht gebaut und bin auf ihr, wie man sagt, verschollen [...] Ich kenne eine Insel in der Südsee, wo man ganz allein ist. Da will ich leben [...]« (24 f.). Im Verlauf der Handlung besiedeln die beiden diese utopische Insel, verlassen sie aber und finden die Erfüllung ihrer Sehnsucht in einem konkret-existierenden Raum – Erez Israel. Die Textstruktur verknüpft hier also drei Räume: Europa – Negierung der Wirklichkeit; die Insel – Enttäuschung der utopischen Wünsche der Weltflüchtigen; *Altneuland* – Konkretisierung der historischen Hoffnung.

In der Zeitdimension schwankt die Handlung zwischen dem Verweilen in einer utopischen Zeit und der Aktivität in einer historischen.[9] Löwenberg und Kingscourt lösen sich von den gegenwärtigen Ereignissen und gelangen in eine utopische Zeit, die in einem Spannungsverhältnis zum Lauf der Geschichte steht. Zu Beginn ihrer Reise drücken sie beide ihre Beziehung zum Zeitbegriff in einem etwas makabren Trinkspruch aus: »Verrecke Zeit! Ich leere mein Glas auf Deinen Tod. Was warst Du? Schande, Gemeinheit, Blut und Fortschritt.« (37 f.) Sie fragen sich, ob »Daten überhaupt einen Sinn haben« (37). Ihre Reise in die Utopie erscheint ihnen als Beginn der Zeitlosigkeit. Aber ihr Wunsch, der historischen Zeit in die Zeitlosigkeit zu entfliehen, endet mit der Erkenntnis, daß sie sich wieder in den gewohnten Zeitablauf einordnen müssen. In den Worten Löwenbergs: »Ich frage mich, ob unser Schiff keinen falschen Kurs hatte, als wir die selige Insel dort drüben suchten. Womit habe ich nun zwanzig schöne Jahre verbracht?« (57)

Die Abgeschlossenheit der utopischen Welt wird in der Gattungstradition auch daran erkannt, daß sie aus dem Nichts entsteht. Die erwünschte Welt verspricht die Lösung der Gegenwartsprobleme in einem neuen, zukünftigen Sein, aber seine Existenz wird nicht erklärt und nicht als historische Stufe in die Entwicklung eingeordnet. In *Altneuland* aber ist die historische Notwendigkeit für die Gründung der ›Neuen Gesellschaft‹ als Lösung der ›Not der Juden‹ beschrieben. Der erste Teil des Buches erzählt die Geschichte Löwenbergs in Europa. Dieser Teil schildert antisemitische Erscheinungen, die Verzweiflung und Wurzellosigkeit der jungen, jüdischen Intelligenz in der Diaspora, das Leiden der osteuropäischen Emigranten, den egoistischen Materialismus und Zynismus des satten jüdischen Bürgertums, die Meinungsverschiedenheiten innerhalb der jüdischen Gemeinschaft und die Mißachtung den Führern der zionistischen Bewegung gegenüber. Die Art dieser Beschreibung, die der realen Wirklichkeit entnommen ist, ist dem utopischen Roman fremd, da dieser gewöhnlich nicht auf die Beschreibung des Wirklichen zurückgreifen muß, um das Erhoffte zu schildern.

Das *dynamische Gleichgewicht* und die *Harmonie* zwischen Menschen, staatlichen Institutionen und der Gesellschaft insgesamt, die in der Gattungstradition für die Beschreibung der ›utopischen Welt‹ charakteristisch sind, erscheinen hier nicht vollständig. In *Altneuland* gehört nicht die gesamte Bevölkerung der ›Neuen Gesellschaft‹ an, sondern nur der Teil, der sich zu ihr bekennt. Es gibt dort Kreise, die sich mit den Werten der ›Neuen Gesellschaft‹ nicht identifizieren. Es gibt Wettbewerb, sowohl politischer als auch, in beschränktem Maße, wirtschaftlicher Art. Der Mehrheit jedoch sind das Engagement und die Verpflichtung gegenüber den Werten und dem Wirken der Gesellschaft selbstverständlich. Aber der Charakter ihrer Verpflichtung ist vielschichtig – sozialutopisch, historisch und auch politisch. Der

Augenarzt ist auch der Präsident der ›Neuen Gesellschaft‹. Der Ingenieur ist der Propagandist seiner Partei, und der Wissenschaftler ist bei der Gestaltung der außenpolitischen Beziehungen des Staates aktiv. Die Romanfiguren haben somit Funktionen im Gebiet der erhofften utopisch-harmonischen Aktivität, erfüllen aber auch politische Aufgaben auf nationalem Gebiet.

Die beiden Aspekte, die wir bisher besprochen haben, enthalten auch den dritten der »utopischen Welt«: Schutz gegen Störungen von außen. Die utopische Welt wird meist als Vollkommenheit beschrieben, die auf der Negierung einer bestimmten Wirklichkeit gründet und als ihr Korrektiv dient. Als solches braucht sie keine Einflüsse anderer Welten und bedarf keiner Vergleiche mit ihnen. Auch die ›Neue Gesellschaft‹ in *Altneuland* ist auf dem Ideal der Vollkommenheit aufgebaut, aber verbunden mit einer gewissen Ambivalenz, die davon herrührt, daß sie eine ›konkrete Utopie‹ ist, die nach Verwirklichung strebt und zwischen universalen gesellschaftlichen Tendenzen und der Beschreibung nationaler Erneuerung schwankt. Die nationale, zionistische Erneuerung wird im Vergleich mit der biblischen Lebensform anregend beschrieben, um dem Erneuerungsversuch auch den Anschein der Fortsetzung zu geben, die er auf den Grundlagen des nationalen ›Goldenen Zeitalters‹ aufbaut. »Auf unserem alten teuren Boden haben wir uns eine neue Gesellschaft eingerichtet.« (52)

Aber der Aspekt des zeitlichen Vergleiches mit der Vergangenheit bleibt nur eine diskursive Deklaration, während derjenige der Öffnung und Gegenüberstellung zur bestehenden westlichen Welt dominant ist. Die neue Gesellschaft ist das »Versuchsland« (38), das uns anschaulich und glaubhaft dargestellt wird. Die einheitliche und zielbewußte sozialutopische Idee dieser neuen Gesellschaft wird hier mit der zwiespältigen und unvollkommenen Gegenwart konfrontiert.

Die Darstellung der Hauptfiguren mit ihrer tendenziellen Funktionalität ist für die Technik der utopischen Gattung charakteristisch. Den Gestalten des ›Fremden‹ und des ›Eingeborenen‹ fehlt die psychologische Tiefe. Sie entwickeln sich nicht, sondern dienen dem Werk nur als ideelles Korrektiv.[10] Die Spannung zwischen Offenheit und Geschlossenheit verdeutlicht, wie gesagt, die Welt von *Altneuland* und kommt auch in den Lebensläufen der drei Hauptpersonen zum Ausdruck: den beiden ›Fremden‹, die die Welt *Altneuland* erforschen – Dr. Friedrich Löwenberg und Mr. Kingscourt, und dem ›Eingeborenen‹ – David Littwak, der sie über diese Welt informiert.[11]

Die ›Fremden‹ sind beide von der europäischen Wirklichkeit enttäuscht, aber jeder aus anderen, ihm eigenen, Gründen. Kingscourt ist Kosmopolit. Er legt die Verhaltensweise eines preußischen Offiziers an den Tag. Aber er beweist auch Sinn für Humor, den er sich in Amerika angeeignet hat. Seine Fremdheit gegenüber dem Schicksal der Juden drückt er von Zeit zu Zeit durch eine apologetische, ironische Redeweise und quasi-antisemitische Bemerkungen aus. Er ist eigentlich von der gesamten Menschheit enttäuscht und sagt dies auch deutlich: »Aber Menschen? Nee, kommen Sie mir mit der Sorte nicht! Die ist oberfaul.« (28) Ihm geht es um »die wirkliche, echte, tiefe Einsamkeit ohne Wunsch und Ringen. Die volle wahre Rückkehr zur Natur. Diese Einsamkeit ist das Paradies, das die Menschen durch ihre Schuld verloren haben. Und diese Einsamkeit habe ich gefunden« (24). Seine Motivation ist somit die mancher utopischer Weltensucher, und auch seine Lösung ist klassisch – die einsame Insel. Er begründet das Verlassen ›seiner‹ Insel so: »Ja, ich möchte wissen, was aus der niederträchtigen Welt geworden ist.« (43) Außerdem möchte er mit seinem jungen Freund Löwenberg zusammenbleiben, der wieder einen Blick auf die reale Welt werfen möchte und zu ihr zurückkehrt.

Nachdem sich die ›Fremden‹ eine gewisse Zeit in der ›Neuen Gesellschaft‹ Zions aufhalten und sie erforschen, entscheiden beide sich, an ihr teilzunehmen. Aber auch hier zeigen sich die verschiedenen Akzentuierungen der beiden. Kingscourt, der, seiner nationalen und religiösen Herkunft wegen, der ›Neuen Gesellschaft‹ fernsteht und dessen utopisches Streben hauptsächlich aus seiner Enttäuschung über die Menschheit stammt, ist vor allem vom humanistisch-sozialen Aspekt, den er im Lande der Juden findet, beeinflußt. Er bewundert zwar die nationale Wiedergeburt innerhalb des neuen Staates, aber er betont immer wieder das erneuernde, universelle Element, das ihr innewohnt. Ständig vergleicht er Entwicklungen in verschiedenen Ländern der Welt, die in Amerika mit der in Europa, und diese wiederum mit der ›Neuen Gesellschaft‹ in Erez Israel.

Die Gestalt des Nichtjuden ist in ihrer Fremdheit für das Ziel des Romans instrumental und dient der Betonung des kosmopolitischen Charakters der neuen nationalen Gesellschaft, die sich in die progressive europäische Bewegung einordnet und – in Kingscourts Worten – die Hoffnung stärkt, »[...] diese neue Gesellschaft könnte überall existieren, in jedem Lande [...]« (215).

Das Fremdheitsgefühl Löwenbergs ist hauptsächlich nationalgesellschaftlich bedingt. Sein Motiv, die ›existierende Welt‹ zu verlassen, ist, wie Kingscourt bezeugt, »Liebeskummer, Weltschmerz und Judengram – das ist genug, um auch einen jungen Mann für immer Abschied nehmen zu lassen vom Leben«. (26) Das Scheitern des Versuchs, seine Probleme auf der utopischen Insel zu lösen, faßt Löwenberg zusammen mit dem Bewußtsein, aktiv an der historisch-gesellschaftlichen Lösung teilzunehmen: »Ich schäme mich meiner Untätigkeit, meines Egoismus.« (119) Diese Teilnahme und Aktivität heilt seine drei Leiden: Der Liebeskummer endet mit seiner Bindung an Miriam, vom Weltschmerz und Judengram wird er durch seine Mitarbeit am Aufbau der neuen Gesellschaft in Erez Israel befreit. Aber sein Weg zur und in der neuen Gesellschaft ist zögernd und voller Vergleiche mit der übrigen europäischen Gesellschaft, die er oft besucht.

David Littwak ist der ›Eingeborene‹, der die ›Fremden‹ bewirtet. Doch auch er stammt ursprünglich aus Europa. Im ersten Teil des Romans werden Littwaks Jugenderlebnisse geschildert. Er zieht mit seiner Familie nach Wien. Dort leiden sie Hungersnot und werden als ›Ostjuden‹ von der Gesellschaft abgestoßen. So wächst in seinem Herzen die Hoffnung, in das Land der Zukunft auszuwandern. Die ›Fremden‹ treffen ihn schon als erwachsenen Mann, erfolgreich im Lande seiner Träume. Sein Leben verkörpert somit das ideelle Korrektiv der zionistischen Utopie Herzls, die das Judenproblem lösen soll. Die Geschichte des ›Eingeborenen‹ umschließt somit auch zwei Welten und befürwortet die Lösung, zu der sich die beiden ›Fremden‹ unter Offenhaltung anderer Optionen verpflichtet haben. Das Geschick dieser drei Figuren symbolisiert die Verknüpfung der europäischen Erfahrungswelt mit dem utopischen und nationalen Raum.

Zusammenfassend läßt sich sagen, daß *Altneuland* ein »konkretutopischer« Roman ist, in dem der historisch-nationale Charakter dem universalen gegenübersteht, in dem in jenem das Neue über das Alte dominiert und der somit die Linien der Abgeschlossenheit, des dynamischen Gleichgewichts und des Schutzes der ›utopischen Welt‹ gegen Störungen von außen durchbricht. Die literarische Konstruktion baut hier eine Handlung des ›Nacheinander‹ auf und nicht nur ein Mosaik des ›Nebeneinander‹, wie es für die utopische Handlung charakteristisch ist. Auch die mehrseitige Darstellung der handelnden Personen, über ihren Bezug zur Gesellschaft hinaus, verleiht dem Werk große Kommunikativität.[12]

Das literarische Gewand *Altneulands* ist selbstverständlich von den konventionellen Techniken der utopischen Gattung beeinflußt worden, von deren Werken Herzl viele kannte und in seiner Bibliothek besaß.[13] Herzl wurde, wie viele andere Autoren, auch vom utopischen Werk Bellamys[14] beeinflußt, wie auch von George Eliots *Daniel Deronda.* Für die Gestalt Löwenbergs und für die Frauen in seinem Roman fand Herzl Vorbilder in Ibsens Dramen.[15] Wir wollen hier den Einfluß von *drei* deutschsprachigen utopischen Werken behandeln, von denen zwei zionistische Utopien sind. Auf alle drei hat sich Herzl während der Arbeit an seinem Buch bezogen.

Der Wiener Journalist Theodor Herzka schrieb zwei Fassungen seines Plans zur Änderung der sozio-ökonomischen Wirklichkeit in Europa: *Freiland* (1887) und *Reise nach Freiland* (1893).[16] Beide Werke haben literarisch-utopische Züge (das zweite noch ausgeprägter), um den Leser, wie der Autor im Vorwort bemerkt, »unter dem Deckmantel der Unterhaltung und Belehrung« von der Chance zu überzeugen, eine Gesellschaft zu schaffen, deren Prinzipien und Aktionsprogramm er im ersten Buch, *Freiland,* erläuterte. Auch Herzl veröffentlichte seine zionistische These zuerst in *Der Judenstaat* (1896) und gab dann seinem politischen Plan ein literarisches Gewand im Roman *Altneuland* (1902). Im Nachwort des Romans lesen wir: »Ich gedachte, eine Lehrdichtung zu verfassen. Mehr Dichtung als Lehre! werden die Einen sagen – Mehr Lehre als Dichtung! die Andern.«

Die Verwirklichungsabsicht ist somit beiden Werken, *Reise nach Freiland* und *Altneuland*, gemeinsam und führt in beiden zur Anwendung der für die Utopie charakteristischen Prinzipien der ›Abgeschlossenheit‹, des ›Gleichgewichts‹ und des ›Schutzes‹. Aber ihre Anwendung erhält in beiden Werken, der unterschiedlichen Grundtendenz ihrer Autoren wegen, unterschiedliche Akzente: *Reise nach Freiland* möchte die Welt auf sozio-ökonomischem Gebiet verbessern und bringt, unter Betonung der diskursiven Seite, viele wirtschaftliche Detailvorstellungen. In *Altneuland,* das uns von der Notwendigkeit einer nationalen Lösung überzeugen will, ist die sich entwickelnde Handlung relevanter, denn sie schildert das Schicksal der Hauptfiguren, die ja die nationale Lösung repräsentieren.[17]

Wie für die Gattung charakteristisch, enthalten beide Werke Beschreibungen verschiedener gesellschaftlicher Funktionen wie Arbeit, Freizeit, öffentliche Institutionen, Familie etc., die ein anschaulisches Bild ergeben. Der Unterschied besteht darin, daß in *Altneuland* der Aufbau kausal gegliedert ist und die Bilder mit der Handlung verbunden sind. Das utopische Prinzip ergibt sich hier immer aus der Schilderung der Sachlage. Dagegen finden wir in der *Reise nach Freiland* ganze Kapitel, die keinerlei Bindung zur Handlung haben. Hier verändert sich die Erzählperspektive, und der Dialog zwischen ›Fremden‹ und ›Eingeborenen‹ wird vom Autor ersetzt, der seine Ideen als »Ich-Erzählung« vorträgt (Kap. 3, 10, 13, 14).

In *Reise nach Freiland* erwarten Familie und Verlobte vom Helden der Erzählung, daß er seine Träume aufgibt und für seine Karriere kämpft, wie es von einem ›vernünftigen Menschen‹ erwartet wird. Auch Löwenberg, in *Altneuland,* ist vom Betrug seiner Geliebten, von ihrer Familie und ihrem kleinbürgerlichen Freundeskreis enttäuscht, »wo man nur für Vergnügen und Vorteil Sinn hätte [...]« (18). Beide Autoren wollen den Leser von der Verwirklichungsmöglichkeit ihrer utopischen Welt überzeugen. Das drückt sich auch darin aus, daß neben der im Genre üblichen Figur des ›Fremden‹ noch die eines zweiten, kritischen und mitunter zynischen ›Fremden‹ auftritt, der an der Verwirklichung des Traumes Zweifel hegt. Herzka erklärt im Vorwort seines Buches, er habe die fiktive Gestalt des Wirtschaftsexperten Professor Tenax geschaffen, um ihm alle Gegenargumente zur wirtschaftlichen und gesellschaftlichen Organisation von *Freiland* in den Mund zu legen. Herzl stellt neben Löwenberg dessen Freund Kingscourt, der an der Wiedererstehung des jüdischen Staates und an der Verwirklichung progressiver Ideen in der westlichen Welt zweifelt. Wie der schließlich überzeugte Professor Tenax erklärt: »Jetzt bin ich mit der Vergangenheit fertig; meine ganze Zukunft gehört der Vorbereitung jener Idee, die ich hier aufgenommen« (182), so verkündet auch Kingscourt zum Schluß seine Identifizierung mit der neuen Gesellschaft und seinen Eintritt in sie (199). Die Überzeugung und das Engagement beider Zweifler als Endergebnis ihrer polemischen Absichten entsprechen dem Ziel der beiden Werke, von der Erfüllungsmöglichkeit der Utopie zu überzeugen.[18] Die Entwicklung der Handlung, die Vielzahl und Vielschichtigkeit der Personen und der diskursive Dialog, der zum Dramatischen tendiert, geben *Altneuland* jedoch den Charakter einer romanhaften Utopie, während *Reise nach Freiland* mehr die Form des ›getarnten Plans‹ hat.[19]

Befassen wir uns jetzt mit dem Vergleich zwischen *Altneuland* und den beiden anderen zionistischen Utopien in deutscher Sprache, die Herzl bekannt waren. Die erste ist *Ein Zukunftsbild* (1885) von Menachem (Edmund) Eisler[20], der einer assimilierten, gebildeten Familie aus Ungarn entstammte. Er schrieb seinen utopischen Roman auf dem Hintergrund antisemitischer Strömungen in Westeuropa und insbesondere in Österreich-Ungarn. Der erste Teil des Buches beschreibt die Ausschreitungen gegen Juden und konzentriert sich auf zwei Gestalten: die des Großvaters, der sich mit dem Leiden in der Diaspora abfindet und das Warten auf den Messias symbolisiert – und die des Enkels Abner, »des neuen Messias«, der das verstreute Volk anführt und schließlich an der Spitze des sich im Aufbau befindenden ›Jüdischen Staates‹ steht. Das Staatssystem verbindet biblische Ideen mit denen des 19. Jahrhunderts, und das Gelingen des Staates erregt im Herzen der Europäer gleichzeitig Bewunderung und Neid.

Wie in *Altneuland* werden auch hier ›Abgeschlossenheit‹ und ›dynamisches Gleichgewicht‹ überbrückt und sind historischen Prozessen gegenüber offen. Im Vergleich zu *Altneuland* wird dieser Aspekt hier durch andere stilistische Mittel sogar verstärkt. Während in *Altneuland* nur einer der fünf Teile des Buches sich mit der Lage der Juden in Europa befaßt, sind es in Eislers Buch neun Kapitel, und nur zwei beschreiben die Gesellschaft in Jehuda. Die Charakterisierung der Hauptfiguren ist ähnlich und beruht in beiden Werken auf dem Streben nach nationaler Wiedergeburt und auf der komplexen Beziehung zur europäischen Welt. Während diese Zwischenstellung sich in *Altneuland* in den Funktionen der verschiedenen Figuren ausdrückt (Littwak repräsentiert die ›Not der Juden‹, Kingscourt die Enttäuschung am progressiven europäischen Geist und Löwenberg die utopische Hoffnung der gemeinsamen Lösung der Probleme), sind die Gestalten bei Eisler mit sich selbst im Konflikt und drücken vor allem eine Aufforderung zur Wirklichkeitsflucht aus. Abner vertritt und erklärt seine zionistisch-utopische Idee nicht nur oft in der Diaspora, sondern schickt auch, nach der Verwirklichung seiner Prophezeiung, seinen Sohn, den Thronfolger, dorthin. Der Grund für diese Mission ist die Notwendigkeit, sein Werk in den Augen der von ihm bewunderten Völker Europas zu rechtfertigen. Und nicht nur das. Er bittet auch, ihm Erde aus Europa, der ›Heimat‹, nach der er sich sehnt, mitzubringen und ihm diese ins Grab zu legen. Erst sein Sohn, der Thronfolger, kommt trotz seiner Bewunderung Europas zu dem Schluß: »[...] am Schönsten ist doch nur die Heimat! [Jehuda]« (91). Die klassischen Gestalten der Gattung, der ›Fremde‹ und der ›Eingeborene‹, die in *Altneuland* die Grundtendenz der ›Offenheit‹ zum Ausdruck bringen, kommen in Eislers Buch überhaupt nicht vor. Diese Offenheit wird hier mehr durch die Andeutung der inneren Ambivalenz der Gestalten repräsentiert.

Dieser Wesenszug der ambivalenten Einstellung zu den Welten dominiert in einer anderen zionistischen Utopie, der des Schriftstellers und Journalisten Max Osterberg-Verakoff (1893)[21], *Das Reich Judaea im Jahre 6000*, noch mehr. Der Autor schrieb dieses Buch unter dem Eindruck der Vertreibung der Juden aus Moskau und dem daraufhin verfaßten Blackstone-Memorandum. Auch er wurde von Bellamys Werken literarisch beeinflußt. Die utopische Welt wird hier vor allem durch die Vorstellung ihrer Prinzipien und nicht durch die Schilderung ihrer Lebensform dargestellt. Dem deutsch-christlichen ›Fremden‹, Ludwig von Freschprach, werden die Staatsprinzipien vom jüdischen ›Eingeborenen‹, Seew Frankfurter, erklärt. Der alte, neue Staat ist sowohl von Bellamys Ideen als auch von biblischen Prinzipien geprägt. Das patriarchalische System, in dessen Mittelpunkt die Familienzelle steht, herrscht in der Gesellschaft. Es wird von den Einwohnern mit Stolz betrachtet und dient den Nationen der Welt als Vorbild. Der ›Fremde‹, der zu Anfang noch antisemitischen Strömungen anhängt, wird von den Darlegungen seines Gastgebers und seinem eigenen Augenschein überzeugt und nimmt zum Schluß Abschied, voller Bewunderung und Hochachtung für den Staat (Kap. 13). Er verspricht, die Sache des wahren Judentums in der Welt zu verbreiten, und erklärt: »[...] und so wird es jedem ergehen, der, frei von Vorurteil, einem Volke näher zu treten versucht, das besser ist als sein Ruf« (243).

Die utopische Welt in diesem Werke rechtfertigt und preist die jüdische Religion in den Augen der Nichtjuden. Der Autor will beweisen, daß die biblischen Gesetze eine vielversprechende Basis für den idealen Staat sind. Vom politisch-historischen Gesichtspunkt aus verurteilt das Buch den russischen Antisemitismus und lobt dagegen die USA für ihre Unterstützung des Blackstone-Memorandums. Die Offenheit zur europäischen Welt kommt hier also nicht nur historisch, sondern auch politisch zum Ausdruck. Der ›Fremde‹, von Freschprach, ist eine Art Kingscourt, aber sein Verhältnis zum Zionismus ist im Grunde ein apologetisches; überzeugt von der utopischen Idee des Zionismus, führt ihn seine Assimiliertheit dennoch dazu, sich vor eben jener Welt rechtfertigen zu wollen, von der er sich doch distanzieren möchte.

Zusammenfassend läßt sich sagen, daß die utopische Methode des zionistisch-utopischen Romans nicht nur auf der für die Utopie konventionellen sozial-universalen Idee basiert, sondern von nationalen und gesellschaftlichen Ideen dominiert wird. Als Folge verändern sich die drei Grundelemente der utopischen Welt: Es besteht keine hermetische Abgeschlossenheit; der statisch-harmonische Charakter ist nicht vollkommen, und die ersehnte neue Gesellschaft ist den Einflüssen der äußeren Welt gegenüber offen.

Der zionistisch-utopische Roman der Jahrhundertwende ist Ausdruck der Verneinung der historischen Situation der jüdischen Gesellschaft in Europa und der Suche nach Erfüllung ihrer ersehnten nationalen und gesellschaftlichen Wunschbilder.

Was das Buch *Altneuland* über die anderen Werke dieser Art hinaushebt, ist die Tatsache, daß sein kommunikativer Wert viel dazu beigetragen hat, den alten Traum in neue Wirklichkeit zu verwandeln. Um Herzls Worte zu verwenden: »Wenn Ihr wollt, ist es kein Märchen.«

Anmerkungen

1 Theodor Herzl, *Altneuland*, Wien–Basel–Stuttgart 1962. Alle Anmerkungen beziehen sich auf diese Ausgabe.

2 Zum Hintergrund des Titels *Altneuland*, zu seinen verschiedenen Formaspekten als Schlüsselroman und zu seinem Einfluß siehe Jacob de Haas, *Theodor Herzl*, Bd. 2, New York 1927, S. 95 f.; Alex Bein, *Theodor Herzl*, Wien 1934; Amos Elon, *Herzl*, Canada 1975, S. 347-354.

3 Zum zionistischen utopischen Roman vgl. J. Wetzlar, *Der Staatsroman bei den Juden*, Bamberg 1917, S. 9 f., 124-127. P. Sandler, G. Kressel (Hg.), *Chesjonei Medina* [hebr.], Tel Aviv 1954 (das Vorwort berichtet u. a. über Leben und literarisches Schaffen des Schriftstellers und Journalisten M. Eisler).

4 Ira Progoff, *The Dynamics of Hope and the Image of Utopia*, in: *Vom Sinn der Utopie. Eranos-Jahrbuch 1963*, Zürich 1964, S. 107-112. Die Autorin vertritt die These, der Utopist befinde sich in einer Lage, die sie »Never Syndrome« nennt: Ergebnis der Verzweiflung der utopischen Persönlichkeit, die, aufgerieben zwischen der ›thesis of hope‹ und der ›antithesis of anxiety‹, nicht zur ›synthesis of the opus‹ gelangt.

5 Ortega y Gasset, *Vom Menschen als Utopischem Wesen. Vier Essays*, Stuttgart 1951, S. 74 f., 105. Der Verfasser nimmt zwei Arten von Utopisten an: »Der schlechte Utopist« glaube, eine Änderung der Wirklichkeit sei erwünscht und möglich, der »gute Utopist« halte den erwünschten Zustand nur teilweise für realisierbar. In diesem Sinne wäre Herzl ein »schlechter Utopist«.

6 Zum Einfluß philosophischer und gesellschaftlicher Lehren auf die Form siehe Joseph Adler, *The Herzl Paradox. Political, Social and Economic Theories of a Realist*, New York 1962.

7 Der Begriff »konkrete Utopie« bezieht sich auf Schriften, die für konkrete historische Prozesse empfänglich sind, während sich der Begriff »abstrakte Utopie« auf Schriften bezieht, denen eine abstrakte Gedankenkonstruktion des gesellschaftlich Erwünschten zugrunde liegt; siehe dazu Ernst Bloch, *Antizipierte Realität – Wie geschieht und was leistet utopisches Denken?*, in: Wissenschaft und Planung. Universitätstage Berlin 1965, S. 5-15. – M. G: Plattel, *Utopian and Critical Thinking*, Pittsburgh Pa. 1972, S. 5-52.

8 Hans Freyer, *Das Problem der Utopie*, in: Deutsche Rundschau 183 (1920), S. 321 ff. und: *Die politische Insel*, Leipzig 1936, S. 22, 122.

9 Paul Tillich, *Die politische Bedeutung der Utopie im Leben der Völker*, Berlin 1951, S. 22-36 (*Geschichtliches und ungeschichtliches Denken*). Die Ausdrucksform des Zionismus als nationaler Idee ist nach Tillich dadurch bestimmt, daß sich die Ortsdimension gegenüber der Zeitdimension verselbständigt, die vor allem das orthodox-religiöse Judentum charakterisiere.

10 Herzl betont in seinen Anmerkungen zu *Altneuland* seine Absicht, die Gestalten typologisch zu stilisieren. Die Gestalten des jüdischen Wie-

ner Bürgertums suchen »Vorteil und Vergnügen«, »der gute und der schlechte Rabbiner« sind zu unterscheiden, und die Frau der neuen Gesellschaft ist »die politische Frau«.

11 Im zionistischen Archiv befinden sich acht Seiten des Romanplans, die Herzl während einer Bahnreise von Paris nach Frankfurt am 21.7.1899 entworfen hat. Eine der tiefgreifendsten Änderungen, die der Autor nach dieser ersten Version vornahm, betrifft die Gestalt Kingscourts. Im ersten Entwurf wird er als Torpedofabrikant bezeichnet, und sein Auftreten in der Handlung endet mit seinem Tod; Löwenberg betrauert ihn; auf dem Rückweg besucht er Erez Israel nochmals und findet dort die ›Neue Gesellschaft‹ vor. *Altneuland* läßt die Verbindung dieser Gestalt der Waffenindustrie fallen, und Herzl läßt Kingscourt dort auch nicht sterben, sondern gibt ihm eine wichtige Aufgabe im weiteren Verlauf der Handlung. Der Wechsel der Charakterisierung von Assoziationen mit dem Waffengeschäft zu solchen mit der höfischen Welt geht wahrscheinlich auf die Absicht zurück, die Gestalt positiver zu schildern und sie mit dem von Herzl bewunderten englischen Adel zu verknüpfen. Die weitere Teilnahme der Gestalt dieses ›Fremden‹ an der Handlung stärkt das Element der universalen Bedeutung der ›Neuen Gesellschaft‹.

12 Herzl sammelte einige Zeitungsartikel (heute im zionistischen Archiv in Jerusalem) nach Erscheinen des Buches, die bezeugen, daß der Roman vom europäischen Publikum mit gemischten Gefühlen aufgenommen wurde; auf dem Hintergrund des erwachenden deutschen Nationalismus wurde der nationalen Erneuerung der Juden eine gewisse Sympathie entgegengebracht (ein Artikel – Erscheinungsort und Datum sind unbekannt – erschien in ›Kampf für das Volkstum‹). Die Verwunderung über die Forderung, die Prophezeiung zu verwirklichen, wurde unter gewissen Zweifeln geäußert (Eugen Holzner in der ›Königlich priviligierten Berlinischen Zeitung‹ vom 30.7.1903). Die Kritik wandte sich gegen die »zu tendenziöse« literarische Form. Man kritisierte die Schwarz-Weiß-Charakterisierung der Gestalten nach dem Schema ›Zionisten – Antizionisten‹ (Franz Servaes im Berliner ›Tag‹ vom 16.11.1902).

Die Kritik in der jüdischen Presse richtete sich hauptsächlich gegen den Inhalt des Werkes. Mitunter stimmte man dem evolutionären Aspekt der Lösung des Problems zu (Dr. Mayer Edner im Wiener ›Jüdischen Volksblatt‹ vom 2.8.1902), andererseits kritisierte man jedoch die assimilatorischen Tendenzen des Romans, hauptsächlich bei der Schilderung der neuen Gesellschaft als eines universalen Modells (Robert Jaffe im Beiblatt zum ›General-Anzeiger für die gesamten Interessen des Judentums‹, 6.11.1902). Diese These wurde in den Schriften von Achad Ha'am, Nordau und Buber ausführlich diskutiert; aber jenseits aller Diskussionen hat das Werk den Beitritt vieler Juden zur zionistischen Bewegung beeinflußt.

13 In der Privatbibliothek Herzls befinden sich etwa zehn verschiedene Bücher der utopischen Gattung. Unter anderen die Bücher Eislers, Herzkas, die beiden Utopien M. Flürscheins und auch die ironische Kritik von Bellamys Werk in Conrad Wildbrandts Buch: *Erlebnisse in der Welt Bellamys. Mitteilungen aus den Jahren 2001 und 2002*, Wismar 1891.

14 Über das literarische Werk Bellamys, seinen Einfluß, unter anderem auf Herzl, und über Anstalten, seine Pläne zu verwirklichen, siehe Sylvia E. Bowman, *Edward Bellamy Abroad*, New York 1962.

15 Herzl las Ibsens Werke und ist von ihnen beeinflußt worden. Sie befinden sich in seiner Privatbibliothek, und Herzl hat hauptsächlich zu Ibsens Frauengestalten Anmerkungen geschrieben. In *Altneuland* finden sich klare Spuren Ibsens: Herzls Held heißt Löwenberg – eine der Hauptfiguren in *Hedda Gabler:* Loevberg; Loevberg schreibt ein Buch über die Zukunftsgesellschaft, Löwenberg lebt in ihr.

16 *Freiland, ein sociales Zukunftsbild*, Leipzig 1887 (später fügte der Verfasser ein Vorwort hinzu, in welchem er das Scheitern des Planes schildert, die erwünschte Gesellschaft im afrikanischen Kenia zu verwirklichen). – *Eine Reise nach Freiland*, Leipzig 1891. (Herzl besaß eine spätere Ausgabe unter dem Titel *Entrückt in die Zukunft*, Berlin 1895.)

17 Im Herzl-Archiv (Teil des Zentralen zionistischen Archivs in Jerusalem) befinden sich zahlreiche handschriftliche Blätter Herzls, auf denen er technische Details für die Abfassung des Romans notiert und gesammelt hat. Briefe an Warburg über die typischen Pflanzen Erez Israels und ihre Blüte, genaue finanzielle Berechnungen für Siedlungsbauten, Bauernhöfe usw. Diese Erkundigungen dienten Herzl bei der Schilderung des Bauunternehmens, sie spielen aber im Text keine solche Rolle wie in T. Herzkas Buch.

18 Herzl behauptete, Herzkas Plan sei nicht praktikabel, weil ihm – anders als bei seinem eigenen Plan – die Motivation zur Schaffung der Gesellschaft fehle. In der Notiz 4/890 des Jerusalemer Archivs hat Herzl die Idee für folgenden Titel eines Schauspiels festgehalten: »Satir. Lustspiel *Glücksland, Ein utopischer Staat, gegründet in drolliger Weise von einem Herzka.*«

19 Hans Jürgen Krysmanski, *Die Utopische Methode*, Köln 1963, S. 75–85, bezeichnet Herzkas Werk und andere als »getarnte Pläne«, die »ihr Leitbild in die Tat umsetzen und [...] daher ihr bildhaftes Denkmodell nach (vermeintlichen) Kriterien der Verwirklichbarkeit konstruieren« (75) und findet in *Altneuland* mehr von der literarischen Form der Utopie.

20 M. Eisler hat 1903 sein Buch *Ein Zukunftsbild*, Wien 1885, Herzl dediziert, und beide führten einen kurzen Briefwechsel. Eisler wid-

mete »Herzl dem Anführer« auch ein Gedicht.

21 Max Osterberg-Verakoff, *Das Reich Judaea im Jahre 6000 (2241 christlicher Zeitrechnung)*, Stuttgart 1983. Herzl schrieb dem Verfasser am 2.10.1899, er schätze sein Werk, werde aber die Arbeit an *Altneuland* fortsetzen, da es keine Wiederholung von Verakoffs Buch sei.

Hanni Mittelmann

Das Problem der deutsch-jüdischen »Symbiose« im zionistischen Roman

Im Gefolge der zionistischen Bewegung kurz vor der Jahrhundertwende entstand eine zionistische Literatur, die sich in Voraussetzungen und Zielrichtung wie auch in ihren Stoffen, Themen und Motiven von der bisherigen deutsch-jüdischen Literatur unterschied.

Eine Ausprägung dieser Literatur war der Zeitroman, der sich mit der jüdischen Zwischenstellung in der deutschen Gesellschaft am Ende des 19. Jahrhunderts auseinandersetzte. In das thematische Zentrum dieses Romans trat die Neuinterpretation des deutsch-jüdischen Zusammenlebens. Dabei zeichneten sich Entwicklungen ab, die ich an zwei repräsentativen Romanen, *Ahasver*[1] von Robert Jaffe von 1900 sowie dem 1920 erschienenen Roman, *Tohuwabohu*[2] von Sammy Gronemann, untersuchen möchte.

Die ideologischen und theoretischen Grundlagen der frühzionistischen deutschen Kunst und Literatur sind wohl am prägnantesten 1901 von Martin Buber in seinem Aufsatz *Jüdische Renaissance*[3] und von Berthold Feiwel in seinem »Geleitwort« zum *Jüdischen Almanach*[4] formuliert worden.

»Jüdische Renaissance« hieß das Schlagwort, mit dem Martin Buber die zionistische nationale Bewegung und die innere Selbstbesinnung des Judentums, die in der Mitte des 19. Jahrhunderts eingesetzt hatte, als einheitliche Bewegung zusammenfaßte, womit er zugleich auch die Sonderstellung des deutschen Zionismus begründete.

Während nämlich im osteuropäischen Zionismus die Forderung, nach Palästina auszuwandern, und die Errichtung eines jüdischen Heimatlandes im Mittelpunkt stand, trat im frühen deutschen Zionismus die *politische* Verwirklichung der nationalen Wiedergeburt zunächst in den Hintergrund. Das Hauptziel des deutschen Zionismus war vielmehr der Kampf gegen die innere Auflösung des Judentums durch die zunehmende Assimilation der letzten hundert Jahre.

Unter dem Einfluß der kulturellen Erneuerungsbewegungen im Gefolge des erwachenden deutschen Nationalismus, die ihr Ziel durch »Verinnerlichung« und Anknüpfung an die kulturellen Leistungen der Vergangenheit zu erreichen suchten, glaubte auch Buber, daß die Rückkehr zum eigenen Volkstum erst durch eine »innere Neugeburt«[5] erreicht werden könne, die einer politischen Wiedergeburt vorausgehen müsse.

»Innere Neugeburt« oder »Jüdische Renaissance« bedeutete für Buber die »neue Erschließung der Gefühlstraditionen«[6], die in der Diaspora verlorengegangen waren, Besinnung auf die jüdischen Kulturwerte und damit Stärkung von Selbstgefühl und Selbstachtung, die in den Jahren der Assimilation an die deutsche Umwelt stark gelitten hatten.

Dieser jüdischen Renaissance sollte eine neue national-jüdische Kunst dienen: die Künstler sollten sich persönlich wieder mit ihrem Judentum identifizieren und literarisch auf das »Jüdische Motiv«[7] aus Vergangenheit und Gegenwart konzentrieren – und zwar aus »Jüdischer Anschauung«, nicht mehr das Judentum an deutschen Vorbildern messend.

Darüber hinaus forderte Berthold Feiwel in seinem ebenso charakterisierenden wie programmatischen Vorwort zum *Jüdischen Almanach*, diese neue Kunst solle sich allein an ein jüdisches Publikum richten:

> Die Schaffenden [...], die bisher für ihr Volk dachten und bildeten, ohne daß das Volk ihre Gaben empfangen konnte, ohne daß es als jüdisches erkannt und geliebt wurde, sollen in *einem* Lager gesammelt und für den einen großen Zweck vereinigt werden: für die Erhaltung und Entwicklung der jüdischen Rassenkraft und der jüdischen Volkspersönlichkeit. Aus dem Reichtum aber, den die Vereinigung der Männer des Geistes schaffen und geben wird, wird dem Volk ein neues Vertrauen in seinen Wert und in seine künftige Bestimmung erwachsen.[8]

Robert Jaffes Roman *Ahasver* stellt ein typisches Beispiel der Literatur im Geiste der jüdischen Renaissance dar; der Autor selbst repräsentiert den Typus des frühen national-jüdischen Künstlers. 1870 in Gnesen als Sohn eines Kaufmanns geboren, begann er 1889 in Berlin Jura zu studieren, brach aber bald sein Studium ab und lebte als freier Schriftsteller und Journalist in Berlin. Mit seiner Generation machte er um 1890 in Gymnasium und auf der Universität die Erfahrung eines virulenten und als unvermeidlich und zunehmend gewalttätig beurteilten Antisemitismus. So wurde denn auch Jaffe ein Bekenner des politischen Zionismus von Theodor Herzl, dessen persönliche Bekanntschaft er gemacht hatte. In seinem Aufsatz *Die Juden und die deutsche Literatur*[9] forderte er entsprechend »eine gewaltsame und nachdrückliche Absonderung der jüdischen Literatur von der deutschen Literatur«. Dennoch schloß sich Jaffe mit seinem Roman ganz bewußt an die literarische Strömung des deutschen psychologischen Naturalismus an. Damit wurde *Ahasver*, mit Ausnahme von Ludwig Jacobowskis Roman *Werther der Jude*[10], zu einer der ersten und, wie der Kritiker Samuel Lublinski meinte, »würdigsten und bedeutendsten« Darstellungen des Seelenlebens der deutschen Juden am Ende des 19. Jahrhunderts.[11]

Robert Jaffe gestaltete in seinem Roman die Ruhelosigkeit des modernen deutschen Juden, der sich zwischen ererbtem Judentum und tief aufgenommenem Deutschtum tragisch hin- und hergerissen fühlt. Die Stellung des Juden in seiner deutschen Umwelt war bis zu diesem Zeitpunkt kaum als tragische empfunden worden – wiederum mit der Ausnahme von Ludwig Jacobowskis *Werther der Jude*. Erst der deutsche Zionismus hatte den Begriff der »geistigen Judennoth« geprägt und die jüdische Zwischenstellung als das »seelische Unbehagen« bewußt gemacht, »das der Jude inmitten der feindlichen nichtjüdischen Umgebung empfindet«.[12]

Während Jacobowskis Protagonist noch an der Zurückweisung durch eine antisemitische deutsche Gesellschaft zugrunde geht, weil er sich mehr als Deutscher denn als Jude begreift, führt in Jaffes Roman diese Zurückweisung des Helden gerade zur Stärkung seines jüdischen Selbstbewußtseins. Die Alternative der national-jüdischen Lösung läßt ihn am Ende sein seelisches Gleichgewicht wiederfinden. So wird die Geschichte eines Selbstverlusts, wie sie in *Werther der Jude* gestaltet wurde, unter zionistischem Vorzeichen die Geschichte einer Selbstfindung, die mit dem Bekenntnis des Helden zum jüdischen Volk und seiner Abwendung von der deutschen Gesellschaft ihre Vollendung erreicht – freilich nach einem äußerst qualvollen, unter ständigen Seelenschwankungen sich vollziehenden Prozeß: Der Jurastudent Emil Zlotnicki glaubt durch totale Verleugnung seiner jüdischen Identität die Aufnahme in die deutsche Gesellschaft erreichen und damit seiner ahasverischen Ruhelosigkeit ein Ende bereiten zu können. Seine Herkunft und die als minderwertig empfundene jüdische Kultur ablehnend, fühlt er sich dennoch durch ein ihm unbegreifliches, tiefwurzelndes Gefühl an sie gebunden.

Der Roman ist so angelegt, daß er die Hoffnungen des Helden, das jüdische Problem durch Assimilation zu lösen, schrittweise als Selbsttäuschung und als Verstoß gegen die innerste Natur des Juden entlarvt. Es ist jedoch anfänglich nur der Leser, dem sich Emils tragische Verkennung der Realität durch eine ständige Verlagerung der Erzählperspektive in das Innere der deutschen Protagonisten enthüllt, deren Einstellung zu den Juden als zwischen Desinteresse, Ablehnung und Verachtung schwankend gezeigt wird.

Erst am Ende erkennt Emil seine Selbsttäuschung über die wahre Stellung des Juden in jener deutschen Gesellschaft, die ihn und seine selbstlose Liebe für das deutsche Volk nicht annehmen will. Emil bekennt sich zum Leben in der jüdischen Gemeinschaft und Tradition. Mit diesem Bekenntnis verbindet sich aber zugleich der Entschluß, seine Arbeit und seine Talente nur noch dem jüdischen Volk zu widmen. Damit wird nicht nur die Assimilation, sondern auch eine deutsch-jüdische Symbiose abgelehnt.

Der Zionismus spielt in diesem Roman eine scheinbar nur indirekte Rolle. Die erste und einzige Begegnung Emils mit der Bewegung des politischen Zionismus führt, nach anfänglicher Begeisterung, zu seiner Ablehnung als einem völlig unrealistischen Vorhaben. Dennoch ist der Roman so konzipiert, daß die zionistische Lösung als der nächste logische Schritt in der Entwicklung Emils zu erwarten wäre. So schrieb denn auch ein Rezensent des Romans: »Wir warten auf die Geschichte des Zionisten Zlotnicki.«[13] Damit erfüllt der Roman die von Herzl übernommene Forderung des frühen deutschen Zionismus nach »Rückkehr zum Judentum vor der Rückkehr ins Judenland«.[14]

In anderen frühzionistischen Romanen, wie zum Beispiel in Ernst Sommers *Gideons Auszug*,[15] fällt die Entscheidung des Helden gegen die »Symbiose« ebenso schwer wie hier. Damit aber stellt der Roman wohl ein akkurates Spiegelbild der Seelenlage vieler deutschen Juden in dieser Zeit dar. Der zwischen Deutschtum und Judentum schwankende Held wird zum wichtigsten Typus der künftigen zionistischen Zeitromane.

Robert Jaffe, den man leicht in dem Jurastudenten Emil Zlotnicki wiedererkennen kann, verkörperte in seinem Leben selbst diesen Typ. Nur daß bei ihm die Entscheidung letzten Endes nicht zugunsten des Judentums ausfiel. Er konvertierte und wurde zum fanatischen Judenhasser, der an der antisemitischen Zeitschrift (›Hammer‹) mitarbeitete.

In unserem Roman wird die Behauptung aufgestellt, daß die Deutschen weder an der Assimilation ihrer jüdischen Mitbürger noch an einer Symbiose mit ihnen interessiert bzw. nicht gewillt seien, den jüdischen Beitrag in dieser Symbiose anzuerkennen. Die geringe Zahl der deutschen Rezensionen zu diesem Roman und zur zionistischen Belletristik überhaupt scheint diese Behauptung fast zu bestätigen. Hinzu kommt, daß diese Rezensionen[16] sich vorwiegend auf die künstlerisch-ästhetischen Aspekte dieser Literatur bezogen, für das inhaltliche Anliegen jedoch entweder völliges Desinteresse oder reines Unverständnis zeigten. Die Möglichkeit zur Erkenntnis und zum Verständnis der Psychologie des deutschen Judentums, die diese Literatur hätte bieten können, wurde nur in seltenen Fällen wahrgenommen.

Stand die frühzionistische Gestaltung des deutsch-jüdischen Verhältnisses noch ganz im Zeichen des Ringens um die innere Neugeburt des jüdischen Selbstbewußtseins angesichts einer als überlegen empfundenen deutschen Kultur, so erfuhr diese Gestaltung unter dem Einfluß der Radikalisierung der deutschen zionistischen Bewegung seit der Posener Konferenz des Jahres 1912 eine entscheidende Veränderung.

In einer Reihe programmatischer Aufsätze zur zionistischen Literatur[17] äußerte sich ein neues jüdisches Selbstbewußtsein. Unter den wichtigsten neuaufgestellten Forderungen war die nach neuen jüdischen Gestalten; sie sollten die von der nichtjüdischen Literatur geschaffenen traditionellen Judentypen ersetzen. Der Jude sollte nun mit »jüdischen Augen« gesehen werden und nicht mehr mit dem »typisierenden Blick des Außenseiters«.[18] Erschaffen werden sollte nun das »Ebenbild« des Juden, so wie er im Leben ist.[19]

Eine weitere Forderung war die nach einer satirischen statt der bisherigen pathetischen Behandlung jüdischer Probleme. An die Stelle der jüdischen Angst vor der Bloßstellung der eigenen Schwächen vor den »Andern« trat nun der selbstbewußte Ruf nach der »strafenden Hand eines, der sein Volk liebt«.[20] Als

Beispiel für den Niederschlag, den diese neuen Entwicklungen in der deutschen zionistischen Bewegung und in den literaturprogrammatischen Betrachtungen fanden, mag uns der Schriftsteller Sammy Gronemann und sein 1920 erschienender Roman *Tohuwabohu* dienen.

In Gronemann selbst haben wir einen neuen Typus des selbstbewußt jüdischen Schriftstellers vor uns. 1875 in Strasburg in West-Preußen geboren, stammte er aus einer orthodoxen Rabbinerfamilie und hatte selbst ein Jahr am Halberstädter Rabbiner-Seminar studiert. Damit stellte er eine Ausnahme unter den jungen deutschen Zionisten dar, die zum größten Teil der jüdischen Religion und Tradition entfremdet waren. Für die meisten jungen deutschen Juden stellte der Zionismus den modernen Weg zum Judentum dar. Gronemann ging genau in umgekehrter Richtung. Für ihn bedeutete der Zionismus »konsequent zu Ende gedachtes Judentum«[21] da, wie er meinte, die kulturellen und ethischen Werte des Judentums ja »aus und gleichzeitig mit dem nationalen Urgrund entstanden seien«.[22] Gronemanns gründliche Kenntnis der Religionstraditionen erlaubte ihm, sie in ihrem geschichtlichen und ethischen Sinn zu begreifen. Damit ergab sich für ihn eine völlig unproblematische Beziehung zu seinem Judentum, das er als sinngebende Grundlage seiner Existenz begriff.

Aus seiner natürlichen jüdischen Identität heraus und auch wegen seiner Erfahrungen des Antisemitismus im Gymnasium und auf der Universität war ihm die Assimilation als Lösung des jüdischen Problems unannehmbar. Dabei verband sich für Gronemann ganz selbstverständlich der politische Zionismus Herzls mit dem kulturellen Zionismus von Achad Ha'am, der die Erziehung der Juden in ihrer Kultur und in ihren Religionstraditionen für ebenso wichtig hielt wie die politische Verwirklichung des zionistischen Zieles.

Als zionistischer Redner, Journalist und Schriftsteller sah denn auch der Jurist Gronemann seine Aufgabe darin, Kenntnisse der jüdischen Kultur und Religion zu vermitteln, die, wie er meinte, richtig verstanden von selbst vom Zionismus überzeugen und die Juden aus ihrer »Philosophie des Selbstbetrugs« reißen müßten.

Um dieses Ziel zu erreichen, griff Gronemann zum Mittel der Satire, in der er ironischen Witz mit versöhnlichem Humor verband. Seine Satire erfüllte den Wunsch nach der »strafenden

Hand eines, der sein Volk liebt«. Denn die Grundlage aller satirischen Darstellung Gronemanns war Verständnis für den tragischen Zwiespalt, in dem die deutschen Juden sich befanden, und für die schmerzhafte »geistige Operation«[23], die es für sie bedeutete, sich aus Bindungen zu reißen, die ihnen meist mehr bedeuteten als ihre jüdische Herkunft. Dennoch lehnte er das Pathos ab, mit dem man in der zionistischen Literatur dieses Problem behandelte, und stellte sich in die Tradition des jüdischen Humors und des jüdischen Witzes. In Gronemanns erstem satirischem Roman *Tohuwabohu* herrscht denn auch ein ganz anderer Grundton als in Jaffes *Ahasver*.

Auch in diesem Roman steht ein junger deutscher Jude, Heinz Lehnsen, zwischen Assimilation und Rückkehr zum Judentum. Das Schwergewicht liegt jedoch nicht so sehr auf der Darstellung der jüdischen Zwischenstellung, vielmehr auf der Erziehung Heinz Lehnsens zum Juden und Zionisten. Wichtiger als die Konstellation von Judentum und Deutschtum ist hier die Gegenüberstellung des Ostjudentums in seiner unbefangenen Traditionsverbundenheit mit dem assimilierten deutschen Judentum. Heinz Lehnsen und seine bereits assimilierte Familie werden mit dem jungen orthodoxen Ostjuden Jossele Schlenker, einem Verwandten der Familie, konfrontiert, der nach Berlin gekommen ist, um das Kulturland der Deutschen kennenzulernen.

Durch Josseles einfache, in seinem praktizierten Judentum gründende Menschlichkeit werden aber deutsche Kultiviertheit und deutscher Liberalismus, die damals von den deutschen Juden als Garantie gegen die im Osten vorherrschende Pogrom-Mentalität angesehen wurden, als Fiktion enthüllt. Anhand von Beispielen wird der subtile Antisemitismus der Deutschen als bloße Vorstufe dieser Pogrom-Mentalität aufgezeigt. Angesichts der von Jossele verkörperten Möglichkeiten eines nationalen Judentums verlieren aber der Antisemitismus und die »geistige Judennoth« jegliche Tragik.

Durch Jossele, dem sein Judentum eine unreflektierte existentielle Gegebenheit ist, wird Heinz Lehnsen damit bekannt gemacht, was Judentum bedeuten kann, nämlich nicht nur Religion, die einen Glauben verlangt, den Heinz als aufgeklärter Westeuropäer nicht mehr aufbringen kann, sondern auch nationales und kulturelles Erbe, das sich durchaus mit dem deutschen messen kann. Josseles »orthopraxes« Judentum wird dem deutschen reformierten und orthodoxen Judentum gegenübergestellt, wodurch die assimilatorischen Bestrebungen des einen und die bloße Formalistik des andern als lächerlich entlarvt werden. Ebenso gibt Josseles natürliches jüdisch-nationales Empfinden die deutschtümelnden Juden, aber auch das verkrampft nationalistische Gebaren der deutschen Zionisten der Lächerlichkeit preis.

In diesem Roman wird eine überwältigende Fülle von jüdischen Typen vorgeführt, die aber nichts mehr mit den traditionellen Judentypen gemeinsam haben, sondern ein umfassendes »Ebenbild« des deutschen Judentums und damit aller Aspekte der jüdischen Problematik in Deutschland und des daraus resultierenden Tohuwabohus darstellen.

Gronemanns satirische Kritik macht Geisteshaltungen, Einrichtungen und Personen, die dieses Tohuwabohu verursachen und die seiner Ansicht nach die geistige Vernichtung des Judentums herbeizuführen drohen, kenntlich und sucht sie in ihren gefährlichen Machtpositionen zu erschüttern. Sein Kampfmittel ist dabei eine ridikülisierende Ironie, die von nicht geringer politischer Sprengkraft ist. Die Reaktion, die er damit hervorrufen wollte, war die Einsicht in die Lächerlichkeit und damit in die Brüchigkeit und Fragwürdigkeit der angegriffenen Positionen. Zugleich wollte er durch die Figur des Jossele im Leser eine geistige Haltung hervorbringen, die ihn an seinem Stolz auf das Judentum, wie Gronemann es begriff, teilnehmen ließ.

Als Thema und Anliegen tritt in diesem Roman also das deutsch-jüdische Zusammenleben hinter der innerjüdischen Problematik zurück. Der vorherrschende Wertmaßstab ist nicht mehr der deutsche, sondern der jüdische. Und so steht der Roman auch erzählerisch nicht mehr in einer deutschen literarischen Tradition wie *Ahasver*. Von unzähligen Anekdoten durchsetzt, scheint der Roman, dessen einzelne Kapitel ebenfalls anekdotenhaft zugespitzt sind, eher der jüdischen Exempelliteratur verbunden zu sein. Das Strukturprinzip wiederum scheint in seiner Dialektik der talmudischen Pilpulistik verpflichtet zu sein.

Dieser oft zusammenhangslos erscheinende Roman springt von Gegenstand zu Gegenstand, von Stimmung zu Stimmung. Ernsthaftigkeit schlägt um in Heiterkeit, Pathos wird von Humor aufgefangen. Das Tohuwabohu, das im deutschen Judentum herrscht, wird dadurch trefflich wiedergegeben. Und es gerät thematisch nie außer Kontrolle. Über all dem äußeren und inneren Durcheinander schwebt der Geist des Zionismus, der aus diesem Tohuwabohu herauszuführen verspricht, sobald die deutschen Juden den Versuch der Assimilation als Irrweg erkannt haben.

Die Untersuchung dieser zwei repräsentativen Romane zeigt eine allmähliche Gewichtsverlagerung in der Behandlung des deutsch-jüdischen Zusammenlebens, die eng mit der Selbstklärung des deutschen Zionismus zusammenhängt. Die Auseinandersetzung mit der christlichen Umwelt wich der innerjüdischen. Die Konstellation von Juden und Deutschen verschob sich zu einer von zionistischem und assimiliertem Judentum. Der jüdische Selbsthaß wandelte sich in jüdisches Selbstbewußtsein; deshalb auch statt Pathos, Selbstmitleid und Zweifel nun Satire, Humor und Zuversicht. An die Stelle des sich selbst entfremdeten, schwankenden, tritt der ungebrochen jüdische Held. An die Stelle der Hoffnung auf Symbiose mit dem deutschen Wirtsvolk tritt die allmähliche Konzentration aller Kräfte auf das jüdische Volk. Die tragische Liebe zum Deutschtum wandelte sich zur kritischen Distanz und zur distanzierten Dankbarkeit den deutschen Gastgebern gegenüber, die den Juden soviel Anteil an den deutschen Kulturgütern gewährt hatten. Mit dieser Dankbarkeit verband sich aber zugleich die Bewußtheit, wieviel das Judentum selbst zu dieser deutschen Kultur beigetragen hatte. So schrieb der Journalist Moritz Goldstein in seinem Aufsatz *Deutsch-Jüdischer Parnaß:*

> Die rassereinen Germanen mögen sich sträuben wie sie wollen, sie mögen (mit echt germanischer Logik) alles Gute für sich in Anspruch nehmen und alles Übel den Juden zur Last legen: Sie werden doch nicht die Tatsache aus der Welt schaffen, daß deutsche Kultur zu einem nicht geringen Teil jüdische Kultur ist.[24]

Zugleich aber sind selbst die überzeugtesten deutschen Zionisten bis Anfang der dreißiger Jahre der Überzeugung, die Goldstein in demselben Aufsatz ausspricht: »Wenn wir mit endlich erwachtem Mannesstolz dem deutschen Volk, das uns nicht mag, den Rükken kehren wollten, könnten wir doch [nie] aufhören zum größten Teil Deutsche zu sein.«[25]

Die Frage nach der Existenz einer deutsch-jüdischen »Symbiose« wird wohl immer umstritten bleiben. Was die zionistische Literatur betrifft, die zur Geschichte unseres Landes gehört, die aber nicht weniger Teil der Geschichte Deutschlands ist, so weist ihre spärliche Rezeption in ihrer Zeit und ihre völlige Unbekanntheit im heutigen Deutschland darauf hin, daß die deutsch-jüdische Symbiose die Illusion gewesen sein könnte, die diese Literatur aufzudecken versucht hat.

Anmerkungen

1 Robert Jaffe, *Ahasver,* Berlin 1900.
2 Sammy Gronemann, *Tohuwabohu,* Berlin 1920.
3 Martin Buber, *Jüdische Renaissance,* in: Ost und West. Illustrierte Monatsschrift für Modernes Judentum, 1901, Ht. 1.
4 Berthold Feiwel, *Geleitwort zur ersten Ausgabe* des *Jüdischen Almanachs*, Berlin 1904.
5 Martin Buber, *Jüdische Renaissance* [vgl. Anm. 3], Sp. 8.
6 Ebd.
7 Berthold Feiwel, *Geleitwort,* S. 19.
8 Ebd., S. 17.
9 Robert Jaffe, *Die Juden und die deutsche Literatur,* in: Die Welt. Zentralorgan der Zionistischen Bewegung, 1902, Nr. 20, S. 13 f.
10 Ludwig Jacobowski, *Werther der Jude,* Berlin 1892.
11 Samuel Lublinski, *Ein Jüdischer Roman,* in: Ost und West, 1901, Ht. 1, Sp. 59 f.
12 *Ein Judenroman* (anonym), in: Die Welt, 1900, S. 13.
13 Emes, *Zwei Jüdische Romane,* in: Die Welt, 1900, S. 8.
14 Kurt Blumenfeld, *Verein Jüdischer Studenten Königsberg,* in: *Rückblick und Besinnung. Aufsätze gesammelt aus Anlaß des 50. Jahrestages der Gründung der Verbindung Jüdischer Studenten »Maccabaea«,* Tel-Aviv 1954, S. 5.
15 Ernst Sommer, *Gideons Auszug,* Wien 1912.
16 Ich beziehe mich hier auf Rezensionen wie die von Edgar Alfred Regener, *Romane [Ahasver],* in: Die Gesellschaft 16/4 (1900), S. 191 f.; Leonhard Adelt, *Gideons Auszug,* in: Das literarische Echo 15 (1912/13), Ht. 18, S. 1299 f.; Hermann Kienzl, *Der Weg ins Freie,* in: Das literarische Echo 11/1 (1908/09), S. 28 f.
17 Fritz Mordechai Kaufmann, *Neue Waffen,* in: Jüdische Rundschau, 1912, Nr. 13/14, S. 112. – Max Brod, *Zu meinen Judenromanen,* in: Jüdische Rundschau, 1912, Nr. 48, S. 462. – Moritz Goldstein, *Begriff und Programm einer jüdischen Nationalliteratur,* in: *Die Jüdische Gemeinschaft,* Berlin 1912. – Ders., *Deutsch-Jüdischer Parnaß,* in:

Der Kunstwart 25/11 (1912), und andere.

18 Moritz Goldstein, *Begriff und Programm einer jüdischen Nationalliteratur*, S. 18.

19 Moritz Goldstein, *Deutsch-Jüdischer Parnaß*, S. 294.

20 Moritz Goldstein, *Begriff und Programm*, S. 17.

21 Sammy Gronemann, *Erinnerungen I*, S. 77. (Unveröffentlichtes deutsches Manuskript im Zionistischen Archiv Jerusalem. Die hebräische Übersetzung erschien unter dem Titel *Sichronot schel Jekke* [Erinnerungen eines Jekken] 1946 in Tel-Aviv.)

22 Ebd.

23 Ebd.

24 Moritz Goldstein, *Deutsch-Jüdischer Parnaß*, S. 291.

25 Ebd.

Stéphane Moses

Brecht und Benjamin als Kafka-Interpreten

I

Im April 1933 hat Walter Benjamin Nazi-Deutschland verlassen. Nachdem er sich im Herbst desselben Jahres in Paris niedergelassen und dort den Winter verbracht hat, begibt er sich Ende Juni 1934 nach Dänemark zu Bertolt Brecht, der ihn in sein Svendborger Haus eingeladen hatte. Er nimmt das Manuskript eines Aufsatzes über Kafka mit, den die Wochenschrift ›Die Jüdische Rundschau‹, das Organ der zionistischen Bewegung Deutschlands, bei ihm anläßlich des zehnjährigen Todestages Kafkas (und zwar durch die Vermittlung Gershom Scholems) in Auftrag gegeben hatte. Benjamin, der seine innerhalb von sechs Wochen geschriebene Abhandlung wenige Tage vor der Abreise nach Dänemark vollendet hatte, hatte noch die Zeit gefunden, ein Exemplar an den damals schon seit über zehn Jahren in Jerusalem lebenden Scholem zu schicken, dessen Reaktion er nun mit Ungeduld erwartete.

In Svendborg angekommen, zögert Benjamin etwa zwei Wochen, bevor er sich entschließt, Brecht sein Manuskript zu lesen zu geben. Inzwischen, am 6. Juli, hatte er im Gespräch mit Brecht erstmals das Problem der Kafka-Interpretation berührt, allerdings sehr allgemein und ohne seine eigene Arbeit auch nur zu erwähnen. Bei dieser Gelegenheit hatte Brecht ihm gesagt, er halte Kafka für »einen großen Schriftsteller [...] wie Kleist, wie Grabbe oder Büchner«, aber auch für »einen Gescheiterten«.[1] Bei Kafka, so fährt Brecht fort, »liegt das Parabolische mit dem Visionären im Streit«. Kafkas Ausgangspunkt sei die Parabel; allerdings sei diese bei ihm »niemals ganz transparent« (was wohl als eine schwerwiegende Kritik zu verstehen ist). Dagegen sei Kafka auch Visionär und als solcher habe er »das Kommende gesehen, ohne das zu sehen, was ist«. Drei Jahre zuvor, im Juni 1931, hatte Brecht in Le Lavandou, wo Benjamin ihn besucht hatte, bereits »das Prophetische« in Kafkas Werk hervorgehoben.[2] Nunmehr präzisiert er: »Kafka habe ein, nur ein einziges Problem gehabt, und das sei das der Organisation. Was ihn gepackt habe, das sei die Angst vor dem Ameisenstaat gewesen: wie sich die Menschen durch die Formen ihres Zusammenlebens sich selbst entfremden. Und gewisse Formen dieser Entfremdung habe er vorhergesehen, wie z. B. das Verfahren der GPU.«[3]

Einige Tage nach diesem Gespräch nimmt Benjamin sein Kafka-Manuskript stillschweigend wieder an sich. Brecht hat es drei Wochen lang vermieden, das Gespräch darauf zu bringen; auf Benjamins Fragen hat er ausweichend geantwortet. Und dann, ganz plötzlich, am 5. August, kommt er nun doch darauf zu sprechen: Benjamins Aufsatz sei eine Art »tagebuchartige Schriftstellerei im Stil Nietzsches«; Kafka werde dort aus seinen biographischen und sozialen Zusammenhängen herausgelöst. Statt die konkrete Situation zu untersuchen, in der Kafka gelebt habe (»was tut er? wie verhält er sich?«), komme Benjamin immer wieder auf die Frage nach dem *Wesen* (von Kafkas Werk). Im übrigen meint Brecht: »ich lehne Kafka ab«. Man werde bei ihm »eine Anzahl sehr brauchbarer Sachen finden. Die Bilder sind ja gut. Der Rest ist aber Geheimniskrämerei. Der ist Unfug. Man muß ihn beiseite lassen«. Und dann wieder mit Bezug auf Benjamins Kafka-Aufsatz: »Mit der Tiefe kommt man nicht vorwärts. Die Tiefe ist eine Dimension für sich, eben Tiefe – worin dann gar nichts zum Vorschein kommt.«[4] Daraufhin fordert Benjamin Brecht auf, seine Kafka-Kritik anhand der Interpretation eines einzelnen Textes zu überprüfen, und legt ihm zu diesem Zweck *Das nächste Dorf* vor, eine kurze Erzählung aus der 1919 erschienenen Sammlung *Ein Landarzt.* Sogleich kann Benjamin »den Konflikt beobachten, in den Brecht durch diesen Vorschlag versetzt wurde. Eislers Feststellung, diese Geschichte sei ›wertlos‹, lehnte er mit Entschiedenheit ab. Auf der andern Seite aber wollte ihm ebensowenig glücken, ihren Wert kenntlich zu machen. ›Man müßte sie genau studieren‹, meinte er. Dann brach das Gespräch ab«.

Wiederaufgenommen wird es drei Wochen später, am 29. August, in Form einer langen und erregten Debatte über Benjamins Aufsatz, in dem Brecht ihm vorwirft, er leiste »dem jüdischen Faschismus Vorschub«.[5] Aus dem Kontext des Gesprächs läßt sich herleiten, daß Brecht unter »jüdischem Faschismus« die jüdische Tradition oder die jüdische Mystik verstand, auf die

Benjamin bei seiner Kafka-Interpretation in der Tat häufig zurückgreift. Brecht seinerseits besteht auf der historischen und sozialen Bedingtheit, deren Niederschlag er in Kafkas Romanen – hauptsächlich im *Prozeß* – zu finden meint. In diesem Werk stecke vor allem »die Angst vor dem nicht enden wollenden und unaufhaltsamen Wachstum der großen Städte«.[6] Kafkas Situation sei die des Kleinbürgers, der unter die Räder der Industriegesellschaft gekommen ist. In diesem Sinne sei *Der Prozeß* durchaus »ein prophetisches Buch«. Daraufhin schlägt Benjamin vor, nun eine genaue Untersuchung der Kurzgeschichte *Das nächste Dorf* zu unternehmen. Dieses Mal widersetzt Brecht sich nicht. Er legt seine eigene Deutung des Kafka-Textes vor, der Benjamin dann sofort die seinige entgegensetzt. Diese beiden Exegesen des gleichen Textes erhellen beispielhaft den Unterschied zwischen zwei völlig verschiedenen Auffassungen des Wesens eines literarischen Textes, und letzten Endes zwischen zwei Weltanschauungen. Zugleich stellt diese Debatte eine wichtige Etappe in der Geschichte der frühen Kafka-Rezeption dar.

II

Kafkas Erzählung gibt sich als ein Bericht aus der Erinnerung:

> Mein Großvater pflegte zu sagen: »Das Leben ist erstaunlich kurz. Jetzt in der Erinnerung drängt es sich mir so zusammen, daß ich zum Beispiel kaum begreife, wie ein junger Mensch sich entschließen kann ins nächste Dorf zu reiten, ohne zu fürchten, daß – von unglücklichen Zufällen ganz abgesehen – schon die Zeit des gewöhnlichen, glücklich ablaufenden Lebens für einen solchen Ritt bei weitem nicht hinreicht.«

Vom Standpunkt der Erzähltechnik aus gesehen ist dieser Text mehrfach verschachtelt. Dessen linguistische Struktur könnte man folgendermaßen darstellen: ein erster Sprecher – der Erzähler – zitiert die Rede eines zweiten Sprechers – nämlich des Enkels –, innerhalb derer ein dritter Sprecher – der Großvater – eine zweite Aussage macht – und zwar dessen gesamte Rede – welche wiederum eine dritte Aussage enthält (von »daß ich kaum begreife« bis zum Schluß), deren Objekt (»ein junger Mensch«) seinerseits als Subjekt einer vierten (allerdings rein hypothetischen) Äußerung fungiert – welche die Befürchtungen angesichts der zu unternehmenden Reise zum Ausdruck bringen soll.

Von der Erzählperspektive her könnte man diese Verschachtelungstechnik auf folgende Weise zusammenfassen: der Autor läßt einen äußeren Erzähler (den Enkel) eine Geschichte erzählen, in der ein innerer Erzähler (der Großvater) vorkommt, welcher seinerseits eine neue Gestalt (den jungen Menschen) gleichsam inszeniert, wobei er ihr eine Art selbstreflexive Rede in den Mund legt.

Wie dem auch sei, bestimmt diese besondere Erzähltechnik die zeitliche und die modale Struktur des Textes, für die, wie wir noch sehen werden, Benjamin ein besonderes Organ hatte. In dem Einleitungssatz läßt der äußere Erzähler (der Enkel) ein Stück persönliche Erinnerung anklingen. Innerhalb dieser Erinnerung tritt eine Gestalt auf, diejenige des Großvaters, die im Gedächtnis des Erzählers die Verbindung zu einer noch weiter zurückliegenden Vergangenheit darstellt. Durch Verwendung des Imperfekts der Wiederholung (»pflegte zu sagen«) wird die Kontinuität zwischen der zeitlichen Instanz des Erzählers und der fernen Vergangenheit, die der Großvater verkörpert, noch stärker hervorgehoben. Der Großvater bezieht sich auf die eigene Vergangenheit zurück unter Einbeziehung all dessen, was sein Erinnerungsvermögen fassen kann. Von der Gegenwart des Enkels bis zu den Anfängen des bewußten Lebens des Großvaters sind es nahezu drei Generationen, die den zeitlichen Horizont der Erzählung ausmachen.

Rein zeitlich betrachtet schließt diese perspektivische Erweiterung der persönlichen Erinnerung, diese Erinnerung in der Erinnerung, die dem Text seine diachronische Tiefe verleiht, mit dem Syntagma »drängt es sich mir so zusammen«. Die beiden anderen Elemente der Verschachtelungsstruktur – und zwar die Einführung des jungen Menschen innerhalb der Rede des Großvaters sowie die innere Rede, die der Großvater ihm hypothetisch leiht – gehören eigentlich nicht mehr zur Kategorie der Rückwendung in die Vergangenheit, sondern zu der des Abschweifens ins Imaginäre. Um seine These über die Kürze des Lebens zu veranschaulichen, formuliert der Großvater eine Hypothese, die er in der Form einer Kurzgeschichte darstellt. Aber dieser Rückgriff aufs Imaginäre steht durchaus nicht im Widerspruch zu der vorigen Erfahrung, von der der Großvater berichtet hatte: derjenigen des Sich-Vertiefens in die Vergangenheit. Vielmehr führt die Phantasie die Arbeit der Erinnerung weiter: die grüblerische Versponnenheit des Großvaters bewirkt sozusagen das Umkippen des Kafka-Textes in eine Welt des Irrealen, wo die paradoxesten Spekulationen schalten und walten dürfen.

Diese Verschachtelungstechnik, die die Illusion der zeitlichen Tiefe schafft, wird wiederum durch die persönliche Erzählform bestimmt. Eigentlich hätte die Geschichte in einer rein unpersönlichen Form berichtet werden können, etwa in der Art der Aphorismen, die Kafka ungefähr zur gleichen Zeit – also zwischen 1917 und 1920 – verfaßte. Man könnte sich zum Beispiel folgenden Textanfang vorstellen:

> Das Leben ist erstaunlich kurz. In der Erinnerung drängt es sich so zusammen, daß man zum Beispiel kaum begreift, daß [...]

Mit der Veränderung des Aussage-Modus hätte sich im Gehalt des Ausgesagten nichts geändert. Nun hat Kafka aber die persönlichste aller Aussageformen gewählt, und zwar die, in der die Rede des Erzählers innerhalb der Rede eines anderen Erzählers gleichsam gebrochen und reflektiert wird. So trägt der Text alle Merkmale der subjektiven Rede: Personalpronomen der ersten Person, Verwendung des Präsens, des deiktischen »jetzt«, Modifikatoren subjektiver Färbung wie »erstaunlich«, »kaum«, »schon«, »bei weitem nicht«. Dadurch gewinnt das vom Großvater geäußerte Paradox über die Zeit des Lebens, die zu kurz für einen einzigen Ritt ist, eine stark subjektive Färbung; im Gegensatz zur spekulativen Trockenheit des Aphorismus erscheint es als ein Augenblick im Bewußtseinsstrom des Großvaters, als lebendige Erfahrung, die der sie überliefernde Enkel sich seinerseits zu eigen macht. Das Paradox von einer Zeit, die gleichzeitig sehr lang und lächerlich kurz ist, verliert den Anschein einer Aporie, indem es sich als die Wirkung eines durch die Täuschungen der Erinnerung und der Phantasie entstellten Zeitbewußtseins gibt.

Nichtsdestoweniger scheint der Großvater selbst ein Opfer dieser Perspektiv-Täuschung geworden zu sein. Behauptet er nicht, die Dauer des Lebens sei so kurz, daß sie nicht einmal für den kürzesten Ritt genügt? Es wäre ein Leichtes zu beweisen, daß diese Behauptung – die der Großvater allerdings sehr ernst nimmt – ein reiner Sophismus ist. Die Tatsache, daß das Leben, wenn es aus der Perspektive des Alters betrachtet wird, sich zusammenzudrängen und zu verkürzen scheint, läßt nämlich keineswegs den Schluß zu, es sei tatsächlich »erstaunlich kurz«. In Wirklichkeit projiziert der Großvater seine eigene, vom Text als *retrospektiv* (»in der Erinnerung«) gekennzeichnete Zeit-Auffassung auf die Zeit-Erfahrung des jungen Menschen, welche auf die Zukunft, auf den vorstehenden Ritt, gerichtet und damit wesenhaft *prospektiv* ist. Der Sophismus in der These des Großvaters besteht also darin, daß eine retrospektive Zeitvorstellung in ein aktuelles, in die Zukunft gerichtetes Bewußtsein verlagert wird. Der Autor (der sich hier deutlich von der Gestalt des Großvaters unterscheidet) weiß natürlich, daß es unmöglich ist, die Zeit gleichgültig rückwärts oder vorwärts zu durchschreiten, als handele es sich um ein abstraktes Medium, das aus immergleichen Momenten bestünde. In der wirklichen Zeit-Erfahrung enthüllen Erinnerung und Vorwegnahme zwei spezifische Zeit-Dimensionen, die sich in keinem Fall aufeinander zurückführen lassen. Indem der Großvater dagegen aus dem jungen Menschen einen Zeitgenossen macht – er spricht von ihm im Präsens – schafft er beim Zuhörer (und somit beim Leser) die Illusion eines Synchronismus, in dem die Opposition zwischen den beiden entgegengesetzten Zeitbegriffen – dem retrospektiven und dem prospektiven – aufgehoben erscheint.

Alle rhetorischen Vorgänge, die dem Text zugrunde liegen, deuten also in die gleiche Richtung: dem Leser zu verstehen zu geben, daß das vom Großvater dargestellte Paradox keinerlei logische Grundlage hat, sondern daß es sich dabei um eine dialektische Spielerei handelt, welche in Wirklichkeit die Erfahrung der Zeit-Verzerrung zum Ausdruck bringt, die ein ganz und gar im Labyrinth der Erinnerung und der Phantasie verlorener Greis macht. Es bleibt allerdings die Tatsache, daß der Enkel, der die Worte seines Großvaters wiedergibt, diese mit keiner kritischen Bemerkung versieht. Merkt er etwa gar nicht, daß es sich um einen Sophismus handelt? Oder möchte er durch dieses kommentarlose Zitieren zu verstehen geben, daß sein Großvater nichtsdestoweniger eine gewisse Wahrheit ausdrückt? Diese Fragen richten sich vielleicht noch grundlegender an den Erzähler, der die Worte des Enkels mitteilt. Würde er sich die Mühe machen, sie überhaupt anzuführen, wenn er nicht meinte, der Enkel habe von seinem Großvater eine bedeutsame Lehre geerbt, die sich allerdings weniger durch logische Genauigkeit äußern läßt als durch das Ungefähr und die Widersprüchlichkeit von Erinnerung und Phantasie?

In diesem Falle müßte man das Paradox des Großvaters nun doch ernst nehmen, wohl wissend, daß die von ihm ausgedrückte Wahrheit der Logik Hohn spricht und sich nur indirekt enthüllen läßt, und zwar durch die Täuschungen der Erinnerung und die Widersprüche der Fiktion. Um den Sinn des Paradoxes zu entziffern, muß man zunächst beachten, daß es auf einem räumlichen Zeitbegriff beruht: eine Zeitspanne – die Dauer des Lebens – wird durch räumliche Weite – die Entfernung bis zum nächsten Dorf – gemessen. Sobald man diese räumliche Zeitauffassung akzeptiert hat, enthüllt sich auch der Sinn des Paradoxes: in der Welt, auf die der Großvater Bezug nimmt, ist *selbst das nächste Dorf unendlich weit entfernt.* Das wäre eine Welt, in der unermeßliche Entfernungen einen bewohnten Ort vom andern trennen, so daß es niemandem gelingen kann, den grenzenlosen Raum um seinen Wohnort je zu durchmessen. Das ist die Raum- und Zeitvorstellung, die z. B. der Erzählung *Eine kaiserliche Botschaft* zugrunde liegt, wo eine endlose Entfernung den zentralen Palast von dem Ort trennt, wo der Empfänger der Botschaft sein Leben damit zubringt, einen Boten zu erwarten, der nie ankommen wird. Die metaphorische Bedeutung, auf welche der Großvater hinzielt, wäre dann die folgende: gemessen an der unendlichen Ferne des zu erreichenden Ziels ist das menschliche Leben unendlich kurz.

Man kann aber auch von jener räumlichen Zeit-Definition absehen und von der rein subjektiven Zeit-Erfahrung des Großvaters ausgehen. Dann gelangt man zu einer anderen Interpretation des Paradoxes: die Entfernung, die den jungen Menschen vom nächsten Dorfe trennt, mag so kurz sein, wie man will, *die zum Durchlaufen dieser Entfernung erforderliche Zeitspanne ist eine unendliche.* Das ist sie, wie so häufig bei Kafka, weil sich derartige (wohlgemerkt: gewöhnliche) Hindernisse vor dem Reisenden auftürmen, daß jedes zu durchlaufende Zentimeter übermenschliche Anstrengungen erfordert. Hier währt jede Sekunde eine Ewigkeit, und der zu einem unendlichen Auf-der-Stelle-Treten verurteilte Reisende wird niemals zum Ziel gelangen. Nach dieser Interpretation liegt es an der unendlichen Komplexität jeder Handlung, an den ständigen Zweifeln und Bedenken, die der geringsten Entscheidung vorangehen, daß die Dauer eines vollen Lebens dem Großvater eben lächerlich kurz vorkommen muß.

III

Benjamin berichtet, daß die von Brecht vorgeschlagene Interpretation der Geschichte Kafkas folgendermaßen lautete:

> Sie ist ein Gegenstück zu der Geschichte von Achill und der Schildkröte. Zum nächsten Dorf kommt einer nie, wenn er den Ritt aus seinen kleinsten Teilen – die Zwischenfälle nicht gerechnet – zusammensetzt. Dann ist das Leben für diesen Ritt zu kurz. Aber der Fehler steckt hier im ›einer‹. Denn wie der Ritt zerlegt wird, so auch der Reitende. Und wie nun die Einheit des Lebens dahin ist, so ist es auch seine Kürze. Mag es so kurz sein, wie es will. Das macht nichts, weil ein anderer als der, der ausritt, im Dorfe ankommt.[7]

Zunächst ist zu beachten, daß sich Brechts Betrachtungen keineswegs auf die sprachliche Form der Kafka-Erzählung beziehen – also auf die Modalität der Aussage –, sondern auf das Ausgesagte selbst, d. h. auf das Paradox der Kürze des Lebens. Brecht befaßt sich nicht mit dem Darstellungsprinzip der Geschichte, jener erzählerischen Inszenierung, wodurch das Paradox auf eine Entstellung des Zeitbewußtseins bei dem Subjekt der Aussage zurückgeführt und somit relativiert wird. Was Brecht hier interessiert, sind weniger die formalen Eigenheiten des Textes als die Ideen, die er vermittelt. Daher versucht er in erster Linie den Text auf seine logische Struktur zurückzuführen. Brecht nimmt also das Paradox völlig ernst; er sieht darin nicht etwa die Wirkung eines rhetorischen Trugschlusses, sondern den Ausdruck eines echten logischen Widerspruches, der gleichsam im Wesen der Zeit verankert ist.

Laut Brecht handelt es sich hier um eine Variation über das berühmte Paradox von Zenon dem Eleaten, welcher übrigens von einer Zerlegung des Raums (und nicht der Zeit) ausgegangen war: durch Unterteilung der Bewegung (definiert als die Verlagerung eines Körpers von einem Punkt auf einen anderen) in immer kleinere Einheiten kann man sie auf eine Reihe von unbeweglichen Punkten reduzieren und dadurch beweisen, daß es die Bewegung nicht gibt: so der Pfeil, der »ständig vibriert, aber nicht fliegt« (Paul Valéry), oder Achill, der die Schildkröte nie einholen wird. Der Negation der Bewegung durch die unendliche Teilbarkeit des Raums entspricht dann die Negation der Zeit aufgrund der unendlichen Unterteilbarkeit jedes ihrer Augenblicke. Wenn man nämlich die Zeit in eine unendliche Zahl von unbeweglichen

Augenblicken aufteilt, ist es nicht mehr möglich, sie als ein homogenes Element wahrzunehmen, also als einen Strom, der die Folge der Ereignisse mit sich reißt, genauso wie eine Linie durch Aufteilung in unendlich viele Punkte die Kontinuität einbüßt, durch die allein Bewegung möglich gemacht wird.[8] Laut Brecht wird Kafkas junger Reiter das nächste Dorf niemals erreichen, eben weil der betreffende Text von einer diskontinuierlichen Raum- und Zeitvorstellung ausgeht. Brecht spürt in Kafkas Erzählung eine hoffnungslose Schwere des Raums und der Zeit: jedes Zentimeter und jede Sekunde stellen dort eine jeweils in sich geschlossene Einheit dar, die einen nicht losläßt.

Erstaunlich ist die Tatsache, daß Brecht die Diskontinuität des Raums und der Zeit als einen objektiven Tatbestand anzuerkennen scheint. Wenn der Reitende seinen Ritt in dessen kleinste Teile zerlegt, so wird er – laut Brecht – das nächste Dorf niemals erreichen. Bei überfeiner Sensibilität für die Besonderheit jedes zu durchlaufenden Zentimeters, jeder zu durchlebenden Sekunde scheint für Brecht der Raum tatsächlich zu erstarren und die Zeit stehenzubleiben. Gelähmt durch seine Scharfsicht wird ein solcher Reisender niemals bis zum Ziel gelangen.

Hier erreichen wir den Punkt, wo Brecht den Kafka-Text nicht mehr als ein rein logisches Gebilde begreift, sondern gleichzeitig als eine *Parabel*. Daher dürfen auch in seiner eigenen Interpretation die metaphorischen Konnotationen nicht überhört werden. In einem früheren Gespräch hatte Brecht behauptet, Kafkas Ausgangspunkt sei »wirklich die Parabel, das Gleichnis, das sich vor der Vernunft verantwortet und dem es deshalb, was seinen Wortlaut angeht, nicht ganz ernst sein kann«[9]. So unternimmt Brecht den Versuch, den »Wortlaut« von Kafkas Erzählung näher zu untersuchen, um zu beweisen, daß dessen metaphorischer Sinn ein andrer sein kann als der, den Kafka ihr wahrscheinlich geben wollte. Man muß nämlich – so meint Brecht – die innere Logik des Textes weiterführen: konsequent zu Ende gedacht, muß der Zerlegung des Reisewegs die Zerlegung des Reisenden entsprechen; die Unterteilung der Reise in eine Reihe von diskontinuierlichen Momenten impliziert sozusagen das Nacheinander von verschiedenen Entwicklungsstadien in der Geschichte des Reisenden; so kommt es zustande, daß in Wirklichkeit »ein anderer, als der, der ausritt, im Dorfe ankommt«. Es ließe sich unschwer zeigen, daß auch diese Folgerung ein Sophismus ist: indem die

Zerlegung einer Linie in eine unendliche Serie von diskontinuierlichen Punkten in der Tat – laut der eleatischen Philosophie – zur Negation der Bewegung führt, läßt dagegen das Hervorheben der verschiedenen Etappen im Leben eines Menschen diesen ja gerade als ein historisches Wesen erscheinen, also als ein Wesen, das in ständiger Bewegung ist. Die Idee der Geschichtlichkeit des Menschen kann auf keinem Fall aus dem eleatischen Paradox von der Nicht-Wirklichkeit der Zeit hergeleitet werden. Im Gegenteil: beide Auffassungen schließen einander völlig aus.

Die Argumente, auf denen Brechts Interpretation beruht, sind also wenig überzeugend. Aber für Brecht war die logische Beweisführung hier wahrscheinlich nur Mittel zum Zweck. Die Deutung des Kafka-Textes sollte ihm erlauben, einen zentralen Punkt seiner eigenen Weltanschauung darzustellen. Brecht sieht in Kafkas Erzählung den Ausdruck eines grundlegenden Mißtrauens gegen die Zeit: wie die Zeit, die dem Menschen zur Verfügung steht, auch beschaffen sein mag, so könne sie nie für die Lösung der ihm auferlegten Aufgabe ausreichen. Für Brecht singt Kafka hier das alte Lied des menschlichen Unvermögens: der Mensch sei eben unfähig, die historische Zeit zu meistern, sich ihrer zu bedienen oder ihr seinen Willen aufzuzwingen. Auf dem Weg der Geschichte sei der Mensch dazu verurteilt, Gefangener des jeweils gegenwärtigen Augenblicks zu bleiben; nie könne er das Ziel erreichen. Kafka – so hatte Brecht zu Benjamin gesagt – befinde sich in der typischen Situation des modernen Kleinbürgers, des Opfers einer sozialen Ordnung, die ihn aufreibt. Aber im Unterschied zum Faschisten, der diese Sozialordnung auf seine Weise bekämpft, »widersetzt sich Kafka ihr kaum«, er »setzt mit Fragen ein«. Im Unterschied zum Faschisten braucht er keinen Heroismus, er ist »weise«.[10] Aber wohlgemerkt, wenn das unablässige Fragestellen laut Brecht wohl ein Zeichen von Weisheit ist, so verrät sich darin auch ein »uneingeschränkter Pessimismus«.

Eben diesem Pessimismus setzt Brecht die Behauptung entgegen, daß der Mensch ein wandlungsfähiges Wesen ist. Die »Zerlegung« des Reisenden selbst, d. h. die Fähigkeit des Menschen, sich auf sich selbst zu besinnen und sich immer wieder in Frage zu stellen, muß nicht notwendigerweise zu einer Lähmung des Handelns führen, sondern kann gleichermaßen zu seiner Veränderung und seinem Fortschritt beitragen. Indem der Mensch dem

Widerstand des Vorfindlichen seinen Willen zur Veränderung entgegensetzt, kann er die Diskontinuität der Momente gleichsam überspringen. Eben weil er sich verändert, kann er hoffen, das Ziel zu erreichen.

IV

Walter Benjamin berichtet, daß er seinerseits folgende Interpretation der Kafka-Erzählung vorgeschlagen hat:

Das wahre Maß des Lebens ist die Erinnerung. Sie durchläuft, rückschauend, das Leben blitzartig. So schnell wie man ein paar Seiten zurückblättert, ist sie vom nächsten Dorfe an die Stelle gelangt, an der der Reiter den Entschluß zum Aufbruch faßte. Wem sich das Leben in Schrift verwandelt hat, wie die Alten, die mögen diese Schrift nur rückwärts lesen. Nur so begegnen sie sich selbst, und nur so – auf der Flucht vor der Gegenwart – können sie es verstehen.[11]

Dieser Text, in dem esoterischen Stil geschrieben, den Benjamin jedesmal anwandte, wenn er etwas zu sagen hatte, was ihm besonders am Herzen lag, ist in keiner Weise improvisiert. Er stellt die Zusammenfassung einer Reihe von Betrachtungen und Überlegungen zu Kafkas Werk dar, die Benjamin seit 1928 zu diesem Thema angestellt hatte. Diese vorläufigen Notizen, zuerst 1931 wieder aufgenommen im Hinblick auf eine Arbeit über Kafka, die dann nicht erschien, später dann systematisch ausgearbeitet, bilden das Rohmaterial zu dem Aufsatz für die ›Jüdische Rundschau‹, dessen erste Fassung Benjamin nach Svendborg mitgebracht hatte. Es ist also kein Zufall, daß Benjamin gerade *Das nächste Dorf* als Grundlage seines Gesprächs mit Brecht gewählt hatte. Einige Wochen später, bei der endgültigen Abfassung des Aufsatzes, baute er die hier nur angedeuteten Gedanken zu den zentralen Motiven seiner Arbeit aus. Manche davon, wie etwa das des Rückwärts-Schreitens, sollten in seinen letzten Schriften eine grundlegende Rolle spielen.

Am 5. Juli 1934 hatte Brecht Benjamin erklärt: »Bei Kafka [...] liegt das Parabolische mit dem Visionären im Streit.«[12] Benjamin nimmt diese Unterscheidung wieder auf und erhebt sie zu einer der Hauptkategorien seiner Kafka-Interpretation. Gleichzeitig versucht er, den Begriff der »Vision« schärfer zu bestimmen und ersetzt ihn nacheinander durch die Wörter »Symbol«, »Gestus«

und »Mystik«. In einer Notiz aus der Zeit, als er an der zweiten Fassung seines Aufsatzes arbeitete, schreibt er: »Während der Lehrgehalt von Kafkas Stücken in der Form der Parabel zum Vorschein kommt, bekundet ihr symbolischer Gehalt sich im Gestus. Die eigentliche Antinomie von Kafkas Werk liegt im Verhältnis von Gleichnis und Symbol beschlossen.«[13] In der endgültigen Fassung des Aufsatzes wird der gleiche Gedanke wieder aufgenommen: »Etwas war immer nur im Gestus für Kafka faßbar. Und dieser Gestus, den er nicht verstand, bildet die wolkige Stelle der Parabeln.«[14] In einer späteren Notiz beobachtet er bei Kafka den »Gegensatz zwischen dem Mystiker und dem Paraboliker, dem Visionär und dem Weisen«.[15] Alle diese Unterscheidungen lassen sich auf einen grundlegenden Gegensatz zurückführen, nämlich den einer *Logik der Bedeutungen* und einer *Logik der Bilder.* Einerseits, meint Benjamin, beziehen sich Kafkas Texte auf Bedeutungen, die ihnen gewissermaßen äußerlich sind, so wie ein Zeichen auf ein Bezeichnetes hinweist. In diesem Sinne sind es »Parabeln«, sie vermitteln »Unterweisung«, »Weisheit«. Aber in anderer Hinsicht bestehen Kafkas Texte aus einem Netz von Bildern, die sich nur auf sich selbst beziehen oder, genauer gesagt, auf einen Sinn, der sich begrifflich nicht fassen läßt. Sie deuten auf ein »visionäres« oder »mystisches« Moment hin. Allerdings schließt für Benjamin der Gegensatz dieser beiden Aspekte in Kafkas Werk deren »Verschränkung« keineswegs aus.[16] Darum bemüht sich Benjamin, bei Kafka gleichzeitig das abstrakte Gefüge der Bedeutungen und das konkrete Gewebe der Bilder zu entziffern, und dies im Unterschied zu den »ideologischen« (theologischen, metaphysischen oder psychoanalytischen) Interpretationen, die er entschieden ablehnte.[17]

Auch in seiner Exegese von *Das nächste Dorf* geht Benjamin diesen beiden Aspekten des Textes nach. Im ersten Teil seiner Interpretation betrachtet er ihn als eine Parabel: hier soll die vom Großvater mitgeteilte Erfahrung nicht nur von einer subjektiven Entstellung des Zeitbewußtseins zeugen; sie spricht auch eine allgemeingültige Wahrheit aus, und zwar: »Das wahre Maß des Lebens ist die Erinnerung.« Nun ist die Frage, die, laut Benjamin, durch Kafkas Erzählung aufgeworfen wird, eben gerade diese: wie – durch welche Art von Erfahrung – bekommen wir das Leben in seiner Ganzheit, also in seiner gesamten Dauer, zu fassen? Darauf schlägt Kafkas Kurzgeschichte zwei verschiedene

Antwortmöglichkeiten vor: die eine veranschaulicht durch den jungen Reiter, dessen Lebensdauer durch die Summe der jeweils gegenwärtigen Augenblicke gemessen wird, so wie sie sich je nach seinem Fortschreiten in der Zeit addieren mögen. Diese Art von Erfahrung, wo das Ziel jedesmal etwas ferner rückt, macht es unmöglich, eine zeitliche Ganzheit je zu umfassen; vielmehr versetzt sie uns jedesmal von neuem an den Anfang eines unbegrenzten Zeitraums, dem kein Ende gesetzt werden kann.

Die andere Erfahrungsweise ist die des Großvaters, dessen Blick nicht auf die Zukunft, sondern auf die Vergangenheit gerichtet ist. Im Aufblitzen der Erinnerung stimmt bei ihm die fernste Vergangenheit mit dem gegenwärtigen Augenblick überein. Wie bei Proust vermag die plötzliche Koinzidenz von Vergangenheit und Gegenwart die Zeit gleichsam aufzuheben, oder besser: sie auf einen einzigen Augenblick zusammenzudrängen. Den gleichen Gedankengang hat Benjamin in seinem letzten Text, den *Geschichtsphilosophischen Thesen* (1940) dann wieder aufgenommen. Dort steht der Idee der homogenen Zeit, die sich auf die Vorstellung des endlosen Fortschritts gründet, in Wirklichkeit aber nur zu einer unablässigen Wiederholung des Immergleichen führt, der Gedanke einer »Jetztzeit« gegenüber, wo die Gegenwart mit der Vergangenheit in Resonanz tritt und diese zu neuem Leben aufruft. Paradoxerweise ist es eben diese Reaktualisierung der Vergangenheit, die Benjamin als »messianisch« kennzeichnet. In seinem Kommentar zum *Nächsten Dorf* sagt Benjamin etwas sehr Ähnliches: die Zeit des aktiven, nach vorwärts gerichteten Lebens kann uns unmöglich bis zum Ziel bringen, so nah es auch sein mag; dagegen erlaubt uns die Blitzartigkeit der Erinnerung sozusagen gleichzeitig rückwärts zu schauen und die Zukunft vorwegzunehmen, oder genauer gesagt: die Vorwegnahme der Zukunft als eine Dimension der Erinnerung zu erleben: »So schnell wie man ein paar Seiten zurückblättert, ist sie [die Erinnerung] vom nächsten Dorfe an die Stelle gelangt, an der der Reiter den Entschluß zum Aufbruch faßte.«

Diese Interpretation ist keineswegs willkürlich. Sie stützt sich auf eine sehr genaue, wenn auch nur implizite, Analyse der Erzählstruktur des Textes. Benjamin geht davon aus, daß ein großer Teil des Textes (von »Das Leben ist erstaunlich kurz« bis zum Schluß) eine Aussage des Großvaters darstellt. Insbesondere muß die Sequenz des jungen Reiters (die durch das Syntagma »daß ich zum Beispiel kaum begreife« eingeleitet wird) als ein Teil der Rede des Großvaters verstanden werden. Nun aber wird die Situation, die den Aussageakt des Großvaters bestimmt – anders gesagt: seine Diskurs-Instanz – durch die Worte »Jetzt in der Erinnerung« definiert. Streng genommen muß demnach die Episode des jungen Reiters als ein Teil oder ein Moment innerhalb der Erinnerungs-Erfahrung verstanden werden, die der Großvater macht. Und in der Tat ist ja die extreme Einengung der Lebensdauer, welche diese Episode bestimmt und somit auch die Behauptung rechtfertigt, der junge Mensch könne das nächste Dorf niemals erreichen, ihrerseits die unmittelbare Folge des zeitlichen Standpunktes des Großvaters, der sein Leben sozusagen »umgekehrt«, aus der verzerrten Perspektive der Erinnerung, betrachtet. Folglich ist die Sequenz als eine Art Phantasie-Gebilde zu begreifen, jedenfalls als ein Einschub innerhalb der Erfahrung vom Zusammengedrängtsein der Zeit. Um das nächste Dorf – das der junge Reiter seinerseits nicht kennt und auch nie kennenlernen wird – zu erwähnen, muß der Großvater eine Vorstellung davon haben, d.h. er muß es zumindest in seiner Phantasie erreicht haben. Umgekehrt: um aussagen zu können, daß der junge Mensch es nie erreichen wird, muß sich der Großvater in seiner Vorstellung an die Stelle zurückversetzen, »an der der Reiter den Entschluß zum Aufbruch faßte«.

V

Im zweiten Teil seiner Interpretation untersucht Benjamin das Bild-Gewebe der Kafka-Erzählung. Hier muß aber zuerst kurz erläutert werden, welche Rolle die Bilder überhaupt in Benjamins Hermeneutik spielen. Vom Trauerspiel-Buch an bis zu den letzten Arbeiten über Baudelaire bleibt Benjamins Methode die gleiche: in den Werken, die er untersucht, hebt er zunächst eine Reihe von »Motiven« hervor, die ihm besonders kennzeichnend erscheinen. Darunter versteht Benjamin nicht so sehr abstrakte Themen als vielmehr konkrete Einzelheiten, die durch ihr wiederholtes Auftreten als Zeichen ausgewiesen werden, als Elemente einer unterschwelligen poetischen Logik. Solche Motive sind meistens in dem gesamten Korpus des betreffenden Autors verstreut. Benjamin sammelt sie sorgfältig, zeigt unter ihnen verborgene Beziehungen auf und ordnet sie dann zu synthetischen »Bildern«, die als Schlüsselbegriffe der Interpretation fungieren. Diese Bilder wiederum verknüpft Benjamin zu einer Reihe von *Konfigurationen* oder auch *Konstellationen*, die gewissermaßen die Kernelemente seiner kritischen Metasprache darstellen. Diese Metasprache besitzt zweifellos ihre eigene Kohärenz; man kann in ihr ein zusammenhängendes System erblicken, in dem Benjamins höchst spannungsvolle und dialektische Weltanschauung indirekt zum Ausdruck kommt. Zugleich aber enthüllt sich in dem hermeneutischen Status dieser Metasprache die ganze Zweideutigkeit von Benjamins kritischer Methode. Jedes Bild, jede Konstellation kann zugleich als ein Strukturelement des interpretierten Werkes und als eine Grundkategorie von Benjamins eigenem System verstanden werden. Mit Recht hat Hans Mayer in seinem Aufsatz über Walter Benjamins Kafka-Bild darauf hingewiesen, daß in Benjamins Literaturkritik Interpretation und Projektion nahezu untrennbar seien.

Auch in seinem Kommentar zu *Das nächste Dorf* verknüpft Benjamin eine Reihe von Bildern zu einer ganz bestimmten Konfiguration, in der sich gleichzeitig sein Verständnis des Kafka-Textes und ein Grundaspekt seiner eigenen Weltschau offenbart. Um den Sinn dieser Konfiguration zu ergründen, werden wir den Hauptmotiven, aus welchen sie zusammengesetzt ist, so genau wie möglich nachgehen. Es handelt sich dabei um die Motive des *Wegs* und der *Rennbahn*, des *Pferdes* und des *Reiters*, des *Rückwärtsfahrens*, und schließlich um die Motive des *Studiums*, des *Lesens* und der *Schrift*.

Es ist Benjamin nicht entgangen, daß das Bild des *Weges* bei Kafka sehr häufig vorkommt; außerdem handelt es sich dabei um eins der Motive, dessen metaphorische Bedeutung am offenkundigsten ist. Benjamin aber konzentriert sich in seinem Kafka-Aufsatz (und auch schon in seinem Kommentar zum *Nächsten Dorf*) auf eine ganz spezifische Variante des Motivs, nämlich auf das Bild der *Rennbahn*. Es erscheint sowohl im letzten Kapitel von *Amerika*, als Karl Rossmann als Statist im »Naturtheater von Oklahoma« an einem Schauspiel teilnimmt, das sich in der Arena eines Zirkus abspielt, als auch in einer ganzen Reihe von anderen Kafka-Texten, wie etwa *Wunsch, Indianer zu werden, Zum Nachdenken für Herrenreiter, Unglücklichsein, Kinder auf der Landstraße* und *Der neue Advokat*. Wenn Benjamin mit Bezug auf *Das nächste Dorf* schreibt, daß die Erinnerung »rückschauend das Leben blitzartig durchläuft«, interpretiert er in diesem Zusammenhang die Erinnerung als einen Ritt nach rückwärts über eine Rennbahn (wenn auch das Bild der Rennbahn in Kafkas Erzählung nicht ausdrücklich vorkommt, sondern nur das des Ritts).

In einer der Aufzeichnungen, die er im Hinblick auf den Kafka-Aufsatz gemacht hatte, setzt Benjamin ausdrücklich das Motiv der Rennbahn zu *Das nächste Dorf* in Beziehung, wobei er hinzufügt (mit Bezug auf den Anfang von *Bericht für eine Akademie*), Kafka sei es auch sonst vertraut gewesen, »daß man übrigens eine Zeit ›durchzugaloppieren‹ hat«.[18] Daß Benjamin die Rennbahn als eine Metapher des Lebens auffaßt, als den Ort eines Wettlaufs, bei dem das Heil demjenigen verheißen ist, der das Ziel zu erreichen vermag, erweist eine Notiz zum Thema der »Entstellung der Zeit«, von der Benjamin schreibt, daß »sie Spiel wird«; dieses Spiel aber »findet auf einer Rennbahn statt, weil auch diesem antiken Spiel eine sakrale Bedeutung einwohnt«.[19] Diese Bemerkung führt zu einem Abschnitt des Trauerspiel-Buchs zurück, wo Benjamin die griechische Tragödie als Zeremonie vom »agonalen« Typus darstellt, also als sublimierte Wiederaufnahme des archaischen Ritus des Ordals, in dem der zum Opfer bestimmte Mensch dem Messer des Opferpriesters dadurch entkommen kann, daß er so lange um den Altar läuft, bis er ihn mit der Hand berührt.[20] Dieser Gedankengang, den Benjamin seinem Freund Florens Christian Rang verdankte[21], erklärt sehr wahrscheinlich die Beharrlichkeit, mit der Benjamin das Bild der Rennbahn und des rituellen Laufs als Metapher für das Streben nach der Erlösung verwendet. Dies erklärt auch, warum Benjamin den Motiven der Pferde und der Reiter bei Kafka eine solche Bedeutung beimißt. Die Pferde des *Landarztes,* die Reittiere von Don Quichotte und seinem Diener in *Die Wahrheit über Sancho Pansa*, Alexanders Streitroß Bucephalus in *Der neue Advokat,* und auch der Name der Hauptfigur des Romans *Amerika*, Rossmann, gehören für ihn zu ein und derselben Konstellation, die auf die Idee der menschlichen Bestimmung hindeutet, verstanden als Reise nach einem fernen Ziel.

Nun kann aber diese Reise in zwei entgegengesetzte Richtungen führen: nach vorwärts oder nach rückwärts. In Benjamins Kafka-Aufsatz bilden diese beiden Richtungen einen polaren Gegensatz:

»Selig der Reiter, der der Vergangenheit auf leerer, fröhlicher Reise entgegenbraust und seinem Renner keine Last mehr ist«[22], »Unselig aber der Reiter, der an seine Mähre gekettet ist, weil er das Zukunftsziel sich vorgesetzt hat«. Die Last, die Benjamin hier erwähnt, ist ebenfalls ein wichtiges Element der von ihm dargestellten Konstellation. Bei Kafka, meint Benjamin, kann es sich dabei ebenso um den Reiter selber handeln, als um eine Last, die der Mensch auf dem Rücken trägt. In *Der neue Advokat* wird Bucephalus, zum Menschen geworden, der Last seines Meisters, Alexanders des Großen, ledig. In *Die Wahrheit über Don Quichotte* wird Sancho Pansa von seinem inneren Dämon befreit, dem er den Namen »Don Quichotte« gegeben hatte. »Ob Mensch, ob Pferd«, schreibt Benjamin, »ist nicht mehr so wichtig, wenn nur die Last vom Rücken genommen ist.«[23] Was bedeutet aber diese Last? Für Benjamin, der sich hier auf die Quälmaschine der *Strafkolonie* bezieht, die in den Rücken des Verurteilten den Text seines Urteils eingraviert, stellt das Bild der Last eine Metapher für den Gedanken einer grundlegenden Schuld dar, deren Ursprung in der archaischen Vorgeschichte der Menschheit begraben liegt.[24] In Kafkas Welt hat man immer den Eindruck, als hätten die Gestalten ein Gesetz übertreten, dessen genauen Inhalt sie längst vergessen haben. Im Vergleich zu der Last dieser unbegreiflichen Schuld ist das aktive, auf die Zukunft gerichtete Leben nichts als eine Flucht nach vorn. Die einzige Möglichkeit, das Gewicht der Schuld loszuwerden, besteht in der Rückwendung zur Vergangenheit, in dem Versuch, sich durch Erkenntnis von dem Druck der mythischen Vorstellungen zu befreien. Gegen das Vergessen, das ihr Unglück ausmacht, kämpfen Kafkas Gestalten durch das Gedächtnis, von dem Benjamin schreibt, es sei bei den Juden »eine Form der Frömmigkeit«.[25]

Für Benjamin vollzieht sich diese Leistung des Gedächtnisses in Kafkas Werk durch das *Studium.* In seinem Aufsatz von 1934 weist Benjamin diesem Motiv eine zentrale Stelle an und versäumt es auch nicht, auf die religiösen Konnotationen hinzuweisen, die das Studium der heiligen Schriften bei den Juden besitzt. Der Student, den Karl Rossmann in *Amerika* trifft, durchwacht die Nacht; sein Studieren ist Askese; dieser Kampf gegen das Vergessen, schreibt Benjamin, »betrifft die Möglichkeit der Erlösung«.[26] Daß es sich bei diesem Studium um eine Rückkehr in die Vergangenheit handelt, sieht Benjamin in der bei Kafka so häufig vorkommenden Gebärde des *Umblätterns* angedeutet. Von dem Studenten in *Amerika* heißt es, daß er »die Blätter wendete, hie und da in einem andern Buche, das er immer mit Blitzesschnelle ergriff«.[27] Hier finden wir die Metapher wieder, die Benjamin auch in seinem Kommentar zum *Nächsten Dorf* verwendet hat: »Sie (die Erinnerung) durchläuft, rückschauend, das Leben blitzartig. So schnell wie man ein paar Seiten zurückblättert, ist sie vom nächsten Dorfe an die Stelle gelangt, an der der Reiter den Entschluß zum Aufbruch faßte.« In dem gleichen Zusammenhang erwähnt Benjamin »Bucephalus, den ›neuen Advokaten‹, der ohne den gewaltigen Alexander – und das heißt: des vorwärtsstürmenden Eroberers ledig – den Weg zurück nimmt«[28], wobei er die letzten Zeilen der Kafka-Erzählung zitiert: »Frei, unbedrückt die Seiten von den Lenden des Reiters, bei stiller Lampe, fern dem Getöse der Alexanderschlacht, liest und wendet er die Blätter unserer alten Bücher.« Daß dieser »Weg zurück« auch als geistige *Umkehr* verstanden werden kann, deutet Benjamin durch ein Spielen mit den beiden Bedeutungen des Wortes »Umkehr« an: »Umkehr ist die Richtung des Studiums, die das Dasein in Schrift verwandelt.«[29]

Das Sich-Abkehren von den Erschütterungen der Geschichte, das Bemühen, durch blitzartige Erhellung der Vergangenheit das Licht zu gewinnen, welches die Gegenwart zu erhellen vermag, das sind die zentralen Gedanken, die Benjamin in Kafkas Erzählung entziffert. Nun bleibt noch zu klären, was er genau mit jener »Verwandlung des Daseins in Schrift« meint, die den »Alten« bekannt war, ihnen, die »diese Schrift nur rückwärts lesen« können. Hier spielt Benjamin mit vollendeter Virtuosität mit der Doppeldeutigkeit von Begriffen wie »Schrift« und »die Alten«: das Wort »Schrift« weist gleichermaßen auf die Literatur und auf die Bibel hin. Diejenigen, deren Leben »sich in Schrift verwandelt hat«, sind in gewissem Sinne die Schriftsteller, die – wie Kafka selbst – »rückwärts« leben, indem sie ihr Leben der Literatur unterwerfen und durch eben diese »Umkehr« es verstehen wollen. Aber ist diese Schrift, die man nur »rückwärts lesen« kann, nicht zugleich auch die heilige Schrift der Juden, jener Korpus hebräischer Texte, die von rechts nach links gelesen werden und die in unserer profanen Welt nur noch »die Alten« zu entziffern vermögen? Auch in seinem Briefwechsel mit Scholem hebt Benjamin die Ambivalenz nicht auf. Zwar schreibt er dort: »In dem

Versuch der Verwandlung des Lebens in Schrift sehe ich den Sinn der ›Umkehr‹, auf welche zahlreiche Gleichnisse Kafkas [...] hindrängen«, und vielleicht noch entschiedener: »Kafkas messianische Kategorie ist die ›Umkehr‹ oder das ›Studium‹.«[30] Aber zugleich versichert er, die Schrift »ohne den zu ihr gehörigen Schlüssel« sei »eben nicht Schrift sondern Leben«. Und ferner: »Kafkas stetes Drängen auf das Gesetz halte ich für den toten Punkt seines Werkes, womit ich nur sagen will, daß es gerade von ihm aus interpretativ mir nichts zu bewegen scheint.«

»Schrift«, »Studium«, »Umkehr«: sind dies bei Benjamin nur noch bloße Metaphern, die in unserer unwiderruflich profanen Zeit nurmehr die Erinnerung an eine bereits abgestorbene Tradition heraufbeschwören? In seinem Kafka-Aufsatz schreibt Benjamin zu dieser Frage: »Und doch wagt Kafka nicht, an dieses Studium die Verheißungen zu knöpfen, welche die Überlieferung an das der Thora geschlossen hat. Seine Gehilfen sind Gemeindediener, denen das Bethaus, seine Studenten Schüler, denen die Schrift abhanden kam.«[31]

Wie dem auch sei, der Weg zurück muß doch angetreten werden, selbst wenn das Einsammeln der in der Vergangenheit begrabenen Funken messianischer Hoffnung ein nahezu hoffnungsloses Unternehmen ist. Mit Worten, die die Beschreibung des Engels der Geschichte in den *Geschichtsphilosophischen Thesen* vorwegzunehmen scheinen, schreibt Benjamin in einem Essay von 1934 in bezug auf die immer neuen Versuche von Kafkas Hauptgestalt, den Sinn der Welt und seines eigenen Daseins zu entziffern: »Er würde sich verstehen, aber wie riesenhaft wäre die Anstrengung! Denn es ist ja ein Sturm, der aus dem Vergessen herweht. Und das Studium ein Ritt, der dagegen angeht. [...] Dem Leben, das für einen Ritt zu kurz ist, entspricht dieser Ritt, der lang genug für das Leben ist.«[32]

Aus dem Französischen übersetzt von Dafna Mach und Stéphane Moses

Anmerkungen

1 Walter Benjamin, *Gespräche mit Brecht,* in: *Versuche über Brecht,* Frankfurt/M. 1966, S. 119.
2 Walter Benjamin, *Gesammelte Schriften* (GS) II. 3, Frankfurt/M. 1977, S. 1203.
3 *Versuche über Brecht,* S. 120.
4 Ebd., S. 122.
5 Ebd., S. 123.
6 Ebd.
7 Ebd., S. 124.
8 Alexandre Koyré, *Remarques sur les paradoxes de Zénon,* in: *Études d'histoire de la pensée philosophique,* Paris 1971, S. 9-35.
9 *Versuche über Brecht,* S. 119.
10 Ebd., S. 124.
11 Ebd.
12 Ebd., S. 120.
13 GS II. 3, S. 1255.
14 GS II. 2, S. 427.
15 GS II. 3, S. 1260.
16 Ebd.
17 GS II. 2, S. 425 u. ö.
18 GS II. 3, S. 1226.
19 Ebd., S. 1201.
20 GS I. 1 (1974), S. 286.
21 Walter Benjamin, *Briefe,* hg. v. Th. W. Adorno und G. Scholem. Frankfurt/M. 1966, S. 333, 335 ff.
22 GS II. 2, S. 436.
23 Ebd., S. 438.
24 Ebd., S. 432.
25 Ebd., S. 429.
26 Ebd., S. 434.
27 Ebd., S. 435.
28 Ebd., S. 437.
29 Ebd.
30 Walter Benjamin/Gershom Scholem, *Briefwechsel,* Frankfurt/M. 1980, S. 167.
31 GS II. 2, S. 437.
32 Ebd., S. 436.

Hana Arie-Gaifman

Milena, Kafka und das Judentum

Wie tief wirkt die intellektuelle Toleranz?

Diese Arbeit soll die Beziehung Kafkas und Milenas zum Kreis der Prager Literaten der ersten Hälfte dieses Jahrhunderts aufzeigen. Zu diesem Zweck möchte ich diese Prager Autorengeneration auch von einem neuen Gesichtspunkt aus betrachten.

Die Prager Autoren, von denen hier die Rede ist, werden im allgemeinen zu ein- und derselben literarischen Gruppe zusammengefaßt, da sie, wie gesagt, etwa einer Generation angehörten, meistens Juden waren, annähernd demselben sozialen Milieu entstammten und sich untereinander zumindest kannten, oft sogar befreundet waren. Es gehören aber nicht nur Dichter zu dieser Gruppe, sondern auch Sprach- und Literaturwissenschaftler, Übersetzer und Philosophen. Sie alle spielten im literarischen Schaffen Prags eine aktive Rolle. Diese Literaten schrieben aber weder alle noch ausschließlich Deutsch. Manche von ihnen schrieben in bis zu vier Sprachen. Es scheint andererseits auch berechtigt, gewisse tschechische Autoren zu dieser Gruppe zu zählen, so wie auch die Nichtjuden Rilke und Urzidil dazugehörten. Ich werde nun die Rolle einiger dieser Prager Autoren näher erläutern, und zwar auch solcher, die man normalerweise nicht zu der ›klassischen‹ deutsch-jüdischen Prager Gruppe rechnet. Da ich also sowohl die deutsche als auch die tschechisch schreibenden Autoren, Christen wie Juden als zu dieser Gruppe gehörig betrachte, kann ich die These vom »dreifachen Ghetto Prag« nicht ganz akzeptieren.

Diese von Paul Eisner formulierte These[1] besagt, daß sich die Prager Autoren in einem deutschen, jüdischen und bürgerlichen Ghetto befunden hätten. Selbstverständlich gibt es für diese Sicht auch Gründe: Die hauptsächlich deutschsprachigen Autoren waren Teil einer Minderheit von 30 000 in einer Stadt von 500 000 Einwohnern.[2] Seit 1918 waren sie dazu noch Bürger eines tschechischen Staates, dessen ausgeprägtes Nationalgefühl stark antideutsch war. Unter den 30 000 deutschsprachigen Pragern gab es sehr viele Juden. Die nationalistischen Tschechen betrachteten die Juden als doppelt fremd. Manche deutschsprachige jüdische Autoren wie Werfel und Kornfeld fühlten sich ihrerseits von den lebendigen Quellen der deutschen Kultur abgeschnitten, da für sie eine Identifikation mit den Deutschnationalen in der Tschechoslowakei nicht in Frage kam. Dennoch erscheint mir ihr Gefühl des »Abgeschnittenseins« übertrieben, da gerade diese Literaten soviel reisten, wie sie nur wollten.

Die »Malaise« der Bürgersöhne dem Leben ihrer Umgebung gegenüber entsprach auch eher dem west- und mitteleuropäischen Zeitgeist, war also keineswegs nur das Resultat ihrer Situation in Prag.

Was waren nun die Gemeinsamkeiten, die diese Autoren verbanden? Die meisten von ihnen waren Absolventen deutscher Mittelschulen. Sie studierten auch an der deutschen Universität Prags, wo sie aber eher »praktische« Berufe wie Jura, Medizin und Technik erlernten, wie es ihre Eltern von ihnen erwarteten. Auch diese Berufswahl ist eher ein jüdisch-bürgerliches als ein typisches Prager Phänomen. Schon während ihrer Studienzeit wandten sich viele von ihnen literarischen, insbesondere redaktionellen Tätigkeiten zu. Aber bereits hier zeigt sich, daß sie als Gruppe keine bestimmte Ideologie verfolgten, ja nicht einmal auf einen bestimmten Kulturkreis begrenzt waren. So publizierten sie in deutsch-liberalen Blättern, wie dem ›Prager Tagblatt‹, in zionistischen Zeitschriften wie der ›Selbstwehr‹ oder ›Der Jude‹, ja sogar in liberalen tschechischen Zeitschriften wie ›Tribuna‹ und ›Cesta‹ (Der Weg). Viele von ihnen veröffentlichten zur gleichen Zeit in Zeitschriften verschiedenster ideologischer Ausrichtungen. So war derselbe Rudolf Fuchs beim ›Prager Tagblatt‹ angestellt, publizierte aber auch in dem tschechischen, linksorientierten ›Kmen‹. Max Brod, der für das ›Prager Tagblatt‹ arbeitete, schrieb sowohl im ›Kmen‹ wie in der ›Selbstwehr‹. Die ideologische Skala reichte vom Sozialismus über den Liberalismus bis zum Zionismus, doch bestimmte dies nicht das literarische Schaffen dieser Autoren. Auch standen sie in engem literarischen Kontakt, der alle ideologischen Abgrenzungen durchbrach. Trotz dieses engen Kontaktes, der von Leseabenden wie denen bei Oskar Baum, Max Brod oder Felix Weltsch bis zu Rezensionen und Hilfe bei Veröffentlichungen reichte, lassen sich kaum stilistische oder ästhetische Parallelen feststellen. So wird man im

Schaffen von Autoren wie Werfel und Kafka wohl wenig Ähnlichkeiten finden, um nur die bekanntesten zu erwähnen. Ihnen allen war ein gut ausgeprägter literarischer ›Instinkt‹ gemeinsam. Sie erkannten einander an, förderten einander und blieben doch jeder für sich literarisch eigenständig. Auch ihr Interesse an der damals schon blühenden tschechischen Literatur war individuell verschieden. Doch selbst Werfel, dem die tschechische Literatur fast fremd blieb – was wohl auch einer der Gründe für sein frühes Verlassen Prags gewesen sein dürfte –, schrieb ein Vorwort zu Fuchs' Übersetzung von Bezručs *Schlesischen Liedern*, das eine recht interessante Interpretation enthält, die auf die Beziehung dieser Gedichte zum Geist der hussitischen Bewegung hinweist.[3]

Die aktiven Zionisten Brod und Weltsch aber waren so tief in Prag verwurzelt, daß sie die Stadt erst am 15. März 1939 verließen. Felix Weltschs Interesse an der tschechischen Kultur und Geschichte war eher philosophisch. So schrieb er zum Beispiel über Masaryks politische Philosophie, und zwar sowohl auf Deutsch wie auf Tschechisch.

Brods Interesse an der tschechischen Kultur war ein doppeltes: Einerseits interessierte er sich für die tschechische Musik rein künstlerisch; so entdeckte und protegierte er Janáček. Seine Liebe zu Smetana aber brachte ihn in Kontakt mit der tschechischen Kulturgeschichte, besonders aber mit dem Schicksal Karl Sabinas, des Librettisten der *Verkauften Braut*. In der Zwischenstellung Sabinas gegenüber österreichischen und tschechischen Loyalitäten fand Brod Parallelen zur Doppelstellung Janáčeks in der Oper. Brods Interesse an Sabina hat in der Novelle *Die verkaufte Braut*[4] ihren Niederschlag gefunden.

Fuchs, wie Werfel, fand die ästhetische Qualität der *Schlesischen Lieder* so bestechend, daß er den auffallenden Antisemitismus dieser Gedichte völlig ignorierte.

Wie vielfarbig die Palette der kulturellen Interessen bei den Prager Autoren war, zeigt sich besonders im Schaffen der Brüder Langer. Der Ältere, der Arzt František Langer, schrieb nur tschechisch, wurde bereits im Jahr 1914 Redakteur einer tschechischen literarischen Monatsschrift – ›Literární Měsíčník‹ – und später erster Dramaturg am tschechischen Nationaltheater. Gleichzeitig aber kannte und schätzte er die deutsche Literatur. Er veröffentlichte zahlreiche Übersetzungen deutscher Werke ins Tschechische. Bereits im Jahr 1914 plante er die Übersetzung von

Kafkas frühen Erzählungen[5], ein Projekt, das durch den Kriegsausbruch und die Einberufung Langers in die österreichische Armee vereitelt wurde. Sein Bruder Georg, der Freund Kafkas, schrieb in nicht weniger als vier Sprachen: Deutsch, Tschechisch, Jiddisch und Hebräisch. Er veröffentlichte in den verschiedensten Zeitschriften, so zum Beispiel in der ›Cesta‹, wo wir seine eigene Übersetzung seiner hebräischen Gedichte finden, im ›Imago‹ sowie in der ›Selbstwehr‹. Sein wichtigstes Werk *Neun Tore*[6] ist eine Sammlung chassidischer Geschichten aus Belz, die er tschechisch geschrieben hat und die doch das Ursprüngliche ihrer Quellen behalten haben.

Der junge Rilke[7] und Kafka[8], die keine literarischen Texte auf Tschechisch geschrieben haben, machten doch die tschechische Sprache zum organischen Teil ihrer poetischen Sprache. Das ist aber schon ein anderes Thema.

Viele Prager Autoren sahen es als ihre Berufung an, durch Übersetzungen zwischen der tschechischen und der deutschen Kultur Brücken zu schlagen. Von den deutschen Übersetzern ins Tschechische seien nur Otto Pick und Camill Hoffmann sowie Rudolf Fuchs erwähnt. Der letzte war fast ein naiver Idealist und gab diese Berufung zum kulturellen Brückenschlag nicht einmal in der Emigration im Jahre 1942 auf.[9] Wie man Manfred Jähnichen[10] entnehmen kann, begannen die Bemühungen um Übersetzungen aus dem Tschechischen bereits vor dem Ersten Weltkrieg. Aber auch Übersetzertätigkeiten in umgekehrter Richtung begannen bereits sehr früh. Der tschechische Dichter Jaroslav Vrchlický übersetzte seit dem Jahr 1901 nicht nur aus dem Deutschen, sondern sogar aus dem Jiddischen.[11] Der jüdische Germanist Otokar Fischer, der dritte bedeutende Prager, dessen Geburtstag neben dem Kafkas und Hašeks dieses Jahr zum hundertsten Male einfällt, schuf die schönsten Übersetzungen Goethes in tschechischer Sprache. Er war bis zu seinem Tod im Jahre 1938 als Professor für Literaturwissenschaft und Germanistik an der Prager Karlsuniversität tätig.

Paradoxerweise hatte selbst Paul Eisner, der Vater der These des dreifachen Ghettos, tiefe Wurzeln in der tschechischen Kultur, war also keinesfalls auf die deutsch-jüdische beschränkt. Er schrieb zwei bedeutende Werke über die tschechische Sprache – *Die Göttin wartet* und *Gotteshaus und Festung*[12] – und hat Kafkas *Das Schloß* in Tschechische übersetzt. Diese Übersetzung hatte übrigens ein ironisches Schicksal. Sie entging zwar der nationalsozialistischen Zensur, konnte also auch während der Okkupation gelesen werden, wurde aber später von den Kommunisten verboten, da Autor und Übersetzer Juden waren.

Diese Beispiele zeigen wohl, daß die Theorie des dreifachen Ghettos zumindest unvollständig ist. Ich möchte behaupten daß die »Fremdheit« oder, besser gesagt, die Außenseiterrolle der Prager Intellektuellen nicht auf ihrer Abgeschlossenheit beruhte, sondern eher durch die übergroße Aufgeschlossenheit den verschiedenen kulturellen und ideologischen Strömungen gegenüber bedingt war. Diese Aufgeschlossenheit machte es für sie selbst wie für ihre Umwelt unmöglich, sie kulturell und ideologisch einzuordnen bzw. zu integrieren.

Auch Milenas schillernde Persönlichkeit ist in ihrer Vielfalt am besten durch dieses Phänomen erklärbar. Sie ist aber auch ein Beispiel dafür, daß es auch Tschechen gab, für die die Zugehörigkeit zu nur einer Kultur und ideologischen Richtung zu beengend war. Diesem offenen Typ gehören zum Beispiel auch die Brüder Čapek an und wieder ganz anders Jaroslav Hašek oder die Prager Strukturalisten. Es ist daher verständlich, daß Milena sich bereits in ihrer Jugend zu den Literaten hingezogen fühlte, die im Arco-Kaffeehaus saßen. Diese Offenheit den verschiedensten Einflüssen gegenüber macht Milena, genau wie Kafka, so schwer faßbar. Biographien und Berichte beschreiben immer nur einen oder wenige Aspekte ihrer Persönlichkeit.

Uns interessieren hier jene Aspekte ihrer Persönlichkeit, die die Basis für die menschliche und künstlerische Beziehung zwischen Kafka und Milena waren. Meine Analyse dieser Beziehung beruht auf Kafkas Briefen an und über Milena, auf Milenas Briefen an Max Brod, auf ihren Kafka-Feuilletons und ihren Übersetzungen von Kafkas Werken sowie auf den im deutschen Sprachraum weitgehend unbekannten Erinnerungen von Milenas Tochter Jana.[13] Die Aussagen Kafkas über Milena sind bereits bekannt. Sie war für ihn »die Mutter, die Lehrerin« und gleichzeitig so jung: »Sie sind ja so jung, vielleicht gar nicht 25 Jahre, erst 23 vielleicht.«[14] Sie war die lebendige Tschechin, die ihre Wurzeln in der jungen tschechischen Kultur hatte, wie sein Vergleich Milenas mit Božena Němcova[15] beweist. Zweifellos idealisierte Kafka Milena; diese Idealisierung durchzieht seine Briefe wie ein roter Faden. Doch auch Milena idealisierte Kafka bis zur Sentimentalität. Am deutlichsten geht das aus ihrem Feuilleton *Verdammung guter Eigenschaften*[16] hervor, das aus einer literarischen Transformation einer Kindheitsanekdote Kafkas besteht. Kafka hatte ihr diese Begebenheit brieflich mitgeteilt. Die abstrakte und wenig plausible Darstellung Kafkas in ihrem Feuilleton zeigt, daß auch Milena ihren eigenen Kafka-Mythos schuf, der vom Menschen Kafka genauso weit entfernt war wie die Mythen seiner anderen Freunde und Kommentatoren. Milena machte Kafka zu ihrem eigenen fiktionalen Charakter, seinen Brief zu ihrem eigenen fiktionalen Text. Ich möchte Kafkas Brief kurz mit Milenas Text vergleichen.

Franz Kafka schrieb an Milena:

Ich hatte einmal als ganz kleiner Junge ein Sechserl (im alten Österreich eine Zehn-Kreuzer-Münze) bekommen und hatte große Lust, es einer alten Bettlerin zu geben, die zwischen dem großen und dem kleinen Ring saß. Nun schien aber die Summe ungeheuer, eine Summe, die wahrscheinlich noch niemals einem Bettler gegeben worden ist, ich schämte mich deshalb vor der Bettlerin, etwas so Ungeheuerliches zu tun. Geben aber mußte ich es ihr doch, ich wechselte deshalb das Sechserl, gab der Bettlerin einen Kreuzer, umlief den ganzen Komplex des Rathauses und des Laubenganges am kleinen Ring, kam als ganz neuer Wohltäter links heraus, gab der Bettlerin wieder einen Kreuzer, fing wieder zu laufen an und machte das glücklich zehnmal. (Oder auch etwas weniger, denn ich glaube die Bettlerin verlor dann später die Geduld und verschwand mir.) Jedenfalls war ich zum Schluß auch moralisch so erschöpft, daß ich gleich nach Hause lief und so lange weinte, bis mir die Mutter das Sechserl wieder ersetzte.[17]

In Milenas Version werden einige Fakten verändert, die Selbstironie verschwindet völlig. Kafkas Bericht wird zu einem »moralisierenden« sentimentalen »Märchen« (die Bezeichnung »Märchen« stammt übrigens von Milena selbst). Hier nun der Teil aus Milenas Feuilleton, der jene Übertragung-Transformation von Kafkas Brief zeigt:

Als er gestorben war – er war wirklich zu gut für diese Welt, ich scheue mich nicht vor diesem Gemeinplatz, hier trifft er –, habe ich in seinen Tagebüchern eine kleine Begebenheit gelesen, und weil sie mir als das Schönste vorkommt, was ich je gehört habe, will ich sie Ihnen zum Schluß erzählen. Als er noch ganz klein war und sehr arm, bekam er einmal von seiner Mutter ein Sechserl. Nie zuvor hatte er so viel Geld auf einmal besessen, und es war ein großes Ereignis für ihn, um so größer, als er es sich selbst verdient hatte. Als er hinaus ging, um sich von dem Geld etwas zu kaufen, sah er eine Bettlerin, so arm, daß es ihn erschreckte, und sofort wollte er ihr sein Zehngroschenstück schenken. Aber damals war das ein kleines Vermögen. Er hatte solche Angst vor dem Dank und der Anerkennung der Bettlerin und der Aufmerksamkeit, die er erregt hätte, daß er sein Sechserl in einzelne Münzen umtauschte, ihr einen Groschen gab, um den Häuserblock herumlief, wiederkehrend ihr den zweiten Groschen schenkte, und so gewissenhaft alle zehn, ohne einen einzigen für sich zu behalten. Dann brach er in ein krampfhaftes Weinen aus, erschöpft von der seelischen Anstrengung dieser Tat. Ich glaube, das ist überhaupt das schönste Märchen, das ich jemals gehört habe, und als ich es las, habe ich mir geschworen, es nie, solange ich lebe, zu vergessen.

Milena nimmt die Episode aus ihrem ursprünglichen Kontext und stellt sie in einen neuen. Indem sie gewisse Details ändert, gibt sie der Begebenheit eine neue Bedeutung. Diese hat wenig mit der von Kafkas Brief gemeinsam. Statt einer privaten Anekdote voll von Selbstironie haben wir hier ein öffentlichkeitsorientiertes, didaktisches, pathetisches Feuilleton. Trotz ihrer Verehrung Kafkas, die sie im Feuilleton zum Ausdruck bringt, behandelt sie den Text fast gnadenlos. Sie kreiert ihre eigene fiktionale Welt, in der Kafkas Geschichte eine pädagogische Bedeutung erhält, aus der die ursprüngliche Semantik vollkommen verschwunden ist.

Dieses idealisierte Porträt Kafkas entstand allerdings erst nach seinem Tod im Jahre 1926. Zu der Zeit, als die Beziehung bestand und aus der auch der Brief Kafkas stammt, war die »jüdische Frage« Kernpunkt und Ausdruck der grundsätzlichen Mißverständnisse und der Unvereinbarkeit zwischen Kafka und Milena.

Milena stammte aus einer tschechisch-chauvinistischen Familie mit antisemitischen Neigungen. Dennoch konnte die extrem liberale junge Milena, die sich sowohl vom Chauvinismus als auch vom Antisemitismus völlig befreit hatte, nicht verstehen, daß das Judentum für Kafka ein zentrales, existentielles Problem war. Der Unterschied zwischen Juden und Nichtjuden existierte für sie nicht. Da Milena immer nur den Menschen, nie aber den Juden oder Christen sah, konnte sie die Bedeutung des Judentums für den nach sich selbst suchenden Juden Kafka nicht verstehen. Ich möchte hier betonen, daß Milena wirklich auf naive Weise liberal war, und gerade das war wiederum für Kafka unverständlich.[18] Milena wurde sich der jüdischen Problematik erst im Jahr 1933 völlig bewußt, als viele ihrer Freunde und Bekannten in akuter Gefahr schwebten: Da publizierte sie in der Wochenzeitschrift ›Přítomnost‹ [Gegenwart][19] Artikel zur Judenfrage und half in den folgenden Jahren ihren verfolgten jüdischen Freunden. Im Jahr 1939 schloß sie sich der tschechischen Widerstandsbewegung an, was zu ihrer Internierung in Ravensbrück und schließlich zu ihrem Tod führte. Aus nicht ganz verständlichen Gründen wird diese spätere Einstellung Milenas zu den Juden und zum Judentum, die eine konsequente Entwicklung der Persönlichkeit dieser Kosmopolitin darstellt, heute genauso herabgesetzt wie ihre übersetzerische Tätigkeit.

1920 also war ihr die jüdische Problematik, die Kafka so sehr beschäftigte, noch fremd. Sie hatte Kafka als einen Künstler kennengelernt, der genauso kosmopolitisch zu sein schien wie ihre anderen jüdischen Freunde. Daher konnte sie Kafkas intensive Auseinandersetzung mit seinem »uralten Judentum« nicht begreifen; diese Haltung Kafkas stand in krassem Gegensatz zu ihrem Kafkamythos, der ihn als liberal im selben, naiven Sinne sah, wie sie selbst es war. Als sie ihre Fehleinschätzung *zum Teil* erkannte, wurden Kafka und seine mehrsprachigen jüdischen Freunde aus Kosmopoliten zu »Fremden«. Milenas Tochter Jana Černá hat den menschlichen Unterschied, der zwischen den tschechischen und den jüdischen Kosmopoliten bestand, wohl am klarsten formuliert, wenn sie in ihren Erinnerungen an Milena schreibt:

Eine Heimat zu besitzen erleichtert Vieles. Man hat dadurch zumindest eine gewisse Sicherheit. Die Heimat hat eine Vergangenheit und ein wenig Zukunft. Kein Heimatland zu besitzen, bedeutet auf die Gegenwart beschränkt zu sein, und dann auf die Ewigkeit.[20]

Milena war also Kosmopolitin aus freier Wahl, während sich Kafka durch sein Gefühl der Wurzellosigkeit zum Kosmopolitismus verurteilt fühlte. Dieser Unterschied in der Lebensauffassung wird aber unwesentlich, wenn wir uns dem Gebiet der Kunst zuwenden. Hier fühlte sich Kafka von Milena auf geradezu unverständliche Weise verstanden:

Die Übersetzung des Schlußsatzes ist sehr gut. In jener Geschichte hängt jeder Satz, jedes Wort, jede – wenn's erlaubt ist – Musik mit der »Angst« zusammen, damals brach die Wunde zum erstenmal auf in einer langen Nacht und diesen Zusammenhang trifft die Übersetzung für mein Gefühl genau, mit jener zauberhaften Hand, die eben Deine ist.[21]

Milenas Übersetzung des *Urteils* ist ein eindrucksvolles Beispiel für dieses tiefe künstlerische Verständnis. Ich möchte das an einigen Beispielen zeigen[22]:

Um eine Übersetzung beurteilen zu können, müssen wir uns die stilistischen Eigenschaften von Kafkas Werk bewußt machen, die einem Übersetzer Schwierigkeiten bereiten. Zwei dieser Schwierigkeiten will ich nun gesondert behandeln: die semantische Dichte von Kafkas Werk, die in seinem Aufbau um gewisse Schlüsselbegriffe begründet ist, und sein scheinbar präziser, offiziöser Stil, der aber syntaktisch sehr komplex ist.

Im Fall des *Urteils* ist der Text rund um das Konzept des »Urteilens« und seiner Derivate aufgebaut. Zwar heißt das Werk *Das Urteil*, doch geht es darin nicht um ein bestimmtes Urteil, sondern um eine ganze Kette von Urteilen, die als Beurteilungen, Verurteilungen und Urteile klassifiziert werden können. Das endgültige Todesurteil Georgs ist der Kulminationspunkt dieses Urteilsprozesses. Milena übersetzte den Titel der Erzählung mit *Soud*, was soviel wie »Gericht« heißt. Das tschechische Wort *soud* ist daher das Zentrum eines semantischen Feldes, das dem semantischen Feld um den deutschen Begriff »Urteil« genau entspricht. So übersetzte Milena auch ganz konsequent Urteil mit *rozsudek*, verurteilen mit *odsouditi*, beurteilen mit *posouditi* und erhielt so die semantische Dichte, die die heute akzeptierte tschechische Übersetzung mit dem Titel *Ortel* nicht aufweist. Diese Begriffswahl illustriert Milenas »entschlossenes Verstehen«, auf das wir bei ihrer Übersetzung immer wieder stoßen.

Wie hat Milena nun die zweite Schwierigkeit von Kafkas Stil, die komplexe Syntax gemeistert? Die Syntax ihrer tschechischen Übersetzung ist ebenso kompliziert wie die des deutschen Originals. So behält sie zum Beispiel das bei Kafka häufig vorkommende Plusquamperfekt bei, das eine feine Abstufung der zeitlichen Abfolge erlaubt, auch wenn dies im Tschechischen bereits zu Beginn des zwanzigsten Jahrhunderts als Archaismus galt und von den Tschechen (genau wie Kafka es in seinem Brief vorhergesagt hat) schärfstens kritisiert wurde. Um Kafkas offiziösen Stil zu bewahren, benutzte Milena archaische morphologische Formen. Diese Archaismen tauchen in ihrer Übersetzung sogar in direkter Rede auf, was den kühlen Stil des Originals noch mehr betont. Milena entwickelte diesen Stil bewußt, um eine möglichst getreue Übersetzung zu schaffen. Ihre eigenen Schriften (Feuilletons, Aufsätze und literarische Kritiken) sind in einem leichten, klaren, journalistischen, manchmal sogar mundartlich gefärbten Stil geschrieben.

Ich hoffe, daß diese Beispiele ausreichend zeigen, wie ideenreich und kreativ, aber doch auch diszipliniert Milenas Übersetzung war. Ihre detaillierte Analyse würde über den Rahmen dieses Vortrags hinausgehen. Ich führe diese Beispiele auch deshalb an, um die große *ästhetische* und künstlerische Bedeutung der Beziehung Milenas zu Kafka in Erinnerung zu rufen. Daß die Übersetzungen Milenas vom tschechischen Publikum fast vergessen worden sind, ist ein großer Verlust; schließlich handelt es sich dabei um die einzigen von Kafka autorisierten Übertragungen. Nicht genügend gewürdigt wird auch die Tatsache, daß Milena Kafkas Interesse an der tschechischen Literatur gefördert hat. So werden die in den Briefen erwähnten Werke der Božena Němcova von Kafka in seine eigenen Texte transformiert und integriert.[23]

Die literarische Bedeutung dieser Beziehung gründet sich auf die Übersetzungen, auf die literarischen Anregungen, die Milena Kafka gab, und auf die Liebesbriefe. Die ersten beiden Beiträge sind symptomatisch für die Toleranz und Aufgeschlossenheit der Prager literarischen Szene. Die These des »dreifachen Ghettos Prag« mag dem subjektiven Gefühl vieler Prager Literaten entsprochen haben, erklärt aber nicht die künstlerische und ästhetische Wirklichkeit dieser Welt. Diese war vielmehr von einer übergroßen Offenheit geprägt, von persönlichen Kontakten und freiem Ideenaustausch. Auch wenn viele der Künstler die unterschiedlichsten Ideologien vertraten, war der gegenseitige Dialog durch die vorhandene Toleranz nicht nur gesichert, er wurde auch angestrebt. So ist es kein Zufall, daß Milenas Übersetzung von Kafkas *Heizer* erstmals in Neumanns kommunistischer Zeitschrift ›Kmen‹ erschien. Aber auch die künstlerische Universalität und Offenheit sowie die intellektuelle Toleranz konnten die grundsätzlichen menschlichen Probleme nur bis zu einer gewissen Grenze lösen.

Anmerkungen

1 Paul Eisner, *Milenky* [Geliebte], Prag 1930.
2 Eduard Goldstücker, *Die Prager deutsche Literatur als historisches Phänomen,* in: E. Goldstücker (Hg.), *Weltfreunde. Konferenz über die Prager deutsche Literatur,* Wiesbaden: Luchterhand 1967, S. 27.
3 Petr Bezruč, *Die schlesischen Lieder.* Verdeutscht von Rudolf Fuchs, Vorrede von Franz Werfel, Leipzig: Kurt-Wolff-Verlag 1916.
4 Max Brod, *Die verkaufte Braut,* München und Eßlingen: Bechtle Verlag 1962.
5 Franz Kafka, *Briefe 1902-1924,* hg. v. Max Brod, Frankfurt: S. Fischer 1975, S. 127.
6 Jiři Langer, *Devět bran* [Neun Tore], Prag: Evropský literární klub 1937.
7 Ladislav Matějka, *R. M. Rilke and the Czech Language,* in: The American Slavonic and East European Review 13 (Dezember 1954), S. 589-596.
8 Hana Gaifman, *Einige Bemerkungen zur tschechischen Etymologie einiger Eigennamen bei Kafka.* (Erscheint demnächst in der GRM.)
9 Rudolf Fuchs, *Ein wissender Soldat. Gedichte und Schriften aus dem Nachlaß von Rudolf Fuchs,* London: Verlag der »Einheit« 1943, S. 122.
10 Manfred Jähnichen, *Die Prager deutschen Dichter als Mittler tschechischer Literatur vor und während des I. Weltkriegs,* in: *Weltfreunde* [vgl. Anm. 2], S. 155-170.
11 Morris Rosenfeld, *Zpěvy z ghetta* [Gesänge aus dem Ghetto], übertragen ins Tschechische von J. Vrchlický, Prag: Spolek ceských akademiků židu 1905.
12 Pavel Eisner, *Bohyně čeká* [Die Göttin wartet], Zürich: Konfrontace 1977. (Geschrieben 9.-14. April 1945.)
Pavel Eisner, *Chrám a tvrz* [Gotteshaus und Festung], Prag: Jaroslav Podroužek 1946.
13 Jana Černá, *Adresát Milena Jesenská,* Prag: Odeon 1969.
14 Franz Kafka, *Briefe an Milena.* Kritische Ausgabe, hg. v. Jürgen Born und Michael Müller, Frankfurt/M.: S. Fischer 1983, S. 29.
15 *Briefe an Milena* [vgl. Anm. 14], S. 22.
16 Milena, *Kletba dobrých vlastností* [Verdammung guter Eigenschaften], in: *Cesta k jednoduchosti* [Der Weg zu Einfachheit], Prag: Topič 1927. In ihrer literarischen Tätigkeit hat Milena ihren Familiennamen nur sehr selten benutzt. – Für die Hilfe bei der Übersetzung von Milenas Feuilleton danke ich Prof. Dr. Jürgen Stenzel (Braunschweig).
17 *Briefe an Milena* [vgl. Anm. 14], S. 127.
18 Wie unverständlich Milenas Naivität für Kafka war, zeigen die Briefe,

S. 24-28.
19 Milena Jesenská, *Nad nase sily* [Über unser Kräfte], in: Přítomnost [Gegenwart], 12. 10. 1938.
20 Jana Černá [vgl. Anm. 13], S. 49.
21 *Briefe an Milena* [vgl. Anm. 14], S. 235.
22 Mehr über die Übersetzung bei Hana Arie-Gaifman, *The Judgement – a New Perspective on the Milena–Kafka Relationship*, in: Cross Currents 2 – A Yearbook for Central European Culture, Ann Arbor 1983, S. 159-167.
23 *Briefe an Milena* [vgl. Anm. 14], S. 22.

Jost Schillemeit

Der unbekannte Bote

Zu einem neuentdeckten Widmungstext Kafkas

Unter den Büchern aus Kafkas Handbibliothek, die kürzlich von der Wuppertaler Universität erworben werden konnten, befindet sich eines, das auf der Titelseite eine merkwürdige, von Kafka selbst stammende, handschriftliche Widmung enthält. Es handelt sich um ein Exemplar der *Chinesischen Volksmärchen,* die 1914 bei Eugen Diederichs, Jena, erschienen waren, innerhalb der Reihe *Märchen der Weltliteratur,* eingeleitet, ausgewählt und übersetzt von Richard Wilhelm. Kafka muß das Buch im Frühjahr 1917 seiner Schwester Ottla geschenkt haben, und irgendwann – wir wissen nicht, wann und wie – muß es dann in die Reihen dieser Büchersammlung geraten sein, die man als Kafkas Handbibliothek zu bezeichnen pflegt (und über deren Bestand wir übrigens seit langem unterrichtet sind durch eine Liste, die Klaus Wagenbach in seiner Biographie von Kafkas Jugend publiziert hatte; auch die *Chinesischen Volksmärchen* fanden sich dort bereits verzeichnet). Der Text der Widmung lautet:

> Für Ottla
> von dem »Schiffer, der polternd in
> seine Barke sprang«
> 29. III 17

Ein rätselhafter Text. Ein gewisser, erster Hinweis zum Verständnis scheint dadurch gegeben, daß der größte Teil der Widmung – die Worte von »Schiffer« bis »Barke sprang«, mit denen Kafka offenbar sich selber meint – in Anführungszeichen eingeschlossen, also als Zitat gekennzeichnet ist. Kafka zitiert hier irgendetwas, in dieser seltsamen, poetisch-bildhaften Selbstdarstellung, und zwar offenbar einen Text, den Ottla gekannt haben und sogar recht gut gekannt haben muß – so gut, daß sie die hier zitierte Wendung in Erinnerung haben und ihren Sinn an dieser Stelle, insbesondere ihre Beziehung zum Schreiber der Widmung, verstehen konnte. Damit verschiebt sich das Problem – und zwar zunächst in Richtung auf die Frage, *was* hier eigentlich zitiert wird. Man könnte vielleicht zunächst an eine Stelle aus den nachfolgenden chinesischen Volksmärchen denken. Aber die zitierte Wendung findet sich dort nicht. Es ist vielmehr ganz offensichtlich ein Selbstzitat, was man hier vor sich hat. Kafka zitiert hier einen eigenen literarischen Text, der kurz vorher – kaum mehr als drei Wochen vorher – entstanden war, in dem berühmten kleinen Haus im Alchimistengäßchen in Altprag, das Ottla gemietet hatte und das ihr Bruder, unter ihrer Fürsorge, damals, seit Ende November 1916, als »Arbeitswohnung« benutzte. Es handelt sich um ein Erzählfragment aus dem Motivkreis der Geschichte vom *Bau der chinesischen Mauer*; Max Brod hat es erstmals 1937, innerhalb des Bandes *Tagebücher und Briefe*, publiziert, unter dem Titel *Fragment zum ›Bau der chinesischen Mauer‹*. Seiner Anlage nach ist es offenbar als eine Art Fortsetzung der größeren Erzählung gedacht (auf die es übrigens in der Handschrift, im dritten der sog. *Oktavhefte*[1], unmittelbar folgt). Diese Fortsetzungsbeziehung zeigt sich besonders deutlich im ersten Satz des Fragments, das hier nun in seinem vollen Wortlaut folgen soll:

In diese Welt drang nun die Nachricht vom Mauerbau. Auch sie verspätet, etwa dreißig Jahre nach ihrer Verkündigung. Es war an einem Sommerabend. Ich, zehn Jahre alt, stand mit meinem Vater am Flußufer. Gemäß der Bedeutung dieser oft besprochenen Stunde erinnere ich mich der kleinsten Umstände. Er hielt mich an der Hand, dies tat er mit Vorliebe bis in sein hohes Alter, und mit der andern fuhr er seine lange, ganz dünne Pfeife entlang, als wäre es eine Flöte. Sein großer, schütterer, starrer Bart ragte in die Luft, im Genuß der Pfeife blickte er über den Fluß hinweg in die Höhe. Desto tiefer senkte sich sein Zopf, der Gegenstand der Ehrfurcht der Kinder, leise rauschend auf der golddurchwirkten Seide des Feiertagsgewandes. Da hielt eine Barke vor uns, der Schiffer winkte meinem Vater zu, er möge die Böschung herabkommen, er selbst stieg ihm entgegen. In der Mitte trafen sie einander, der Schiffer flüsterte meinem Vater etwas ins Ohr; um ihm ganz näherzukommen, umarmte er ihn. Ich verstand die Reden nicht, sah nur, wie der Vater die Nachricht nicht zu glauben schien, der Schiffer die Wahrheit zu bekräftigen suchte, der Vater noch immer nicht glauben konnte, der Schiffer mit der Leidenschaftlichkeit des Schiffervolkes zum Beweis der Wahrheit fast sein Kleid auf der Brust zerriß, der Vater stiller wurde und der Schiffer polternd in die Barke sprang und wegfuhr. Nachdenklich wandte sich mein Vater zu mir, klopfte die Pfeife aus und steckte sie in den Gürtel, streichelte mir die

Wange und zog meinen Kopf an sich. Das hatte ich am liebsten, es machte mich ganz fröhlich, und so kamen wir nach Hause. Dort dampfte schon der Reisbrei auf dem Tisch, einige Gäste waren versammelt, gerade wurde der Wein in die Becher geschüttet. Ohne darauf zu achten, begann mein Vater schon auf der Schwelle zu berichten, was er gehört hatte. Von den Worten habe ich natürlich keine genaue Erinnerung, der Sinn aber ging mir durch das Außerordentliche der Umstände, von dem selbst das Kind bezwungen wurde, so tief ein, daß ich doch eine Art Wortlaut wiederzugeben mich getraue. Ich tue es deshalb, weil er für die Volksauffassung sehr bezeichnend war. Mein Vater sagte also etwa: Ein fremder Schiffer – ich kenne alle, die gewöhnlich hier vorüberfahren, dieser aber war fremd – hat mir eben erzählt, daß eine große Mauer gebaut werden soll, um den Kaiser zu schützen. Es versammeln sich nämlich oft vor dem kaiserlichen Palast die ungläubigen Völker, unter ihnen auch Dämonen, und schießen ihre schwarzen Pfeile gegen den Kaiser.[2]

Kein Zweifel: es ist diese kleine, fragmentarische Erzählung, die Kafka in seiner Widmung zitiert, insbesondere die Stelle in der Mitte, wo der fremde Bote, nach dem Überbringen der Nachricht, »polternd« wieder in seine »Barke« springt. Damit aber spitzt sich das Problem nur noch weiter zu, und das Rätsel, weit davon entfernt, gelöst zu sein, kann noch rätselhafter erscheinen. Wie kommt Kafka dazu, sich so mit dieser Figur seines eigenen Textes zu identifizieren? Wer ist dieser »Schiffer«? Was bedeutete die fiktive, poetische Welt dieser Erzählung für Kafka, daß er sich selbst so mit ihr in Verbindung bringen, sich derart gleichsam in sie ›hineinsehen‹ konnte? Wie verhalten sich die beiden Welten zueinander, die hier aufeinanderstoßen: die poetisch-fiktive Welt dieser Erzählung und die wirkliche Welt des Autors? Die Antwort, die ich auf diese Frage zu geben habe und hier wenigstens andeuten möchte, ist hypothetischer Art und beansprucht nicht, vollständig bewiesen oder beweisbar zu sein. Sie fußt auf einer bestimmten Interpretation der Geschichte vom Mauerbau selbst, die ebenfalls, ihrer Natur nach, nicht vollständig beweisbar ist, die mir aber einen hohen Grad von Wahrscheinlichkeit für sich zu haben scheint. Um ihren Hauptgedanken hier, der Einfachheit halber, thesenartig voranzustellen: die Geschichte vom Bau der chinesischen Mauer hat tatsächlich – so scheint mir – einen ganz bestimmten, wenngleich eigentümlich verhüllten und indirekten Realitätsbezug (ist also kein reines, freischwebendes Phantasiespiel). Sie enthält in sich, im Medium einer poetisch verwandelnden Gleichnissprache, den Reflex einer Auseinandersetzung mit

Gegenwart und Geschichte des Judentums, so wie sich beides für Kafka damals, in der für ihn selbst entscheidenden Situation von 1916/17, darstellte. Von dieser Interpretation aus – die übrigens nicht völlig neu ist: schon Binder und Günther Anders etwa haben hier ähnliche Hintergrundsbeziehungen gesehen[3] – scheint mir auch ein Licht auf unseren Widmungstext und auf das in ihm zitierte Fragment zu fallen: es scheint von hier aus verständlich zu werden als eine Art Selbstporträt des Autors, eine Art von poetischer Selbstreflexion, in der Kafka sein eigenes Verhältnis zu der genannten Thematik, im Medium seiner poetischen Bilderwelt, dargestellt hat: als das Verhältnis eines innerlich beteiligten, aber äußerlich und praktisch nicht engagierten, nicht selbst am »Mauerbau« mitarbeitenden Berichterstatters.

Um die damit angedeutete Interpretation wenn nicht zu beweisen, so doch zu rechtfertigen und zu konkretisieren, müßte man nun eigentlich sehr viel genauer, als es hier möglich ist, einerseits auf die biographische Situation Kafkas zur Zeit der Entstehung dieser Texte, andererseits auf die Texte selbst, ihre Motivik und ihre Struktur, eingehen. Ich muß mich hier auf einige knappe, skizzenhafte Hinweise in beiden Richtungen beschränken und beginne mit einigen Bemerkungen zur biographischen Situation.

Die Zeit, von der wir hier sprechen, also die Zeit um den Winter 1916/17, ist – wie vielleicht nicht immer deutlich genug gesehen wurde – eine Zeit der Wende in Kafkas Leben gewesen, und zwar in mehrfacher Beziehung. Seit dem Sommer 1916, seit dem gemeinsamen Aufenthalt in Marienbad, war das Verhältnis zu Felice Bauer in ein neues Stadium getreten; eine neue Möglichkeit der Beziehung und des Zusammenlebens schien sich eröffnet zu haben, und man hatte sich im Juli, beim Abschied in Marienbad, mit dem Vorsatz getrennt, nach dem Krieg in Berlin zu heiraten und zu leben. Gleichzeitig aber entwickelt sich, deutlich faßbar in den Briefen des zweiten Halbjahres 1916, ein neues Verhältnis zur literarischen Öffentlichkeit: Kafka plant wieder zu schreiben, ermutigt auch durch entsprechende Anfragen und Angebote des Kurt Wolff Verlages, und er *beginnt* dann auch wieder zu schreiben, nach einer rund zweijährigen Schreibpause, gegen Ende November 1916, in dem eben schon genannten Häuschen an der Alchimistengasse, wo nun eine ganze Fülle von später berühmt gewordenen Texten entsteht, darunter die Geschichten des *Landarzt*-Bandes, aber auch eine große Zahl von erst aus dem Nachlaß publizierten, teils fragmentarischen, teils vollendeten Texten, wie das Dramenfragment *Der Gruftwächter,* die *Jäger Gracchus*-Fragmente und die *Chinesische Mauer.* Gleichzeitig aber finden sich in den Lebenszeugnissen die ersten Anzeichen einer neuen Beziehung zu Geschichte und Gegenwart des Judentums. Wie es dazu kam, ist im einzelnen schwer nachzurechnen. Entscheidend ist aber offenbar zweierlei gewesen: erstens – worauf bereits Felix Weltsch in einem späten Aufsatz von 1956 hingewiesen hat[4] – die neue, konkrete Begegnung mit Religion und Kultur des Ostjudentums, zu der es damals kam, vor allem durch die Ströme von ostjüdischen Flüchtlingen, die in diesen Kriegsjahren ständig aus Galizien und anderen osteuropäischen Ländern in Großstädten wie Prag und Berlin eintrafen; sodann aber, zweitens und nicht ohne Zusammenhang hiermit, die gleichzeitigen Entwicklungen innerhalb der zionistischen Bewegung, die ihr dienende publizistische Tätigkeit von Männern, die Kafka mehr oder weniger persönlich nahestanden – Männern wie Max Brod, Felix Weltsch, Hugo Bergmann oder Martin Buber –, und die Anregungen und Anstöße, die von hier aus auf Kafka selbst ausgingen. Kafka hat wenig über diese Dinge gesprochen, und sie sind in der Forschung deshalb lange Zeit kaum bemerkt oder auch falsch beurteilt worden, zumal gewisse wichtige Dokumente, wie etwa der Briefwechsel mit Buber, hier erst relativ spät bekannt wurden. Aber liest man die betreffenden Zeugnisse genauer und im Zusammenhang, liest man auch die Schriften des angedeuteten literarisch-publizistischen Umkreises und sucht man sich eine Vorstellung von Kafkas eigener damaliger Lektüre zu verschaffen, dann sieht man, wie diese beiden historischen Phänomene ihn gerade damals beschäftigten, wie sie für ihn zu einer Art von Appell oder Herausforderung wurden, ihn zu einer Klärung seiner eigenen Situation und seiner Position herausforderten – auch zu einer Klärung seiner eigenen *geschichtlichen* Situation – und wie sich dabei gewisse gedankliche und begriffliche oder auch bildhafte Motive herausbildeten, die dann auch im literarischen Werk des späteren Kafka, genauer: des Kafka ab Winter 1916/17, immer wieder auftreten. Das auffälligste unter ihnen ist wohl das Motiv des ›Volkes‹ (und damit zusammenhängender Vorstellungen wie ›Einheit des Volkes‹, Zusammenleben, Gemeinschaft), im Werk besonders deutlich faßbar etwa in *Josefine, die Sängerin* – Kafkas letzter Erzählung – oder in den *Forschun-*

gen eines Hundes, aber auch schon in der *Chinesischen Mauer*. Dazu aber kommt das Motiv der geschichtlichen Überlieferung oder der Tradition, sowie das des Unterschieds zwischen den geschichtlichen Epochen, beides verbunden mit einer höchst eigentümlichen Geschichtsauffassung, die ihren Schwerpunkt im Begriff der »alten Zeiten« (oder der »alten großen Zeiten«) hat und wesentlich bestimmt ist durch den Gedanken der Entfernung, ja, der antithetischen Spannung zwischen diesen »alten Zeiten« und der Gegenwart. Immer wieder kann man diese eigenartige Geschichtsdeutung und dieses eigentümliche Verständnis der eigenen Gegenwart von jetzt ab bei Kafka finden, in literarischen Texten ebenso wie im Tagebuch oder in gewissen Briefen an Max Brod. (»Nun vergleiche aber noch Deines und Meines« – heißt es hier einmal – »mit den alten großen Zeiten. Das einzige wirkliche Unglück war Unfruchtbarkeit der Frauen [...]«.[5]) Zum erstenmal aber findet man diese eigentümliche Geschichtsdeutung in einem Brief an Felice aus der Zeit, von der wir hier sprechen: in einem Brief aus dem September 1916, in dem es um das Berliner ›Jüdische Volksheim‹ geht und um Felices Mitarbeit beim ›Volksheim‹ (zu der Kafka selbst sie aufgefordert hatte). Es ist einer der aufschlußreichsten Briefe dieser Epoche, aufschlußreich vor allem für unser Thema, und ich will ihn deshalb hier etwas ausführlicher zitieren. Hauptanlaß des Briefes, ebenso wie auch schon des vorausgehenden Briefes von Felice, ist ein Vortrag über Erziehungsfragen gewesen, den der Gründer und Leiter des ›Volksheims‹, Siegfried Lehmann, damals gerade gehalten hatte; Felice hatte den Vortrag gehört und Kafka davon berichtet, wobei sie offenbar zugleich nach den Beziehungen des ›Volksheims‹ zum Zionismus gefragt hatte. Hierauf nun antwortet Kafka, indem er Felice zunächst in ihrem Vorsatz zur Mitarbeit nochmals bestärkt, mit höchst eindringlichen Worten: »Du wirst dort Hilfsbedürftigkeit sehn und Möglichkeit vernünftiger Hilfe, in Dir aber Kraft zu dieser Hilfe, also hilf. Das ist sehr einfach und doch abgründiger als alle Grundgedanken.« »Von jedem Handgriff, den Du dort tun wirst« – so schreibt er dann weiter –

von jeder Mühe, die Du dort auf Dich nimmst [...], von jeder solchen Sache werde ich zehren, so wie von Deinem letzten Brief. Es ist, soviel ich sehe, der absolut einzige Weg oder die Schwelle des Weges, der zu einer geistigen Befreiung führen kann. Und zwar früher für die Helfer, als für die, welchen geholfen wird. Vor dem Hochmut der entgegengesetzten Meinung hüte Dich, das ist sehr wichtig. Worin wird denn dort im Heim geholfen werden? Man wird, da man doch für dieses Leben schon einmal in seine Haut eingenäht ist und zumindest mit eigenen Händen und unmittelbar an diesen Nähten nichts ändern kann, versuchen, die Pfleglinge, bestenfalls unter möglichster Schonung ihres Wesens, der Geistesverfassung der Helfer und in noch weiterem Abstand der Lebenshaltung der Helfer anzunähern, d. h. also dem Zustand des gebildeten Westjuden unserer Zeit, Berlinerischer Färbung und, auch das sei zugegeben, dem vielleicht besten Typus dieser Art. Damit wäre sehr wenig erreicht. Hätte ich z. B. die Wahl zwischen dem Berliner Heim und einem andern, in welchem die Pfleglinge die Berliner Helfer (Liebste, selbst Du unter ihnen und ich allerdings obenan) und die Helfer einfache Ostjuden aus Kolomea oder Stanislau wären, ich würde mit riesigem Aufatmen, ohne mit den Augen zu zwinkern, dem letzteren Heim den unbedingten Vorzug geben. Nun glaube ich aber, diese Wahl besteht nicht, niemand hat sie, etwas, was dem Wert der Ostjuden ebenbürtig wäre, läßt sich in einem Heim nicht vermitteln, in diesem Punkt versagt in letzter Zeit sogar die blutsnahe Erziehung immer mehr, es sind Dinge, die sich nicht vermitteln, aber vielleicht, das ist die Hoffnung, erwerben, verdienen lassen. Und diese Möglichkeit des Erwerbes haben, so stelle ich es mir vor, die Helfer im Heim.

Und schließlich schreibt er dann, die Frage nach dem Zionismus betreffend:

Mit dem Zionismus hängt es (dies gilt aber nur für mich, muß natürlich gar nicht für Dich gelten) nur in der Weise zusammen, daß die Arbeit im Heim von ihm eine junge kräftige Methode, überhaupt junge Kraft erhält, daß nationales Streben anfeuert, wo anderes vielleicht versagen würde, und daß die Berufung auf die alten ungeheuern Zeiten erhoben wird, allerdings mit den Einschränkungen, ohne die der Zionismus nicht leben könnte. Wie Du mit dem Zionismus zurechtkommst, das ist Deine Sache, jede Auseinandersetzung (Gleichgiltigkeit wird also ausgeschlossen) zwischen Dir und ihm, wird mich freuen. Jetzt läßt sich darüber noch nicht sprechen, solltest Du aber Zionistin einmal Dich fühlen (einmal hat es Dich ja schon angeflogen, es war aber nur Anflug, keine Auseinandersetzung) und dann erkennen, daß ich kein Zionist bin – so würde es sich bei einer Prüfung wohl ergeben – dann fürchte ich mich nicht und auch Du mußt Dich nicht fürchten, Zionismus ist nicht etwas, was Menschen trennt, die es gut meinen.[6]

Man kann in diesem Brief – der eines der wichtigsten, sprechendsten Zeugnisse für Kafkas damaliges Verhältnis zum Zionismus wie zum Judentum überhaupt ist – alle die eben genannten

Hauptmotive nebeneinander sehen, wenn auch in verschiedener Deutlichkeit: das Motiv des ›Volkes‹ und seiner Einheit (besonders deutlich etwa im Begriff der »blutsnahen Erziehung«), ebenso wie das Motiv der geschichtlichen Überlieferung und namentlich das der »alten Zeiten« (oder der »alten ungeheuern Zeiten«) und der mit ihm verknüpften Geschichtsauffassung – wobei mit den »alten Zeiten« offenbar, hier wie auch sonst bei Kafka, im wesentlichen die Zeiten der alttestamentlichen Geschichtsüberlieferung gemeint sind: was die Arbeit des ›Volksheims‹ und den Zionismus verbindet, das ist offenbar – nach der von Kafka hier entwickelten Ansicht – vor allem die Berufung auf diese gemeinsame geschichtliche Herkunft, dieses gemeinsame Stück geschichtlicher Überlieferung. Eben damit aber bewegen wir uns auch schon im thematischen Umkreis des großen, erzählenden Textes, von dem wir hier ausgingen, also der Geschichte vom Mauerbau, die nun wenig später, während der jetzt sehr bald beginnenden neuen Schaffensperiode, entsteht, Februar/März 1917, als umfangreichster erzählender Text dieser neuen Schaffensperiode. Denn alle die eben genannten Motive kann man nun auch, wenngleich natürlich poetisch verwandelt, in diesem Text wiederfinden, und zwar, wie mir scheint, in einer Weise, die immer wieder, mehr oder weniger deutlich, auf die hier eben angedeutete aktuelle geschichtliche Thematik zurückweist. Was besonders deutlich an diese konkret-geschichtlichen Zusammenhänge erinnern kann, das ist – so scheint mir – die Art, in der hier vom »Volk« oder auch von »Volkswerk« und »Volkskraft« die Rede ist, etwa an Stellen wie der folgenden (in der es um die Lebensweise der einzelnen, jeweils an den verschiedensten Stellen des Mauerbaus beschäftigten Arbeiter geht):

Wie ewig hoffende Kinder nahmen sie dann von der Heimat Abschied, die Lust, wieder am Volkswerk zu arbeiten, wurde unbezwinglich. Sie reisten früher von Hause fort, als es nötig gewesen wäre, das halbe Dorf begleitete sie lange Strecken weit [...]. Jeder Landsmann war ein Bruder, für den man eine Schutzmauer baute, und der mit allem, was er hatte und war, sein Leben lang dafür dankte. Einheit! Einheit! Brust an Brust, ein Reigen des Volkes, Blut, nicht mehr eingesperrt im kärglichen Kreislauf des Körpers, sondern süß rollend und doch wiederkehrend durch das unendliche China.[7]

Aber auch das Motiv der geschichtlichen Überlieferung kann man hier wiederfinden und ebenso auch – und nicht zuletzt – das der

»alten Zeiten«, dieses sogar an besonders bedeutsamer Stelle, kurz vor dem Ende des Textes, in einer Schlußbetrachtung, in der es um das Leben der jetzigen Generation als solcher geht und nach der Begründung ihrer Lebensordnung in einem eigenen, »gegenwärtigen«, ihr selbst geltenden »Gesetz« gefragt wird. »Die Folge solcher Meinungen« – so heißt es dort abschließend und resümierend – »ist nun ein gewissermaßen freies, unbeherrschtes Leben. Keineswegs sittenlos, ich habe solche Sittenreinheit, wie in meiner Heimat, kaum jemals angetroffen auf meinen Reisen. – Aber doch ein Leben, das unter keinem gegenwärtigen Gesetze steht und nur der Weisung und Warnung gehorcht, die aus alten Zeiten zu uns herüberreicht.«[8] Schon diese Formulierungen als solche können den Gedanken an die eben geschilderte, aktuelle, spezifisch-jüdische Thematik nahelegen, zumal wenn man sie im Zusammenhang liest und wenn man zugleich die entsprechenden Formulierungen aus den Kafkaschen Selbstzeugnissen im Ohr hat. Bestärkt werden kann man in diesem Gedanken durch bestimmte einzelne Motive der Erzählung, vor allem das der »Führerschaft« (das beim späteren Kafka auch sonst oft mit dem Judentum verknüpft erscheint) oder auch das der Zerstreuung der einzelnen Volksteile über eine riesige, kaum zu durchmessende Fläche hinweg. Derselbe Gedanke liegt aber noch näher, wenn man gleichzeitig auch die Textzeugnisse des vorhin schon genannten literarisch-publizistischen Umkreises hinzunimmt, also die Texte der ganzen zeitgenössischen publizistischen Diskussion im Umkreis des Zionismus und der ihm verwandten Erneuerungsbestrebungen; wenn man liest, was Kafka damals in diesem Zusammenhang las, und wenn man sieht, wie hier vom jüdischen Volk, seiner Geschichte und seiner gegenwärtigen Situation oder auch von Gesetz und Gesetzeslehre die Rede ist, in Begriffen und Wendungen, die ihrerseits immer wieder auf Kafka, insbesondere den Kafka der *Chinesischen Mauer*, vorausweisen und den Kafka-Leser immer wieder vertraut anmuten können. Auffällige und bemerkenswerte Beispiele für solche Berührungen findet man vor allem in Martin Bubers Zeitschrift ›Der Jude‹, die Kafka damals nachweislich regelmäßig las (der ganze erste Jahrgang, ab April 1916, befand sich in seiner Bibliothek); ein besonders auffälliges Beispiel, das ich hier wenigstens noch kurz erwähnen will, findet sich in einem Aufsatz von Jakob Klatzkin, der im November und Dezember 1916 in dieser

Zeitschrift erschien: eine Berührung nicht nur auf motivischer und sprachlicher, sondern auch auf metaphorischer Ebene, die den Gedanken nahelegt, daß möglicherweise auch das zentrale *Bild* unseres Kafka-Textes – also das Bild der Mauer – seine Vorgeschichte in der eben angedeuteten zeitgenössischen Diskussion hat. Der Zusammenhang ist hier der einer Auseinandersetzung mit den Vertretern eines – von Klatzkin so genannten – »geistigen Nationalismus«, der das Wesentliche des Judentums (wie Klatzkin meint: verhängnisvollerweise) in einer allgemeinen Idee, einem Ideal oder einer ethischen Lehre sieht (wobei unter anderem an Hermann Cohen gedacht ist). Im Zusammenhang dieser Auseinandersetzung also heißt es etwa in Klatzkins Aufsatz: »Es gibt einen nationalen Halt in unseren Religionsgesetzen; es gibt aber keinen nationalen Halt in einer Ideologie und gar in einer ethischen Lehre. Unsere Religionsverfassung ist reich an nationalen Scheidewänden, an ›Schutzmauern‹ und ›Zäunen‹, die unser Eigenleben allseitig umgrenzen; der Geist des Judentums ist es nicht.«[9] Oder etwas später (dieselbe Metaphorik zieht sich durch den ganzen Aufsatz hindurch): »Unsere Religion ist es, in der das Rätsel unserer Dauer im Galuth zu suchen ist. Sie ist die Macht, die uns von allen Völkern sonderte und in aller Zerstreuung einte. Die äußeren Ghettomauern, die von unseren Feinden errichtet wurden, hätten es nie bewirken können. Die inneren Mauern aber, die in unserer Religion gegründet und die wir auf den Wanderweg mitgenommen und in den Siedlungen immer fester ausgebaut haben, diese beweglichen ›Zelte Jacob‹ sind es, die uns überall ein eigenes Heim sicherten. Die jüdische Religion ist reich an Umzäunungen, die unser Gemeinwesen gegen die Umwelt abgrenzen [...].«[10] Es ist – vor allem wenn man die chronologischen Daten erwägt – schwer, sich dem Gedanken zu entziehen, daß Kafka hier, auf welche Weise auch immer, eine gewisse, sei es bewußte, sei es unbewußte Anregung für die zentrale Metapher seiner Geschichte vom Mauerbau empfing, was selbstverständlich nicht ausschließt, daß deren Bilderwelt sich dann auf ihre eigene, selbständige Weise entwickelte und ausgestaltete.

Wie auch immer man diese und ähnliche Einzelfragen beurteilen mag: im ganzen ist doch vielleicht auch aus diesen wenigen Hinweisen schon deutlich geworden, in welchem Sinne und aus was für Gründen man hier von einem ›Realitätsbezug‹ sprechen kann oder genauer: von einem Bezug zu einer ganz bestimmten, aktuellen geschichtlichen Situation, von der Kafka sich umgeben sah, als er diese Geschichte schrieb. Kafka ›spricht‹ – so können wir jetzt genauer sagen und zugleich etwas besser begründet – von dieser bestimmten, historischen Gegenwartssituation im Medium einer poetischen Bilderwelt, die er selber geschaffen hat, und er ›spricht‹ zugleich von dem Ort, an dem er sich selbst in ihr sah – auch dies nicht direkt, nicht begrifflich, sondern im Medium derselben poetischen Bilderwelt. Über die Art dieser Bilder, über ihre Bedeutung und vor allem über die Art ihres Wirklichkeitsbezuges wäre freilich mehr zu sagen, als hier noch gesagt werden kann. Es ist offenbar kein allegorischer Bezug im traditionellen Sinne: die Bilder lassen sich nicht vollständig, sozusagen Zug um Zug, in die Sprache der geläufigen, konventionellen Begriffe übertragen, nicht vollständig in diese Sprache hinein übersetzen. Das Bild vom großen Mauerbau ist nicht einfach ein Bild für den Zionismus oder, allgemeiner, für die Gesamtheit der mit ihm zusammenhängenden zeitgenössischen, historisch faßbaren Erneuerungsbestrebungen, und das Bild des »Schiffers« im Fortsetzungsfragment, der vom Mauerbau zu erzählen weiß und auch von ihm erzählt, als ein Mittler zwischen Nähe und Ferne, Familie und Volk, danach aber wieder in seine »Barke« springt, ist nicht einfach ein allegorisches Bild für das Verhältnis Kafkas zu diesen zeitgenössischen, historisch faßbaren Ereignissen. Und doch bestehen hier offenbar Beziehungen, und Ottla, die Schwester, muß sie verstanden haben – Ottla, von der wir wissen (unter anderem aus Kafkas Tagebuch[11]), daß ihr Verhältnis zum Zionismus damals seit langem sehr viel eindeutiger, positiver und unkomplizierter war als das ihres Bruders. Vielleicht kommt man der Eigenart und der ›Aussage‹ dieser Bilder am nächsten, wenn man sagt: sie sind selbst Deutungen – Deutungen der umfassenden, hier eben gekennzeichneten geschichtlichen Situation und zugleich der persönlichen Situation ihrer Autors – und wollen eben deshalb als solche, als Deutungen, gelesen werden, nicht aber selbst ›gedeutet‹ oder ›interpretiert‹, d. h. – auf welche Weise auch immer – durch die Sprache der geläufigen, konventionellen Begriffe ersetzt werden.

Anmerkungen

1 Heft »C« in der Bezeichnungsweise von Pasley und Wagenbach (vgl. J. Born u. a. (Hg.), *Kafka-Symposion*, Berlin 1965, S. 76-80); in Brods Ausgabe, im Band *Hochzeitsvorbereitungen auf dem Lande*, als »Das sechste Oktavheft« bezeichnet.

2 Zitiert hier nach dem Abdruck in: Franz Kafka, *Beschreibung eines Kampfes. Novellen, Skizzen, Aphorismen aus dem Nachlaß*, Frankfurt/M. 1954, S. 328 f.

3 Vgl. Hartmut Binder, *Kafka-Kommentar zu sämtlichen Erzählungen*, München 1975, S. 219, wo es mit Bezug auf die Schilderung des Gefühls der Volkseinheit in dieser Erzählung heißt: »[...] ein Ideal Kafkas, das er besonders im Ostjudentum verkörpert fand« (ähnlich: *Kafka-Handbuch*, Bd. 1, Stuttgart 1979, S. 505), und: Günther Anders, *Kafka – Pro und Contra*, München ³1967, S. 10: »[...] in den *Chinesische Mauer* genannten Stücken ist das Wort ›Jude‹ sogar durchweg durch das Wort ›Chinese‹ ersetzt.«

4 Felix Weltsch, *The Rise and Fall of the Jewish-German Symbiosis: The Case of Franz Kafka*, in: Publications of the Leo Baeck Institute of Jews from Germany. Year Book 1, London 1956, S. 255-276, bes. S. 270 f.

5 Franz Kafka, *Briefe 1902-1924*, Frankfurt/M. 1958, S. 291 (Brief an Brod vom 13. 1. 1921).

6 Franz Kafka, *Briefe an Felice*, hg. v. J. Born und E. Heller, Frankfurt/M. 1967, S. 696-698.

7 *Beschreibung eines Kampfes*, S. 70 f. (Das Wort »Landsmann« berichtigt nach der Handschrift; in Brods Ausgabe steht hier: »Landmann«.) Vgl. auch die wenig später folgende Passage: »Und wozu waren in dem Werk Pläne [...] gezeichnet und Vorschläge bis ins einzelne gemacht, wie man die Volkskraft in dem kräftigen neuen Werk zusammenfassen solle« (was an die Worte über die »junge kräftige Methode« in dem eben zitierten Brief an Felice erinnert), sowie sämtliche späteren Erwähnungen des »Volkes« im Text der *Chinesischen Mauer*.

8 Ebd., S. 82.

9 Der Jude. Eine Monatsschrift. Hg. v. Martin Buber, H. 9 (Dezember 1916), S. 610.

10 Ebd., S. 613.

11 Vgl. die Erwähnung von »Ottlas Zionismus« – unter den Dingen, die dem Schreiber »etwas Festigkeit und Hoffnung« geben – im Tagebuch vom 23. 1. 1914 (*Tagebücher 1910-1923*, Frankfurt/M. 1948/49, S. 352).

Gershon Shaked

Wie jüdisch ist ein jüdisch-deutscher Roman?

Über Joseph Roths »Hiob, Roman eines einfachen Mannes«[1]

I

Als Joseph Roths *Hiob, Roman eines einfachen Mannes* im Jahre 1930 erschien, wurde er von Publikum und Kritik sehr positiv aufgenommen. Heinrich Lützeler im ›Hochland‹[2], Ludwig Marcuse im ›Tagebuch‹[3] und Arnold Zweig in der ›Literarischen Welt‹[4] lobten ihn fast einstimmig. Allein die Titel der Rezensionen sprechen für sich selbst: »Eine neue Hioblegende« (Marcuse), »Die große Legende« (Zweig), »einer der wirklichsten Romane der Gegenwart« (Lützeler). Die ersten Reaktionen auf den Roman behandelten meist sein religiöses und gesellschaftliches Pathos. Natürlich setzten sie sich auch mit seiner Beziehung zur jüdischen Tradition auseinander.

Hiob ist wohl das jüdischste Werk Roths und nur mit der Novelle *Der Korallenhändler* zu vergleichen. Die Reportagensammlung *Juden auf Wanderschaft* ist dagegen eher über Juden als typisch jüdisch.

Diese Unterscheidung führt uns gleich zu der Frage, was man unter ›jüdisch‹ versteht. Schließlich ist das Buch auf Deutsch geschrieben, und Roth ist eindeutig ein deutscher Schriftsteller. So wird zum Beispiel niemand behaupten, daß Roths Roman *Radetzkymarsch* jüdisch sei. Es scheint also, daß man nur jene Romane jüdischer Autoren als ›jüdisch‹ bezeichnen kann, die auch eine sogenannte ›jüdische‹ Thematik haben. In der Praxis ist jedoch auch diese Definition unbefriedigend. Sind zum Beispiel Schnitzlers Roman *Der Weg ins Freie* oder sein Drama *Doktor Bernardi* ›jüdisch‹, nur weil sie eine jüdische Thematik streifen, Kafkas Werke dagegen vollkommen ›unjüdisch‹, da wir dort kein ausgesprochen ›jüdisches‹ Thema finden? Oder ist Wassermanns Roman *Die Juden von Zirndorf*, der eine offensichtliche jüdische

Thematik hat, wirklich ›jüdischer‹ als *Der Fall Mauritius*?

Was sind also die Kriterien für jüdische Literatur in deutscher Sprache? Sind es die Thematik oder der Stil, oder ist vielleicht eine andere Norm maßgebend?

II

Wir wollen *Hiob* zunächst vom stilistischen Standpunkt aus betrachten, obwohl dieser natürlich nicht ausschlaggebend sein wird. Er kann aber als Baustein in einer ›Synthesentheorie‹ dienen. Ich will dabei von einer mir etwas besser bekannten Literatur ausgehen, nämlich der hebräischen. Wie Sie wissen, wurde die moderne hebräische Literatur bereits zu einer Zeit geschrieben, als Hebräisch noch keine lebendige Umgangssprache war. Bis zum Ersten Weltkrieg war Hebräisch eine reine Schriftsprache. Die Juden lasen und schrieben Hebräisch, sprachen aber Jiddisch oder eine der Fremdsprachen der Diaspora wie Deutsch, Russisch oder Polnisch. Die moderne hebräische Literatur schuf ihre eigene Kunstsprache. Daher konnte sie zu dieser Zeit auch niemals mimetisch sein, war sui generis stilisiert. Der jiddische oder fremdsprachige Dialog wurde ins Hebräische ›übersetzt‹, die volkstümliche Sprache der Massen in eine kulturelle Schriftsprache übertragen. Die Kunst hat eine Welt geschaffen, in der Hebräisch gesprochen wurde, noch ehe Menschen diese Sprache als umgangssprachliches Kommunikationsmittel benutzten.

Ich erwähne diese Tatsache, weil ich darauf hinweisen möchte, daß Roth in *Hiob* ebenfalls nicht mimetisch vorgegangen ist: auch in *Hiob* ist die Sprache der Romancharaktere ›übersetzt‹. Weder ein Mendel Singer noch seine Familie oder Nachbarn haben Deutsch gesprochen. Die Juden sprachen untereinander wahrscheinlich Jiddisch, mit den Nichtjuden in Rußland Russisch, in Amerika Englisch. Wenn Mendel Singers Kinder im Roman miteinander Englisch sprechen, so ist das ein Zeichen vollständiger Assimilation. Im Gegensatz zu demjenigen Schnitzlers in seinen ›jüdischen‹ Werken, ist das sprachliche Objekt Roths in *Hiob* nicht das Deutsche, sondern das Jiddische. Seine Charaktere – als außerliterarische Figuren vorgestellt – sprachen also so, wie die Schalom Alejchems und Isaak Barshewis Singers, nicht aber das Deutsch der Herren von Trotta aus dem *Radetzky-*

marsch. Ich möchte daher behaupten, daß dieses Charakteristikum des *mimetischen Objekts* eines der möglichen Merkmale für die ›Jüdischkeit‹ des jüdisch-deutschen Romans sein könnte. Das sprachliche Kunstwerk ist hier eine ›Übersetzung‹ verschiedener ›Umgangssprachen‹ in eine vorhandene Kunstsprache. In *Hiob* dient das Deutsche zur ›Stilisierung‹ der Sprachgewohnheiten und Gebräuche der jüdischen ›Kulturgemeinschaft‹.

III

Ein weiteres ›jüdisches‹ Charakteristikum des Romans, das mir noch wichtiger erscheint, ist, was ich als die *Soziosemiotik* der fiktiven Welt des Romans bezeichnen möchte. Ich meine damit eine Zeichenreihe, die nur nach dem Kode einer bestimmten sozialen Gruppe entschlüsselt werden kann. Obwohl die Zeichen wörtlich übersetzt werden können, hat das Bezeichnete dieses Zeichens in verschiedenen Gruppen einen ganz unterschiedlichen semiotischen Wert.

So bezeichnet zum Beispiel ›weiß‹ in China Trauer, sein Antonym ›schwarz‹ dasselbe in der europäischen Kultur. Die Übersetzung des Lautzeichens ›schwarz‹ ins Chinesische bezeichnet dieselbe Farbe in der Zeichenreihe der Farben, aber das Gegenteil in der ›Semiotik der Farben‹. Was ist also der Sinn von Wörtern wie ›Messe‹, ›Sakrament‹ oder ›Papst‹ im Indischen oder Chinesischen oder aber im Hebräischen, selbst wenn sie wörtlich übersetzt werden? Welche Bedeutung haben andererseits Zeichen wie *Matza* (Roth übersetzt: Osterbrot), *Tefilim* (Gebetsriemen), *chassidischer Rabbi*, *Kol Nidre* oder *Kosak* für einen deutschen Leserkreis? Was bedeutet folgender Satz, geschrieben in gewöhnlichem Umgangsdeutsch, für Roths impliziten Leser: »Mendel Singers Kinder haben kein Glück. Sie sind eines Lehrers Kinder.«[5] Warum sollten die Kinder eines Lehrers eigentlich unglücklich sein? Oder weshalb wird ein Lehrer als solcher, also der ganze Berufsstand der Lehrer, als Unglücksrabe gewertet? Ist das Bezeichnete ›Lehrer = Unglücksrabe‹ wirklich verständlich für den empirischen deutschen Leser? Die Antwort hierfür liegt in der jüdischen Soziosemiotik. Das Wort ›Lehrer‹ ist hier eine ›Übersetzung‹ des jiddisch-hebräischen Wortes *Melamed*, was soviel wie Volksschullehrer bedeutet, also Lehrer der untersten

Schulklassen. In der Soziologie der Juden ist dieser Beruf der schlechtest bezahlte und sozial niedrigste. Das Wort wird sehr oft als Synonym für *Schlemasel* (Unglücksrabe, Pechvogel) gebraucht. Der Jeschivalehrer, der in der religiösen Ober- und Hochschule unterrichtet, steht hingegen sehr hoch in der gesellschaftlichen Hierarchie. Mendel Singer ist also ein verachteter, sozial tiefstehender *Melamed* (nicht »Lehrer«). Erst wenn man den Kode dieser sozialen Gruppe richtig verstanden hat, weiß man auch, warum Mendels Kinder unter dem Status des Vaters leiden müssen. Der deutsche Leser versteht das nicht unmittelbar. Er muß das Gelesene erst in seine eigene Zeichenwelt übersetzen. Jedes historische Verständnis besteht also in der Übersetzung aus einer entfernten Soziosemiotik in eine nähere, und erst dies erzeugt Empathie im Akt des Lesens.

Roths Roman bedient sich weitgehend der jüdischen Soziosemiotik. Die Gebärden, der Kult und die Gebräuche sind jüdisch: Mendel betet dreimal täglich, seine Frau wendet sich um Hilfe an einen Wunderrabbi, um Menuchims Genesung zu erwirken, die Kleidung und die Festtage entsprechen der jüdischen Tradition.

Ein Beispiel für das Bedeutungsspiel der ›semiotischen‹ Zeichen ist folgende Szene: Miryam, Mendels Tochter, läuft »in die Kirche hinein, in den goldenen Glanz, und das Brausen der Orgel« (21). Ihre Mutter folgt ihr, um sie zu »erretten«. Sie ist von diesem Kirchenbesuch nicht weniger beunruhigt als der Vater, wenn er das Mädchen später mit einem Kosaken in den Feldern trifft. Kirche und Kosak repräsentieren traumatische Erfahrungen der Juden. Sie sind negative Symbole, die Schrecken und Angst signalisieren. Sie sind Sinnbilder der Pogrome und damit Symbole der Verfolgung. Daher sind sie keine Zeichen, die nur etwas Gegenständliches bezeichnen, sondern Glieder einer semiotischen Reihe, die in dieser Gruppe ›das Feindliche‹ oder ›die Verfolger‹ bedeuten.

Wenn Mendel Singer denkt: »Hier war mein Großvater Lehrer, hier war mein Vater Lehrer. Jetzt fahre ich nach Amerika. Meinen Sohn Jonas haben die Kosaken genommen. Miryam wollen sie mir auch nehmen« (73)[6], so hat das eine sehr tiefe, vielschichtige Bedeutung. Die Semantik dieses Satzes ist wieder nur durch die Semiotik der jüdischen Glaubensgemeinde zu verstehen. Zwar ist *Melamed*-Lehrer kein ehrenvoller Beruf, doch entspricht er der Familientradition. Tradition und Kosakentum sind hier einander diametrisch gegenübergestellt. Der Kosak ist das Symbol nicht nur der verfolgenden, sondern auch der verführerischen Welt der Nichtjuden. Tradition bedeutet Gott, Kosakentum Teufel. Moral und Instinkt sind thematische Pole des Romans. Diese Pole werden durch die soziosemiotische Struktur Lehrer = Vater und Kosak = Welt des nichtjüdischen Mannes versinnbildlicht. Der Kosak steht also für mehr als eine russische Volksgruppe, die einen großen Teil der russischen Armee stellt. Er ist ursprünglich das Sinnbild der Judenverfolger, was aus den historischen Erfahrungen der Juden heraus verständlich ist. Im weiteren Verlauf des Romans wird das Wort »Kosak« aber auch die Metapher für sexuelle Sünde und Ausdruck der Xenophobie: »Er weiß, Mendel Singer, daß Mac kein Jude ist, die Kosaken sind auch keine Juden, so weit ist es noch nicht« (88), und später: »Sie [Miryam] ging mit Glück tanzen, sie ging mit Glück baden. Ein neuer Kosak! dachte Mendel. Aber er sagte nichts.« (105)

»Kosak« ist hier zur Metapher für sexuelle Sünde geworden. Wir wissen nicht, ob Glück Jude oder Nichtjude ist, doch spielt das auch keine Rolle mehr. Als »Kosak« vertritt er die Welt des Teufels.

»Lehrer« und »Kosak« sind nur zwei Beispiele aus der Soziosemiotik des Romans. Ein großer Teil der strukturierenden Symbole sind dem Ritual des jüdischen Gottesdienstes entnommen: Gebetsriemen und Gebetsmantel, die Psalmen, das Monatsanfangsgebet, der symbolische Wert des Monats Ab, in dem der Tempel zerstört wurde, und des Monats Ellul, des letzten Monats des jüdischen Jahres vor den Hohen Feiertagen und Jom Kippur, dem Versöhnungstag. Ebenso wird die Semiotik der jüdischen Speisegesetze symbolisch benutzt. Osterbrot *(Matza)*, die Weine aus Palästina, die auch zum Speiseritual des Osterfestes gehören, und Schweinefleisch haben ihre eigene symbolische Bedeutung. Mendels Gedanken an Schweinefleisch zu Jom Kippur, dem heiligen Feiertag, sind der tiefste Ausdruck seiner Auflehnung gegen Gott. Noch spezifischer könnte man das mögliche Verbrennen der Gebetsriemen als endgültigen Bruch mit Gott bezeichnen: »Das Feuer wird die Blätter des Buches sacht zusammenrollen, in silbergraue Asche verwandeln und die schwarzen Buchstaben für ein paar Augenblicke blutig färben.« (115)

Ein Beispiel für die Semiotik der Kleidung ist das erste Zusammentreffen der jüdischen Neuankömmlinge in Amerika mit ihrem amerikanisierten Sohn. Der Erzähler beschreibt Schemarjas »neue Kleider« vom Standpunkt Mendels aus, wenn er kommentiert: »Sie sahen Schemarja und Sam zugleich, als wenn ein Sam über einen Schemarja gestülpt worden wäre, ein durchsichtiger Sam.« (81) Die semiotische Bedeutung der Kleidung ist hier dem jüdischen Lebensbereich entnommen. Um diese Bedeutung richtig zu verstehen, muß sie der Leser von der ihm fremden, exotisch-esoterischen jüdischen Welt in die Semiotik seiner eigenen Umgebung übersetzen. Auf der Kommunikationsebene der Kleidung bedient sich der implizite Autor also einer ›Fremdsprache‹, obwohl er mit dem Leser Deutsch spricht.

IV

Die jüdischste Schicht dieses Romans liegt aber noch tiefer. Die Bedeutung dieser Schicht ist wesentlich größer, als sie aufgrund der Thematik erscheint. Wie ich später noch zeigen werde, ist dieser Emigrations- und Bildungsroman eigentlich die Schilderung eines Assimilationsprozesses. Er beschreibt die Vorgänge, die zur Assimilation führen. Dieses Thema finden wir sehr oft in der jiddischen und hebräischen Literatur des späten 19. und beginnenden 20. Jahrhunderts. So beschreibt Schalom Alejchems Roman *Tewje, der Milchmann,* der durch das Musical *Fiddler on the Roof* weltberühmt geworden ist, die tragische oder eher die pathetische Wirkung, die dieser Assimilationsprozeß auf den traditionsbewußten Vater hat. Wir finden dieses Thema aber auch bei I. I. Singer, I. Barshewis Singer sowie in hebräischen Kurzgeschichten und Romanen von Autoren wie Berditschewski, Berkovitz und Brenner.

Roths spezifisches Thema der Emigration als eines Assimilationsprozesses behandelt Schalom Alejchem in seinem Roman *Motel der Sohn Pejsis des Kantors.* Es kommt ebenso in Geschichten von Brenner, Berkovitz und anderen modernen hebräischen, jiddischen und amerikanisch-jüdischen Autoren vor, so zum Beispiel in Abe Cahans *The Rise of David Levinski* und in H. Roths *Call It Sleep.* Ohne näher auf diese spezifische Thematik einzugehen, möchte ich auf die Nähe dieses Themas des *Hiob* zu den jüdischen Literaturen hinweisen. Da man hier nicht von gegenseitigem Einfluß sprechen kann, muß angenommen werden, daß Ähnlichkeiten in den sozialen Strukturen und Vorgängen innerhalb der Lebensbereiche der Autoren zu diesen literarischen Parallelen geführt haben. Die oben erwähnten literarischen ›Produkte‹ sind denn auch tatsächlich alle in annähernd gleichem Milieu entstanden. Im Fall des *Hiob* aber erweist sich ein deutscher, westjüdischer Autor als geformt und beeinflußt von ostjüdischen Verhältnissen. Auf dieses Problem hat bereits Claudio Magris in seinem Buch *Weit von Wo*[8] hingewiesen.

Von diesem Gesichtspunkt aus möchte ich auch die mir am bedeutendsten erscheinende Schicht beschreiben, die dem entspricht, was Roland Barthes den »kulturellen Kode«, andere Strukturalisten »intertextuale Allusionen« des literarischen Texts nennen. Roths *Hiob* ist überaus reich an literarischen Allusionen auf verschiedene Texte des jüdischen Kanons. Diese Anspielungen auf traditionelle jüdische Mythen, Legenden und Archetypen finden sich sowohl im Mikro- als auch im Makrotext.

So gibt es zum Beispiel im Mikrotext eine Anspielung auf die Opferung Isaaks oder die Weihung Samuels: »Auf beiden Armen bot sie ihren Sohn dar, wie man ein Opfer darbringt« – wobei Menuchim der Sohn ist, den seine Mutter opfert.

Die Legende vom Leviathan, die dem späteren Midrasch entnommen ist, wird ebenfalls erwähnt (80). Amerika und New York werden im Sinne der jüdischen Tradition parodiert: »Man hat immer gesagt, daß Amerika ›God's own country‹ hieß, daß es das Land Gottes war wie einmal Palästina und New York eigentlich ›the wonder city‹, die Stadt der Wunder, wie einmal Jerusalem.« (87) Die traditionelle jüdische Eschatologie dient hier als ›parodistisches‹ Kunstmittel, das den Gegensatz zwischen Sein und Schein, zwischen Zukunftstraum und Wirklichkeit ausdrückt.

Intertextuale Allusionen kommen im Text wiederholt vor. Am bedeutsamsten ist die Intertextualität aber im Makrotext. Der Titel bezieht sich eindeutig auf das Buch Hiob. Mendel Singer ist, um mit Northrop Fryes Terminologie zu sprechen, ein Hiob der »low mimetic« oder der »ironic mode«, gehört also dem niedrigen oder ironischen Modus an. Er ist nicht mehr der tragische Held einer göttlichen Tragödie, sondern ein »Pharmakos«, das ironische Opfer eines unpersönlichen Kräftespiels. Wie Hiob verliert auch Mendel Singer seine Frau, zwei seiner Söhne (Jonas ist in Rußland verschollen, Sam-Schemarja in der amerikanischen

Armee gefallen) und seine Tochter Miryam, die, ihres Verstandes beraubt, in einer Anstalt untergebracht werden muß. Von seinem jüngsten, verkrüppelten Sohn Menuchim, den er in Rußland hat zurücklassen müssen, nimmt er ebenfalls an, er sei tot. Die Struktur zeigt also weitgehend Parallelen zum Buch Hiob: Das Gleichgewicht von Mendels mittelmäßigem, stabilem Leben (er ist nie so glücklich wie Hiob gewesen!) wird durch die Kosaken zerstört, die Sünde besteht im Zurücklassen Menuchims in Rußland, die Emigration führt zur Katastrophe in Gestalt von Schemarjas und seiner Frau Deboras Tod. Dem folgen die Auflehnung gegen Gott, die wunderbare Rettung und die Auferstehung. Die vier Freunde Mendels: Skowronek, Rotenberg, Groschel und Menkes, sind ironisierte Transformationen der vier Freunde Hiobs Elifaz, Tzofar, Bildad und Elihu. Das Wesentliche bei diesen biblischen Allusionen ist der parodistische Gegensatz zwischen dem Original und dem modernen Text. Der moderne Hiob ist kein Poet, der in Monologen seine tragische Weltanschauung zum Ausdruck bringt, sondern ein stummer Held, der seine rebellischen Gedanken in symbolische Handlungen umsetzt und so den biblischen Hiob parodiert. Der moderne ›kleine Mensch‹, der nicht ›weiß, was nun‹ mit seinem Leben anzufangen, kann sich nur mit Hilfe seiner Gebetsriemen ausdrücken, indem er sie nicht mehr legt. Der traditionelle Text ist soziosemiotisch umgeformt. Während das Buch Hiob bereits zur Allgemeinkultur gehört, ist Roths *Hiob* paradoxerweise viel tiefer in der jüdischen Kulturgemeinschaft verwurzelt. Mendel Singer ist ein kultischer Antiheld und kein Held der poetischen Aussage.

Die Struktur des Romans basiert aber nicht nur auf dem Buch Hiob. Von der Emigration nach Amerika ab lassen sich zwei Handlungsstränge unterscheiden. Die Geschichte Mendel Singers, also die Hioblegende, ist dabei ist augenscheinlichere. Der zweite Handlungsstrang bleibt bis zur auflösenden Rückwendung am Ende der Erzählung verdeckt und taucht erst bei der glücklichen Rückkehr des verlorenen Sohns Menuchim auf

Synchron gesehen steigt Menuchim immer höher zu Glück und Erfolg auf, je tiefer Mendel in Hoffnungslosigkeit verfällt. Die Überkreuzung und Verbindung der beiden Handlungsstränge bringt schließlich die Erlösung. Man kann in Menuchim natürlich einfach das häßliche Entchen sehen, das durch die Musik zum schönen Schwan wird. Mir scheint aber, daß auch diesem Teil der

Handlung eine biblische Legende zugrunde liegt, und zwar diejenige Josephs. Der junge Joseph wird von seinen Brüdern fast ermordet und dann in einem »fremden« Land zurückgelassen. Dort wächst er auf, wird mächtig, steigt immer höher, bis er seine Familie vor dem Hunger retten kann. Die Ähnlichkeit zur Geschichte Menuchims ist offensichtlich. Indem Menuchim sich seinem Vater zu erkennen gibt, wird er zum Retter aus höchster Not. Anagnorisis, das Wiedererkennen, ist hier eine positive Peripetie. Menuchims Erscheinen im Familienzimmer während des Osterfestes ist eine klare Anspielung auf das Kommen des Messias (120). Er tritt nämlich genau in dem Augenblick ein, da man nach jüdischem Brauch den Propheten Elijahu, den Vorläufer und Verkünder des Messias, erwartet »[...] als wollte sie sich fragen, ob der Prophet nicht wirklich Einlaß verlangte« (140).

Die innere Struktur des Textes wird also von zweien der bekanntesten Legenden des jüdischen Kanons bestimmt.

VI

Der Roman kann daher als Parodie dieser zwei Legenden interpretiert werden. Die Hioblegende erzählt die Geschichte des treuen Dieners Gottes, der, von Gott versucht, sich gegen ihn auflehnt, ohne je das letzte Band zu zerreißen, und schließlich durch Gottes Gnade erlöst wird. Die Josephslegende ist die Geschichte des Knaben, der von seinen Brüdern verraten, in ein fremdes Land verkauft, aber durch das Wunder seiner Begabung und Klugheit im neuen Land mächtig wird und so seine Familie erretten kann. Die Josephslegende ist also die früheste positive Assimilationsgeschichte. Der Jude Joseph erkämpft sich im fremden Ägypten Anerkennung, hohen gesellschaftlichen Rang und Integration. Joseph ist daher der Prototyp Samuels, des Ministers der spanischen Könige, sowie des Jud Süß, durch deren Einfluß bei den Nichtjuden ihre Brüder gerettet werden konnten. Roths »Joseph« ist ein Künstler, der durch seine Musik reich und berühmt geworden ist. Das Wunder, das Mendel-Hiob rettet, ist daher eine menschliche und nicht eine göttliche Tat.

Die Hioblegende, der erste Handlungsstrang, ist eine negative Assimilationsgeschichte. Der Assimilationsprozeß zersplittert und zerstört Mendels Familie und macht ihn so zum Hiob. Die

Söhne sind ihren fremden Heimatländern treuer als der Tradition des Vaters (beide sterben in fremden Armeen, Jonas in der zaristischen, Schemarja in der amerikanischen). Miryam fällt den sexuellen Versuchungen der Außenwelt zum Opfer. Der ›nationalistische‹ genau wie der sexuelle Assimilationsprozeß wird vom Erzähler als negativ und zerstörerisch gewertet. Der künstlerische Assimilationsprozeß wird hingegen als positiv dargestellt. Wenn Singer zu den Hohen Feiertagen mit seinem Sohn und Retter Menuchim fährt, sieht er darin keine Auflehnung gegen Gott und auch keine Sünde, sondern nur die Erfüllung des göttlichen Willens.

Roth stellt die beiden Assimilationsprozesse einander gegenüber. Er versucht zu beweisen, daß der ›positive‹ künstlerische Assimilationsprozeß die Versöhnung zwischen den Generationen bewirkt, während der ›negative‹ einen ›Zusammenprall‹ zwischen ihnen verursacht. Der assimilierte Künstler erringt die Anerkennung der Juden durch sein Talent und kann so seinen Stamm retten.

Claudio Magris interpretiert *Hiob* in seinem bedeutenden Roth-Buch *Weit von Wo* als konservativen, nostalgischen Roman. Er schreibt: »*Hiob* ist der ironische Roman eines Intellektuellen, der gerade deshalb eine vollkommene Rekonstruktion der Welt und der Humanität des Ostjudentums unternimmt, weil er ihren Verlust und seine nicht wieder rückgängig zu machende Ferne von ihr fühlt«[9] – und: »In diesem Sinn steht sein Konservativismus chassidischer Prägung entschieden gegen jede Form des jüdisch-revolutionären Messianismus.«[10]

Ich kann dieser Interpretation des *Hiob* nicht zustimmen. Die jüdischen Legenden, die dem Roman zugrunde liegen, sind eine mythologische Deutung sozialer Situationen und Entwicklungen. Diese Deutung ist aber keineswegs konservativ, sie weist vielmehr auf eine Form der Assimilation im westjüdischen Raum hin, die für das zerfallende Ostjudentum nicht nur möglich, sondern auch erstrebenswert war. Dieser Assimilationsprozeß ist einerseits eine ›Hiobsbotschaft‹, die den jüdischen Stamm zermürbt und zersplittert, gleichzeitig rettet sie aber den Stamm, so wie Joseph einst seine Familie.

Der Roman ist daher eine Auseinandersetzung mit einem der bedeutendsten Probleme des modernen Judentums. Die Intertextualität gibt der jüdischen Thematik neue, tiefere Dimensionen.

Sie veranschaulicht die Zwei- und Mehrdeutigkeit des Assimilationsprozesses und behandelt damit eines der Hauptthemen der modernen jüdischen Literatur nicht nur deutscher, sondern auch hebräischer, jiddischer und englischer Sprache. Von den englisch geschriebenen Werken seien hier noch Ludwig Lewisohns *The Island Within*, Philip Roths *Elia The Fanatic* und *The Conversion of the Jews*, Malamuds *The Jewbird* und vielleicht auch *The Assistant* sowie Cynthia Ozicks *The Pagan Rabbi* genannt.

VII

Ich habe versucht, am Beispiel von Joseph Roths *Hiob* einige Kriterien und Maßstäbe für einen jüdischen Roman in deutscher Sprache aufzuzeigen. Abschließend möchte ich die Antworten auf die Frage: »Wie jüdisch ist ein deutsch-jüdischer Roman?«, die wir anhand dieser Untersuchung erhalten haben, kurz zusammenfassen.

Wir haben gesehen, daß das mimetische Objekt dieses Romans nicht deutsch ist, es wurde vielmehr im Kunstwerk ins Deutsche übersetzt. Die Soziosemiotik der gesellschaftlichen Bräuche und Symbole ist der jüdischen Welt entnommen und muß vom deutschen Leser in die seiner eigenen Welt übertragen werden.

Die intertextuelle Grundlage der Mythen, Legenden, Allusionen und Archetypen stammt aus jüdischen kanonischen Texten wie der Bibel, der späteren Legende und anderen. Zwei dieser jüdischen Legenden bilden parallele Handlungsstränge des Romans. Die Handlung des Romans ist eine Neuinterpretation dieser traditionellen Texte aus dem Gesichtspunkt der modernen jüdischen Wirklichkeit. Gleichzeitig setzt sich der Roman mit einem der bedeutendsten Probleme der Juden des zwanzigsten Jahrhunderts auseinander und zeigt zumindest eine Lösungsmöglichkeit auf. Es liegt nahe, anzunehmen, daß es sich dabei um Roths persönliche Lösung der jüdischen Problematik handelt.

Anmerkungen

1 Joseph Roth, *Hiob, Roman eines einfachen Mannes,* Berlin: Kiepenheuer 1930.
2 H. Lützeler, *Neue Romane,* in: Hochland 29 (1931/1932), B. 1, S. 267-268.
3 L. Marcuse, *Eine neue Hiob-Legende,* in: Das Tagebuch 11/44 (1930), 1. November, S. 1772 f.
4 A. Zweig, *Die große Legende,* in: Die literarische Welt 7/2 (1930), 9. Januar.
5 Joseph Roth, *Hiob, Roman eines einfachen Mannes,* Reinbek bei Hamburg: Rowohlt 1980, S. 68. Alle Seitenangaben folgen dieser Ausgabe.
6 S. Rosenfeld, *The Chain of Generation. A Jewish Theme in Joseph Roth's Novels,* in: Leo Baeck Year Book 18 (1973), besonders S. 299. Rosenfelds Deutung dieser Passage läuft in eine ganz andere Richtung.
7 S. Rosenfeld, *Hiob, Glaube und Heimat im Bild des Raumes,* in: Journal of English and German Philology 64/4 (1967), S. 489-500. Rosenfeld versucht die Gegensätze von Juden und Nichtjuden, Rußland und Amerika vom Raum aus zu verstehen.
8 Claudio Magris, *Weit von Wo, Verlorene Welt des Ostjudentums,* Wien 1971.
9 Ebd., S. 113.
10 Ebd., S. 116. Siehe auch D. Bronsens Interpretation, die mir ebenfalls nicht sehr überzeugend erscheint: »Im Wesentlichen ist *Hiob* ein Mysterienspiel in europäisch-jüdischem Gewand, ein Spiel, das durch Aufheben des Unglaubens Trost schenken kann.« (D. Bronsen, *Joseph Roth. Eine Biographie,* München 1981, S. 387.)

Margarita Pazi

Das ›ungelebte Leben‹ Kurt Tucholskys

»Unser ungelebtes Leben« beklagt Tucholsky in seinem letzten Brief vom 19. 12. 1935 an Mary Tucholsky-Gerold[1]; er meint damit die verlorenen Jahre, die räumliche und seelische Entfernung von der geliebten Frau; aber ist damit nicht das gesamte Leben Tucholskys zu charakterisieren – und nicht bloß im Hinblick auf seinen Freitod?

Der am 9. Januar 1890 in Berlin geborene Kurt Tucholsky, der mit Fug als einer der hervorragendsten, wenn nicht als der bedeutendste Publizist der Weimarer Republik gilt, wird häufig mit Heine verglichen. Er hat diesen Vergleich zwar stets mit dem Hinweis auf die Größe Heines zurückgewiesen, doch in der Lebensgestaltung der beiden Autoren zeigen sich unübersehbare Parallelen: Wie Heine stammt auch Tucholsky aus einem bürgerlich-jüdischen Milieu, wie Heine war Tucholsky promovierter Jurist, ohne den Beruf auszuüben, beide verließen den Glauben ihrer Väter, beide verließen Deutschland, um in Paris zu leben, und auch Tucholsky wurde in der Ferne von dem Gedanken an Deutschland, an das Geschehen in dem Land »um seinen Schlaf gebracht«, und für beide war ihr Judesein lebens- und schicksalsbestimmend – doch mit völlig unterschiedlicher Auswirkung: Während es für Heine, trotz des Glaubenswechsels, Ansporn und Kraftquelle war und blieb, wurde es für Tucholsky zu einer Art Motivation, man könnte fast sagen zu einer Verpflichtung, die Schwächen der Juden, vor allem der deutschen Juden, bloßzulegen, und daran änderten die feindlichen Handlungen der Umwelt nichts, im Gegenteil: in den Zeiten schwerster Bedrängnis für die Juden in Deutschland, anstatt Aufrufe und Warnungen an sie zu richten, seine Begabung und Voraussicht, die in den Schriften hinsichtlich deutscher Belange fast prophetisch zu nennen war, zur Verhütung weiteren Unglücks und zur Rettung der Juden einzusetzen, fand Tucholsky nur Spott und Anklagen, Vorwürfe und Verurteilung für sie. Auch dies muß in die so bitter empfundene Vergeblichkeit des eigenen Lebens und Wirkens einbezogen werden, die sich hinter der Klage über das ›ungelebte Leben‹ verbirgt, und vielleicht auch das Bewußtsein, seine Begabung und sein Talent nur für eine relativ kurze Zeitspanne – an Heine gemessen – angewendet zu haben.

Relativ spät hatte Tucholsky 1911, als Einundzwanzigjähriger, begonnen, Beiträge im ›Vorwärts‹[2] zu veröffentlichen, und 1912 erschienen auch zwei Beiträge im ›Prager Tagblatt‹. Max Brod war dabei vermittelnd tätig gewesen, und von ihm stammt auch eine Aufzeichnung, die den Eindruck wiedergibt, den Tucholsky bei ihrer ersten Begegnung erweckt hatte:

Bald nach dem Erscheinen meiner Geschichte vom ›Tschechischen Dienstmädchen‹ war ein junges Paar, das so aussah, wie man sich zwei reisende Handwerksburschen vorstellt, bei mir erschienen. [...] und diese waren niemand anderer als Kurt Szafranski [...] und Kurt Tucholsky, damals noch idyllischer Dichter und weit entfernt davon, den Deutschen gute Lehren über politisches Benehmen zu geben, worin er ja zu einem gewissen Teil recht haben mochte; es war aber eben dennoch (so schien es mir) nicht seines Amtes, zumindest in dieser schroffen und provokanten Art nicht [...][3]

Damals fühlte sich Brod Tucholsky »innig verbündet« und stellte ihn auch seinen beiden Freunden, Kafka und Baum, vor, und eine Tagebuchnotiz Kafkas vom 30. September 1911 gibt Aufschluß darüber, wie Kafka Tucholsky gesehen hatte:

Tucholsky und Szafranski. Das gehauchte Berlinerisch, in dem die Stimme Ruhepausen braucht, die von ›nich‹ gebildet werden. Der erste ein ganz einheitlicher Mensch von einundzwanzig Jahren. Vom gemäßigsten und starken Schwingen des Spazierstocks, das die Schulter jugendlich hebt, angefangen bis zum überlegten Vergnügen und Mißachten seiner eigenen schriftstellerischen Arbeiten. Will Verteidiger werden, sieht nur wenige Hindernisse gleichzeitig mit der Möglichkeit ihrer Beseitigung: seine helle Stimme, die nach dem männlichen Klang der ersten durchredeten halben Stunde angeblich mädchenhaft wird – Zweifel an der eigenen Fähigkeit zur Pose, die er sich von größerer Welterfahrung erhofft, endlich Angst vor einer Verwandlung ins Weltschmerzliche, wie er es an älteren Berliner Juden seiner Richtung bemerkt hat, allerdings spürt er vorläufig gar nichts davon. Er wird bald heiraten.

Selbst wenn man mit Vorsicht an Kafkas Schilderung herangeht, wiewohl seine klarsichtige Menschenbeurteilung aus manchen seiner Notizen und Bemerkungen bekannt ist, ergibt sich ein Bild, das die Entwicklung und Veränderung Tucholskys von dem

»ganz einheitliche[n] Mensch[en]«, der »wenige Hindernisse gleichzeitig mit der Möglichkeit ihrer Beseitigung« sieht, zu der an allen und an sich selbst zweifelnden Persönlichkeit, wie sie bereits 1919 in seinen Briefen zutage tritt, nicht nur scharf hervortreten läßt, sondern auch zur Annahme berechtigt, sie sei mehr auf das Kriegserlebnis, vielleicht auch auf die in diese Jahre fallende Begegnung mit Mary Gerold, seiner späteren Frau, zurückzuführen, als auf politische Enttäuschungen in der Weimarer Republik.

Die Briefe Tucholskys an Brod aus den Vorkriegsjahren enthalten kritische Kommentare über Berliner Theateraufführungen und Zeitschriften wie auch begeisterte Zustimmung zu Veröffentlichungen Brods; um nur eine aus dem Brief vom 24. Oktober 1911 zu zitieren:

> Überrascht hat mich, daß Sie »Tod den Toten« mit 18 Jahren geschrieben haben! – Ich habe immer an diesem Buch die unerhörte Schärfe des Denkens bewundert, wie da eine Sache bis zum letzten durchdacht ist, und 18 Jahre! [...][4]

Auch Brods neuester Roman, *Die Jüdinnen*, wird in diesem Brief erwähnt: »Ich werde die Jüdinnen noch einmal sorgfältig lesen und darüber berichten [...]« Dies tat Tucholsky nicht, und aus offensichtlichen Gründen; Brods Roman war das Resultat der in der Begegnung mit dem Ostjudentum und Martin Buber gewonnenen neuen Eindrücke. Es war ein ›jüdisches‹ Buch, obwohl das Problem des Judentums nur deskriptiv, ohne jedes persönliche Engagement behandelt wird – die Tendenz des Autors ist unübersehbar. In diesem Jahr, 1911, war Tucholsky aus dem Judentum ausgetreten, und wenn auch nicht anzunehmen ist, daß er damals bereits wußte, »daß man das nicht kann«, wie er ein Vierteljahrhundert später an Arnold Zweig schreiben sollte, war ihm klar, daß das Judentum ein Thema war, das vorsichtig behandelt werden mußte, wollte Tucholsky die Beziehungen zu Brod aufrechterhalten, und daran lag Tucholsky, wie sich den Briefen entnehmen läßt.[5]

Das Max Brod-Archiv besitzt noch drei weitere Briefe Tucholskys, die vom 26.7.1928 und 24.5.1931 sind bereits in den *Ausgewählten Briefen* veröffentlicht, der dritte, vom 22.10.1931, mit Maschine geschrieben, enthält die nachstehend zitierten Sätze:

»... Sobald ich nach Hause komme«, schreibt Tucholsky, »werde ich mir das Buch nachschicken lassen und will es dann aufmerksam lesen [...] ich glaube auch, daß wir uns – zwischen den sog. ›Freidenkern‹ und den gesunden Grundmauern der Kirchen – etwa auf demselben Fleck befinden. Mich interessiert das sehr – ich werde mich daranmachen [...]«[6]

Die eben zitierte Äußerung Tucholskys verdeutlicht die Schwierigkeit, aus seinen Schriften – bei einer vergleichenden Betrachtung mehrerer Stellungnahmen aus der gleichen Zeit – zu einer schlüssigen Beurteilung seiner politischen und ideologischen Standorte zu gelangen. Und in diesem Fall kann kein Zweifel darüber bestehen, daß die so oft gepriesene ›innere Wahrhaftigkeit‹ dieses Autors von einer ›äußeren‹ oder ›äußerlichen‹ Beurteilung der Sachlage abgelöst wurde. Denn das erwähnte Buch ist Brods Roman *Stefan Rott oder das Jahr der Entscheidung* (Leipzig 1931); Brod beschäftigt sich darin im wesentlichen mit Erwägungen darüber, ob es dem Menschen gegeben sei, an dem Geschehen der Schöpfung Anteil zu nehmen, und kommt zu der Bejahung des aktiv mitwirkenden Menschen und stützt sich dabei auf die bereits ein Jahrzehnt zuvor ausgeführte These der Diesseitsbejahung des Judentums, die er in *Heidentum, Judentum, Christentum* (1921) expliziert hatte. Dies war nun keineswegs Tucholskys Standpunkt, und er wußte auch sehr genau, daß er und Brod sich schon seit vielen Jahren nicht mehr »auf demselben Fleck« befanden, aus verschiedenen Gründen, und die Meinung Brods, »Juden sollen, wenn nicht ausschließlich, so doch in erster Reihe, Politik des jüdischen Volkes machen, nicht die anderer Völker oder doch nur sehr zurückhaltend [...]«,[7] war in seinen diversen Artikeln und Kritiken seit 1915 eindeutig zum Ausdruck gekommen, ebenso wie seine Ablehnung der ›politischen Aggressivität‹ Tucholskys.

Manche Tucholsky-Interpreten vertreten die Ansicht, diese Aggressivität sei erst nach 1922 so prononziert geworden, und die Ursache dieser Verschärfung sei auf den Mord Rathenaus zurückzuführen. Ein Jahr zuvor hatte Tucholsky zwar über Rathenau geschrieben »[...] er hat mitgeholfen, die Köpfe zu benebeln«, ihm »Mitverantwortlichkeit« vorgeworfen, »ohne den ehrlichen Willen, auch dafür einzustehen, was er predigt«, ihn mit dem Kaiser verglichen und erklärt: »Wir lehnen ihn ab!«[8] Aber nach der Ermordung, in dem Artikel *Das Opfer einer Republik*, veröffentlicht am 26. 6. 1922 in der unabhängigen Zeitung ›Die Welt am Montag‹, prangert Tucholsky die »ungeheure Mitschuld« der demokratischen Presse an, und die Feststellung, mit der dieser Artikel beginnt, »Walter Rathenau ist für die Republik ermordet worden, die ihn niemals geschützt hat [...]«, steigert sich im letzten Absatz zum Aufruf: »Walter Rathenau soll nicht umsonst gefallen sein. Wenn ihr wollt, dann habt ihr an seiner Bahre endlich die Republik.«

Tatsächlich ist in den frühen Arbeiten, wenn auch ihre Themen bereits auf die großen Arbeiten der zwanziger Jahre hinweisen, fast nichts von Aggressivität zu merken. Der überwiegende Teil seiner Beiträge beschränkte sich damals auf Theater- und Filmkritiken, gezeichnet mit ›Ignaz Wrobel‹, dem ersten der vier Pseudonyme, unter denen Tucholsky schrieb. Später sollte ›Ignaz Wrobel‹ allerdings zum Autor der schärfsten politischen Angriffe werden, und es ist aufschlußreich, daß Tucholsky selbst Wrobel als einen Akt der Selbstzerstörung bezeichnete.[9] Kurz nach ›Wrobel‹ tauchten die beiden alliterierenden Tierpseudonyme auf: Peter Panter, der Literaturkritiker und Reisereporter, und Theobald Tiger, der manchmal sarkastische, manchmal humorvolle Versedichter. 1918 kam noch Kaspar Hauser, der die Welt nicht mehr verstehen kann, hinzu; von ihm sind einige der besten Artikel Tucholskys gezeichnet, z. B. die Serie *Nachher* aus den Jahren 1925-1928. Für die Vielfalt der Pseudonyme gab Tucholsky, Jahre nach ihrem Auftauchen, eine Erklärung:

Und es war auch nützlich, fünfmal vorhanden zu sein – denn wer glaubt in Deutschland einem politischen Schriftsteller Humor, dem Satiriker Ernst, dem Verspielten Kenntnis des Strafgesetzbuches, dem Städteschilderer lustige Verse? Humor diskreditiert.

Wir wollten uns nicht diskreditieren lassen und taten jeder seins. Ich sah mit ihren Augen, und ich sah sie alle fünf: Wrobel, einen essigsauren, bebrillten, blaurasierten Kerl, in der Nähe des Buckels und roter Haare; Panter, einen beweglichen, kugelrunden, kleinen Mann; Tiger sang nur Verse, waren keine da, schlief er – und nach dem Kriege schlug noch Kaspar Hauser die Augen auf, sah in die Welt und verstand sie nicht. Eine Fehde zwischen ihnen wäre durchaus möglich. Sie dauert schon siebenunddreißig Jahre.[10]

Der in den späten zwanziger Jahren von der Linken erhobene Vorwurf, diese Pseudonyme seien die Tarnung, hinter der sich Tucholsky vor einer eindeutigen Stellungnahme verberge, entbehrt schon deshalb jeder Grundlage, weil die Pseudonyme sehr bald allgemein bekannt waren; daß diese Maskenspiele viel ernstere, psychologische Ursachen hatten, läßt sich bereits der Bemerkung von der »Fehde« entnehmen und wird nach der Veröffentlichung der Briefe Tucholskys an seine Frau Mary noch offensichtlicher.

1915 hatte Tucholsky, nach dem Studium in Genf und in Jena, promoviert, und im gleichen Jahr wurde er auch zum Militär einberufen. Wichtiger aber als diese beiden Ereignisse war für das Leben Tucholskys die Begegnung 1912 mit Siegfried Jacobsohn, dem Herausgeber der ›Schaubühne‹. Jacobsohn wurde Tucholskys leuchtendes Vorbild und blieb seit der Veröffentlichung des ersten Beitrags von Tucholsky der »beste Brotherr«.[11] 1918, nach seiner Entlassung aus der Armee, hatte Tucholsky die ihm von Theodor Wolff angebotene Position eines Chefredakteurs des ›Ulk‹, der satirischen Wochenbeilage des ›Berliner Tagblatts‹, angenommen, gab sie aber nach knapp zwei Jahren wieder auf; seine Mitarbeit an der ›Schaubühne‹, die seit April 1918, zum Teil auf Tucholskys Anraten, ›Weltbühne‹ hieß, hatte sich hingegen so intensiviert, daß dadurch der Charakter der Zeitschrift verändert wurde. Im Januar 1919 erschien dort der erste der acht Artikel der *Militaria*-Serie, Anklagen gegen den deutschen Militarismus, wie sie bis dahin nicht erhoben worden waren. am 13. März 1919 versuchte Tucholsky in dem Manifest *Wir Negativen* in der ›Weltbühne‹ eine Erklärung für diese verdammende Darstellung zu geben:

> Es wird uns Mitarbeitern der ›Weltbühne‹ der Vorwurf gemacht, wir sagten zu allem Nein und seien nicht positiv genug. Wir lehnten ab und kritisierten nur und beschmutzten gar das eigene deutsche Nest. Und bekämpften – und das sei das Schlimmste – Haß mit Haß, Gewalt mit Gewalt, Faust mit Faust [...] Aber wir kämpfen aus Liebe für die Unterdrückten, die nicht immer notwendigerweise Proletarier sein müssen, und wir lieben in den Menschen den Gedanken an die Menschheit.

Es ließe sich hier einwenden, daß Tucholsky der Republik so gut wie keine »Bewährungsfrist« zediert hatte; nicht nur das Militär wurde angegriffen; nicht weniger scharf war die Bloßstellung der juristischen Mißstände: Schonungslos wird der »Rechtspruch nach Stand und Rang« enthüllt, Urteile, aus denen die Beugung des Rechts hervorgeht, und in dem Anwachsen der politischen Morde die Entwicklung dieser Justiz gedeutet. In dem Gedicht

Deutsche Richtergeneration 1940, unter dem Pseudonym Theobald Tiger 1921 in der ›Weltbühne‹ veröffentlicht, entwirft Tucholsky mit fast unheimlich anmutender Voraussicht ein Bild des Verfalls der deutschen Rechtsprechung, und nicht weniger prophetisch war der Artikel vom Februar 1922 *Die Reichswehr*, in dem zur Rechtfertigung dieser Angriffe gesagt wird:

Dies soll hier nur stehen, um in acht Jahren einmal zitiert zu werden. Und auf daß ihr dann sagt: Das konnte eben keiner voraussehen [...] Einst wird kommen der Tag, wo wir hier etwas erleben werden. Welche Rolle die Reichswehr bei diesem Erlebnis spielen wird, beschreiben alle Kenner auf gleiche Weise. Der Kapp-Putsch war eine mißglückte Generalprobe [...] Bedankt euch in acht Jahren bei dieser Regierung, diesem Staatsrat, diesem Reichstag.[12]

Tucholsky irrte nur um ein Jahr: Schon sieben Jahre später zog Hitler in den Reichstag, deutscher Reichskanzler war General von Schleicher!

Um so schärfer und tragischer hebt sich von diesen Manifestationen der Weitsicht und Beurteilungskraft die Unfähigkeit Tucholskys ab, zu dem gleichen Zeitpunkt ihm persönlich nahe und wichtige Ereignisse richtig einzuschätzen. Im Herbst 1917 hatte der Unteroffizier Tucholsky, damals Leiter der Leihbibliothek der Fliegerschule in Autz/Kurland, die dort dienstverpflichtete junge Baltin Mary Gerold kennengelernt und fast sofort das Schicksalbestimmende dieser Begegnung erfühlt. Aus den 326 Briefen, die Tucholsky über eine Zeitspanne von 18 Jahren an Mary Gerold gerichtet hat, wird die quälende Unrast, die innere Zerrissenheit Tucholskys offenbar, sein Zurückschrecken vor klaren Entscheidungen, alle diese Wesenseigenschaften, die zu den später immer häufiger werdenen Epochen der Mutlosigkeit und Depression führten. Nun ruft die Einsicht in jeden Briefwechsel ein gewisses Unbehagen hervor, handelt es sich doch dabei stets um einen Einbruch in Gefühlsäußerungen und Stimmungsaufzeichnungen, die sowohl von der Persönlichkeit des Briefempfängers wie von zeitbedingten Komponenten mitbestimmt werden. All dies muß bei der Auswertung solcher Niederschriften berücksichtigt werden; aber auch dann treten in diesen Briefen, besonders in denen aus den ersten Jahren, so viele Aspekte der Persönlichkeit Tucholskys zutage, so viele Probleme – oder was Tucholsky als solche empfand – werden darin erörtert, daß sie, obwohl es sich zum großen Teil um Liebesbriefe handelt, oder richtiger um Briefe, deren Grundton immer die Liebe zu dieser Frau ist, ein tieferes Verständnis für die Lebensgestaltung, für die Inkonsequenz der privaten, politischen und ideologischen Verhaltenslinie dieses großen Publizisten und zutiefst mit sich uneinigen und unzufriedenen Menschen Tucholsky und damit eine abgewogenere Beurteilung seiner Persönlichkeit ermöglichen. Die Verzweiflung, die aus den Q-Tagebüchern spricht, die bitteren Briefe an Nuuna, an die Verwandten und Freunde aus den letzten Lebensjahren, können nach Einsicht in diese so viele Jahre zuvor geschriebenen Briefe an Mary nicht mehr uneingeschränkt auf die psychische und physische Notlage der Zeit in Schweden zurückgeführt werden; der Kern der Hoffnungslosigkeit, die Tendenz zur Selbstzerfleischung, das Zaudern vor Entscheidungen und die jähe Flucht in sie ist bereits in diesen Briefen seit 1919 unübersehbar. Fritz J. Raddatz schreibt in der Einleitung zu der Briefausgabe *Unser ungelebtes Leben* (1982), »Tucholskys Ringen um seine spätere Frau Mary war das Ringen um die eigene Identität, ums Überleben« (S. 7). Es wäre vielleicht richtiger, von einem Ringen um die Kraft zur Identitätsfindung, um den Mut hierzu zu sprechen.

Bereits am 12. 2. 1917 schrieb Tucholsky an Mary:

Ich bin mir genau bewußt, am Anfang eines sehr steilen, sehr schwierigen Weges zu stehen, weil ich aber weiß, daß am Ende etwas sehr hübsches liegt – allons! Ich will ihn gehen, und Sie erlauben es sicherlich Ihrem ganz ergebenen Kurt Tucholsky.

Das *will* mußte allerdings sehr bald einem zurücknehmenden »möchte« weichen. Häufiger, zum Teil freiwilliger Ortswechsel begünstigt das Zögern vor einer festen Bindung, und im September 1919 schreibt Tucholsky den bekennenden Satz: »Ich möchte endlich, endlich wissen, wohin ich gehöre. Ich weiß es, – aber der Weg ist noch nicht frei.«

Es sind häufig sehr kleinbürgerliche Gründe, die Tucholsky hierfür ins Treffen führt, wie das Fehlen finanzieller Sicherheit, die schließlich sogar Vorrangstellung erlangen[13], denn am 23. 9. 1919 schreibt Tucholsky:

Was mich stört und immer wieder stört – das ist einzig, daß ich noch immer nicht sagen kann: »Komm her!« – da ich Dir noch immer nicht das Heim bieten kann, in dem Du Dich wohl fühlen sollst.

Es kommt zu einer Unterbrechung der Korrespondenz, und 1920 heiratet Tucholsky die Studienfreundin Dr. Else Weil; diese Ehe wird 1924 durch Scheidung aufgelöst. Der Briefwechsel mit Mary Gerold war 1922 bereits wieder aufgenommen worden, und das latente Schuldgefühl, die eigene Unrast und Unsicherheit, die sich in der wachsenden Aggressivität gegen die gesamte Umwelt äußert, läßt ihn auch an der Freundin zweifeln. In dem ›blauen Tagebuch‹, das Tucholsky zeitweilig anstelle von Briefen für Mary führte, lesen wir im März 1923:

Wieviel ich Schuld habe, weiß ich, aber denke er eins: er hat sich mir nie, nie, nie so offen gegeben – ich habe niemals um das Letzte gewußt [...]

Daß Tucholsky in den Briefen an Mary sehr häufig das Pronomen ›er‹ für Mary, manchmal auch für sich selbst anwendet, ruft die Assoziation mit dem vierfachen literarischen Pseudonym hervor, und wenn auch die Aufschlüsselung der sich anbietenden mannigfachen psychologischen Hintergründe für dieses »er« den Fachleuten überlassen werden muß, kann doch mit ziemlicher Sicherheit darauf geschlossen werden, daß dem »er« eine Abschirmungs- oder Verfremdungsintention zugrunde lag, daß es eine Art von ›Sicherheitsventil‹ darstellte.

1924 heiratete Tucholsky Mary Gerold und verließ Deutschland. Er hatte seit 1920 der USPD angehört und war nach der Verschmelzung dieser Partei mit der SPD vorübergehend Mitglied der letzteren gewesen. Seine Artikel lassen keine Zweifel daran, daß weder die erste noch die zweite seine Erwartungen erfüllte und daß die Entwicklung des Geschehens in der Weimarer Republik alle seine Erwartungen bitter enttäuscht hatte. Worin diese Erwartungen aber bestanden, wird niemals konkretisiert, noch hatte die ätzende Kritik an den politischen, sozialen, juristischen und anderen Mißständen im Staat jemals einen konkreten Änderungsvorschlag enthalten. Bei einer Gegenüberstellung von Tucholskys Artikeln und seinen Briefen an Mary aus den Jahren 1922-24 bleiben kaum noch Zweifel möglich, daß Tucholskys klarsichtige, anscheinend sehr fundierte und überlegte Kommentare und Prognosen weit mehr das Resultat brillanter Gedankenblitze eines mit souveräner Intelligenz spontan Reagierenden sind als abgewogene Überlegungen und Schlußfolgerungen eines objektiven, versierten Beobachters. Wie bei fast allen politisch interessierten und engagierten Autoren der Weimarer Republik entbehrte auch Tucholskys politisches Wollen des Wissens um das ›Wie‹, und Tucholsky war sich dessen auch manchmal bewußt. Er wußte, daß es ihm nicht gelang, die Arbeiter mit seinen Schriften zu erreichen, da seine Art der revolutionären Journalistik für einen anderen Leserkreis gedacht war, und sah darin eine Schwäche: »Ich habe Erfolg. Aber ich habe keinerlei Wirkung«[14], schrieb er 1923; er hielt andererseits aber auch die Versuche proletarischer Literatur – und die proletarischen Dichter – für lächerlich und erfolglos. Er sah sich als ›ein Mann der Formulierung und weniger der Tat‹, der nur seine Hilfe anbieten könne, die Führung aber andern überlassen müsse.[15] Aber auch wer diese ›andern‹ sein könnten, wurde nie eindeutig klar.

All dies wird von vielen seiner Interpreten und Biographen übersehen, unwillentlich wahrscheinlich, denn die Beurteilung des ›Objekts‹ wird von der persönlichen politischen und ideologischen Einstellung der Interpreten mitgeprägt, und dies führt zu solchen Aufgipfelungen der Ansichten wie der Divergenzen in ihnen, die die folgenden beiden Beispiele demonstrieren:

> Drittes Reich, Krieg und Nachkriegskonflikte hätten sich vermeiden lassen, wäre eine größere Anzahl Deutscher den politischen Ratschlägen des Kritikers [Tucholsky] gefolgt.

Soweit der 1957 aus der DDR in die Bundesrepublik übergesiedelte Autor Gerhard Zwerenz in seiner Darstellung *Kurt Tucholsky, Biografie eines guten Deutschen* (1979). Ein aus der Bundesrepublik stammender, in den USA lebender Literaturwissenschaftler, Bernhardt Zimmermann, findet in seiner Untersuchung über die neueste deutsche biographische Literatur (1977), die Interpretation von Zwerenz sei ein Beitrag zur »Repatriierung« Tucholskys. Zwerenz läßt offen, welche Ratschläge, falls es solche tatsächlich waren, man hätte befolgen sollen, und Zimmermanns Zurückweisung der Zwerenzschen Darstellung läßt sich leicht mit einigen Zahlen widerlegen: Tucholsky war lange vor Zwerenz' ›Repatriierungsversuch‹ ein Verkaufsschlager geworden; 1970 näherte sich die Gesamtauflage seiner Bücher, einschließlich der Übersetzungen, bereits der 6. Million!

Weder die Heirat mit Mary noch die Übersiedlung nach Paris, wo er als Korrespondent der ›Weltbühne‹ wie auch der ›Vossischen Zeitung‹ tätig ist, lassen Tucholsky in den Jahren nach 1924

Distanz zu dem Geschehen in Deutschland gewinnen; seine Verfangenheit in deutschen Belangen wird nicht geringer; im Gegenteil, seine Kritik erstreckt sich auf noch weitere Gebiete, und immer deutlicher tritt seine Verzweiflung an sich und der Welt hervor. Trotzdem kehrt er 1926, nach dem plötzlichen Tod Jacobsohns, nach Berlin zurück und übernimmt die Leitung der ›Weltbühne‹. Aber nur zehn Monate später überläßt er diese Position Carl von Ossietzky und verläßt Deutschland wieder. Die Brüchigkeit der Ehe mit Mary ist kaum noch zu überdecken, und wieder flüchtet Tucholsky in ausgedehnte Reisen; das großartige Resultat einer von ihnen ist das 1927 veröffentlichte *Pyrenäenbuch*. Im gleichen Jahr erscheinen auch die Sammelbände seiner Artikel, und ironischerweise verläuft die kurze Periode seiner großen literarischen Erfolge parallel zu dem nun offen zugegebenen Scheitern seiner Ehe mit Mary und seiner immer prekärer werdenden Situation als Mitarbeiter so engagierter linker Zeitungen wie der ›Arbeiter illustrierte[n] Zeitung‹ einerseits und der liberal-bürgerlichen ›Vossischen Zeitung‹ andererseits. Der Wankelmut und der Unwille zu klaren Stellungnahmen mag bei dem privaten wie bei dem beruflichen Desaster ausschlaggebend gewesen sein. Nicht nur die Angreifer von beiden Seiten wiesen auf das politisch-ideologische Doppelspiel hin, auch der Ullstein-Verlag fand, man könne nicht in dieser Schärfe den Kapitalismus angreifen und dann Geld von ihm nehmen, und verlangte eine Entscheidung; Tucholsky, wie er 1928 an Mary schreibt, weiß: »daran ist natürlich etwas Wahres«, weiß auch, daß er auf der ›linken Seite‹ »nur ein geduldeter Intellektueller ist«, aber: »ich bin ein toter Mann, wenn ich nicht frei schreiben kann. Das richtet mich nach innen zugrunde«, und kommt doch zu der Entscheidung: »natürlich werde ich Ullstein nicht hinwerfen«.

Anscheinend glaubte Tucholsky tatsächlich, alles und über alles schreiben zu können, und es steht noch immer in Frage, ob man seine Donquichotterie bestaunen oder seine Überheblichkeit bedauern soll. Im Mai 1927 schrieb er als Antwort auf eine Rundfrage einen offenen Brief an Willy Haas in der ›Literarischen Welt‹ (»Zur Psychologie des Marxismus und der ›Radikalen‹ Literaten«, in dem er »Brüchigkeit, Neurastenie und die völlige Lebensuntüchtigkeit« der sich ›radikal‹ nennenden Kreise verdammt und das Fehlen von »gesundem Menschenverstand« bei

»so vielen unserer Radikalen« beklagt:

[...] die Leute haben kein inneres Maß, kein Gefühl für die Notwendigkeiten des Lebens, mit denen man doch rechnen muß, wenn man etwas erreichen will. Mit Dialektik und Neurastenie allein ist die Sache eben nicht zu machen.

Die tragikomische Verflechtung in diesen Zeilen von nüchterner Beurteilung der andern und totaler Verkennung des eigenen Eindrucks auf diese ›andern‹ ist nicht nur eine Begleiterscheinung seiner Angriffe auf die ›Linken‹, wiewohl sie, in diese Richtung gehend, in diesem Jahr besonders scharf sind; so verurteilt Ignaz Wrobel einige Monate später in der ›Weltbühne‹ das Totschweigen Trotzkis in einer offiziellen sowjetischen Dokumentation als »ein Zeichen von tiefster Schwäche, von Angst und von Mameluckenhaftigkeit«, als »Byzantinische Geschichtsfälschung«.[16] Und dann, nach diesen Attacken, entschloß sich Tucholsky, von Willi Münzenberg, dem »roten Pressezar[en]«, *Deutschland, Deutschland über alles* herausbringen zu lassen. Die Entstehungsgeschichte dieses »Bilderbuches mit vielen Fotografien«, das 1929 erschien, ist noch immer nicht ganz geklärt; aber von wem immer die ursprüngliche Idee stammte – von Tucholsky oder von John Heartfield, der die Fotografien ›montierte‹ –, es war ein ›böses‹ Buch, auch wenn es als nochmaliger verzweifelter Versuch, die Republik ›zu retten‹ verstanden wird. Ihering nannte in seiner Kritik, die von Tucholsky als die »weitaus am höchsten« stehende der negativen wie der positiven Kritiken bewertet wurde, diese Veröffentlichung »ein peinliches, ein taktloses Buch [...] gefährlich, [...] nicht nur für Tucholsky, sondern für seine Sache«.[17]

Nun hatte sich Tucholsky endgültig bei allen Seiten in Mißkredit gebracht, und das zynische Lob der Nationalsozialisten, die sich für die gute Propaganda in diesem Buch bedankten, gab denjenigen recht, die Tucholsky vorgeworfen hatten, er fördere mit seiner ungehemmten Kritik der Linken vor allem die Ziele der Rechten. 1976 schrieb der englische Historiker Gordon A. Craig über Tucholsky und dieses Buch: »[...] das Kapitel über das Auswärtige Amt ist von einer fast umwerfenden Naivität«, und fand, daß auch die Kapitel über die interne Politik eine völlige Verständnislosigkeit für die Probleme, hingegen ein

ziemlich billiges Vergnügen [zeigen], die persönliche und intellektuelle Unzulänglichkeit von Menschen wie Paul Löbe bloßzustellen [...], der auf seine Art viel mehr tat als Tucholsky, um gegen die steigende Welle des Nationalsozialismus zu kämpfen.[18]

Das Mißtrauen, das die KPD seit jeher Tucholsky entgegengebracht hatte, wurde durch dieses Buch auch nicht verringert; am 30. 8. 1929 schreibt Tucholsky an Mary: »Ich habe gar keine kommunistischen Ambitionen – keine. Es geht mich nichts mehr an [...].«

Das letztere ist lediglich als Willensäußerung zu werten – die Feststellung eines Zustandes war es nicht, wenn auch publizistisch nun die politischen Schriften Tucholsky ein Ende nahmen. Auch sein Leben änderte sich wieder drastisch: 1928 wurde die Ehe mit Mary geschieden, und 1929 verlegte er seinen ständigen Wohnsitz nach Schweden.

1918 hatte Tucholsky seine Verdammung des Geschehens in Deutschland und seine publizistischen Angriffe auf Liebe zurückgeführt und hervorgehoben, daß in dem einzelnen die Menschheit in ihrer Gesamtheit geliebt werde – ob seinen Haßausbrüchen gegen die Juden, besonders nach 1930, die gleiche Motivation zuzuschreiben ist? Wohl hatte es seit den frühen zwanziger Jahren nie an Seitenhieben gegen die jüdischen Bürger Deutschlands gefehlt, aber im allgemeinen hatten die Juden in Tucholskys Artikeln nicht mehr als Ergänzungsdarstellungen des deutschen Wesens bedeutet.

Als solche sind auch die von 1922 bis 1930 veröffentlichten 16 Charakterskizzen des Berliner Börsenjuden Herr Wendriner zu sehen. Tucholsky hatte für sich häufig die Rolle eines über Gut und Böse entscheidenden Arbiters beansprucht, und ebenso wie er Bücher rezensierte, als hätte nur er sie gelesen, als gäbe es keine andere Meinung über sie als die seine, so be- und verurteilte er alle anderen, auch konfessionellen Belange – nur, von Büchern verstand er viel! Doch wenn Tucholsky sagte, er hielte sich von Dingen fern, denen er nicht gewachsen sei – und seiner Literatur fühlte er sich gewachsen –, kann nur der zweite Teil bejaht werden, denn Tucholsky glaubte sich allem gewachsen, auch jüdischen Fragen. Und wenn sich in sehr vielen seiner Angriffe auf Politik, Militär, Gerichts- und Staatswesen seine Einfühlungsversuche und seine Verständnisbereitschaft abzeichnen, so muß im Gegenteil dazu gesagt werden, daß bei jüdischen Belangen ihn eben die Eigenschaften, die er den deutschen Juden vorwarf, zu

Übertreibungen und Verzerrungen, zu Fehlurteilen, zu kaum faßbaren Erklärungen veranlaßten. Wie kann man begreifen, daß Tucholsky in seinem zwei Tage vor seinem Freitod an Arnold Zweig geschriebenen Brief behauptet, er, Tucholsky, habe den Antisemitismus »nur in den Zeitungen zu spüren bekommen, im Leben nie«. Nicht nur ist diese Behauptung sachlich bestimmt unwahr – wo bleibt die Einfühlung, die Anteilnahme, die Auflehnung gegen Ungerechtigkeit; die ›spürte‹ der hypersensitive Mensch Tucholsky gerade in diesem Fall nie?[19] Auch seine Voraussicht war in diesem Fall abhanden gekommen, auf makabre Weise. Am 11.4.1933 schrieb er an Hasenclever:

Was nun kommt, wird entsetzlich. Nämlich keine Greueltaten. Es wäre viel besser gewesen, man hätte 600 000 Juden exmittiert, das wäre klar und rein gewesen. Nun wird es schrecklich. Diktatur des Mittelstandes: halb vernünftige Maßregeln, wie Kampf gegen das römische Recht, ganz sinnlos durchgeführt, alles affekt-überbetont, ganz grauenhaft [...].[20]

Und der staatenlose Tucholsky, dessen Name auf der ersten Liste der ausgebürgerten Schriftsteller erschienen war, der keine Aussichten hatte, in Schweden naturalisiert zu werden, wiewohl er seit 1929 in Hindas eine Fünf-Zimmer-Villa bewohnte, der von unzähligen Bekannten, Verwandten und Freunden wußte, die weder eine Ausreisemöglichkeit aus Deutschland noch eine Einreiseerlaubnis in irgendein anderes Land der Welt erlangen konnten, schrieb am 28. November 1933 an Nuuna:

Warum sagen nicht die ältesten Rabbiner: Wir fordern jeden anständigen Juden auf, auszuwandern! Wer nach dem 1. Januar 1935 noch in Deutschland ist, ist kein anständiger Jude – den verdienen die Deutschen, wir andern gehen in Massen, als Demonstration, zum Protest heraus! Warum sagen sie es nicht? Sie würden immerhin etwas besser draußen empfangen werden – wenn auch nicht gut, aber besser als die einzelnen Flüchtlinge immerhin.

Sicherlich wäre eine von Anfang an von jüdischer Seite forcierte Emigration der richtige Weg gewesen, aber wie stets überspielt Tucholsky die sozialen und juristischen und finanziellen Probleme – nur, hier ging es nicht um Rhetorik, sondern um Menschenleben.

Ein paradigmatisches Beispiel für die Zuspitzung von Tucholskys jüdischen Angriffen ist die Veränderung seiner Urteile über jüdische Autoren, über Wassermann zum Beispiel, an dem er in einem Artikel des Jahres 1924[21] bewundert hatte, daß er »der deutschen Seele zu einem Ausdruck ihrer selbst verholfen hat [...]«. In einer drei Seiten langen Eintragung in das Tagebuch vom 8. 3. 1935 über Wassermanns Buch *Mein Weg als Deutscher und Jude* findet Tucholsky kein gutes Wort mehr für diesen Autor, im Gegenteil: »Er kommt nie auf den Gedanken, daß er vielleicht mecht auch etwas schuld sein, wenn sie ihn alle verfolgen.« – ist die Schlußfolgerung. Über die Auswüchse seiner Anklagen gegen die Juden, die in dem Brief an Arnold Zweig vom 15. 12. 1935 gipfelten und zu denen vom ›Stürmer‹ bis zur ›Jüdischen Rundschau‹ Stellung genommen wurde – der Brief wurde in der ›Neuen Weltbühne‹, Heft 6, 1936, veröffentlicht – kann nichts gesagt werden, das sie entschuldbar oder auch nur verständlich machte.

Schon 1918 hatte Tucholsky eines seiner Pseudonyme, Peter Panter, an ein anderes, an Theobald Tiger schreiben lassen: »[...] zum Märtyrer habe ich nicht das Zeug«[22], aber er hatte sich dazu verdammt, einer zu werden, ein Märtyrer des ohnmächtigen Hasses gegen das Weltgeschehen und gegen die Opfer dieses Geschehens und damit auch gegen sich selbst. Sein Freund, der Schriftsteller Kurt Hiller, sprach in seinen Bemerkungen zu dem Brief an Arnold Zweig[23] von »Selbsthaß – falls man bei einem Kämpfer die bis zur Verzweiflung gesteigerte Unzufriedenheit mit der Strategie, die er entwickelt hat, so nennen will.«

In dem Briefwechsel Tucholskys mit Carl von Ossietzky, der bisher unveröffentlicht ist[24], lassen sich einige entscheidende Komponenten dieser Steigerung ablesen; die entscheidendste war wahrscheinlich die Prozeßaffäre. Tucholsky hatte am 4. 8. 1931 in der ›Weltbühne‹ unter dem Pseudonym Ignaz Wrobel einen Artikel *Der bewachte Kriegsschauplatz* veröffentlicht, der den Satz »Soldaten sind Mörder« enthielt. Die Folge war eine Klage wegen Beleidigung der Reichswehr, und der Prozeß sollte am 1. 7. 1932 stattfinden. Ossietzky, der pressegesetzlich Verantwortliche, büßte bereits eine 18-monatige Gefängnisstrafe ab, zu der er wegen des am 12. 3. 1929 in der ›Weltbühne‹ publizierten Artikels *Windiges aus der deutschen Luftfahrt*, der die heimliche Aufrüstung der deutschen Armee aufdeckte, verurteilt worden war.[25]

Seit dem Herbst 1931 befand sich Tucholsky in einem schweren Dilemma: Sollte er nach Berlin fahren, auch wenn er davon überzeugt war, daß er damit nichts an dem Prozeßverlauf ändern könne, und befürchten mußte, daß er die Wiedereinreise-Erlaubnis nach Schweden riskierte, oder sollte er die Vorwürfe, die ausgesprochenen und die implizierten, der Freunde ignorieren. Ossietzkys rücksichtsvolle, vornehme Haltung und seine Versuche, Tucholsky die Entscheidung zu erleichtern, gehen aus den Briefen, die Ossietzky 1932 aus dem Gefängnis schrieb, hervor. Am 7. 2. 1932 schreibt Ossietzky:

Ich hoffe – und ich bitte darum – daß Sie über mich ganz ruhig sind und nicht der Gedanke an mein Schicksal Ihre krisenhafte Verfassung noch beschwert. Sie hätten hier absolut nichts ändern können. Daß ich hier geblieben bin, kommt aus meiner eigenen Entscheidung – das ist größtenteils Raison, Überlegung, da der andere Ausweg nichts bessert. Was es sonst noch ist, werde ich Ihnen einmal mündlich sagen. [...] –

und in dem Brief vom 10. 3. 1932 äußert Ossietzky auch seine Zweifel an der Zweckmäßigkeit eines Artikels aus der Feder Tucholskys in dieser Sache:

Wird der Vorwurf gegen Sie erhoben, Sie drückten sich, und findet dieser Vorwurf Echo, dann würde ich es für verfehlt halten, wenn Sie das Wort ergriffen. Der Effekt wäre eine moralische Niederlage, nicht nur für Sie, sondern auch für den Begriff Weltbühne insgesamt. Nun bin ich nicht in der Lage zu beurteilen, in wieweit gegen Sie Mißstimmung vorhanden ist. Vorhanden ist sie, was ich durchaus konkret weiß, bei alten Freunden, wie Toller und Mehring [...] Die letzte Entscheidung, ob Sie mit einem Artikel eingreifen sollen oder nicht, liegt bei Ihnen. Das Stimmungsbarometer muß, so paradox es klingt, von mir am unzuverläßigsten angewendet werden, weil man grade vor mir Unfreundlichkeiten, die sich auf Sie beziehen, nicht sagen wird. Es ist ein Ausnahmefall, daß Toller neulich mir gegenüber seinem Herzen Luft machte und mir die Skizze eines Briefes vorlas, den er an Sie schicken wollte. [...]

Wie in vielen Fällen wendet sich Tucholsky auch in dieser Konfliktsituation an Mary Tucholsky um Rat: »Liebes Malzen, ich hätte gern einmal Seine Meinung gehört«, schreibt er am 29. 3. 1932. »Er hat mich so nett darauf aufmerksam gemacht, daß von Seiten der Nazis Lebensgefahr bestehe, wenn ich käme. Ich sehe das nicht so an.« Tucholsky faßt noch einmal zusammen, was gegen und für sein Kommen spricht, und fährt fort:

Ich kann kaum jemand anderes fragen. Die Leute sind so unaufrichtig und ich will wissen: wird mir das als böse Fahnenflucht ausgelegt? Anzeichen sind dafür vorhanden (Andeutungen in die »Welt am Montag«, Leser-

briefe und so weiter.) Nach innen sieht die Sache so aus:
Wegen Beleidigung der Reichswehr ist gegen mich überhaupt keine Anklage erhoben worden, nur gegen Ossietzky. Der Untersuchungsrichter hat dem Sinn nach gesagt: »der Tucholsky kommt ja doch nicht« oder so etwas. Die Strafe für Ossietzky wird keinesfalls schärfer, wenn ich nicht komme – er ist auch *nicht*, was die Laien nie kapieren, angeklagt, weil ich nicht da bin. Er ist, genau wie in seinem großen Prozeß, als Verantwortlicher angeklagt, *neben* dem Autor.

Ich vermute, daß er nur Geldstrafe bekommen wird, die ich vermutlich bezahlen muß, neben den Kosten des Verfahrens. Unter uns ist intern alles in Ordnung.

Nach *außen* bleibt ein Erdenrest zu tragen peinlich. Es hat so etwas von Desertation, Ausland, im Stich lassen, der Kamerad Ossietzky im Gefängnis, denn sie werden ihn nicht einmal zur Festung begnadigen. Ein Grund mehr für mich nicht zu kommen, denn sie werden, haben sie mich einmal, mir nur alle erdenklichen Geschichten machen. Toller schreibt mir: »Sie müssen kommen, das wird ein internationaler Skandal.« Eben daran glaube ich nicht [...]

Ossietzky benimmt sich vorbildlich. Ich habe allerdings schon seit Jahren ihm die vollste Zensur über meine Artikel eingeräumt, immer mit dem Hinweis: ich komme zu keinem Prozeß [...].

Tucholsky juristische Beurteilung erwies sich als richtig: die Anklage wegen des Wrobel-Artikels endete mit dem Freispruch Ossietzkys, die Revision wurde auf Kosten der Staatskasse verworfen, weil der Ausdruck »Soldaten« ein Abstraktum darstelle und damit nicht die Reichswehr gemeint sei. Ossietzky wurde zu Weihnachten 1932 auf Grund einer allgemeinen Amnestie aus dem Gefängnis entlassen. Kurz zuvor hatte er, am 18. XII. 1932, aus dem Gefängnis an Tucholsky geschrieben: »Seien Sie ganz ruhig über mich: ich habe durchaus die innere Konstitution um durchzuhalten.«

Diese Bitte konnte die Betroffenheit Tucholskys nach der neuen Verhaftung Ossietzkys am 6. 4. 1933 und seine Einweisung in das KZ Sonnenberg nicht verringern. Tucholskys Sorge erschließt sich nicht nur aus den direkt darauf bezogenen Äußerungen in Briefen, sondern auch daraus, daß sich seine Publikationsbemühungen in diesen Jahren äußerst beschränkter Veröffentlichungsmöglichkeiten im eigentlichen Sinne auf zwei Themen beschränkten: Ossietzky den Friedensnobelpreis zu verschaffen und dadurch seine Freilassung aus dem Konzentrationslager zu erwirken und Knut Hamsun, der als aktiver Nazi-Sympathisant auch gegen Ossietzky polemisierte, von seinem Piedestal herunterzuholen. Er erlebte den teilweisen Erfolg der ersteren Bemühung nicht mehr: Am 23. 11. 1936 wurde Ossietzky der Friedensnobelpreis zugesprochen, seine Annahme aber ihm – und zukünftig allen Reichsdeutschen – verboten. Tuberkulosekrank wurde Ossietzky in eine Berliner Klinik unter Polizeiaufsicht entlassen, wo er am 4. 5. 1938 starb.

Der Briefwechsel mit Ossietzky läßt auch die kleineren Probleme hervortreten, die sich zum Teil aus Tucholskys ambivalenter und selbstherrlicher Haltung ergaben: Am 1. März 1932 schreibt Ossietzky, es hätte ihm »einen kleinen Stich gegeben«, daß Tucholsky angeboten habe, im ›Andern Deutschland‹ zu schreiben. –

> War das nötig? Praktisch ist die Frage erledigt, da das Blatt auf ein Vierteljahr verboten ist. Aber seltsam hat mich das Angebot doch berührt, nachdem ich Ihnen ein paar Tage vorher wieder dargelegt habe, wie ich über die Leute denke [...]

Ähnlich auch in einem Brief vom 12. März 1932, in dem Ossietzky darauf hinweist, daß es nicht das erste Mal sei, daß Tucholsky sich freundlich zu Leuten benähme, »während man uns, namentlich mich, ganz anders behandelt. [...]«. Auch die aus diesen Briefen hervorgehende Ablehnung Karl Kraus' und Brechts, besonders von seiten Tucholskys, ist aufschlußreich, und dem ersteren gegenüber ist eine scharfe Wendung eingetreten. Tucholsky hatte Kraus seit der Lobeshymne *Der zwanzigjährigen Fackel*, gezeichnet von Kaspar Hauser, in der ›Weltbühne‹ vom 10. 4. 1919, oft und ausführlich besprochen, erwähnt, zitiert, und dies stets lobend. In dem Nachruf auf Maximilian Harden in der ›Weltbühne‹ vom 8. 11. 1927 klingt zum ersten Mal in dem Satz »Karl Kraus der den im Grunewald vernichtend geschlagen hat, hat nicht die ganze Armee besiegt« ein kritischer Ton mit, und in *Die Inseln*, in der ›Weltbühne‹ vom 2. 7. 1929 wird ziemlich unvermittelt in dem eher politischen als literarischen Artikel eine equivoke Kraus-Erwähnung eingeschaltet: »Kraus hat Harden umgebracht und Harden Kerr und Kerr Kraus, für jeden ist der andere tot [...]« Doch in dem gleichen Jahr in *Berliner Theater*, in der ›Weltbühne‹ vom 12. 11. 1929, läßt die Ablehnung Tucholskys in seiner Besprechung von Kraus' Nachkriegsdrama *Die Unüberwindlichen*, in dem nochmals Emmerich Bekessy angegriffen wird – zu Recht fragt Tucholsky: »Was ist uns Bekessy?« – nichts mehr an Klarheit zu wünschen übrig. »Kraus setzt voraus, er gestaltet nicht«, findet Tucholsky und sieht darin die »Schwäche des Stückes«; Kraus »vernünftelt durch das Stück«, und Tucholsky läßt ihn am Ende »dastehen und [er] hatte einen Sieg erfochten, der keiner war: über und unter Literaten«.

In den Briefen an Ossietzky aus dem Jahr 1932 ist die Haltung Tucholskys uneingeschränkt negativ, und dies zum Teil zumindest aus den gleichen Gründen, die nur zu häufig die Krausssche Ansicht motivierten – aus persönlichen:

»Was ich ihm übel nehme ist«, schreibt Tucholsky am 12. 3. 1932, »daß er genau das macht, was er den großen Zeitungen vorwirft, mit denen er ja – sonst greift man auch nicht dreissig Jahre lang an – solche Ähnlichkeit hat: er lügt durch Verschweigen. Liest man das da in der ›Fackel‹, dann glaubt man, ich heisse Auernheimer. [...] Wir werden – ausser Hiller – keinem mehr erlauben, ihn bei uns zu loben. [...]«

Und wieder zu diesem Thema am 4. 4. 1932:

Kraus hat mich durch Ernst Krenek (wer ist das?) in der Frankfurter Zeitung angreifen lassen und wenn er platzt, ich antworte nicht. Leider platzt er nicht. [...][26]

Brecht gegenüber hatte Tucholsky nie eine eindeutig bejahende Einstellung gehabt; wenn 1926 in *Fantasia* Peter Panter sich noch mit einer unfreundlichen Anspielung – ein Vergleich mit Arnold Bronnen[27] – begnügt hatte, war seit dem gleichfalls von Peter Panter gezeichneten Artikel *Bertolt Brechts Hauspostille* in der ›Weltbühne‹ vom 28. 2. 1928, in dem zwar Brecht noch als Autor gelobt wurde, kein Zweifel mehr über Tucholskys Einschätzung des Menschen Brecht möglich – »er ist böse von Natur und ein bißchen tückisch«; doch Tucholsky irrte in seiner literarischen Einschätzung, wenn er schrieb: »Um wieviel er heute überschätzt wird, um soviel wird er eines Tages unterschätzt werden, und beides sehr zu Unrecht.«

In dem Artikel *Die Anhängewagen* in der ›Weltbühne‹ vom 21. 5. 1929, in dem das lyrische Talent Brechts noch immer lobend erwähnt wird, ist bereits der Vorwurf unverhüllt ausgesprochen, daß »es im tiefsten unehrlich [ist], was er [Brecht] da treibt [...]«, und in der Folge wird er nie mehr anders als ablehnend genannt. Am 25. 3. 1932 schrieb Tucholsky an Ossietzky: »Bei uns wird Brecht nicht gelobt [...] Man kann das nicht decken – das ist ein Schwindler. (Nicht nur ein kleiner Plagiator –

der Mann ist unwahr).« Doch Ossietzky fühlt sich trotzdem in seinem Brief vom 23.3.1932 bemüßigt, Tucholsky, der eben mit Hasenclever die Komödie *Christoph Kolumbus* veröffentlicht hatte, zu warnen:

Zur geplanten Offensive gegen Brecht möchte ich noch folgendes bemerken. Ich denke nicht daran, Ihnen abzuraten, aber ich möchte Ihnen nur einen Hinweis geben auf die Form dieser Sache. Sie sind jetzt offizieller Dramatiker geworden, Sie gehen damit also in eine andere Kategorie der Bewertung ein [...]. Der ausschließliche Publizist kann vielleicht über manches freier reden als der Theaterschriftsteller, der zum ersten Mal hervortritt [...]

In seinem Antwortbrief an den toten Tucholsky hatte Arnold Zweig geschrieben: »Sie hatten eine übertriebene Hochachtung und Erwartung für das, was dem Geiste möglich ist, als Sie die Emigration so bitter glossierten [...].«[28]

Dies war sicherlich richtig, aber auch der Gesundheitszustand Tucholskys sollte bei der Beurteilung der Äußerungen und Feststellungen dieses Autors aus seinen letzten Lebensjahren einbezogen werden. Noch am 9.9.1935 notiert Tucholsky in den Q-Tagebüchern, sie seien nicht zu veröffentlichen, »weil sie einen ganz falschen Eindruck geben« und »Müdigkeits- und Krankheitskoeffizienten einbezogen werden müssen [...]«.

Seit 1931 litt Tucholsky an einer sehr schmerzhaften, zu spät und auch dann nicht richtig diagnostizierten Nasenerkrankung; er mußte sich einigen schweren Operationen unterziehen und konnte nur mit Hilfe schwerer Mittel schlafen. Aus den Q-Tagebüchern, aus den *Briefen aus dem Schweigen* 1932-1935, die an Nuuna, die Schweizer Ärztin, gerichtet waren, mit der er bis zu seinem Tod innig befreundet war, spricht die Eskalation der Verzweiflung, das trostlose Verharren auf einem Bollwerk aus Haß und Wissen um das eigene Versagen; es war Tucholsky nicht vergönnt, den ›Mißerfolg‹, die Zwecklosigkeit seiner publizistischen Tätigkeit mit der Abgeklärtheit zu sehen, die aus dem Brief seines Freundes Roda-Roda spricht, der am 27. August 1933 aus Madrid schrieb:

[...] wir zwei (verzeih, daß ich wage, mich in diesem Augenblick neben Dich zu stellen) – wir also und unsergleichen sind Opfer eines fundamentalen Irrtums geworden: wir dachten, die andern wollten von uns belehrt, beraten, geführt werden. Wahrhaft selbstbewußte Eselherden *wollen* aber kein Beratung; sie rennen allmiteinander – wenn sie Glück haben, auf eine fremde Wiese, wenn sie Pech haben, in einen Sumpf [...][29]

Mit der Ausschließlichkeit, die er gegen andere Menschen und Dinge angewandt hatte, ergab Tucholsky sich einem jahrelangen Selbstzerstörungsprozeß, beschuldigte und verdammte sich selbst: »ich trage die ganze, die ganze Schuld«. Dieser Satz in dem Abschiedsbrief an Mary Tucholsky bezieht sich nicht nur auf das Leben mit Mary, er umschließt die ganze erschütternde Vergeblichkeit aller anderen Bemühungen, aber vor allem den Mangel an Mut, die Authentizität der Gefühle, die Wirklichkeit des Erlebens diejenige Stelle einnehmen zu lassen, die von einer subjektiven ›Wahrheit‹ blockiert wurde. Vielleicht ist der für Tucholskys Leben gültigste Satz der in dem ›blauen Tagebuch‹ im März 1923 notierte: »Manchmal ist die Angst um ein Glück größer als das Glück selbst [...].«

Anmerkungen

1 In: *Unser ungelebtes Leben. Briefe an Mary,* Einleitung von Fritz J. Raddatz, Reinbek 1982.

2 Zuvor erschien, im November 1907, im ›Ulk‹, bereits das *Märchen* von Tucholsky.

3 Max Brod, *Streitbares Leben,* München 1969, S. 76.

4 Die Briefe Kurt Tucholskys an Max Brod befinden sich im Brod-Archiv, Tel-Aviv, und ich danke Frau Esther-Hoffe für die Erlaubnis, sie einzusehen und zu zitieren. In diesem Brief befindet sich auch eine Bemerkung über das »neue Buch von Werffel«: »Ich sah die Korrekturbogen und bin ganz begeistert. Der Weltfreund! Welch eine Gesinnung, welch eine Liebe zu den Dingen [...].«

5 In einem Brief vom 13.1.1912 bedankt sich Tucholsky für Brods Buch, »mit dem es mir gegangen ist, wie mit schwerer, guter Musik [...]«; er ist sich allerdings nicht sicher, ob das Stück »auf dem Theater wirkt«. Es handelt sich um *Abschied von der Jugend,* ein romantisches Lustspiel in drei Akten, ein ziemlich anspruchsloses Werk, das A. Ruest am 8. Februar in der ›Schaubühne‹ positiv besprach.

6 Kurt Tucholsky, *Ausgewählte Briefe 1913-1935,* S. 200f. Im gleichen Band, in einem Brief an Mary Gerold-Tucholsky vom 20.6.1924, lesen wir: »[...] Im Gegensatz zu Max Brod, der mir nicht recht gefiel

und mir in Prag und Berlin eine große Enttäuschung war [...].« Weder vor noch nach diesem Datum lassen die Briefe Tucholskys an Brod dieses Gefühl erkennen.

7 Brod [vgl. Anm. 3], S. 75.

8 In der ›Weltbühne‹ 1921.

9 Hierzu auch der fiktive Bericht von der Beerdigung Ignaz Wrobels 1923 in der ›Weltbühne‹.

10 Vorwort zu *Mit 5 PS*, 1928.

11 Ebd.

12 ›Weltbühne‹, gezeichnet von Ignaz Wrobel.

13 Sehr plastisch wird dieser ›Zwiespalt‹ in dem so sehr nicht-bürgerlich-sein-wollenden Tucholsky in dem *Interview mit sich selbst* im ›Berliner Tagblatt‹ vom 3. 9. 1919 zum Ausdruck gebracht.

14 In einem Brief an Hans Schönlank, *Ausgewählte Briefe*, S. 153 f.

15 Dahingehend paraphrasiert auch Hans J. Becker, *Mit geballter Faust*, Bonn 1978, S. 26, die Absicht Tucholskys.

16 Mai 1928 in der ›Weltbühne‹, gezeichnet Ignaz Wrobel.

17 Herbert Ihering im ›Börsen Courier‹ und im ›Tage-Buch‹: *Polemik ohne Risiko.* Tucholskys Brief ist vom 18. 10. 1929, *Ausgewählte Briefe*, S. 131.

18 Gordon A. Craig, *Engagement and Neutrality in Weimar Germany*, in: Journal of Contemporary History 2 (November 1976), S. 57 ff.

19 Der Artikel *Hepp Hepp Hurra!* (Ignaz Wrobel) vom 14. 2. 1921 in der ›Welt am Montag‹, um nur einen dieser Art zu nennen, erweckt nicht den Eindruck, er sei von einem ›nicht persönlich Betroffenen‹ geschrieben.

20 *Ausgewählte Briefe*, S. 2.

21 ›Weltbühne‹, 18. 9. 1924.

22 Ebd.

23 In der ›Neue[n] Weltbühne‹, 1936, Ht. 13, S. 407-409, legte Hiller gegen die »bequem schematische, gar rassentheoretische Selbsthaßdiagnose« der ›Jüdischen Rundschau‹ »Berufung« ein.

24 Die Briefe befinden sich im Archiv der Akademie der Künste Berlin, und ich danke Professor Walter Huder und seinen Mitarbeitern für ihre Hilfe wie auch für die Zitiererlaubnis.

25 Ossietzky trat die Strafe am 10. 5. 1932 an.

26 Es ist nur schwer vorstellbar, daß Tucholsky nicht gewußt hat, wer Křenek ist. Der 1900 geborene Wiener Komponist Ernst Křenek schrieb ziemlich erfolgreiche Opern – die bekannteste aus den zwanziger Jahren ist *Jonny spielt auf* –; einer dieser frühen Kompositionen liegt als Libretto ein Text von Franz Werfel zugrunde. Křenek, der nun seinen Wohnsitz in Wien und in Los Angeles hat, lehrte an verschiedenen amerikanischen Hochschulen und schrieb vor und während der Emigration Hunderte von Artikeln in Musikjournalen

und Zeitungen.

27 Mit der Veröffentlichung von Arnold Bronnens Buch *O. S.* (Oberschlesien) 1929 hatte die seit langem bestehende Abneigung Tucholskys den Punkt erreicht, der ihn dazu brachte, »ein wahres Ohrfeigengericht« über Bronnen in der Zeitschrift ›Weltbühne‹ abzuhalten, schreibt Walter Kiaulehn in: *Mein Freund und Verleger E. Rowohlt und seine Zeit,* Reinbek 1967, S. 135 f. »Tucholskys Aufsatz wanderte von Hand zu Hand und kam natürlich auch den Funktionären der NSDAP zu Gesicht. Der damalige Gauleiter von Berlin und spätere Propagandaminister, Joseph Goebbels, mußte auf Grund der BZ-Artikel und des Aufsatzes von Tucholsky Bronnen fallenlassen.«

28 Zitiert nach Ernst Loewy, *Literarische und politische Texte aus dem deutschen Exil 1933-1945*, Stuttgart 1979, S. 273 ff.

29 Der Brief befindet sich im Archiv der Akademie der Künste Berlin [vgl. Anm. 24].

Wilhelm Voßkamp

»Grundrisse einer besseren Welt«
Messianismus und Geschichte der Utopie bei Ernst Bloch

Eine Geschichte der literarischen Utopie läßt sich nicht allein als Geschichte von Texten schreiben, weil eine präzise Abgrenzung und Definition der »literarischen Utopie« ebenso schwierig ist wie die Rekonstruktion einer textimmanenten Gattungsgeschichte. Vielmehr empfiehlt sich die Berücksichtigung der historischen Entstehungs- und Wirkungsfaktoren, um den Zusammenhang von literarischen Texten und gesellschaftlichen Kontexten genauer analysieren zu können.[1] Aber auch eine solche, stärker funktionsgeschichtlich orientierte Geschichte der Utopie steht vor nicht geringen Schwierigkeiten, weil sie die jeweiligen historischen Ausprägungen der literarischen Utopie in eine Beziehung zu anderen Formen der Utopie (etwa in der Architektur und Musik) oder zu Vorstellungen vom »Utopischen« bringen muß. Die eingebürgerte Gegenüberstellung von »historischen Utopien« mit »dem Utopischen« (der »utopischen Intention«, »dem utopischen Bewußtsein«[2], der »utopian propensity«[3]) ist dafür das deutlichste Kennzeichen.

Eine für die Utopieforschung zentrale und produktive Diskussion der Beziehung »des Utopischen« zu den »Utopien« liefert Ernst Blochs Hauptwerk *Das Prinzip Hoffnung*, das in der Zeit zwischen 1938 und 1947 im amerikanischen Exil entstanden ist.[4] Bloch entwickelt einerseits eine *Theorie des Utopischen* (ontologische Hoffnungsphilosophie) und schreibt andererseits eine *Geschichte der* (literarischen) Sozialutopien, der technischen, architektonischen, geographischen, malerischen und musikalischen *Utopien.* Das Hauptaugenmerk meines Beitrags richtet sich auf das 36. Kapitel: *Freiheit und Ordnung, Abriß der Sozialutopien* (S. 547-729), weil hier die Frage nach der Relation zwischen dem Blochschen Konzept des Utopischen und den konkreten historischen Ausprägungen der literarischen Utopie besonders gut überprüft werden kann. Der *Abriß der Sozialutopien* bietet sich auch deshalb besonders an, weil er den Kern der Blochschen Utopiegeschichtsschreibung bildet und 1946 als eigenständiges Buch im Aurora-Verlag in deutscher Sprache in den USA erschien. Das Buch trug den Titel der späteren Überschrift zum 36. Kapitel des *Prinzips Hoffnung*.

Um Blochs Philosophie des Utopischen seiner Geschichtsschreibung von Utopien gegenüberstellen zu können, gebe ich zunächst (im ersten Teil) einen kurzen Überblick über die wichtigsten Punkte der Blochschen Utopietheorie; im zweiten Teil folgt dann eine Untersuchung der Utopiegeschichtsschreibung anhand des 36. Kapitels im *Prinzip Hoffnung*, worauf im abschließenden, dritten Teil eine zusammenfassende Reflexion auf die Beziehung des Utopischen zu den Utopien bei Bloch folgen soll. Das Hauptinteresse richtet sich deshalb sowohl auf ein generelles methodisches Problem der Utopiegeschichtsschreibung (inwieweit ist Messianismus – notwendig – auch eine Kategorie der Utopiegeschichtsschreibung?) als auch auf Möglichkeiten der kritischen Selbstreflexion von Utopie durch die wechselseitige Gegenüberstellung der Utopien mit dem Utopischen bei Bloch (inwieweit läßt sich nicht nur die »Abstraktheit« der Sozialutopien mit einem Konzept des Utopischen kritisieren, sondern zugleich auch die Blochsche Konzeption selbst anhand der einzelnen Utopien überprüfen?)[5]

I.
Überblick über Blochs Konzeption des Utopischen

Blochs Hoffnungsphilosophie, wie sie vor allem im *Prinzip Hoffnung* vorliegt, knüpft zwar einerseits an das Frühwerk *Geist der Utopie* an, setzt aber andererseits einen wesentlich neuen Akzent durch eine ontologische Fundierung. Die Hineinnahme »auch der Natur in das Sinnversprechen der Utopie«[6] macht diese zu einer Möglichkeit des Seins, der Materie überhaupt.

Insgesamt lassen sich sechs Hauptpunkte festhalten, die im Blick auf den Vergleich mit der Utopiegeschichtsschreibung für Blochs Utopiephilosophie besonders wichtig sind.

1. Grundvoraussetzung für Blochs Hoffnungsphilosophie ist die menschliche Neigung und Fähigkeit zum Überschreiten: »Nichts ist menschlicher als zu überschreiten, was ist«.[7] Der Mensch wird anthropologisch als ein »verändern-wollendes We-

sen« definiert, dessen spezifische Fähigkeit und Begabung (Hoffnung, Phantasie, Tagträume) im Möglichkeitsdenken besteht.

2. Blochs fundamentale philosophische Kategorie heißt »Möglichkeit«. Im Unterschied zur Tradition von Möglichkeitsphilosophie geht Bloch von einem »objektiv-realen« Möglichkeitsbegriff aus. Möglichkeit wird als eine Realität aufgefaßt, »[...] in der wir leben und in die alle Träume von uns hineingehen, in der sie überhaupt nur Platz haben und nicht ab ovo ersticken«.[8] Bloch umschreibt seine philosophische Möglichkeitskonzeption mit der Formel vom »Noch-Nicht«, wobei er einen psychologischen und kosmologischen Aspekt unterscheidet. Der psychologische bezieht sich auf das Noch-Nicht-Bewußte der Subjekte – der kosmologische auf das Noch-Nicht-Gewordene der Objekte. Bloch geht dabei vom Subjektiv-Psychologischen aus, hält es aber für notwendig (damit menschliches Hoffen nicht folgenlos bleibt), daß das Noch-Nicht auch in der Materie, also ontologisch verankert wird.[9]

3. Eine zentrale, auch für die Utopiegeschichtsschreibung folgenreiche Voraussetzung des Blochschen Utopiekonzepts ist ein nicht-homogener Zeitbegriff. Bloch schließt hier an sein Frühwerk *Geist der Utopie* unmittelbar an, indem er – dem Zeitbegriff Walter Benjamins durchaus verwandt – auf messianische Vorstellungen zurückgeht und Zeit als diskontinuierlich versteht. Die Ablehnung eines linearen und homogenen Zeitkonzepts (die mit einer Wendung gegen marxistisch-orthodoxen, ökonomischen, Determinismus verbunden ist) zugunsten eines diskontinuierlichen Kontinuums führt zu einer besonderen Aufwertung des Augenblicks. Hier knüpft Bloch, wie im *Geist der Utopie*, an jüdisch-kabbalistische Konzepte an. Ich erwähne lediglich die kabbalistische Vorstellung von den »Funken einer künftigen Erlösung, [die] schon in der Gegenwart beschlossen liegen«[10], die »Theorie der mystischen *Selbstbegegnung* qua mystische[r] Versenkung in die Gestalt des verborgenen Gottes«[11] und die Konzeption vom zukunftsschwangeren, zukunftschaffenden Element im gegenwärtigen Augenblick (»Ibbur«).[12] Bloch spricht vom »Dunkel des gelebten Augenblicks« und umschreibt damit den Augenblick als ein »Jetzt«, das nicht nur einfach Gegenwart, sondern zugleich mit einem Noch-Nicht angereichert ist. In diesem Noch-Nicht blitzt jener Endzustand von Zeit auf, der bereits im jeweiligen Augenblick angelegt ist. Das »Dunkel des

Jetzt« ist so mit dem »utopischen Totum«, dem »Zielinhalt« aller Geschichte konstitutiv verknüpft. Bloch kann deshalb formulieren: »Dunkler Augenblick hier, adäquate Offenheit dort bezeichnen folglich Quell und Mündung des Heraufkommens; sie sind die Pole des antizipierenden Bewußtseins wie dessen, was ihm objekthaft entspricht. [...] Jeder Augenblick enthält mithin ebenso, als potentiell das Datum der Weltvollendung und die Data ihres Inhalts.«[13]

4. Vergegenwärtigt man sich dieses messianische, aus der Theologie übernommene Erlösungsmodell, wird klar, daß es bei Bloch um die Alternative zwischen (säkularisierter) ›Heilseschatologie‹ oder ›Unheilseschatologie‹ gehen muß. Unter ›Messianismus‹ bzw. ›messianisch‹ verstehe ich generell den »Glauben an das Kommen eines Erlösers, der auf universaler oder partikularer Ebene der gegenwärtigen Ordnung ein Ende setzen und eine neue Ordnung der Gerechtigkeit und des Glücks begründen wird«;[14] wobei hinzuzufügen ist, daß das Judentum (im Unterschied zum Christentum) »[...] stets an einem Begriff von Erlösung festgehalten hat, der sie als einen Vorgang auffaßte, welcher sich in der Öffentlichkeit vollzieht, auf dem Schauplatz der Geschichte und im Medium der Gemeinschaft, kurz, der sich entscheidend in der Welt des Sichtbaren vollzieht und ohne solche Erscheinung im Sichtbaren nicht gedacht werden kann«.[15]

Im Blick auf die Gegenüberstellung von Heils- und Unheilseschatologie spricht Bloch von der »[...] wendbare[n] Alternative zwischen absolutem Nichts und absolutem Alles: Das absolute Nichts ist die besiegelte Vereitlung der Utopie; das absolute Alles – in der Vor-Erscheinung des Reichs der Freiheit – ist die besiegelte Erfüllung der Utopie oder: das Sein wie Utopie« (S. 364). Bloch verwendet auch die Begriffe »Hölle« und »Himmel«. Historisch konkret bedeutet dies für ihn, daß das Heil im »Sozialismus«, das Unheil im Faschismus gesehen wird. Die (übertriebene) Hoffnung auch noch auf den realen Sozialismus während der Entstehungszeit des *Prinzips Hoffnung* läßt sich bei Bloch auch aus der Kampfsituation im Exil gegen das Hitlerregime verstehen.

Unter dem Aspekt der Utopiegeschichtsschreibung mag hier bereits im voraus kritisch darauf hingewiesen werden, daß die alternative Gegenüberstellung zwischen absolutem Alles und absolutem Nichts bei Bloch Unbestimmtheiten in der historischen

Analyse zur Folge hat, so daß die nähere politische Zukunft weniger genau in den Blick kommt gegenüber dem »faszinierenden Blick auf das Bonum-Optimum eines ›Endes aller Dinge‹«.[16]

5. Bloch hat in seiner Tübinger Antrittsvorlesung 1961 deutlich gemacht, daß Hoffnung enttäuschbar ist – »sogar bei ihrer Ehre« prinzipiell enttäuschbar sein muß, weil Hoffnung mit dem Zufälligen in der Geschichte zu tun hat und Sicherheit nicht garantiert werden kann. »Dagegen wird fundierte Hoffnung durch die treue Beachtung der *Tendenz* klug [...].«[17] Im Zeichen der »docta spes«, der »begriffenen Hoffnung«, kann die Richtung qua Negation angegeben werden durch Bestimmung dessen, »[...] was *nicht* realer Humanismus, sondern sein genaues Gegenteil, also etwa Hitler oder der spätere Stalin, also das Urphänomen Neronisches insgesamt ist«.[18]

6. Der Zielinhalt bleibt für Bloch das »Reich der Freiheit«. Mit den Worten von Karl Marx bezeichnet Bloch dies als Notwendigkeit: »Alle Verhältnisse umzuwerfen, worin der Mensch ein erniedrigtes, ein geknechtetes, ein verlassenes, ein verächtliches Wesen ist« (S. 1604). Der »demokratisch-sozialistische Humanismus«, der »siebente Tag«, steht noch aus. Bloch spricht am Ende des *Prinzips Hoffnung* – das letzte Wort heißt »Heimat« – von jener »Gemeinschaft, wo die Sehnsucht der Sache nicht zuvorkommt, noch die Erfüllung geringer ist als die Sehnsucht« (S. 1628).

II.
Die Geschichtsschreibung der Utopie am Beispiel des 36. Kapitels: »Freiheit und Ordnung, Abriß der Sozialutopien«

Die Prinzipien der Utopiegeschichtsschreibung im *Prinzip Hoffnung* lassen sich auf die Kategorien von Blochs Utopiephilosophie beziehen. Statt einer Beschränkung auf Formen der sozialen Utopie erweitert Bloch das Blickfeld im Sinne einer umfassenden Skala unterschiedlicher Ausprägungen, so daß außer den ›klassischen‹ Utopien Aspekte des vollkommen erfüllten Augenblicks (im *Faust*), der Musik oder der Utopien in Religionen breit entfaltet werden.

Entscheidend ist, daß Bloch bei der Darstellung der Geschichte der Utopie im *Prinzip Hoffnung*, entsprechend eines nicht homogenen Zeitbegriffs, jede Einlinigkeit vermeidet, so daß die unterschiedlichen »Ausbuchtungen der [Zeit]reihe« ebenso berücksichtigt werden können wie eine »komplizierte neue Zeit-Mannigfaltigkeit«.[19] Von daher läßt sich bei Bloch von einer – in der Geschichtsschreibung nicht selbstverständlichen – Übereinstimmung von Prinzipien der (Utopie)geschichtsschreibung und ihrer konkreten darstellerischen Form sprechen. Blochs gattungsspezifische, narrative Darstellung der Utopiegeschichte folgt keinen eigenen textimmanenten Regeln, sie koinzidiert vielmehr mit der messianischen Konzeption des Utopischen.

Im *Abriß der Sozialutopien* – dem eigentlichen »Stammhaus des Utopisierens«, wie Bloch formuliert – zeigt sich der wechselseitige Verweis des historiographischen Diskurses auf die Konzeption des Utopischen in zwei Strukturmerkmalen. Zum einen trifft Bloch eine Unterscheidung zwischen der »Varianz der Utopien« und der »Invarianz des Utopischen« (S. 557), zum anderen blendet er drei theoretisch-reflektierende Zwischenkapitel in die historische Darstellung ein, um die Diskussion der jeweils besprochenen geschichtlichen Utopien mit der umfassenden Philosophie des Utopischen zu verknüpfen. Schon dadurch bekommt die Form der Utopiehistoriographie nichts Geschlossenes, Kontinuierliches – Offenheit und Diskontinuität sind vielmehr ihre Merkmale.

Wichtiger noch als diese strukturellen Kennzeichen der historiographischen Darstellung sind die zugrunde liegenden konzeptionellen Aspekte. Wenn Bloch die unterschiedlichen Formen (»Varianz«) der Utopien auf die »Invarianz des Utopischen« bezieht, so heißt das, daß die Sozialutopien in ihrer Beziehung und Abhängigkeit von einem vorgestellten utopischen »Totum« zu interpretieren sind. Historische Ausprägungen der Utopie werden zwar als nicht unabhängig vom jeweiligen geschichtlichen Kontext verstanden, wichtiger noch aber ist für Bloch der jeweilige Überschuß, der auf das Noch-Nicht im »Ganze[n] des Seins« (S. 555) verweist.

Dieser Zusammenhang gilt auch für die erwähnten reflektierenden Einblendungen. Im ersten Fall geht es um eine Überlegung, die den einführenden Abschnitt zu den ärztlichen Utopien und Wunschbildern abschließt und den folgenden Teil über die Sozialutopien einleitet. Die zweite Einblendung bezieht sich auf prinzipielle Aspekte des Zusammenhangs von Freiheit und Ordnung am Ende der Besprechung von Morus' *Utopia* und Campanellas *Civitas Solis*. Auch hier markiert der Einschnitt einen Wechsel, insofern im darauffolgenden Abschnitt eine neue historische Form der Utopieausprägung (das Naturrecht) behandelt wird. Die dritte Einblendung schließlich zieht ein Fazit über die »Schwäche und den Rang der rationalen Utopien«. Eingeleitet wird hier der verbleibende »Rest« der noch von Bloch behandelten Utopien im 20. Jahrhundert mit einer entschiedenen Blickrichtung auf den Zeitpunkt der Entstehung des *Prinzips Hoffnung*. Damit wird die ohnehin jeweils bewußt gemachte Betrachterperspektive Blochs noch einmal explizit vergegenwärtigt.

Bei der Charakterisierung und Einordnung der einzelnen historischen Utopien geht Bloch nun zwar zunächst von einem ikonologischen Modell aus (Schlaraffenland als soziales Wunschbild), er wendet sich dann aber in dem hier zugrunde gelegten *Abriß der Sozialutopien* deutlich einer thematischen Geschichtsschreibung zu. (Die ikonologischen Aspekte kommen erst wieder in den Kapiteln über die Architektur-, Malerei-, und Musikutopien zum Zuge). Unter thematischer Geschichtsschreibung verstehe ich hier die durchgehende Orientierung an bestimmten Themenkomplexen wie: Eigentumslosigkeit, Ordnungsfaktor, religiöse Toleranz, Freiheit und Gleichheit oder begrenzte Arbeitszeit. Unter Berücksichtigung solcher Leitbilder und im Horizont eines Konzepts »des Utopischen« trifft Bloch eine grundsätzliche Unterscheidung zwischen dem antiken Typus von Sozialutopien einerseits und biblischen (jüdisch-christlichen) andererseits. Die erste Gruppe charakterisiert Bloch später auch als die Utopien des »äußere[n] topos«; er sieht hier eine größere Genauigkeit bei der Ausgestaltung von institutionellen Einzelfragen, aber auch eine bedenkliche Abstraktheit. Die Utopien in der jüdisch-christlichen Tradition sind für Bloch normbildend und theorieleitend, weil er in ihnen »[...] ein wirkliches Noch-Nicht-Sein, ein Novum« sieht.[20] Das »Unbedingte« dieser Utopien verweist für ihn auf jenen Überschuß, der die eigentliche Antriebskraft des Utopischen darstellt.

In Platons *Politeia* und in der Bibel erblickt Bloch die beiden prototypischen Texte für die genannten Utopietraditionen. Beide Bücher sind darin Vorbilder, daß sich in ihnen einerseits der innere Topos und andererseits der äußere Topos exemplarisch ausgebildet findet und damit für alle künftige Utopiegeschichte wirksam werden kann.

Platons *Politeia* liefert das Modell für den konstitutiven Zusammenhang von Ordnung und Freiheit und die Akzentuierungen, die jeweils im Zusammenspiel von Ordnung und Freiheit gefunden werden müssen. Am Modell Spartas orientiert, kommt es bei Platon zu einer Utopisierung der Ordnung, die sich in dieser konsequenten Form erst wieder in der frühen Neuzeit seit Morus und Campanella beobachten läßt. Die »Abstraktheit« von Utopien ist, so kritisiert Bloch, bereits der *Politeia* inhärent.

Die Bibel, als Prototyp der Gegentradition, wird zwar von Bloch nicht als ausgeführte Sozialutopie, aber als prophetische Ausmalung vom »sozialen Friedensreich der Zukunft« interpretiert (S. 577). Die Botschaft der Bibel hat auf alle Sozialutopien nachhaltig gewirkt, so daß »Zion zu Utopia« werden konnte: »Die Not macht messianisch [...]« (S. 578 f.). Blochs Interpretation der Bibel besteht darin, daß er – unter Rückgriff auf die jüdische Messianismus-Tradition (Erlösung, die sich im Sichtbaren, in der Geschichte vollzieht) – den von Jesaja verkündeten »neuen Himmel« als »die utopische *Erde* mit utopischem Himmel über ihr« versteht (S. 580). Die Diesseitigkeit des Heilsgeschehens (in der jüdischen Tradition) und das Bestehen auf einem irdischen Erlösungsmodell in der Geschichte liefern Bloch die entscheidenden Utopiekategorien auch für künftige weltliche (oder verweltlichte) Zeitutopien.

Deutlich ist das besonders in der Gegenüberstellung von Augustin und Joachim von Fiore. Kritisiert Bloch Augustin wegen der Institutionalisierung des Jenseits (in Form der Kirche), rühmt er die Drei-Reiche-Lehre Joachim von Fiores, weil bei ihm »Utopia, wie bei den Propheten, ausschließlich im Modus und als Status historischer Zukunft« erscheint (S. 592). Indem das Reich Christi als ein Reich von dieser Welt interpretiert wird, kann es (im Zeichen eines »messianischen Aktivismus«) nicht nur im Mittelalter, sondern bis in die frühe Neuzeit (Thomas Münzer) außerordentlich revolutionäre Wirkungen auslösen.

Der genaue historische Gegentypus zu Thomas Münzer ist Thomas Morus. Bloch unterscheidet sich hier von der traditionellen Utopiegeschichtsschreibung nur insofern, als er nicht in der *Utopia* den entscheidenden Prototyp der neuzeitlichen Utopie erblickt, sondern das »utopische Gewissen« (S. 594) in der »joachitischen Zukunftsoptik« aufbewahrt glaubt.[21]

Die Kritik an Morus' *Utopia* ist deshalb ebenso einseitig wie aufschlußreich. Zwar werden diesseitsfreudiger Kommunismus und Sechs-Stunden-Tag, religiöse Toleranz und Gleichheit des Modells gerühmt, aber zugleich entschiedene Einwände gegenüber einer »Wunschkonstruktion« formuliert, »[...] in der keinerlei chiliastische Hoffnungsgewißheit mehr ist [...]« (S. 607). Aufgrund seiner thematischen Interpretation kann Bloch weder den (satirischen) Spielcharakter des Textes in der Tradition der humanistischen Literatur angemessen verstehen noch die »Dissonanzen«, die er, zu Recht, im Werk entdeckt, produktiv (im Blick auf die Rezeptions- und Wirkungsgeschichte) interpretieren. Morus' *Utopia* wird von Bloch in der Tradition bestimmter Auslegungen des 16. und 17. Jahrhunderts analysiert, die den Text als eine staatspolitische Abhandlung verstanden.[22]

Das gilt auch für die Interpretation der *Civitas Solis* von Campanella. Im Unterschied zu Morus betont Bloch hier zu Recht stärker den Ordnungsfaktor in der Relation ›Freiheit und Ordnung‹. Die bei Campanella herrschende Ordnung wird als »klassenlos, doch extrem hierarchisch« (S. 609) kritisiert, und es wird hervorgehoben, daß Campanella das Sparta-Ideal Platons noch überbietet.

Trotz der kritischen Einwände hält Bloch an dem Modellcharakter der *Utopia* von Morus für den »liberal-föderativen Sozialismus« und der *Civitas Solis* von Campanella für den »zentralistischen Sozialismus« fest. Für Bloch finden diese Modelle eine adäquate Fortsetzung erst in den Utopien von Robert Owen und Charles Fourier einerseits und Cabet und Saint-Simon andererseits im 19. Jahrhundert.

Die eigentliche Zäsur in der Utopiegeschichte der Neuzeit sieht Bloch im Naturrecht. Für ihn verhalten sich Sozialutopie und Naturrecht komplementär zueinander insofern, als die Sozialutopie auf das menschliche Glück zielt, während das Naturrecht menschliche Würde intendiert. So einleuchtend diese Gegenüberstellung ist, so problematisch muß die These Blochs erscheinen, daß das aufgeklärte Naturrecht an die Stelle von Sozialutopien getreten sei. Auch bei einem nur flüchtigen Blick auf die Geschichte des 18. Jahrhunderts zeigt sich, wie produktiv gerade dieses Zeitalter für die Geschichte der Utopien gewesen ist.

Der Grund für Blochs Zurückhaltung dürfte in der negativen Einschätzung aufklärerischer (säkularer) Zeitutopien liegen, weil in ihnen das revolutionäre Moment zugunsten des Reformansatzes zurücktritt. Von daher ist es aus der Perspektive Blochs nachvollziehbar – wenn auch im Blick auf die Utopiegeschichte nicht vertretbar –, wenn im *Prinzip Hoffnung* über Fichtes *Handelsstaat* (1800) sogleich der Sprung ins 19. Jahrhundert zu den schon genannten föderativen und zentralistischen Sozialutopien gemacht wird. Bloch schließt das Kapitel zum 19. Jahrhundert mit einem Hinweis auf die individuellen Utopisten und Anarchisten (Stirner, Proudhon und Bakunin) und einem Hinweis auf das »proletarische Luftschloß« (Weitling) ab – die eigentliche Perspektive aber richtet sich auf Marx. Die Marxsche Philosophie kann als Kulminationspunkt und Endpunkt in der Geschichte der Utopien angesehen werden, weil Bloch in der von ihm hervorgehobenen chiliastisch-eschatologischen Tradition ein »Novum« sieht insofern, als die prozeßhaft-antizipatorische Funktion hier zu einem politischen Abschluß mit universalem Anspruch gekommen ist. Damit aber sieht Bloch den »abstrakte[n] Charakter der Utopien« als überwunden an (S. 680). Das praktische Moment von Theorie als Politik verbindet sich für Bloch mit dem Prophetischen in der Tradition eines universalistischen Messianismus.

Die Marxsche Theorie bildet deshalb für Bloch die entscheidende Epochenwende in der Geschichte der Utopie. Alle Utopiegeschichte nach Marx läßt sich für Bloch daher nur noch als Appendix darstellen. Das führt dazu, daß Bloch diese Utopien – mit Ausnahme einiger Emanzipationsbewegungen – nur noch als »reaktionäre und überflüssige Spielformen« (S. 680) ansehen kann. Die Konsequenzen sind bekannt: Bloch kann weder der Jugend- und Frauenbewegung noch dem Zionismus als einer historisch-konkreten utopischen Bewegung gerecht werden. Daß dies sowohl im Blick auf den ›konkreten Zionismus‹ in Israel als auch unter dem Aspekt der Utopiegeschichte im 20. Jahrhundert insgesamt zu groben Verzerrungen der historischen Perspektive geführt hat, hängt mit der Apotheose-Rolle zusammen, die Bloch der marxistischen Sozialutopien als Bedingung der Möglichkeit für das utopische Totum in der Gegenwart (und in Zukunft) zuweist. Überspitzt formuliert: Für Bloch kann die Geschichte der Utopie als Geschichte der Sozialutopien und Gesellschaftsentwürfe nach Marx aufhören, weil die ›eigentliche‹ Geschichte damit für ihn anfängt.

III.
Möglichkeiten und Grenzen der Blochschen Utopiegeschichtsschreibung

Vergegenwärtigt man sich die im *Abriß der Sozialutopien* auftauchenden Probleme im Blick auf eine kritische Einschätzung der Utopiegeschichtsschreibung bei Bloch, lassen sich die folgenden Aspekte hervorheben:

1. In der historischen Darstellung von Gesellschaftsutopien liefert Bloch weder eine reine Textgeschichte noch eine Funktionsgeschichte der Utopie. Die einzelnen Text-Utopien werden nicht unter ihrem literarischen Aspekt und den damit verbundenen Möglichkeiten im Blick auf ihren ästhetischen Vor-Schein analysiert, was etwa im Fall der *Utopia* von Morus produktiv zu machen wäre. Die sozial- und funktionsgeschichtlichen Aspekte sind bei Bloch begrenzt durch eine marxistische Theorie der Entstehung bürgerlicher Gesellschaft, die im einzelnen – gerade im Blick auf die frühe Neuzeit – differenzierbar ist. Blochs Utopiegeschichte ist dagegen eine thematisch orientierte, die die Kriterien der Auswahl und wertenden Perspektive stets bewußt macht. Eine nicht homogene, sondern »elastische Zeitstruktur« erlaubt eine begleitende Reflexion und verhindert die Fiktion von Geschlossenheit und Konsistenz, wobei die politisch-kritische Perspektive im Zeichen des Antifaschismus unverkennbar ist.

2. In der Gegenüberstellung der historischen Utopien mit dem »Utopischen«, das aus der Tradition »chiliastischer Hoffnungsgewißheit« (S. 607) abgeleitet wird, hat Bloch die Möglichkeit, die einzelnen Ausprägungen von Sozialutopien in der antiken Tradition seit Platons *Politeia* in ihrer »Abstraktheit« zu kritisieren. Abstraktheit bedeutet für Bloch nicht nur den in Sozialutopien zu beobachtenden Ordnungszwang, d. h. die stillschweigend vorausgesetzte Übereinstimmung von subjektivem und allgemeinem Interesse in den Gesellschaftsmodellen, sondern zugleich den festgestellten Mangel an »Hoffnungsgewißheit«. Bloch stellt damit (auch die Reform-)utopie unter den Zwang des Revolutionären.

3. Der utopische Überschwang verhindert (notwendig) das Wahrnehmen von Aufklärungsutopien, die im Zeichen regulativer Ideen stehen. Daß Bloch so wichtige Utopien wie die von Turgot und Condorcet oder, im Bereich der Literatur, von Mercier (*Das Jahr 2440*) ausklammert und an ihrer Stelle nur das Naturrecht als Utopie der Aufklärung gelten lassen will, zeigt die Grenzen des chiliastischen Utopiekonzepts. Wo die Utopie im Zeichen einer radikalen Alternative von Heil oder Unheil steht, übersieht sie die Möglichkeit historisch mittelfristiger Veränderungen.[23]

4. Blochs Utopiekonzeption und Utopiegeschichtsschreibung begibt sich damit auch der Möglichkeit einer Kritik des utopischen Überschwangs. Der Kritik einer ›Dialektik der Utopie‹ wäre eine Kritik der utopischen Schwärmerei gegenüberzustellen. Die Geschichte der Utopie bietet dafür selbst Modelle an. Auffallend ist, daß Bloch diese Modelle (seit Swifts *Gullivers Reisen*) nicht reflektiert und damit auch nicht zu einer Darstellung von Selbstreflexion in den Utopien seit der frühen Neuzeit kommt. Das sicherste Mittel gegen utopische Schwärmerei – das zeigt die Geschichte der Neuzeit – entwickeln die Utopien selber im Medium der Selbstreflexion einerseits und in der Form der negativen Utopie andererseits. Der Weg von Swift zu Orwell läßt sich Schritt für Schritt nachzeichnen.

5. Blochs Utopiegeschichtsschreibung zeigt m. E. ihre Stärke weniger im Systematischen als vielmehr in ihrem antihistoristischen und zugleich perspektivierenden Vermögen. Das Aufblitzen von Erkenntnis entspricht einer Denkstruktur, die im messianischen Zeitbegriff verankert ist. Die Sprache ist kein bloßer ›Expressionismus‹, sondern Ausdruck dieser Tendenz. Gegenüber dem genetischen Konzept von Utopiegeschichte kann Bloch auf die Diskontinuitäten und Sprünge aufmerksam machen, die das Geflecht von strukturierter Kontingenz als Geschichte bestimmen. Ich stimme deshalb Gershom Scholems Bemerkung zu: »Auch wer vielen Darlegungen Blochs mit großen Reservationen gegenübersteht, wird die Energie und den Tiefblick rühmen müssen, mit der diese Erörterung des Utopischen bei ihm angefaßt und durchgeführt wird.«[24] »Der Messianismus«, heißt es bei Bloch, »ist das Salz der Erde – und des Himmels dazu; damit nicht nur die Erde, sondern auch der intendierte Himmel nicht dumm werde.« (S. 1415) *Dem* ist nichts hinzuzufügen.

Anmerkungen

1 Vgl. dazu: Wilhelm Voßkamp (Hg.), *Utopieforschung. Interdisziplinäre Studien zur neuzeitlichen Utopie*, 3 Bde., Stuttgart 1982. Taschenbuchausgabe: Frankfurt/M. 1985 (st 1159).

2 Karl Mannheim, *Ideologie und Utopie*, Frankfurt/M. ^{4}1965 (1928/29).

3 Frank u. Fritzie Manuel, *Utopian Thought in the Western World*, Cambridge (Mass.) 1979.

4 Erste Veröffentlichung des gesamten Werks 1954-1959 im Aufbau-Verlag (Berlin-Ost); 1959 im Suhrkamp-Verlag (Frankfurt/M.). Zitiert wird im folgenden nach dieser Ausgabe (Gesamtausgabe der Werke Blochs, Bd. 5), 2 Bde.

5 Zur Frage des Messianismus im Frühwerk Blochs (vor allem im *Geist der Utopie*, 1. Fassung 1918) vgl. Arno Münster, *Utopie, Messianismus und Apokalypse im Frühwerk von Ernst Bloch*, Frankfurt/M. 1982.

6 Anton F. Christen, *Ernst Blochs Metaphysik der Materie*, Bonn 1979, S. 9.

7 *Kann Hoffnung enttäuscht werden? Eröffnungs-Vorlesung*, Tübingen 1961, in: E. Bloch, *Literarische Aufsätze*, Frankfurt/M. 1965 (Gesamtausgabe, Bd. 9), S. 391.

8 *Topos Utopia*, in: E. Bloch, *Abschied von der Utopie? Vorträge*, hg. u. mit einem Nachwort versehen v. Hanna Gekle, Frankfurt/M. 1980, S. 59.

9 Welche philosophischen Konsequenzen damit verbunden sind, kann hier nicht untersucht werden. Vgl. dazu Peter J. Brenner, *Aspekte und Probleme der neueren Utopiediskussion in der Philosophie*, in: *Utopieforschung*, Bd. 1, S. 12 ff.

10 Michael Landmann, *Das Judentum bei Ernst Bloch und seine messianische Metaphysik*, in: M. Landmann, *Messianische Metaphysik*, Bonn 1982, S. 167 f.

11 Arno Münster, *Utopie, Messianismus und Apokalypse*, S. 137.

12 Michael Landmann, *Das Judentum bei Ernst Bloch*, S. 168.

13 *Das Prinzip Hoffnung*, S. 336 u. S. 359. Seitenangaben aus diesem Werk im folgenden im Text. Zum Zusammenhang des »internen« Wegs (»Selbstbegegnung, am begriffenen Dunkel des gelebten Augenblicks«) mit der »externe[n] kosmischen Funktion der Utopie« vgl. bereits im Kapitel: *Die echte Ideologie des Reichs*, in: E. Bloch, *Geist der Utopie*, bearbeitete Neuauflage der zweiten Fassung von 1923, Frankfurt/M. 1964 (Gesamtausgabe, Bd. 3), S. 307 ff.

14 H. Kohn, zitiert nach H. Desroche, Artikel *Messianismus*, in: RGG, Bd. 4, Tübingen 1960, Sp. 895; vgl. außerdem R. J. Zwi Werblowsky, Artikel *Messiah and Messianic Movements*, in: *Encyclopaedia Britannica*, Bd. 11, London 1974, Sp. 1016 ff. Ders., *Das nachbiblische jüdische Messiasverständnis*, in: Hans-Jürgen Greschat, Franz Mußner

u. a., *Jesus – Messias? Heilserwartung bei Juden und Christen*, Regensburg 1982, S. 69-88, und Johannes Lindblom, *Eschatologie bei den alttestamentlichen Propheten*, in: Horst Dietrich Preuss (Hg.), *Eschatologie im Alten Testament*, Darmstadt 1978, S. 70 f.

15 Gershom Scholem, *Zum Verständnis der messianischen Idee im Judentum*, in: G. Scholem, *Über einige Grundbegriffe des Judentums*, Frankfurt/M. ³1980, S. 121.

16 Wolf-Dieter Marsch, *Nach-idealistische Erneuerung von Teleologie. Bloch: Der homo absconditus auf der Suche nach Identität*, in: *Materialien zu Ernst Blochs ›Prinzip Hoffnung‹*, hg. und eingeleitet v. Burghart Schmidt, Frankfurt/M. 1978, S. 501.

17 *»Kann Hoffnung enttäuscht werden?«* [vgl. Anm. 7], S. 389.

18 Ebd.

19 *Tübinger Einleitung in die Philosophie*, zitiert nach Predag Vranicki, *Das Woher und Wohin des militanten Optimismus*, in: *Materialien zu Ernst Blochs »Prinzip Hoffnung«*, S. 359.

20 *Topos Utopia*, S. 46.

21 Ebd., S. 57.

22 Vgl. dazu Wilhelm Voßkamp, *Thomas Morus' »Utopia«: Zur Konstituierung eines gattungsgeschichtlichen Prototyps*, in: *Utopieforschung*, Bd. 2, S. 183-196.

23 Vgl. Jürgen Habermas, *Ein marxistischer Schelling – Zu Ernst Blochs spekulativem Materialismus*, in: J. Habermas, *Theorie und Praxis. Sozialphilosophische Studien*, Darmstadt ³1969, S. 350 f.

24 Gershom Scholem, *Zum Verständnis der messianischen Idee im Judentum*, S. 125, Anm. 2.

Horst Turk

Politische Theologie? Zur »Intention auf die Sprache« bei Benjamin und Celan

Betrachtet man die Debatte, die in den 60er Jahren über die *Theologie der Revolution* oder die *politische Theologie*[1] geführt worden ist, so besteht kein Zweifel, daß insbesondere W. Benjamin zu den Anregern dieser Diskussion zählte. Nicht nur protestantische Theologen wie Moltmann und Sölle, sondern auch Vertreter der katholischen Theologie wie Metz und Peukert beziehen sich auf Benjamin, wenn sie die »›Geschichte als Erinnerung‹ von Schuld«[2] auffassen, einen »›eschatologische[n] Vorbehalt‹« gegen jeden »erreichte[n] Status der Gesellschaft«[3] anmelden oder den »Gedanken von der Unabgeschlossenheit des Vergangenen«[4] übernehmen. Es muß ein Substrat für diese theologische Aktualisierung in der Geschichts- und Sprachphilosophie Benjamins geben, das von der Benjamin-Forschung noch nicht aufgedeckt worden ist.[5] Wenn ich im folgenden, ausgehend von der Rezeption, eine Interpretation im Kontext der 20er Jahre versuche, so unter der Bedingung, daß es keine interdisziplinären Vorarbeiten zu dieser Fragestellung gibt. Ich muß mich deshalb, was die Gesichtspunkte und die beigezogenen Positionen betrifft, auf eine exemplarische Auswahl und eine Skizze des Problemfeldes beschränken.

1923 erscheinen die *Fünfzehn Fragen an die Verächter der wissenschaftlichen Theologie unter den Theologen*[6], in denen Harnack den Bruch der »jüngste[n] theologische[n] Bewegung« mit der «liberale[n] Theologie«[7] auch seinerseits bestätigt: Im Zentrum dieser »Bewegung«, die sich von der »Kulturtheologie« des 19. Jahrhunderts absetzt, steht der Gedanke einer »endliche[n] Offenbarung« Gottes[8], nach Gogarten eine »Entscheidung«, die »in einem Menschenleben [...] Entscheidungen« überhaupt erst möglich macht.[9] Der Terminus der »endliche[n] Offenbarung«, verstanden als endlich erfolgte Offenbarung und als Offenbarung im Endlichen, weist ebenso auf den Historismus zurück wie voraus auf dessen theologische Überwindung: entweder in einer

Theologie der Welt[10] oder in einer *Theologie der Existenz.*[11] Beide Konzepte sind von dem Konzept der *Politischen Theologie* zu unterscheiden, das Carl Schmitt 1922, nach seiner Abhandlung über die *Politische Romantik*[12] und seinem Buch über *Die Diktatur*[13], entwickelt hat. Die *Vier Kapitel zur Lehre von der Souveränität*[14], in denen Schmitt die Wiederherstellung der staatlichen Souveränität auf der Grundlage einer juristischen Widerlegung des *rechtsstaatlichen Liberalismus*[15] anstrebt, haben unmittelbar nichts mit der zeitgenössischen Theologie zu tun. Sie berühren sie jedoch im Punkt der Säkularisierung[16] und in der Thematik des »Dezisionismus«.[17] »Alle prägnanten Begriffe der modernen Staatslehre sind säkularisierte theologische Begriffe«[18], exponiert Schmitt seine Wiederanknüpfung an die »Staatsphilosophie der Gegenrevolution«[19]: »Souverän ist, wer über den Ausnahmezustand entscheidet.«[20] Ziel der dezisionistischen Argumentation bei Schmitt ist es, das »Entscheidungsmonopol« des Staates gegen die »Clasa discutidora« wieder zur Geltung zu bringen[21], ein Konzept, das Schmitt noch 1970 in seiner Polemik gegen Peterson[22], mit den Mitteln der *Politischen Theologie*[23], verfolgt. Das Resultat – ›der heidnische Mythos einer rein diesseitigen Friedensordnung‹ – wird von Schmitt im Sinn des Hobbes'schen *Leviathan* gedeutet.[24] Sowohl gegen den Ansatz der Säkularisierung als auch gegen die Erfindung neuer Mythen[25] hat Benjamin[26] – in Übereinstimmung mit dem Protestantismus der 20er Jahre[27] – theologisch argumentiert. Um so erstaunlicher ist dann aber seine Wertschätzung der *Politischen Theologie.*[28]

Während Benjamin die Auseinandersetzung Gogartens, Barths und Bultmanns mit dem »Kulturprotestantismus«[29] nicht verfolgt zu haben scheint – er las Harnacks *Dogmengeschichte*, um sich »eine Vorstellung von dem was Christentum ist«[30], zu machen –, war ihm der methodische und theoretische Ansatz Schmitts spätestens zur Zeit der Abfassung des Trauerspielbuchs vertraut. Dies bezeugt nicht nur der Brief an Schmitt aus dem Jahr 1930, der die Übersendung des Trauerspielbuchs anzeigt: »Sie werden sehr schnell bemerken, wieviel das Buch in seiner Darstellung der Lehre von der Souveränität im 17. Jahrhundert Ihnen verdankt. Vielleicht darf ich Ihnen darüber hinausgehend sagen, daß ich auch Ihren späteren Werken, vor allem der ›Diktatur‹, eine Bestätigung meiner kunstphilosophischen Forschungsweisen durch Ihre staatsphilosophischen entnommen habe«[31], sondern auch im Trauerspielbuch selbst beruft sich Benjamin auf die *Politische Theologie*.[32] Die Übereinstimmung scheint jedoch nicht der gleichen Intention gegolten zu haben, sondern allein der Forschungsweise, wenn man bedenkt, daß nach Benjamin gerade der Souverän durch »Entschlußunfähigkeit«[33] gezeichnet ist. In welchem Sinn seine Forschungsweise durch Schmitt bestätigt wurde, geht aus einem nichtdatierten Lebenslauf hervor, der Alois Riegl, Schmitt und Benedetto Croce in einem Atem nennt und dessen Programm, »den Integrationsprozeß der Wissenschaft [...] durch eine Analyse des Kunstwerks zu fördern«, mit einem nahezu wörtlichen Zitat aus der *Politischen Theologie* erläutert wird: sein Vorhaben, die Kunstwerke als integralen »Ausdruck der religiösen, metaphysischen, politischen, wirtschaftlichen Tendenzen einer Epoche zu würdigen«[34], knüpfe »an die zeitgenössischen Versuche von Carl Schmitt an, der in seiner Analyse der politischen Gebilde einen analogen Versuch der Integration von Erscheinungen vornimmt [...]«.[35] Zum einen waren es also methodische Gesichtspunkte, die Benjamin an Schmitt fesselten: daß Schmitt für »diese [...] Art Soziologie« eine »radikale Begrifflichkeit« voraussetzte, »eine bis zum Metaphysischen und zum Theologischen weitergetriebene Konsequenz«.[36] Zum anderen besteht aber auch eine Übereinstimmung in der Sache des Dezisionismus. Denn wenn Benjamin im Brief an Buber über »die Beziehung der Sprache zur Tat«[37] schreibt: »Mein Begriff sachlichen und zugleich hochpolitischen Stils und Schreibens ist: hinzuführen auf das dem Wort versagte [...]«[38], dann gilt für ihn wie für Schmitt und die protestantische Theologie, daß »die Entscheidung [...] transzendent«[39] ist. Doch im Unterschied zu Schmitt und zu Buber läßt er die Sprache und die Tat gleichermaßen gelten; er beurteilt die Entscheidung als Tat auf dem Boden der Geschichte. Die Vermischung von Wort und Tat, wendet Benjamin gegen Buber ein, führe »gleichermaßen« zu einer »ohnmächtige[n], zum bloßen Mittel herabgewürdigte[n] Sprache und Schrift« wie auch zu einer »[...] ärmliche[n], schwache[n] Tat, deren Quelle nicht in ihr selbst, sondern in irgendwelchen sagbaren und aussprechbaren Motiven liegt«.[40] Indem er »die Einheit dieser beiden gleich wirklichen«[41], der Tat und der Sprache, in der Geschichte sieht, weicht Benjamin nicht nur von Schmitt und von Buber, sondern auch von der protestantischen Theologie ab. So läßt sich z. B. sagen, daß Benjamin in dem 1921 geschriebenen

Essay *Zur Kritik der Gewalt* eine theologische Begründung der Tat versucht, indem er die »rechtsvernichtend[e]«, »reine« oder »göttliche Gewalt«[42] sowohl von der »rechtsetzenden« Gewalt des positiven Rechts als auch von der »rechtserhaltend[en]« Gewalt des Naturrechts[43] abgrenzt; daß er dies jedoch im Weg über die wiederhergestellte theologische Gestalt der Gewalt tut – als »Gewalt über alles Leben um des Lebendigen willen«[44] –, verbindet ihn mit dem Protestantismus: Die »radikale Begrifflichkeit« verlöre ihren kritischen Wert, wenn sie statt in ihrer theologischen Gestalt in säkularisierter Form zur Anwendung käme. Erst die Wiederherstellung ihrer theologischen Bedeutung garantiert, daß die Gewalt nicht wie bei Schmitt zum Mythos[45] wird. Zugleich trennt ihn jedoch von Buber und den Ansätzen der protestantischen Theologie, daß er sich keineswegs allein auf eine existentielle Gotteserfahrung bzw. eine Erscheinung Gottes im Zwischenmenschlichen stützt. Benjamin teilt Schmitts Vorbehalt gegen die Aussöhnung von Interessen. Im Unterschied zu Schmitt setzt er jedoch gegen das »ewige Gespräch«[46] die »Versöhnung [...] in der Tat mit Gott«: »Wahre Versöhnung gibt es in der Tat nur mit Gott. Während in ihr der Einzelne mit ihm sich versöhnt und nur dadurch mit den Menschen sich aussöhnt, ist es der scheinhaften Versöhnung eigen, jene untereinander aussöhnen und nur dadurch mit Gott versöhnen zu wollen.«[47] Benjamin formuliert seine Vorbehalte theologisch und historisch, nicht mythisch: als »rechtsvernichtend[e]« Gewalt[48], nicht als »Nomos der Erde«[49], wobei jedoch von mir vorausgesetzt wurde, daß die Theologie für ihn einen anderen Stellenwert als für Schmitt besitzt.

Dem widerspricht allerdings die Benjaminforschung, wenn sie die theologischen Elemente als ›säkularisierende Aneignung‹ oder *Rettung*[50] der sprachmystischen Tradition würdigt und die Schwierigkeit, daß Benjamin nach seinem eigenen und nach Scholems Zeugnis[51] nicht mit der Kabbala vertraut war, dadurch meistert, daß eine Vermittlung über die »Sprachphilosophie Hamanns und der Romantiker«[52] angenommen wird, die jedoch ebenfalls keine ›authentische‹[53] Kenntnis der jüdischen Mystik besaßen. Tatsächlich ist das kabbalistische Schrifttum erst durch Scholem historisch wiederentdeckt worden, der 1916, zur Zeit der Abfassung des Benjaminschen Sprachaufsatzes, allerdings noch von jedem »Quellenstudium [...] weit entfernt«[54] war. Hat Benjamin zu diesem Zeitpunkt wenigstens die »Sprachphilosophie Hamanns und der Romantiker« gekannt? Selbst dies ist ungewiß. Die Erweckung seiner »sprachphilosophischen Interessen« geht auf ein Humboldt-Seminar bei Ernst Lewy zurück[55], und d. h.: auf eine bereits säkularisierte Gestalt der Sprachmystik. Hamann wird in dem Sprachaufsatz von 1916 zitiert.[56] Die Romantiker beginnt Benjamin aber erst nach 1917 systematisch zu lesen.[57] Unter diesen Umständen ist es zumindest gewagt, mit Bezug auf Benjamin von einer »säkularisierenden Aneignung der Sprachmystik«[58] zu sprechen. Die Art, wie Benjamin selbst von einer »Säkularisierung der mystischen Tradition« durch die Romantik spricht – »Die mystische Tradition hatte diesen Prozeß nicht ohne Schädigungen überstanden«[59] –, legt eher nahe, eine spekulative Retheologisierung auch für die Sprachphilosophie anzunehmen, deren entscheidendes Merkmal im Übersetzer-Aufsatz ebenso wie in dem frühen Sprachaufsatz der Versuch einer historischen Synthesis ist. »Die Synthesis zu vollziehen, ist das Vorrecht einer geschichtlichen Erkenntnis«[60], beruft sich Benjamin auf Goethe[61], um zur Erklärung des Entstehens und Scheiterns der Säkularisierung auf »die Anfänge einer gesellschaftlichen und industriellen Entwicklung« zu verweisen, »von der eine mystische Erfahrung, die ihren sakramentalen Ort verloren hatte, in Frage gestellt wurde«.[62] Vor allem aber ist an die These von der »Verwandtschaft«[63] und »Fremdheit der Sprachen«[64] zu erinnern, »daß in ihrer jeder als ganzer jeweils eines und zwar dasselbe gemeint« sei, daß dieses jedoch »keiner einzelnen von ihnen, sondern nur der Allheit ihrer einander ergänzenden Intentionen erreichbar ist: die reine Sprache«.[65] Das »Gesetz, [...] vom Gemeinten die Art des Meinens zu unterscheiden«[66], klingt zwar nach Humboldt[67], unterscheidet sich aber von der *inneren Sprachform* durch das Theorem der Fremdheit, daß nach Benjamin »alle Übersetzung nur eine irgendwie vorläufige Art ist, sich mit der Fremdheit der Sprachen auseinanderzusetzen«.[68] In diesem Zusammenhang spricht Benjamin von der »Intention auf die Sprache«[69], die als Intention auf die »reine Sprache« von der Celan-Forschung für eine Interpretation der hermetischen Lyrik fruchtbar gemacht worden ist.[70] Übertragbar ist dieser Terminus indessen nur, wenn sich das »Dichtwerk« als »Übersetzung« verstehen läßt. Denn »die Aufgabe des Übersetzers« besteht nach Benjamin »darin, diejenige Intention auf die Sprache, in die übersetzt wird, zu finden, von der aus in ihr das Echo des

Originals erweckt wird. Hierin«, fährt Benjamin fort, »liegt ein vom Dichtwerk durchaus unterscheidender Zug der Übersetzung [...]«.[71] Nun läßt sich jedoch die Lyrik Celans durchaus im Sinn dieser Echowirkung deuten, durch die das Gedicht – als Übersetzung – teil am »messianische[n] Ende«[72] der Sprachen hat. Grundlegend aus der Perspektive der »Intention auf die Sprache« ist – für Benjamin wie für Celan – das Moment einer historischen Synthesis im *Eingedenken.*[72a]

Dies wird im übrigen auch durch Celan selbst bestätigt, wenn er in *Edgar Jené und der Traum vom Traume* die »Erkenntnis« ausspricht, »[...] daß Geschehenes mehr war als Zusätzliches zu Gegebenem, mehr als ein mehr oder minder schwer entfernbares Attribut des Eigentlichen, sondern ein dieses Eigentliche in seinem Wesen Veränderndes [...]«.[73] Aus der Perspektive des Geschehenen wird das »Eigentliche« zur »Asche ausgebrannter Sinngebung«.[74] Ich wähle als Beispiel das Gedicht *Psalm* aus dem Gedichtband *Die Niemandsrose*[75]:

PSALM

Niemand knetet uns wieder aus Erde und Lehm,
niemand bespricht unsern Staub.
Niemand.

Gelobt seist du, Niemand.
Dir zulieb wollen
wir blühn.
Dir
entgegen.

Ein Nichts
waren wir, sind wir, werden
wir bleiben, blühend:
die Nichts-, die
Niemandsrose.

Mit
dem Griffel seelenhell,
mit dem Staubfaden himmelswüst,
der Krone rot
vom Purpurwort, das wir sangen
über, o über
dem Dorn.

Eigentlich in dem zuvor skizzierten Sinn ist nicht nur die von einigen Interpreten ins Zentrum gerückte *passio Christi*[76], die in der Dornenkrone wiedererkannt werden konnte, sondern auch die *Schechina* oder personifizierte Einwohnung Gottes, die man dem Bild der Rose (als Symbol der Gemeinschaft Israel: die blutende Rose Israel[77]) entnommen hat. Das Problem einer kohärenten Deutung liegt jedoch in der Celanschen Nominalisierung des »Niemand«, das eine Kontrafaktur der Gottesanrede[78] im Weg über die mit ihr assoziierte Schöpfungsvorstellung darstellt, hervorgegangen aus einer Geschehenes erinnernden Verwendung des Pronomens »niemand«. Das Gedicht operiert mimetisch »aus einer – vielleicht selbstentworfenen – Ferne oder Fremde«[79], indem es durch einen Rollentausch – die Opfer der Vernichtungslager sprechen mit der ihnen geliehenen Stimme des Psalmisten – Geschehenes in *Entsprechungen*[80] zu Wort kommen läßt. Warum beginnt der *Psalm* mit dem Schöpfungsmotiv? Weil auf diese Weise in der Klage der Toten implizit deren Wiedererstehen im *Eingedenken* mit ausgesagt werden kann. Die Forschungskontroverse geht um die Frage, ob sich hinter der Kontrafaktur der Gottesanrede eine Blasphemie oder lediglich die jüdische Tradition des Namensverbots[81] verbirgt: Eine Befolgung, die »Herr« durch »Niemand« ersetzt, dürfte weder im Sinn der Orthodoxie noch im Sinn einer mystischen Abweichung schlüssig sein, und die Vorstellung, unter dem »Niemand« sei »der Gott des Mystikers«[82] zu verstehen, steht vor der Schwierigkeit, daß für den Mystiker das *Nichts,* nicht der *Niemand* die Negation des *Etwas*[83] ist. Operiert aber das Gedicht überhaupt in der Opposition von *Nichts* und *Etwas?* Ist sein Problem nicht vielmehr eine Korrespondenz: die Korrespondenz von »Nichts« und »Niemand«, wobei die *Niemandisierung* als ein Effekt des Geschehenen aus der Perspektive der Opfer zu lesen ist? An eine Korrespondenz von »Nichts« und »Niemand« reicht aber selbst der *Patripassianismus* nicht heran, der über die *theologia crucis* hinaus[84] die weitestgehende Möglichkeit einer Negativierung aus dem Leid darstellt. Nun läßt sich die Schwierigkeit jedoch formal beheben, sobald man unter dem »Niemand«, der dem Pronomen »niemand« ab der zweiten Strophe entspricht, den Psalmisten versteht, der »niemand« in dem Sinn ist, daß er nicht in eigener Person spricht, also auch als *der* »Niemand« von den Toten gepriesen werden kann, wenn sie, der Tradition des Psalms entsprechend, ihren Schöpfer loben. Die Kontrafaktur, die unter dieser Bedingung aus der Übertragung folgt, ergibt auch historisch einen Sinn. Denn wenn die Präsenz der Toten im Gedicht die Tat eines »Niemand« ist, dann sind die Toten, was sie im Geschehenen waren und bleiben werden: ein »Nichts«, für nichts geachtet und vergessen. Dies »waren« sie, »sind« sie, »werden« sie »bleiben«, indem sie, dem Niemand »zulieb«, ihm entgegenblühen: »die Nichts-, die / Niemandsrose«. Noch der Griffel: als Schreibgerät »seelenhell«, und der »Staubfaden«: als der Faden der Erinnerung »himmelswüst«, unterstützen die Konnotation. Aber auch daß die Gemeinschaft Israel an die Stelle des Gekreuzigten tritt – im »Purpurwort, das *wir* sangen« –, ist aus zwei Gründen schlüssig: einmal, weil die Toten die Gemeinschaft Israel sind und als diese gemeint waren, als sie getötet wurden, dann aber auch, weil der *Psalm*, seinem Zielpunkt entsprechend, mit der Frage der Wiedererschaffung[85], nicht der Wiedererweckung beginnt. Hat man die Anlage des Gedichts theologisch aus der Perspektive der angesprochenen Traditionen zu deuten oder die Traditionen poetologisch aus der Anlage des Gedichts? Celan spricht »aus einer – vielleicht selbstentworfenen – Ferne oder Fremde« nicht nur in dem angeführten Sinn, daß er den Opfern im Eingedenken seine Stimme leiht, sondern auch in dem Sinn, wie er als Psalmist in der *memoria passionis* ihnen seine Stimme leiht. Die Symbole und Deutungsmuster, die das Gedicht *übersetzt*, indem es sie zum Geschehenen in Beziehung setzt, konvergieren in einem Punkt, für den es noch keine Sprache und den es noch nicht als Geschichte gibt. Hier zeigt sich nun, daß die Lyrik Celans – wie auf andere Weise auch das Werk Benjamins und Bubers – politisch in einem ganz anderen, auf seine Art jedoch klassischen Sinn ist.

In einer ironischen Replik auf die Barthsche *Dogmatik*[86] gibt Buber zu verstehen, daß die Übereinstimmung in der Frage des personalen Gottesverhältnisses kaum den Schluß auf eine Überlegenheit der Christologie zulassen dürfe.[87] Eine entsprechende Replik aus der Perspektive Benjamins würde kritischer ausfallen. Denn im Unterschied zu Buber erübrigt sich für Benjamin nicht nur der Weg über den »Opfertod des Erlösers«, sondern er verbietet sich geradezu als mythisch. Dabei steht das Argument, das Benjamin im Rahmen seiner Retheologisierung vorbringt, in einer engen Beziehung zu der protestantischen Theologie, insofern auch diese eine Entmythologisierung anstrebt. In einer Publikation, die nach dem Urteil Lübbes das Ende der Säkularisierungsdebatte bedeutet[88], Gogartens *Verhängnis und Hoffnung der Neuzeit*, wird die Ablösung der mythischen »Weltverfassung«[89] durch die theologische unter Berufung auf Paulus (1. Kor. 8,8) – »Alles ist erlaubt. Aber nicht alles ist zuträglich« – als »Verweltlichung der Welt«[90] aufgefaßt: »Dieses ›erlaubt‹ ist in dem Sinne des Machthabens zu verstehen, und zwar des Machthabens zur eigenen Entscheidung«[91]; womit zugleich »die Vergeschichtlichung der menschlichen Existenz und der Welt«[92] ihren Anfang nehme. Wenn Benjamin auf eine eher beiläufige Weise im *Wahlverwandschaften*-Essay erklärt, »mythischer Natur« sei »alle Stellvertretung im moralischen Bereich vom vaterländischen ›Einer für alle‹ bis zum Opfertod des Erlösers«[93], dann äußert sich darin nicht nur eine Parteinahme für die unauflösbare Verschränkung von Weltgeschichte und Heilsgeschehen[94], sondern auch ein Widerspruch gegen die Selbstmächtigkeit des Subjekts wie überhaupt die Opposition gegen jede Form einer »hochmütigen Absonderung« des Wissens »aus der Gemeinschaft der Frommen«[95], weil sie »die Welt um des Wissens willen«[96] verrate. »Der Baum der Erkenntnis«, heißt es mit unmißverständlicher Härte im frühen Sprachaufsatz, »stand nicht wegen der Aufschlüsse über Gut und Böse [...] im Garten Gottes, sondern als Wahrzeichen des Gerichts über den Fragenden.«[97] Die protestantische Theologie urteilt über die Grenzen einer »Verweltlichung der Welt« durch die profane Vernunft moderater, indem das Paulinische »Machthaben zur eigenen Entscheidung« zugleich auch den Sinn einer Befestigung der weltlichen Ordnung enthält. Das Problem der Abgrenzung gegenüber dem Mythos ereilte indessen gerade auch die protestantische Theologie. Indem sie ein »von Gott verwirklichte[s] Heil«[98] im Glauben zu ergreifen suchte, geriet sie in die Schwierigkeit, daß die Geschichtlichkeit dieses Heils, sein Vollbrachtsein in der Geschichte, den Bedingungen des historischen Denkens nur zu gut entsprach; es verflüchtigte sich in der Anwendung historisch-kritischer Methoden durch den Historismus. Der Weg, den die protestantische Theologie unter diesen Bedingungen einschlug, das »sogenannte[] Heilsgeschehen[] von dem Weltgeschehen« »scharf« zu unterscheiden[99], kam einer Evakuierung der »Geschichte, die im christlichen Glauben erschlossen ist«[100], aus der Weltgeschichte gleich. »Die Weltgeschichte ist für den christlichen Glauben unter keinen Umständen das Weltgericht, [...]«.[101] »Gottesgeschichte«[102] und irdische Geschichte werden so grundsätzlich voneinander geschieden, daß sie nicht einmal mehr mit *einem* Begriff des Geschichtlichen zu erfassen sind – »Unterscheidet der christliche Glaube die göttliche und die irdische Geschichte voneinander, so tut er das [...], um sie beide in der ihnen zukommenden Geschichtlichkeit zu bewahren«[103] – bzw.: legt man die Kategorien Bultmanns zugrunde, so sind beide nicht mehr geschichtlich aufzufassen, weil die Geschichte zu einer diskontinuierlichen Folge von Existenzwahlen, zur *Geschichtlichkeit*, umgedeutet wird: »Wir meinen das Dasein des Menschen richtiger zu verstehen, wenn wir es als *geschichtlich* bezeichnen. Und wir verstehen unter der *Geschichtlichkeit* des menschlichen Seins dieses, daß sein Sein ein *Sein-Können* ist.«[104] Es genügt, an dieser Stelle an den Beginn des *Theologisch-politischen Fragments* zu erinnern – »Erst der Messias selbst vollendet alles historische Geschehen, und zwar in dem Sinne, daß er dessen Beziehung auf das Messianische selbst erst erlöst, vollendet, schafft«[105] –, um zu erkennen, worin die Aktualität Benjamins für die Theologie der 60er Jahre bestand. Benjamin ist unter der Bedingung »einer – vielleicht selbstentworfenen – Ferne oder Fremde« auf dem Boden der irdischen Geschichte geblieben, die sich ihm gründlicher als der existentiellen Theologie »entzauberte«.[106] Daß darin, und d. h. im Konzept einer *kritischen* statt einer *politischen Theologie*, auch eine Alternative im Rahmen unserer Diskussion liegen könnte, war meine Vermutung.

Anmerkungen

1 Am Ausgang der sechziger Jahre erscheinen fast gleichzeitig zwei Sammelbände, die diese Debatte dokumentieren: *Diskussion zur »Theologie der Revolution«*, hg. v. Ernst Feil u. Rudolf Weth, München/Mainz 1969. – *Diskussion zur »politischen Theologie«*, hg. v. Helmut Peukert, Mainz und München 1969.

2 Jürgen Moltmann, *Theologie der Hoffnung. Untersuchungen zur*

Begründung und zu den Konsequenzen einer christlichen Eschatologie, München 1964, S. 246.

3 Johann Baptist Metz, *Zur Theologie der Welt*, Mainz und München 1968, S. 106.

4 Helmut Peukert, *Wissenschaftstheorie – Handlungstheorie – Fundamentale Theologie. Analysen zu Ansatz und Status theologischer Theoriebildung*, Düsseldorf 1976, S. 279. Vgl. dazu Rolf Tiedemann, *Historischer Materialismus oder politischer Messianismus? Politische Gehalte in der Geschichtsphilosophie Walter Benjamins*, in: Peter Bulthaupt (Hg.), *Materialien zu Benjamins Thesen »Über den Begriff der Geschichte«. Beiträge und Interpretationen*, Frankfurt/M. 1975, S. 77-121, hier S. 88 f. Eine Ausnahme unter den protestantischen Theologen macht Dorothee Sölle, deren Konzept der *Politischen Theologie – Politische Theologie. Erweiterte Neuauflage*, Stuttgart 1982 ([1]1971) – direkt aus Bultmann entwickelt wird; doch vgl. auch D. Sölle, *Realisation. Studien zum Verhältnis von Theologie und Dichtung nach der Aufklärung*, Darmstadt/Neuwied 1973, sowie: *Stellvertretung. Ein Kapitel Theologie nach dem »Tode Gottes«. Um ein Nachwort erweiterte Neuauflage*, Stuttgart 1982 ([1]1965).

5 Zu den theologischen Elementen im Werk Benjamins vgl. folgende Untersuchungen: Peter Bulthaupt, *Parusie. Zur Geschichtstheorie Walter Benjamins*, in: *Materialien zu Benjamins Thesen »Über den Begriff der Geschichte«* [vgl. Anm. 4], S. 122-148; Henning Günther, *Walter Benjamin und der humane Marxismus. Zwischen Marxismus und Theologie*, Olten/Freiburg 1974; Helmut Pfotenhauer, *»Eine Puppe in türkischer Tracht«. Zur Verbindung von historischem Materialismus und Theologie beim späten Benjamin*, in: *Materialien zu Benjamins Thesen* [...], S. 254-291; Andreas Poltermann/Emil Sander, *Rede im Exil. Theologische Momente im Werk Walter Benjamins*, in: Willy Kunstmann/Emil Sander (Hg.), *»Kritische Theorie« zwischen Theologie und Revolutionstheorie. Beiträge zur Auseinandersetzung mit der »Frankfurter Schule«*, München 1981, S. 23-85.

6 Adolf v. Harnack, *Fünfzehn Fragen an die Verächter der wissenschaftlichen Theologie unter den Theologen*, in: Karl Barth, *Ein Briefwechsel mit Adolf von Harnack* (1923), in: K. B., *Theologische Fragen und Antworten. Gesammelte Vorträge*, Bd. 3, Zollikon 1957, S. 7-31, bes. S. 7-9.

7 Rudolf Bultmann, *Die liberale Theologie und die jüngste theologische Bewegung* (1924), in: R. B., *Glauben und Verstehen. Gesammelte Aufsätze*, Tübingen 1933, S. 1-25.

8 Friedrich Gogarten, *Illusionen. Eine Auseinandersetzung mit dem Kulturidealismus*, Jena 1926, S. 12.

9 Ebd., S. 4.

10 Zur *Theologie derWelt* vgl. Johann Baptist Metz [vgl. Anm. 3];

ferner D. Sölle, *Realisation*, S. 17 ff.; doch vgl. auch Gollwitzers Diskussion des Verhältnisses von Eschatologie und Utopie: Helmut Gollwitzer, *Die Revolution des Reiches Gottes und die Gesellschaft*, in: *Diskussion zur »Theologie der Revolution«*, S. 41-64, bes. S. 52-58.

11 Vgl. hierzu Rudolf Bultmann, *Geschichte und Eschatologie*, Tübingen 1958, insbes. Kap. X: *Christlicher Glaube und Geschichte* (S. 164-184), in dem sich Bultmann ausdrücklich auf die Existenzphilosophie Heideggers beruft. Bultmanns Heidegger-Rezeption wird diskutiert bei D. Sölle, *Politische Theologie*, S. 47 f. Mit Blick auf Bultmann spricht Sölle mehrfach von einer »existenzialen« Theologie (vgl. S. 12, S. 48) und betont, daß »der Schritt von der existenzialen zur politischen Theologie« ihrer Auffassung nach »in der Konsequenz des Bultmannschen Ansatzes selber« liege (S. 12).

12 Carl Schmitt, *Politische Romantik* (1919), München und Leipzig ^{2}1925.

13 Carl Schmitt, *Die Diktatur. Von den Anfängen des modernen Souveränitätsgedankens bis zum proletarischen Klassenkampf*, München und Leipzig 1921.

14 Carl Schmitt, *Politische Theologie. Vier Kapitel zur Lehre von der Souveränität*, München und Leipzig 1922.

15 Ebd., S. 9.

16 Diesen Zusammenhang hebt Schmitt in seiner »Vorbemerkung« zur zweiten Auflage der *Politische[n] Theologie*, München und Leipzig 1934, mit Blick auf Heinrich Forsthoff und Friedrich Gogarten hervor.

17 *Politische Theologie*, 1. Aufl. [vgl. Anm. 14], S. 46. Vgl. hierzu Christian Graf v. Krockow, *Die Entscheidung. Eine Untersuchung über Ernst Jünger, Carl Schmitt, Martin Heidegger*, Stuttgart 1958.

18 Ebd., S. 37.

19 Ebd., S. 47. Schmitt bezieht sich auf Bonald, de Maistre und Donoso Cortes.

20 Ebd., S. 9.

21 Vgl. Schmitts Absage an das dem Parlamentarismus zugrunde liegende Prinzip der Diskussion zugunsten der Dezision in der *Politische[n] Theologie* [vgl. Anm. 14], S. 52, und in der 1923 erschienenen Arbeit über *Die geistesgeschichtliche Lage des heutigen Parlamentarismus*, Berlin ^{5}1979.

22 Vgl. hierzu Alfred Schindler (Hg.), *Monotheismus als politisches Problem? Erich Peterson und die Kritik der politischen Theologie*, Gütersloh 1978. Peterson hatte sein 1935 erschienenes Buch ausdrücklich als Polemik gegen Schmitt konzipiert und jede Politische Theologie für ›erledigt‹ erklärt.

23 Carl Schmitt, *Politische Theologie II. Die Legende von der Erledi-*

gung jeder Politischen Theologie, Berlin 1970, S. 11.

24 Carl Schmitt, *Die Vollendete Reformation. Zu neuen Leviathan-Interpretationen* (1965), Anhang zu: C. Schmitt, *Der Leviathan in der Staatslehre des Thomas Hobbes. Sinn und Fehlschlag eines politischen Symbols*, Nachdr. der Erstausgabe 1938, hg. v. Günter Maschke, Köln-Lövenich 1982, S. 137-178, S. 148 (zuerst in: Der Staat 4 [1965], Ht. 1, S. 51-69.)

25 Die letzten theologischen Instanzen sind nach Schmitt variabel: »[...] Gott kann durch irdische und diesseitige Faktoren ersetzt werden«, z. B. durch »die Menschheit, die Nation, das Individuum, die geschichtliche Entwicklung oder auch das Leben als Leben um seiner selbst wegen, [...]« (*Politische Romantik*, S. 23). Vgl. hierzu Klaus-Michael Kodalle, *Politik als Macht und Mythos. Carl Schmitts »Politische Theologie«*, Stuttgart 1973.

26 Vgl. dazu Walter Benjamin, *Zur Kritik der Gewalt*, in: *Gesammelte Schriften*, unter Mitwirkung v. Theodor W. Adorno u. Gershom Scholem hg. v. Rolf Tiedemann u. Hermann Schweppenhäuser, Frankfurt/M. 1972-1982, Bd. 2. 1, S. 179-203, bes. S. 198 f., sowie: *Goethes Wahlverwandtschaften*, in: *Gesammelte Schriften*, Bd. 1.1, S. 123-201, bes. S. 157. Benjamins Position zu der Säkularisierungsdebatte wird auch im Hinblick auf Blumenberg (Hans Blumenberg, *Die Legitimität der Neuzeit*, Frankfurt/M. 1966) systematisch diskutiert bei A. Poltermann/E. Sander, *Rede im Exil* [vgl. Anm. 5], S. 51 ff.

27 Zusammengefaßt bei Friedrich Gogarten, *Verhängnis und Hoffnung der Neuzeit. Die Säkularisierung als theologisches Problem*, Stuttgart 1953, S. 99-117: *Die Vergeschichtlichung der menschlichen Existenz*. Doch vgl. auch Erik Peterson, *Der Monotheismus als politisches Problem. Ein Beitrag zur Geschichte der politischen Theologie im Imperium Romanum*, Leipzig 1935. Die Nähe Benjamins zu Peterson betont F. Scholz, *Die Theologie Carl Schmitts*, in: Alfred Schindler [vgl. Anm. 22], S. 149-170, S. 166 f., Anm. 67.

28 Benjamins Anleihen bei Schmitt werden systematisch auf Benjamins Sprach- und Geschichtstheorie bezogen von: A. Poltermann/E. Sander, *Rede im Exil* [vgl. Anm. 5]; Ausarbeitungen über die Beziehung Benjamins zu Schmitt finden sich außerdem bei Michael Rumpf, *Radikale Theologie. Benjamins Beziehung zu Carl Schmitt*, in: Peter Gebhardt u. a., *Walter Benjamin – Zeitgenosse der Moderne*, Kronberg/Ts. 1976, S. 37-50. Zur persönlichen Einstellung Benjamins gegenüber Schmitt vgl. auch Liselotte Wiesenthal, *Zur Wissenschaftstheorie Walter Benjamins*, Frankfurt/M. 1973, S. 16, S. 203.

29 Karl Barth, *Die Kirche und die Kultur* (1926), in: *Die Theologie und die Kirche. Gesammelte Vorträge*, Bd. 2, Zollikon-Zürich o. J., S. 364-391, S. 391.

30 Walter Benjamin, *Briefe*, hg. u. mit Anmerkungen versehen v. Gershom Scholem u. Theodor W. Adorno, Bde. 1-2, Frankfurt/M. 1966, Bd. 1, S. 152.

31 W. Benjamin an C. Schmitt am 9. 12. 1930, abgedruckt in: *Gesammelte Schriften*, Bd. I.3, S. 887.

32 In den Anmerkungen 14, 16 u. 17, die sich auf die Seiten 245-246 des Trauerspielbuchs (*Ursprung des deutschen Trauerspiels*, in: *Gesammelte Schriften*, Bd. I.1, S. 203-430) beziehen.

33 Ebd., S. 250.

34 Walter Benjamin, *Drei Lebensläufe* (I), in: *Zur Aktualität Walter Benjamins*, mit Texten von Walter Benjamin u. Bertolt Brecht, Interpretationen von Jürgen Habermas, Gershom Scholem u. a.; aus Anlaß d. 80. Geburtstags v. W. Benjamin hg. v. Siegfried Unseld, Frankfurt/M. 1972, S. 45-47, S. 46.

35 Ebd., S. 46 f.

36 C. Schmitt, *Politische Theologie* [vgl. Anm. 14], S. 42; so auch M. Rumpf, *Radikale Theologie*, [vgl. Anm. 28], S. 45.

37 W. Benjamin, *Briefe* [vgl. Anm. 30], Bd. 1, S. 126. Nach G. Scholem, *Walter Benjamin – Geschichte einer Freundschaft*, Frankfurt/M. 1975, S. 37 f., hatte Benjamin Schwierigkeiten, seine Ablehnung der Mitarbeit an der Zeitschrift ›Der Jude‹ ohne eine allzu schroffe Verletzung Bubers zu begründen. Die Kontroverspunkte betrafen – im Theologischen wie im Politischen – das Verhältnis von Wort und Tat.

38 W. Benjamin, *Briefe* [vgl. Anm. 30], Bd. 1, S. 127.

39 W. Benjamin, *Goethes Wahlverwandtschaften* [vgl. Anm. 26], S. 189.

40 W. Benjamin, *Briefe* [vgl. Anm. 30], Bd. 1, S. 126.

41 Ebd., S. 127.

42 W. Benjamin, *Zur Kritik der Gewalt* [vgl. Anm. 26], S. 199 f. Vgl. dazu Günter Figal, *Die Ethik Walter Benjamins als Philosophie der reinen Mittel*, in: Günter Figal/Horst Folkers, *Zur Theorie der Gewalt und Gewaltlosigkeit bei Walter Benjamin*, Heidelberg 1979, S. 1-24. Figal kann überzeugend nachweisen, daß Benjamins Gewaltaufsatz ein Problem der praktischen Philosophie Kants aufgreift. Kants Behauptung: »Der gute Wille ist [...] allein durch das Wollen, d. i. an sich gut« (Immanuel Kant, *Werke*, hg. v. Wilhelm Weischedel, Wiesbaden 1956, Bd. 4, S. 19 f.) führe Benjamin zu der Frage, wie dann eine reale »Gestaltgewinnung des Sittlichen« (*Der Moralunterricht*, in: *Gesammelte Schriften*, Bd. II.1, S. 48-54, S. 50) überhaupt zu denken sei. In diesem Zusammenhang sind dann die theologischen Elemente in Benjamins Schriften zu sehen. Die *rechtvernichtende Gewalt* Gottes hat ebenso den Charakter der Unmittelbarkeit und Unvermitteltheit wie die für Benjamin einzig wahre Versöhnung mit Gott.

43 Ebd., S. 190.

44 Ebd., S. 200.

45 Vgl. C. Schmitt, *Die geistesgeschichtliche Lage des heutigen Parlamentarismus* [vgl. Anm. 21], S. 77 ff. Die mythisierte Gewalt ist für Schmitt – wie auch für Benjamin, der auf der Ebene der Diesseitigkeit gleichfalls das »jammervolle Schauspiel« der Parlamente (*Zur Kritik der Gewalt*, S. 190) angreift –« [...] der stärkste Ausdruck dafür, daß der relative Rationalismus des parlamentarischen Denkens seine Evidenz verloren hat« (ebd., S. 89).

46 C. Schmitt, *Politische Theologie* [vgl. Anm. 14], S. 49.

47 W. Benjamin, *Goethes Wahlverwandtschaften* [vgl. Anm. 26], S. 184.

48 W. Benjamin, *Zur Kritik der Gewalt* [vgl. Anm. 26], S. 199.

49 C. Schmitt, *Der Nomos der Erde im Völkerrecht des Jus Publicum Europaeum*, Köln 1950. Schmitt, vor dem Scherbenhaufen seiner Hoffnungen auf eine imperiale Großraumordnung, beschwört hier noch einmal die »mythischen Quellen rechtsgeschichtlichen Wissens« (S. 5). In der Zeit der Weimarer Republik lagerte Schmitt dem Recht den rechtsetzenden Mythos vor. Wie auch Benjamin, bezog er sich auf Georges Sorels *Réflexions sur la violence* (Paris 1919). Der Krieg, die Ausnahme vom Recht, werde als recht- und wertsetzend interpretiert: »Was das menschliche Leben an Wert hat, kommt nicht aus einem [parlamentarisch-diskursiven, H. T.] Räsonnement; es entsteht im Kriegszustande bei Menschen, die, von großen mythischen Bildern beseelt, am Kampfe teilnehmen [...]« (*Die geistesgeschichtliche Lage des heutigen Parlamentarismus*, S. 83). Schmitt kam nach seinem Ansatz zu der Überzeugung, daß sich der faschistische Mythos der Nation dem gegnerischen proletarischen Mythos des Klassenkampfs als überlegen erweisen werde (vgl. ebd., S. 88).

50 Winfried Menninghaus, *Walter Benjamins Theorie der Sprachmagie*, Frankfurt/M. 1980, S. 8, S. 189 (vgl. auch S. 225 f.). Über Benjamins Verhältnis zur »kabbalistische[n] Sprachtheorie« handelt auch L. Wiesenthal [vgl. Anm. 28], S. 116-122.

51 Vgl. etwa G. Scholem [vgl. Anm. 37], S. 92 f.: »Benjamin wußte von jüdischen Verhältnissen, geschweige denn von ostjüdischer Realität und Literatur so gut wie nichts. [...] Über Details der jüdischen Geschichte war er ganz ununterrichtet.« Oder auch S. 19: »Er schlug mir vor, zu einer der Diskussionen in der Jung-Juda zu kommen, wenn ich sprechen würde. Er sagte, das Jüdische beschäftige ihn sehr, obwohl er eigentlich gar nichts darüber wüßte.«
Von Benjamins eigenen Äußerungen über seine Nichtbekanntschaft mit der jüdischen Mystik sei hier stellvertretend aus einem Brief vom 15. 1. 1933 an Scholem (in: *Briefe*, Bd. 2, S. 560-562) zitiert: »Gleichzeitig sage ich Dir den schönsten Dank für Übersendung der ›Kab-

bala‹. Wenn aus dem Abgrunde des Nichtwissens, den ich auf jenem Erdstrich besiedelt habe, auch kein Urteil erscheinen kann, so sollst Du doch wissen, daß die Strahlen dieser Darlegungen selbst in ihn hinabdringen konnten. Sonst aber muß ich mich mit spinnendünner Geheimwissenschaft begnügen; [...]« (S. 561).

52 W. Menninghaus [vgl. Anm. 50], S. 191.

53 Ebd., S. 8; vgl. dazu auch S. 206 ff.

54 G. Scholem [vgl. Anm. 30], S. 53.

55 W. Benjamin, *Drei Lebensläufe* (III), S. 51-55, S. 51 f.

56 Vgl. W. Benjamin, *Über die Sprache überhaupt und über die Sprache des Menschen*, in: *Gesammelte Schriften*, Bd. II. 1, S. 140-157, S. 147.

57 Vgl. Benjamins Brief an G. Scholem vom 23. 5. 1917, in: *Briefe* [vgl. Anm. 30], Bd. 1, S. 134-136, S. 135.

58 W. Menninghaus [vgl. Anm. 50], S. 8.

59 W. Benjamin, Rezension von: *Albert Béguin: L'âme romantique et le rêve* (1937), in: *Gesammelte Schriften*, Bd. 3, S. 557-560, S. 559.

60 Ebd.

61 Vgl. ebd.: »Wer eine Analyse vornimmt, so erinnert Goethe, der sehe zu, ob ihr auch eine echte Synthese zugrunde liegt.« – Benjamin bezieht sich hier offensichtlich auf Goethes Schrift *Analyse und Synthese* – in: J. W. v. Goethe, *Werke*. Hamburger Ausgabe in 14 Bänden, hg. v. Erich Trunz, Bd. 13, München [7]1975, S. 49-52 –, wo es heißt: »Die Hauptsache, woran man bei ausschließlicher Anwendung der Analyse nicht zu denken scheint, ist, daß jede Analyse eine Synthese voraussetzt.« (S. 51)

62 W. Benjamin, Rezension von: *Albert Béguin* [vgl. Anm. 59], S. 559.

63 W. Benjamin, *Charles Baudelaire. Tableaux parisiens. Deutsche Übertragung mit einem Vorwort über die Aufgabe des Übersetzers*, in: *Gesammelte Schriften*, Bd. IV.1, S. 7-63, S. 13.

64 Ebd., S. 14.

65 Ebd., S. 13.

66 Ebd., S. 14. Vgl. dazu auch die Formulierung im Sprachaufsatz von 1916 (*Über Sprache überhaupt und über die Sprache des Menschen*), man müsse von dem, was »*durch* die Sprache« mitgeteilt wird, dasjenige unterscheiden, was »sich *in* der Sprache mitteilt« (S. 142): »Es gibt also keinen Sprecher der Sprachen, wenn man damit den meint, der *durch* diese Sprachen sich mitteilt.« (Ebd.) Aber auch: »Das heißt: die deutsche Sprache z. B. ist keineswegs der Ausdruck für alles, was wir *durch* sie – vermeintlich – ausdrücken können, sondern sie ist der unmittelbare Ausdruck dessen, was *sich* in ihr mitteilt.« (S. 141) Sowie drittens: »Dieses ›sich‹ ist ein geistiges Wesen. Damit ist es zunächst selbstverständlich, daß das geistige Wesen, das sich in der Sprache mitteilt, nicht die Sprache selbst,

sondern etwas von ihr zu unterscheidendes ist.« (Ebd.) – Vgl. dazu Fred Lönker, *Benjamins Darstellungstheorie. Zur »Erkenntniskritischen Vorrede« zum »Ursprung des deutschen Trauerspiels«*, in: Friedrich Adolf Kittler/Horst Turk (Hg.), *Urszenen. Literaturwissenschaft als Diskursanalyse und Diskurskritik*, Frankfurt/M. 1977, S. 293-322.

67 Vgl. W. Menninghaus [vgl. Anm. 50], S. 11: »Der Gedanke, daß eine ›Sprachform‹ als solche, unabhängig von ihren jeweiligen Inhalten, an sich selbst einen eigenen ›Inhalt‹ habe, ist bekanntlich ein Zentrum der Sprachphilosophie Wilhelm von Humboldts, genauer: seiner Theorie der ›inneren Sprachform‹.«

68 W. Benjamin, *Charles Baudelaire. Tableaux parisiens* [vgl. Anm. 63], S. 14.

69 Ebd., S. 16.

70 Zuerst Peter Szondi, *Poetry of Constancy – Poetik der Beständigkeit. Celans Übertragung von Shakespeares Sonett 105*, in: *Celan-Studien*, Frankfurt/M. 1972, S. 13-45, S. 18 f., S. 27; in seiner Nachfolge Winfried Menninghaus, *Paul Celan. Magie der Form*, Frankfurt/M. 1980, S. 249 f.

71 W. Benjamin, *Charles Baudelaire. Tableaux parisiens* [vgl. Anm. 63], S. 16.

72 Ebd., S. 14.

72a Auch das Motiv des *Eingedenkens* verbindet Celan mit Benjamin. Vgl. dazu P. Celan, *Der Meridian. Rede anläßlich der Verleihung des Georg-Büchner-Preises, Darmstadt, am 22. Oktober 1960*, in: *Gesammelte Werke in fünf Bänden*, hg. v. Beda Allemann u. Stefan Reichert unter Mitwirkung v. Rolf Bücher, Frankfurt/M. 1983, Bd. 3, S. 187-202, S. 196, sowie W. Benjamin, *Über den Begriff der Geschichte*, in: *Gesammelte Schriften*, Bd. I. 2, S. 691-704, S. 704 und: *Das Passagen-Werk*, in: *Gesammelte Schriften*, Bd. V. 1, S. 588 f.

73 Paul Celan, *Edgar Jené und der Traum vom Traume* (1948), in: *Gesammelte Werke*, Bd. 3, S. 155-161, S. 156.

74 Ebd., S. 157.

75 Paul Celan, *Psalm*, in: *Die Niemandsrose* (1963), in: *Gesammelte Werke*, Bd. 1, S. 205-291, S. 225.

76 Vgl. bes.: Peter Paul Schwarz, *Totengedächtnis und dialogische Polarität in der Lyrik Paul Celans*, Düsseldorf 1966, S. 51 f.; dazu: Alfred Kelletat, *Hermeneutica zu Celan, anläßlich seines »Psalms«*, in: *Abhandlungen aus der Pädagogischen Hochschule Berlin*, Bd. 1, Berlin 1974, S. 267-302, S. 271 f. u. S. 281.

77 So neben Peter Mayer, *Paul Celan als jüdischer Dichter*, Phil. Diss. Heidelberg 1968, Landau 1969, S. 38, vor allem auch Joachim Schulze, *Mystische Motive in Paul Celans Gedichten*, in: Poetica 3

(1970), S. 472-509, S. 490 f.; vgl. dazu Alfred Kelletat [vgl. Anm. 76], S. 274 f.; doch vgl. auch Marlies Janz, *Vom Engagement absoluter Poesie. Zur Lyrik und Ästhetik Paul Celans*, Frankfurt/M. 1976, die die Anspielungen auf die *passio christi* mit dem Rosenmotiv zusammenführt, indem sie auf die ebenfalls ›traditionelle aus Jesaja 11,v. 1 entwickelte Vorstellung von Christus als Rose‹ (S. 131) hinweist. – Zu weiteren Bezügen im Motiv der Rose vgl. A. Kelletat, S. 282 ff.

78 So bereits Schwarz [vgl. Anm. 76]: »Daß sich in der Verkehrung der herkömmlichen Gebetsformel: *Gelobt seist du, Herr* in das Celansche *Gelobt seist du, Niemand*, eine blasphemische Wendung gegen den alttestamentlichen Gottesbegriff ausspricht, scheint außer Frage.« (S. 53)

79 P. Celan, *Der Meridian* [vgl. Anm. 72a], S. 195.

80 Ebd., S. 197. – Zur Esoterik, die eine Folge dieses Verfahrens ist, vgl. Otto Lorenz, *Schweigen in der Dichtung. Hölderlin, Rilke, Celan. Studien zur Poetik elliptisch – deiktischer Schreibweisen* (erscheint demnächst).

81 So z. B. Peter Horst Neumann, *Zur Lyrik Paul Celans*, Göttingen 1968, S. 54.

82 J. Schulze [vgl. Anm. 77], S. 485.

83 Vgl. ebd., S. 484 f.: »Die erste Strophe spricht von einer Neuerschaffung des Menschen, die, für den ersten Blick wenigstens, nicht erfolgt, da ihr Subjekt *Niemand* ist. Nach einem Seitenblick auf *Mandorla* läßt sich *Niemand* jedoch als Gottesbezeichnung verstehen, als Negation des persönlicheren *Einer* anstelle von und als Entsprechung zu *Nichts*, der Negation des unpersönlicheren *Etwas.*« Vgl. zu dieser gewundenen Argumentation A. Kelletat [vgl. Anm. 76], S. 277, Anm. 28.

84 Die in der religiösen Ausdeutung der Erfahrung von Leiden am weitesten reichende Lehrfassung der Christologie ist Luthers Anschauung vom angefochtenen Christus im Zusammenhang seiner Theologia crucis. Vgl. hierzu: Erich Vogelsang, *Der angefochtene Christus bei Luther*, Berlin und Leipzig 1932, sowie: Walther v. Loewenich, *Luthers Theologia crucis*, Witten [5]1967. Die über Luthers Christologie hinausgehende Anschauung, daß, da Christus wahrer Gott sei, Gott der Vater selbst im Leiden Christi gelitten habe, womit also die Gottheit Gottes im Glauben an den Kreuzigungstod des Sohnes als den Bedingungen der Nichtigkeit von dessen leidender humaner Existenz unterliegend gedacht wird, bildete vom Ende des 2. Jahrhunderts bis zur Mitte des 3. Jahrhunderts einen Zentralpunkt der Christologie der modalistischen Monarchianer, nämlich der sogenannten Patripassianer. Dieser Patripassianismus wird im Zusammenhang der Durchsetzung der Logoschristologie in

der zweiten Hälfte des 3. Jahrhunderts als häretisch erklärt und bleibt es fortan für immer. Der Patripassianismus der modalistischen Monarchianer wäre sachlich der einzige mögliche Rahmen, die Korrelation zwischen dem Niemand der Gottesanschauung und dem Nichts der humanen Selbstauslegung christologisch zu entfalten und damit überhaupt erst christlich zu verstehen. Zum Patripassianismus vgl. Adolf v. Harnack, *Lehrbuch der Dogmengeschichte* (Nachdruck der 4. Aufl., Tübingen 1909), Darmstadt 1980, Bd. 1, S. 734-753, sowie: Karl Heussi, *Kompendium der Kirchengeschichte*, Tübingen [12]1960, S. 70 f. – Den Hinweis auf den Patripassianismus verdanke ich Dr. Ulrich Barth.

85 Eine Anspielung des *Psalms* auf »Motive des jüdischen Golem-Mythos« erwägt P. H. Neumann [vgl. Anm. 81], S. 55.

86 Vgl. zum folgenden Karl Barth, *Die kirchliche Dogmatik. Dritter Band: Die Lehre von der Schöpfung,* Teil 2, Zollikon/Zürich 1948, S. 333 ff.

87 Martin Buber, *Zur Geschichte des dialogischen Prinzips,* in: *Werke,* Bd. 1: *Schriften zur Philosophie*, München und Heidelberg 1962, S. 291-305, S. 304 f.

88 Hermann Lübbe, *Säkularisierung. Geschichte eines ideenpolitischen Begriffs,* Freiburg und München 1965, S. 121.

89 F. Gogarten, *Verhängnis und Hoffnung der Neuzeit* [vgl. Anm. 27], S. 94 f.

90 Ebd., S. 12.

91 Ebd., S. 94.

92 Ebd., S. 102.

93 W. Benjamin, *Goethes Wahlverwandtschaften* [vgl. Anm. 26], S. 157.

94 Dies jedoch gerade nicht im Sinn der Säkularisierung, sondern der Retheologisierung. Vgl. dagegen Karl Löwith, *Weltgeschichte und Heilsgeschehen. Die theologischen Voraussetzungen der Geschichtsphilosophie,* Stuttgart/Berlin/Köln/Mainz [7]1979 ([1]1953).

95 W. Benjamin, *Ursprung des deutschen Trauerspiels* [vgl. Anm. 32], S. 403 f.

96 Ebd., S. 398. In diesem Punkt unterscheidet sich der Ansatz Benjamins auch grundsätzlich von der Säkularisierungskritik Hans Blumenbergs. Vgl. H. Blumenberg, *Die Legitimität der Neuzeit* [vgl. Anm. 26], S. 9-74: *Säkularisierung – Kritik einer Kategorie des geschichtlichen Unrechts.*

97 W. Benjamin, *Über Sprache überhaupt und über die Sprache des Menschen,* [vgl. Anm. 56], S. 154.

98 F. Gogarten, *Verhängnis und Hoffnung der Neuzeit* [vgl. Anm. 27], S. 78.

99 Ebd., S. 130.

100 Ebd., S. 148.
101 Ebd., S. 134.
102 Karl Barth, *Der Christ und die Gesellschaft*, in: *Das Wort Gottes und die Theologie. Gesammelte Vorträge*, 7.-9.Tsd. München 1929 ([1]1924), S. 33-69, S. 40.
103 F. Gogarten, *Verhängnis und Hoffnung der Neuzeit* [vgl. Anm. 27], S. 136.
104 R. Bultmann, *Die Bedeutung der »dialektischen Theologie« für die neutestamentliche Wissenschaft* (1928), in: *Glauben und Verstehen* [vgl. Anm. 7], S. 114-133, S. 118.
105 W. Benjamin, *Theologisch-politisches Fragment*, in: *Gesammelte Schriften*, Bd. II. 1, S. 203-204, S. 203.
106 W. Benjamin, *Über den Begriff der Geschichte*, in: *Gesammelte Schriften*, Bd. I. 2, S. 691-704, S. 704. Zum historischen Messianismus vgl. R. J. Zwi Werblowsky, *Das nachbiblische jüdische Messiasverständnis*, in: Hans-Jürgen Greschat, Franz Mußner, Shemaryahu Talmon, R. J. Zwi Werblowsky, *Jesus – Messias? Heilserwartung bei Juden und Christen*, Regensburg 1979, S. 69-88.

Albrecht Schöne

»Diese nach jüdischem Vorbild erbaute Arche«: Walter Benjamins *Deutsche Menschen*

Daß unser von der Hebräischen Universität und der Georg-August-Universität Göttingen veranstaltetes Symposion in Jerusalem stattfindet, hat einen guten Grund. Die Studenten der hiesigen Abteilung für Deutsche Sprache und Literatur, jedenfalls die zureichend fortgeschrittenen unter ihnen, sollten den Vorträgen und Referaten nämlich zuhören und an den Diskussionen sich beteiligen können. Vor sechs Jahren ist diese Abteilung gegründet worden. Unser Symposion bezeichnet und feiert den Abschluß ihrer Aufbauphase. Deshalb habe ich ein kleines Geschenk mitgebracht: die Neuauflage eines Buches, deren Verleger mir für jeden der teilnehmenden Studenten und für meine israelischen Kolleginnen und Kollegen ein Exemplar davon mitgegeben hat auf diese Reise.

Wir haben vier arbeitsreiche Tage nun fast überstanden. Bevor die Rede von Stéphane Moses heute abend das Symposion beschließt, soll mein Beitrag (dieses letzte der neben den großen Vorträgen angekündigten 21 Referate) Sie deshalb nicht mehr übermäßig anstrengen. Es verfolgt also keinen anderen Zweck und erhebt durchaus keinen höheren Anspruch, als den Empfängern dieses Buches ein bißchen zu erläutern, was ich ihnen da mitgebracht habe und weshalb es sich für sie lohnen könnte, darin zu lesen.

Vor fünzig Jahren, am 10. Mai 1933, wurden in den deutschen Universitätsstädten die Scheiterhaufen errichtet, auf denen die Bücher verbrannten, welche die neuen Machthaber zu dem ihnen »schädlichen und unerwünschten Schrifttum« rechneten. Im Thesenanschlag der ›Deutschen Studentenschaft‹, der diese Untat propagandistisch vorbereitete, hieß es: »Der Jude kann nur jüdisch denken. Schreibt er deutsch, dann lügt er« – »Jüdische Werke erscheinen in hebräischer Sprache. Erscheinen sie in deutsch, sind sie als Übersetzungen zu kennzeichnen.«[1] Wenige Wochen zuvor hatte Walter Benjamin das Land verlassen, ein deutsch schreibender Jude, der die hebräische Sprache nicht beherrschte.

Alles, was jetzt in Deutschland von den Verlegern noch gedruckt, von den Buchhändlern noch verkauft wurde, unterlag einer rigorosen staatlichen Zensur.[2] Gute Aussicht, dem Verbot oder der Beschlagnahme zu entgehen, hatten 1933 Druckschriften beispielsweise mit dem Titel *Goethe: Hermann und Dorothea* und *Aufbruch der deutschen Nation 1914-1933. Unterstufe (1. bis 3. Klasse)*, oder 1934 *Gedichte aus des Knaben Wunderhorn* und *Andreas Kiefer: Heldengräber des deutschen Volkes*, oder 1935 *Eine Schatzkammer deutschen Geistesgutes und der Weltliteratur* und *Satzungen des Reichsverbandes deutscher Schriftsteller*, oder 1937 *Briefe deutscher Klassiker.* Wer die genannten Bücher in die Hand bekam, las darin freilich anderes, als ihre Titel behaupteten. Es handelte sich (in der Abfolge der eben vorgeführten Liste) tatsächlich doch um ein *Braunbuch über Reichstagsbrand und Hitlerterror* und Lenins *Womit beginnen?*, um *Stalin: Über die Arbeit des Zentral-Komitees der KPdSU* und eine Schrift über *Strategie und Taktik der Revolution*, um ein *Referat in der Internationalen Leninschule über die Lage in Deutschland* und Brechts *Fünf Schwierigkeiten beim Schreiben der Wahrheit*, um den Brief der Philosophischen Fakultät der Universität Bonn an Thomas Mann, mit dem ihm die Ehrendoktorwürde aberkannt wurde, und seine Antwort darauf.[3] Die Hersteller wußten, in welcher Verpackung man diese Konterbande nach Deutschland einschmuggeln mußte, welche Titelangaben sie vor dem Zugriff der Kontrollinstanzen bewahren und ihre Verbreiter, Besitzer, Leser schützen konnten.

Zu solchen Tarnschriften zählt das Werk, über das ich sprechen möchte. *Deutsche Menschen* – seinem Freunde Gershom Scholem in Jerusalem schrieb der Emigrant Walter Benjamin aus Paris, daß dieser Titel seines Buches nur zu erklären sei »aus dem Interesse, die Sammlung die in Deutschland vielleicht einigen Nutzen stiften könnte, zu tarnen«.[4]

Sie wurde in der Schweiz gedruckt, erschien im November 1936 mit der korrekten Angabe ›Vita Nova Verlag Luzern‹. Dieser tapfere kleine Verlag war aufgrund des seit 1936 vom deutschen ›Reichsministerium für Volksaufklärung und Propaganda‹ zusammengestellten Index des ›schädlichen und unerwünschten Schrifttums‹ von Verboten und Beschlagnahmungen besonders hart betroffen.[5] Benjamin schrieb zwar in einem Brief vom Oktober 1937, es scheine, daß die *Deutschen Menschen* »ihren Weg machen. Je verschlungener der sich durchs deutsche Land windet, je weniger er sich mit den Landstraßen überschneidet, desto besser!«[6] Aber auf illegalen Wegen, wie man danach doch denken könnte, ist seine Tarnschrift nicht verbreitet worden in Deutschland.[7] In der Schweiz und nach Österreich vor allem wurde sie verkauft; wie viele, wie wenige Exemplare auf direktem oder indirektem Wege damals ihr eigentliches Bestimmungsland überhaupt noch erreicht haben mögen, weiß man nicht.[8]

Benjamin im August 1936: »Ich glaube, daß das Buch in Deutschland einen weiten Kreis von Lesern aus denjenigen Schichten gewinnen kann, die sich von der gegenwärtig dort verbreiteten Produktion fern halten. Ihnen könnte das Buch hoch willkommen sein, ihnen es erreichbar zu machen, wäre mir durch ein Pseudonym nicht zu teuer erkauft.«[9] Ein Pseudonym, und das heißt hier doch: ein Tarnname, der den Juden unkenntlich machte in der Galut, war diesem Mann schon vom ersten Tag seines Lebens an zugedacht. »Als ich geboren wurde [und das war 1892 in Berlin], kam meinen Eltern der Gedanke, ich könnte vielleicht Schriftsteller werden. Dann sei es gut, wenn nicht gleich jeder merke, daß ich Jude sei. Darum gaben sie mir außer meinem Rufnamen noch zwei weitere, ausgefallene, an denen man weder sehen konnte, daß ein Jude sie trug, noch daß sie ihm als Vornamen gehörten.«[10] Aber: »Anstatt die beiden vorsorglichen Namen mit seinen Schriften öffentlich zu machen [so lauten Benjamins eigene Worte], schloß er sie in sich ein. Er wachte über sie wie einst die Juden überm geheimen Namen, den sie jedem von ihren Kindern gaben.«[11] Es erscheint auf schreckliche Weise richtig, daß dann ausgerechnet die Geheime Staatspolizei dieses fromme Geheimnis brach – mit eben der Akte, durch die sie am 23. 2. 1939 beantragte, dem Juden Walter Benedix Schönflies Benjamin die deutsche Staatsbürgerschaft abzuerkennen.[12] Benedix Schönflies: Er selber hat diese Namen selbst vor dem engsten Freund verborgen.[13] Auch mit dem Briefbuch von 1936 also machte er keinen Gebrauch von ihnen, sondern wählte zu eben dem Zweck, für den jene »vorsorglichen« bestimmt waren, ein Pseudonym, unter dem er bis Mitte Juni 1935 Beiträge in der ›Frankfurter Zeitung‹ untergebracht hatte, ohne daß der Jude kenntlich wurde – *Deutsche Menschen. Eine Folge von Briefen. Auswahl und Einleitungen von Detlef Holz.*[14]

27 Briefe und zu jedem eine Einleitung, ganz knappgefaßt. Mehr fremder, zitierter als eigener kommentierender Text. So nähert sich das Briefbuch jener Mitteilungsform, die diesem Meister des lakonischen Kommentars zeitlebens nahelag: schon über sein Trauerspielbuch von 1928 schrieb er an Scholem, es überrasche ihn selbst, daß »das Geschriebene fast ganz aus Zitaten besteht«[15], und noch das unvollendete Passagenwerk, erinnert sich Adorno, plante Benjamin einmal »so aus Zitaten zusammenzusetzen, daß die Theorie herausspringt, ohne daß man sie als Interpretation hinzuzufügen brauchte«.[16] Er, wahrhaftig, versuchte, was sein Freund Bertolt Brecht am Ende der Keuner-Geschichte über den chinesischen Philosophen sagt, welcher »ein Buch von hunderttausend Wörtern [schrieb], das zu neun Zehnteln aus Zitaten bestand«: suchte nämlich »Größere Gebäude« zu errichten, »als solche, die ein einziger zu bauen imstande ist!«[17]

Was für ein Gebäude also wurde mit diesem Briefbuch errichtet, und welchem Zweck denn sollte es dienen? Weder »philologischem Ehrgeiz«, notierte der Baumeister, »noch zweifelhaftem Bildungsbedürfnis«.[18] Wirklich war Benjamins philologischer Ehrgeiz hier so gering, daß er unbedenklich in die Orthographie und Interpunktion der fremden Texte eingriff, altertümliche Worte durch leichter verständliche ersetzte, Kürzungen vornahm, ohne sie auch nur kenntlich zu machen.[19] Und die derart zugehauenen, also gebrauchsfertig gemachten Bausteine, die er da zusammentrug, konnten einem wie immer zweifelhaften Bildungsbedürfnis in der Tat wenig dienen. Es waren höchst private, oft ziemlich unbekannte Briefe, von Hand nicht nur der großen »Dichter und Denker«[20] zwischen 1783 und 1883, sondern ebenso von Beiträgern, die niemals in den Lichtkegel der zeitgenössischen Aufmerksamkeit oder des historischen Interesses getreten waren. Überhaupt sind es eher doch bescheidene als angesehene, eher dürftige als strahlende, eher karge als wohlsituierte bürgerliche Lebensverhältnisse, die in den zitierten Briefen sich abbilden, in den kommentierenden Einleitungen vermerkt und von den drei epigrammatischen Zeilen vorgestellt werden, welche in großen Buchstaben auf dem Buchdeckel standen:

Von Ehre ohne Ruhm
Von Größe ohne Glanz
Von Würde ohne Sold.

Denn nicht nur über einem Brief an Kant nimmt Benjamin die »Enge der Bürgerstube« (18) wahr; nicht nur über einem Schreiben Lichtenbergs die »in Tränen gebeizten, in Entsagung geschrumpften Züge, die aus solchen Briefen uns ansehen« (13). Für viele dieser Schreiber gilt, was der junge Physiker Ritter da eingesteht: »meine ökonomischen Verhältnisse drücken mich« (53). Der Marxist Benjamin, der da am Werk war, hatte ein waches Auge fürs Ökonomische. Aber höchst bemerkenswert ist doch, daß er solche materiellen Verhältnisse nun keineswegs als Indizien oder gar als Basiselemente einer deutschen Misere diagnostiziert und ihnen die Hebelkraft zuschreibt, die in der bürgerlichen Gesellschaft den revolutionären Umsturz bewirken müßte. Benjamin versteht diese entbehrungsreichen und bedrükkenden ökonomischen Verhältnisse sehr wohl als Bedingung der Möglichkeit eben jener »Haltung, die die Briefe dieser Reihe hervorrufen sollen« (44). Die aber prägen (mit den Worten des Kommentators zu reden) »preußischen Geist reiner und menschlicher aus als das fredericianische Militär« (13); bezeugen eine »untadlige Haltung« (33); bewahren eine »freundschaftliche und wohlwollende Gesinnung« (76), Fürsorge und Dankbarkeit, Bescheidenheit und Herzlichkeit, Schlichtheit und Redlichkeit. Über seinen Bruder Jacob schreibt Wilhelm Grimm, der sei ein »guter und edeldenkender Mensch« (77). Kant hört von seinem Bruder, die »vier wohlgebildeten, gutartigen, folgsamen Kinder« ließen erwarten, »daß sie einst brave, rechtschaffene Menschen sein werden« (20). Und was »das achtzehnte Jahrhundert unter dem ›ehrlichen Mann‹ verstanden hat,« so vermerkt der Kommentator, »das kann man an Seume gewiß so gut wie an Tellheim ablesen« (33). Marx' Lehrsatz aus dem Vorwort zur *Zur Kritik der Politischen Ökonomie*, daß das (materielle) Sein das Bewußtsein der Menschen bestimme[21], wendet Benjamin hier zu der Generalformel vom »Aufeinanderangewiesensein des kargen eingeschränkten Daseins und der wahren Humanität« (18). Auf solche Weise kam ein Tugendkatalog zustande, der mitsamt den materiellen Bedingungen seiner Möglichkeit schon in den »Gründerjahren« (8) des ausgehenden 19. Jahrhunderts seine Geltung verloren hatte und 1936, im Erscheinungsjahr dieses Briefbuches, ebenso überholt erscheinen mochte, wie er uns heute altmodisch anmutet.

Aber Benjamin hatte längst bemerkt, »daß die Vergangenheit

kein musealer Kronschatz ist, sondern etwas das immer von Gegenwart betroffen ist«.[22] Wie denn umgekehrt Vergangenheit immer auch die Gegenwart betrifft. Im ungedruckten Kommentar zum ersten Brief der Sammlung[23] hat er einen Satz geschrieben, der die offene Verbreitung seines Buches in Deutschland damals von vornherein undenkbar hätte erscheinen lassen, weil er die Absicht dieser Tarnschrift nun im Klartext formulierte: »Gemeinsam ist aber allen diesen Briefen eins: die Haltung zu vergegenwärtigen, die sich als humanistisch im deutschen Sinne bezeichnen läßt und die wieder hervorzurufen umso angezeigter erscheint, je entschiedener diejenigen sie preisgeben, die heute in Deutschland das Wort führen.«[24] »Wieder hervorzurufen« meint da nicht nur, etwas als Vergangenes in Erinnerung rufen, sondern auch: es als gegenwärtig wirksam wieder zur Erscheinung bringen. Benjamins Briefbuch praktiziert auf solche Weise, was er in seinem letzten, fragmentarischen Werk als VI. der ›geschichtsphilosophischen Thesen‹[25] zu formulieren suchte: »Vergangenes historisch artikulieren heißt nicht [gegen Ranke gewendet], es erkennen ›wie es denn eigentlich gewesen ist‹. Es heißt, sich einer Erinnerung bemächtigen, wie sie im Augenblick einer Gefahr aufblitzt.« Eine solche Gefahr, meinte er, drohe gleichermaßen dem Vergangenen wie dem Gegenwärtigen, welches erst im Blitzlicht der Gefahr dieses Vergangenen eigentlich inne werde. So endet seine These mit dem Satz: »Nur dem Geschichtsschreiber wohnt die Gabe bei, im Vergangenen den Funken der Hoffnung anzufachen, der davon durchdrungen ist: auch die Toten werden vor dem Feind, wenn er siegt, nicht sicher sein. Und der Feind hat zu siegen nicht aufgehört.« Vor dem Feind, der damals in Deutschland gesiegt hatte, sollte sein Buch die darin enthaltenen Briefe der Toten retten. Deshalb schrieb er in das seiner Schwester übereignete Exemplar: »Diese nach jüdischem Vorbild erbaute Arche für Dora – Von Walter. November 1936.«[26] Aber das Vergangene zu retten, hieß nichts anderes eben, als die Gesinnung »wieder hervorzurufen« unter den Lebenden, welche diese Toten beseelt hatte. Hieß: »im Vergangenen den Funken der Hoffnung anzufachen«. Was dieser aus Deutschland verjagte Jude den Deutschen schenkte mit seinem Buch, waren nicht etwa jüdische, waren vielmehr ausnahmslos ›deutsche‹ Briefe. Mit diesem ›Beitrag zur deutsch-jüdischen Literatur‹ suchte er den lebenden Deutschen etwas von dem zurückzugeben, was er selber (wie viele Juden vor ihm und mit ihm) von den toten Deutschen empfangen hatte: ihr eigenes, ihr bestes Teil.

1936, als in Luzern das Briefbuch *Deutsche Menschen* erschien, plante Salmon Schocken, der Begründer und Inhaber des damals bedeutendsten jüdischen Verlages in Deutschland, in Berlin eine Reihe ausgewählter Werke von jüdischen Autoren deutscher Sprache herauszubringen. Und diese Bücher sollten den Reihentitel *Gastgeschenk* tragen.[27] Der meinte, was Salmon Schocken damals seinem Sohn erklärte: »Das jüdische Gastgeschenk an das deutsche Volk.«[28] Ein solches war Benjamins deutsches Briefbuch auf andere Weise auch. Noch einmal zeigte der Verjagte, daß Deutschlands jüdische Gäste Schenkende gewesen sind und welch unabsehbare Verarmung es bedeuten mußte für die deutsche Literatur, deren Geschenke fortan auszuschlagen. Scholem an Benjamin im Februar 1940: »Wie würde eigentlich ein Europa nach der Ausscheidung der Juden aussehen?«[29]

Eine »nach jüdischem Vorbild erbaute Arche«: Daß es die heilige Schrift der Juden gewesen ist, welche berichtet, es habe Noach die rettende Arche gebaut, als die Sintflut zu steigen begann, wußte Benjamins Schwester gewiß auch ohne diese Belehrung seiner Widmungsinschrift. Was also mochte der Schenkende im Sinn haben, als er an so Bekanntes erinnerte? Er war ein assimilierter Jude. Scholem hat von »seiner ziemlich totalen Unwissenheit in jüdischen Dingen« gesprochen.[30] Dieser große jüdische Lehrer freilich legte strenge Maßstäbe an. Und er hat dem Freund denn doch ein »theologisches Denken« zugesprochen, das instinktiv »an jüdischen Begriffen orientiert« war und »unter jüdischer Inspiration« gestanden hat.[31] Zwei der »jüdischen Grundbegriffe« schienen ihm dafür maßgeblich: »einmal die Offenbarung, die Idee der Tora, die Vorstellung von der Lehre und von heiligen Texten überhaupt, und zum anderen der Messianismus und die Erlösung«.[32] Von der messianischen Idee gilt für das Briefbuch ohne Zweifel, was Scholem grundsätzlich über Benjamins Denken sagte: daß sie freilich den »Grund seines Wesens« bildet, aber doch »in seinem Werk fast nur in Obertönen zu vernehmen ist«.[33] Was in den alten Texten seines Briefbuchs beschlossen lag, was der Geschichtsschreiber hier wieder anzufachen suchte, nannte er selber »Funken der Hoffnung«. (25) Und dieses Bild, so hat Stéphane Moses mich belehrt, entstammt der jüdischen Mystik.[34] Nach »jüdischem Vorbild« erbaut, war auch die Arche, in der er diese Schriften barg, ein Sinnbild der Errettung.

Von der jüdischen Kategorie der Offenbarung dann hat Scholem bemerkt, daß sie sich freilich als religiöse Substanz aus Benjamins Denken verloren habe, aber »doch mit seinem wesentlichsten Verfahren, der Kommentierung großer und autoritativer Texte, aufs engste zusammenhing«.[35] In der Tat, mit den Kommentaren auch seines Briefbuches hat er, in einem anderen Felde, die große Talmud-Tradition der religiösen Textauslegung fortgesetzt, von der er sehr wohl wußte.

Das gilt nun auch in einem ganz spezifischen Sinn. Insofern man in der Tora alles an allen Orten und zu allen Zeiten Geschehende schon enthalten glaubte, haben die Kommentatoren in den biblischen Schriften immer auch deren jeweilige Gegenwartsbezüge entdeckt. Ernst Simon hat darauf aufmerksam gemacht, daß der homiletische Midrasch, also der predigthafte Bibelkommentar, deshalb in Zeiten der Verfolgung häufig eine Art konspirativer Widerstandsliteratur auch mit politischer Zielrichtung darstellte, und hat die von Moritz (Mosche) Spitzer herausgegebenen berühmten sechs Almanache des Schocken Verlages, die von 1933/34 bis 1938/39 in deutscher Sprache in Berlin erschienen, als einen ›neuen Midrasch‹ verstanden. Der midraschischen Geschichtsauffassung entsprechend, meinte er, wurden die alten jüdischen Schriften hier durch die bloße Textauswahl und allenfalls durch eine vorsichtig andeutende Kommentierung transparent fürs gegenwärtig Geschehende, gaben sie etwas zu verstehen, was anders nicht mehr gesagt werden konnte als in gleichnishafter Analogie und flüsternder Anspielung.[36] Eben dieser Midrasch-Charakter eignet auch dem Briefbuch Benjamins.[37]

»Eine verfolgte Minorität«, schreibt Simon, »schaffte sich im Midrasch schon zur Zeit seiner Entstehung eine Binnensprache für ihre Auseinandersetzung mit der Außenwelt, die der Gegner selten, der Volks- und Glaubensgenosse fast immer verstand.«[38] Benjamin in einem Brief an Horkheimer über die *Deutschen Menschen:* »Das Buch hat in seinen Einleitungen einige Kennmarken, die bei der Akribie, mit der heute drüben gelesen wird, leicht auf die wahre Bedeutung des Titels führen.«[39] Wie in den kommentierenden Einleitungen diese Kennmarken, so finden sich auch in den ausgewählten Brieftexten zahlreiche Passagen, die – aus ihrem Kontext gelöst und auf die deutschen Verhältnisse des Jahres 1936 gerichtet – midraschische Botschaften gaben. Um das zu verstehen, müßten Sie die folgenden Beispiele tatsächlich so auf die eigene Lebenswirklichkeit und Zeitgeschichtserfahrung beziehen, als wären Sie selber deutsche Menschen und lebten, 1936, in Hitlers Drittem Reich.

Ein Brief Gottfried Kellers wird abgedruckt, der von einem großen Redner berichtet, einem »koketten Rhapsoden«, welcher als neue, verhunzte Fassung des Nibelungenliedes »seinen modernen Wechselbalg« des deutschen Nationalepos vortrug. Am Ausgang aus dem Vortragssaal begegnet ihm ein Kollege, auch ein »Vortragsvirtuose«, und: »nun sah ich, wie die beiden sich kurz zunickten und lächelten in einer Weise, wie nur Frauen sich zulächeln können. Ich wunderte mich, wie zwei so [...] geriebene Luder sich gegenseitig so schofel behandeln mögen«. (111)

In seinem Pestalozzi-Kommentar zitiert Benjamin aus dessen Autobiographie die »Verirrungen, zu denen der edle Aufflug treuer, vaterländischer Gesinnung unsere vorzügliche Jugend in diesem Zeitpunkt hinführte« (29), und Georg Forster läßt er aus dem Paris von 1793 schreiben: »Alles ist blinde, leidenschaftliche Wut, rasender Parteigeist und schnelles Aufbrausen, das nie zu vernünftigen ruhigen Resultaten gelangt.« (24)

Dann macht er David Friedrich Strauss zu seinem Fürsprecher. Am Tag nach dem Tod seines Lehrers Hegel, welcher doch der Lehrer auch von Karl Marx gewesen ist, erklärt der einem Freund: »hier ist Hegel zwar gestorben, aber nicht ausgestorben.« (84 f.)

Oder er gibt dem »nie genug geschätzten Gervinus«, dem großen Geschichts- und Literaturgeschichtsschreiber das Wort – mit einer Bemerkung über »Staatslenker«, die »ihre persönlichen Interessen dem Staatswohl voranstellten« und sich unabsehbare Reichtümer zu verschaffen wußten durch »Kursgewinne und Teilungsverträge mit den Geldkönigen, die Dienste um Dienste, die Gewinne aus teuren Verkäufen und wohlfeilen Käufen, die Entschädigungs-, Friedens-, Evakuations-, Ausgleichungs-, Erwerbungs- und Schiffahrtsmillionen« (105).

Im Kommentar zu einem Brief von Johann Gottfried Seume schreibt er aus dessen *Spaziergang nach Syrakus* den Satz dieses ›ehrlichen Mannes‹ nach Deutschland: »Freunde, wenn ich ein Neapolitaner wäre, ich wäre in Versuchung, aus ergrimmter Ehrlichkeit ein Bandit zu werden und mit dem Minister anzufangen.« (33)

Franz Overbeck schließlich läßt er seinem Freunde Nietzsche zureden: »Bei der Vergangenheit, Deiner geistigen, denkst Du nur an Fehlgriffe und Unglücksfälle, nicht an das, was davon zu überwinden Dir noch stets möglich war.« Und vorher, aus Basel geschrieben: »Ich kann Dir nur sagen, auch für Deine Freunde ist es eine ernste Sache, daß Du trotz allem obsiegest«. (115 f.)

Der Jude Walter Benedix Schönflies Benjamin, der 1936 aus seinem Exil den Deutschen dieses deutsche Buch als Gastgeschenk zu schicken versuchte, hatte sich zur Maxime gemacht: »Gaben müssen den Beschenkten so tief betreffen, daß er erschrickt.«[40] Für wenige Werke mag das so gelten, wie damals für den ›neuen Midrasch‹ des Detlef Holz.

Bücher aber wechseln ihre Leser und geben ihnen andere Botschaften zu anderer Zeit. Ins Widmungsexemplar der *Deutschen Menschen* für Gershom Scholem hat Benjamin die Hoffnung eingeschrieben, es möge der Freund in Jerusalem für die Erinnerungen seiner Jugend eine Kammer finden in dieser Arche. Erinnerungen an Deutschland waren das, aus der Zeit bevor dort die »blinde, leidenschaftliche Wut« und »rasender Parteigeist« zur Macht gelangten und endlich das Land zum Schlachthaus machten für seinesgleichen. Die israelischen Studenten, in deren Hände ich dieses Lesebuch wünschte, haben solche Erinnerungen selber nicht mehr. Aber zu den kollektiven Erinnerungen des Judentums und Israels, dem sie angehören, zu dessen Erinnerungen an dieses andere Deutschland gehört sehr wohl, wofür die Fracht der Benjaminschen Arche einsteht. Und: Botschaften, die dieses Vergangene als gegenwärtig wirkende Gesinnung wieder hervorrufen wollen, enthält sein kleines Briefbuch auch für sie.

Der unter all diesen Briefen, »der ihm der liebste war«[41], stammte von einem wenig bekannten Absender. Benjamin beschreibt ihn im einleitenden Kommentar anhand eines alten Miniaturporträts: »Ein schmächtiger Mann mittlerer Größe, ein Sammetkäppchen auf den weißen Locken, bartlos, eine Adlernase, ein freundlicher offener Mund und ein energisches Kinn« (26). Dieser Samuel Collenbusch, Wuppertaler Pietist und Arzt von Beruf, hat 1795 einen Brief an den großen Immanuel Kant in Königsberg gerichtet, dessen philosophische Betrachtungen über Religion und Moral ›innerhalb der Grenzen der bloßen Vernunft‹ er für ganz und gar unverträglich hielt mit seinen eigenen Ansichten. Was der alte Mann da diktierte, belehrt darüber, daß Toleranz etwas durchaus anderes ist als Indifferenz und in Wahrheit unverträglich mit bloßer Gleichgültigkeit in der Sache. Sein Brief gibt ein großartiges und ergreifendes Beispiel für unbedingte Überzeugungstreue, die doch gegen den Andersdenkenden keinerlei Verachtung, Haß, Bekehrungswut, Verfolgungstrieb und am Ende Vertreibungswunsch oder Vernichtungswillen aufkommen läßt, sondern auch unter Gegnern jene »freundschaftliche und wohlwollende Gesinnung« übt, in der Benjamin den Geist einer »wahren Humanität« ausmachte (76/18).

Mein lieber Herr Professor!
Die Hoffnung erfreut das Herz.
Ich verkaufe meine Hoffnung nicht für tausend Tonnen Goldes. Mein Glaube hofft erstaunlich viel Gutes von Gott.
Ich bin ein alter, siebzigjähriger Mann, ich bin beinahe blind, als Arzt urteile ich, dass ich in kurzer Zeit völlig blind sein werde.
Ich bin auch nicht reich, aber meine Hoffnung ist so gross, dass ich mit keinem Kaiser tauschen mag.
Diese Hoffnung erfreut mein Herz!
Ich habe mir diesen Sommer Ihre Moral und Religion ein paarmal vorlesen lassen, ich kann mich nicht überreden, dass es Ihnen ein Ernst sein sollte, was Sie da geschrieben haben. Ein von aller Hoffnung ganz reiner [meint: von ihr abgesonderter, unabhängig von ihr betrachteter] Glaube und eine von aller Liebe ganz reine Moral, das ist eine seltsame Erscheinung in der Republik der Gelehrten.
Der Endzweck, so etwas zu schreiben, ist vielleicht eine Lust, sich zu ergötzen; über die Inklination solcher Menschen, welche die Gewohnheit haben, sich über alles zu verwundern, was seltsam ist. Ich halte es mit einem hoffnungsreichen Glauben, der durch die sich selbst und den Nächsten bessernde Liebe tätig ist.
Im Christentum gelten keine Statuten, keine Beschneidung noch Vorhaut etwas, Gal. 5, keine Möncherei, keine Messen, keine Wallfahrten, kein Fischessen usw. Ich glaube, was Johannes schreibt, Joh. 4,16: Gott ist die Liebe, und wer in der Liebe bleibet, der bleibet in Gott, und Gott in ihm.
Gott ist die seine vernünftige Kreaturen bessernde Liebe, wer in diesem Glauben an Gott und den Nächsten bessernde Liebe bleibet, der wird es von Gott in dieser Welt mit geistlichem Segen, Eph. 1,3,4, und in der zukünftigen Welt mit persönlicher Herrlichkeit und einem reichen Erbe wohl belohnt werden. Diesen hoffnungsreichen Glauben kann meine Vernunft und mein Wille unmöglich vertauschen mit

einem von aller Hoffnung ganz reinen Glauben.
Es tut mir leid, daß I. Kant nichts Gutes von Gott hofft, weder in dieser noch in der zukünftigen Welt, ich hoffe viel Gutes von Gott. Ich wünsche Ihnen eine gleiche Gesinnung und verharre mit Hochachtung und Liebe zu sein

Ihr Freund und Diener Samuel Collenbusch

Gemarke, den 23. Jan. 1795

Nachschrift:
Die Heilige Schrift ist ein stufenweiser, aufsteigender, mit sich selbst übereinstimmender, zusammenhängender, vollständiger Plan der seine Kreaturen bessernden Liebe. Z.E.: Die Auferstehung der Toten halte ich für eine Ausübung der seine Kreaturen bessernden Liebe Gottes. Ich freue mich darauf. (27 f.)

In dem weiten Sinn, den ich angedeutet habe, sollten auch für diejenigen Exemplare des Briefbuchs *Deutsche Menschen*, in denen die Studierenden der Abteilung für Deutsche Sprache und Literatur der Hebräischen Universität lesen, die Zeilen gelten, welche im Widmungsexemplar seines Freundes stehen. Gershom Scholem, ihr und unser großer Lehrer, hat sie mir zum Abschreiben gegeben, als ich das letzte Mal Gast war in seinem Haus:

Möchtest Du, Gerhard,
für die Erinnerungen deiner Jugend
eine Kammer in dieser Arche finden,
die ich gebaut habe
als die faschistische Sintflut
zu steigen begann

Januar 1937 Walter

Anmerkungen

1 Dazu jetzt (als Quellensammlung) Gerhard Sauder (Hg.), *Die Bücherverbrennung. Zum 10. Mai 1933*, München/Wien 1983 und (als Fallstudie) Albrecht Schöne, *Göttinger Bücherverbrennung 1933*, Göttinger Universitätsreden, Heft 70, Göttingen 1983.
2 Grundlegend dazu Dietrich Strothmann, *Nationalsozialistische Literaturpolitik. Ein Beitrag zur Publizistik im Dritten Reich*, Bonn [2]1963,

und Dietrich Aigner, *Die Indizierung ›schädlichen und unerwünschten Schrifttums‹ im Dritten Reich*, in: Archiv für Geschichte des Buchwesens, Bd. 11, Frankfurt/M. 1971, Sp. 933-1034.

3 Heinz Gittig, *Illegale antifaschistische Tarnschriften 1933 bis 1945*, Frankfurt/M. 1972, erfaßt 590 solche Druckwerke (von denen ich hier anführe die Nr. 4, 17, 47, 64, 156, 240, 415); einiges über die Techniken und Schwierigkeiten beim ›Einschleusen von Tarnschriften nach Deutschland‹ und über deren ›Inlandstransport und Verbreitung‹ bei Gittig S. 52 ff. und 71 ff. – Unter diesen illegalen Publikationen befanden sich freilich »nur wenig literarische und kaum künstlerische Schriften« (Dieter Schiller, *Gedachte Wirkung – ein Schaffensproblem deutscher Autoren im antifaschistischen Exil*, in: Weimarer Beiträge 28/5 (1982), hier S. 6).

4 18. 10. 1936. In: Walter Benjamin/Gershom Scholem, *Briefwechsel 1933-1940*, hg. v. Gershom Scholem, Frankfurt/M. 1980, hier S. 228. – Die Vorabdrucke der 27 Einzelstücke von Benjamins späterem Sammelband in der ›Frankfurter Zeitung‹ (zwischen 1. 4. 1931 und 31. 5. 1932, anonym) standen unter der Überschrift ›Briefe‹ und einer fortlaufenden Ziffer. – Karl Thieme, der 1935 in die Schweiz emigriert war und sich dort für die Drucklegung des Benjaminschen Briefbuchs verwandte (zunächst, ergebnislos, bei dem Verleger Max Niehans in Zürich, dann beim Vita Nova Verlag Luzern), schrieb im Juni 1936 an Benjamin, es müsse, »um den deutschen Markt nicht absolut dafür zu sperren, ein zurückhaltenderer Titel (z. B. ›Männliche Briefe‹) gewählt« werden (Walter Benjamin, *Gesammelte Schriften* [GS] IV. 2, hg. v. Tillmann Rexroth. S. 947 f.). Der ursprünglich geplante Titel ist nicht bekannt; da Thieme eine ›zurückhaltendere‹ Formulierung wünscht, dürfte er anders gelautet haben als ›Deutsche Briefe‹ (wie – mit dem Zusatz ›I‹ – ein möglicherweise älteres Typoskriptkonvolut Benjamins mit drei nicht veröffentlichten Stücken überschrieben ist: GS IV. 2, S. 944).

5 So Aigner [vgl. Anm. 2], Sp. 993 f. – Mit seiner 1935 zusammengestellten, 1936 gedruckten ›Liste 1 des schädlichen und unerwünschten Schrifttums‹ verfügte das ›Reichsministerium für Volksaufklärung und Propaganda‹ für die Produktion des Vita Nova Verlages ein Gesamtverbot (Aigner, Anm. 248).

6 10. 10. 1937 an Karl Thieme, in: Walter Benjamin, *Briefe*, Bd. 2, hg. v. Gershom Scholem und Theodor W. Adorno, Frankfurt/M. 1966, S. 739.

7 Nach brieflicher Auskunft des Verlagsinhabers Josef Stocker vom 15. 9. 1983 »stand eine illegale Auslieferung der Werke aus dem Vita Nova Verlag nie zur Diskussion«.

8 Der kleine katholisch-antifaschistische Vita Nova Verlag war 1934 von dem Buchhändler Josef Stocker in Luzern gegründet worden und

wurde (wahrscheinlich bis zu seiner Auflösung bzw. Eingliederung in die Buchhandlung Josef Stocker AG Luzern im Jahre 1950) von dessen aus Berlin emigriertem (für die alliierten Geheimdienste tätigem) Freunde Rudolf Rößler geleitet. Nach brieflicher Angabe von Herrn Josef Stocker (15. 9. 1983) hat man Benjamins Buch 1936 in einer 1. Auflage von 2000 Exemplaren gedruckt und 1937, als davon noch ca. 3-400 Stück vorhanden waren, eine 2. Auflage von abermals 2000 Exemplaren »neu gedruckt«. (Die Herausgeber-Anmerkung zu Benjamin, GS IV. 2, S. 951: »Wahrscheinlich handelt es sich um einen neu aufgebundenen und mit einem veränderten Titelblatt versehenen Teil der ersten Auflage«, wäre danach unzutreffend – unverständlich aber auch Benjamins Bemerkung im Entwurf eines Briefes an Thieme (von Anfang 1938?): »Trotzdem wundert es mich ganz besonders, daß von dem Buche im ersten Jahr – das heißt bis zum September 1937 – nicht mehr als 200 Exemplare abgesetzt sein sollten. So seine [Rößlers] Abrechnung.« GS IV. 2, S. 951. – Aus dieser Notiz hat Jörg Drews, Süddeutsche Zeitung, 26. 11. 1981, S. 13, fälschlich geschlossen: »Damals fanden eine Anzahl von Exemplaren den Weg nach Deutschland – während des Dritten Reiches waren es offenbar nur rund 200.« – Der Verkauf des Buches erfolgte wohl ganz überwiegend in der Schweiz und nach Österreich. Aber zu Anfang der 60er Jahre stellte sich heraus, »daß in einer Luzerner Buchhandlung [Stocker] der größte Teil der Auflage im Keller lagerte« (Gershom Scholem, *Walter Benjamin*, jetzt in: *Judaica 2*, Frankfurt/M. 1970, S. 208). – Auskunft Stocker vom 15. 9. 1983: »Mit der Annektion Österreichs [März 1938] war der Abnehmerkreis für die Publikation des Vita Nova Verlages dermaßen geschrumpft, daß dieses unverkäufliche Lager nicht wundert.«) Diese Exemplare wurden aufgrund eines Zeitungshinweises von Jörg Drews (s. o.) erst 1981 abgesetzt.

Eine 3. (›unveränderte, um den Brief von Schlegel an Schleiermacher erweiterte‹) Ausgabe erschien im Suhrkamp-Verlag, Frankfurt/M. 1962, ein weiterer Nachdruck dann (1972 u. ö.) als Bd. 547 der Bibliothek Suhrkamp (ohne den Zusatzbrief der 3. Auflage).

9 4. 8. 1936 an Karl Thieme, in: GS IV. 2, S. 948.

10 Autobiographische Notiz vom 13. 8. 1933 (= zweite Version der Aufzeichnung *Agesilaus Santander).* Nach Gershom Scholem, *Walter Benjamin und sein Engel*, in: Siegfried Unseld (Hg.), *Zur Aktualität Walter Benjamins*, Frankfurt/M. 1972, S. 100.

11 Erste Version der Aufzeichnung *Agesilaus Santander.* Nach Gershom Scholem [vgl. Anm. 10], S. 94.

12 Faksimile in Werner Fuld, *Walter Benjamin. Zwischen den Stühlen. Eine Biographie*, München/Wien 1979, dort vor S. 161.

›Benedix‹ nimmt den Vornamen des Großvaters väterlicher Seite auf; ›Schönflies‹ geht auf den Familiennamen der Mutter zurück (vgl.

Gershom Scholem, *Ahnen und Verwandte Walter Benjamins,* in: Bulletin des Leo Baeck Instituts 61 [1982], S. 30).

13 Vgl. Gershom Scholem [wie Anm. 10], S. 110-115. Dazu dann Werner Fuld [vgl. Anm. 12], S. 23-26.

14 Vgl. dazu u. a. Benjamins Brief vom 31. 7. 1933, in: Walter Benjamin/Gershom Scholem, *Briefwechsel* [vgl. Anm. 4], S. 90. – Der Vorschlag zu dieser Namenswahl kam von Karl Thieme: »Was das Pseudonym anlangt, so könnten Sie ja vielleicht das szt. in der ›Frankfurter Zeitung‹ verwendete nehmen, – wenn das keine akute Gefährdung des Buchs sondern eher eine Empfehlung im damaligen Leserkreis bedeutet.« (Brief an Benjamin, 1. 8. 1936. Nach: Walter Benjamin, GS IV. 2, S. 948.)

15 22. 12. 1924, in: *Briefe* [vgl. Anm. 6], Bd. 1, S. 366.

16 Vgl. Benjamin, GS V. 2, S. 1072 f., hier S. 1072.

17 Vgl. Bertolt Brecht, *Gesammelte Werke,* Bd. 12, Frankfurt/M. 1967, S. 379 f., hier S. 380. – Diese Geschichte über die kümmerliche ›Originalität‹ (Erstdruck 1932) stammt aus der Zeit engen Kontakts zwischen Brecht und Benjamin.

18 Vortragstyposkript *Auf der Spur alter Briefe* (1931/32), in: GS IV. 2, S. 944.

19 Einige Angaben dazu in GS IV. 2, S. 953 f., Von einer »wissenschaftlichen Edition« (die sich Benjamin in einem zwischen 1932 und 1936 verfaßten *Memorandum zu den »Sechzig Briefen«* der ursprünglich weit umfangreicher geplanten Sammlung vorsetzte: GS IV. 2, S. 949 f.) kann hier also im geläufigen editionsphilologischen Sinn nicht die Rede sein.

20 Zitate aus dem Briefbuch werden im folgenden durch Seitenzahlen im laufenden Text bestimmt, bezogen auf den Neudruck von 1962 [vgl. Anm. 8]. Hier: S. 97.

21 Karl Marx/Friedrich Engels, *Werke*, Bd. 13, hg. v. Institut für Marxismus-Leninismus beim ZK der SED, Bd. 13, Berlin 1972, S. 9.

22 18. 11. 1923 an Florens Christian Rang, in: *Briefe* [vgl. Anm. 6], Bd. 1, Frankfurt/M. 1966, S. 311.

23 Karl Friedrich Zelter an Kanzler von Müller, Berlin, 31. März 1832 (S. 9).

24 GS IV. 2, S. 955.

25 *Über den Begriff der Geschichte*, in: GS I. 2, hier S. 695.

26 Nach Peter Szondi, *Satz und Gegensatz. Sechs Essays*, Frankfurt/M. 1964, S. 96.

Das Widmungsexemplar für Siegfried Kracauer (im Deutschen Literaturarchiv Marbach) enthält die handschriftliche Eintragung

für S Kracauer
diese Arche
die ich gebaut habe

als die faschistische Sintflut
zu steigen begann

27 Dazu ausführlich Volker Dahm, *Das jüdische Buch im Dritten Reich. II: Salmon Schocken und sein Verlag*, in: Archiv für Geschichte des Buchwesens, Bd. 22, Frankfurt/M. 1981, hier Sp. 581 ff.

28 Gershom Schocken, *Ich werde seinesgleichen nicht mehr sehen. Erinnerungen an Salmon Schocken*, in: Der Monat, Heft 242, 1968, S. 13-30, hier S. 28.

29 In: *Briefwechsel* [vgl. Anm. 4], S. 319.

30 Gershom Scholem, *Von Berlin nach Jerusalem. Jugenderinnerungen*, Frankfurt/M. 1977, S. 92 f.

31 Gershom Scholem, *Walter Benjamin* [vgl. Anm. 8], S. 220 und 224.

32 Ebd., S. 222 und 221.

33 Ebd., S. 219. – Zu der in Benjamins Briefbuch beschlossenen Erlösungsvorstellung und ihrer Verankerung in messianischer Erwartung vgl. auch Karl Pestalozzis Artikel *Alte Briefe* (in: Neue Sammlung 3 [Göttingen 1963], S. 360 ff.), der mir leider erst nach Abfassung meines eigenen Textes bekannt wurde.

34 Vgl. Stéphane Moses, *Walter Benjamin und Franz Rosenzweig*, in: DVjs, 1982, hier S. 640.

35 Wie Anm. 8, S. 222.

36 *Aufbau im Untergang. Jüdische Erwachsenenbildung im nationalsozialistischen Deutschland als geistiger Widerstand*, Tübingen 1959, hier S. 76 ff. (= 4. Kap.: *Der neue Midrasch*).

37 Auf diesen Bezug hat, von Ernst Simons Studie ausgehend, zum erstenmal Johannes Ernst Seifert hingewiesen: *»Deutsche Menschen«. Vorläufiges zu Walter Benjamins Brief-Anthologie*, in: Jahrbuch des Instituts für Deutsche Geschichte der Universität Tel-Aviv 1 (1972), S. 159 ff.

38 Vgl. *Aufbau im Untergang* [wie Anm. 36], S. 76 f.

39 17. 12. 1936 an Max Horkheimer, in: GS IV. 2, S. 948.

40 In: *Einbahnstraße*, in: GS IV. 1, S. 112.

41 Theodor W. Adorno, Nachwort (in der Neuauflage des Briefbuchs), Frankfurt/M. 1962, S. 125.

Manfred Karnick

Die größere Hoffnung
Über ›jüdisches Schicksal‹ in deutscher Nachkriegsliteratur

Wir befreien uns in unseren Träumen, entwerfen uns in unseren Tagträumen, und wenn wir nicht mehr träumen dürfen, müssen wir sterben. Wenn Kinder im einsamen Spiel vor eine Schwierigkeit kommen, beginnen sie mit sich zu reden, um die Schwierigkeit phantasierend, aber nicht regellos, aufzulösen. Wer sprachlos und starr vor Entsetzen ist, kann in die Mitmenschlichkeit zurückfinden, wenn er das Entsetzliche zu benennen und aufzuschreiben vermag.

Träumen, Tagträumen, Phantasieren, Sprechen und Schreiben sind Funktionen des Lebens und insofern, auch wo sie Vergangenes bearbeiten, bezogen auf Zukunft und beziehbar auf Hoffnung. Sie kämen um diesen Richtungssinn erst im Stillstand der erlebbaren Zeit, in dem, was man sich als ihre Aufhebung im Ziel aller Geschichte oder in jener quälenden Endlosigkeit vorgestellt hat, die seit jeher als Merkmal der Hölle gilt. Dort ist alle Hoffnung fahren zu lassen. Dort *ist* keine Hoffnung. Da aber, wo sie *eben noch* ist, wird ihr das Äußerste abverlangt; hart am Rand der Hoffnungslosigkeit, in irdischen Zuständen, die als irdische Hölle treffend bezeichnet sind, steht Hoffnung auf ihrer schärfsten Probe. Solche Zustände waren für die Opfer der organisierten Gewalt und durchdachten Vernichtung im nationalsozialistischen Machtbereich gegeben, vor allen anderen für die Juden. Die Literatur hat sich dazu, ihrer Polyvalenz entsprechend, auf verschiedene Weise verhalten. Sie hat gewarnt und zur Besinnung gerufen. Sie hat gutgeheißen, gefördert, gehetzt, die Aggression auf freigegebene Objekte stimuliert, Verbrechen herbeiführen helfen. Und sie hatte und hat, als Medium und Kondensat hoffnungsbezogenen Träumens, Tagträumens, Phantasierens, Sprechens und Schreibens, auch teil an der emotionalen Verarbeitung des Geschehenen: protokollierend, vergegenwärtigend, einordnend, beschreibend und ausgestaltend, trauernd und anklagend[1] – und auch tröstend und sinngebend. Von solchen Trost-

und Sinngebungstexten soll hier die Rede sein. Es sind ästhetisch gefährdete Texte. Sie zeigen, wie leicht das Erfahrene stilisiert, der Sinn erzwungen, der Trost in die Vertröstung überführt werden kann, welche realitätsverwandelnde Kraft der Literatur darin abverlangt wird. Ihre Tendenz läßt sich mit dem Buchtitel ›Die größere Hoffnung‹ bezeichnen.[2]

Zur Explikation benutze ich nur wenige Beispiele. Sie entstammen den Kriegsjahren und der ersten Nachkriegszeit und sind sehr unterschiedlichen literarischen Niveaus. Ernst Wiechert, Ilse Aichinger und Nelly Sachs, ein Nichtjude, eine »Halbjüdin«, eine Jüdin, sind die Verfasser. Ich versuche, aus Wiecherts Schriften dominierende Schreibmotive zu entwickeln, an Aichingers Roman zu zeigen, wie diese Motive thematisch und strukturbestimmend in den Text eingehen, in Verbindung mit Aichinger und Nelly Sachs die Zuordnung zu christlichen oder jüdischen Traditionen bedenken und abschließend zu einer Wertung zu kommen, die auch den Begriff »jüdisches Schicksal« in meinem Untertitel problematisiert. Der Anfang ist scheinbar noch weitab vom Thema:

»Nicht lange nach dem großen Krieg stand um die Abendzeit eines Vorfrühlingstages ein Mann an einem der Westfenster seines Hauses und hob, in Gedanken verloren, den Blick von einem alten und unansehnlichen Buch, das er in den Händen hielt. Der große Abendhimmel, wolkenlos und von fernem Feuer brennend, erfüllte durch das weite Fenster den ganzen Raum mit rötlichem Licht.« [...] Es »sammelte sich auf der gewölbten Fläche des riesigen Globus, der auf einem schwarzen Sockel frei vor der Mitte der Bücherreihen stand. [...] Die Blicke des Mannes, vom Lichte gelöst, wendeten sich dem bestrahlten Abbild der Erdkugel zu, wo die kleinen Inselgruppen wie Perlen im Indischen Ozean schwammen und der Pik von Colombo einen spitzen Schatten über die Flut zu werfen schien. Die Küsten der Meere waren mit einem feinen Glutstrich gegen die Festländer abgesetzt [...]

Lange blieb der Mann in dieses Bild versunken, bis es unter grünlichen und grauen Schatten immer matter wurde, die Küsten verschwammen, die Täler sich verdunkelten und es zu einer blassen Scheibe erlosch, einem fernen Gestirne gleich im Raum schwebend.

Nun, in der wachsenden Stille des Abends, hob das Brausen der abseitigen Hauptstadt sich über die Gärten der Vorstädte und stand wie der Ton ferner Brandung, unmerklich steigend und fallend, über der Dämmerung. [...]

Im letzten Licht nahm der Mann noch einmal das Buch vor die Augen, als wollte er sich einer bestimmten Stelle vergewissern, daß sie auch noch

dastehe, nicht mitgelöscht von der Dämmerung der Welt. [...]
›So ist es‹, murmelte er, ›eine dunkle Erde, aber sie beleuchten sie mit ihren Eitelkeiten.‹«[3]

So beginnt Wiecherts Roman *Das einfache Leben*, ein Kultbuch der frühen deutschen Nachkriegszeit. Wiechert hatte es schon 1939 nach seiner Entlassung aus dem Konzentrationslager Buchenwald geschrieben, um seine Seele – wie er in seinen Erinnerungen mitteilt – vom Haß zu reinigen.[4] »Es war ein Traumbuch, in dem ich mich mit Flügeln über diese grauenvolle Erde hinaushob. Mit ihm spülte ich mir von der Seele, was sie beschmutzt, befleckt, erniedrigt und zu Tode gequält hatte. [...] Mit ihm baute ich noch einmal eine Welt auf, nachdem die irdische mir [...] schrecklich entstellt worden war.« Es war »das Traumland, die Insel der Seligen [...] das Asyl, das unverletzliche, unantastbare, in das man sich flüchten konnte aus der Welt [...] des Stacheldrahtes. [...] Vielleicht war der erste Umriß schon in den schlaflosen Lagernächten entstanden – als eine Rettung, die einzige, die es gab.«[5]

Das Eingangsbild der sich verdunkelnden Erde bereitet hier die Erkenntnis ihrer Eitelkeit und die Abwendung von der Zivilisationswelt im ganzen vor, den Rückgang in ein einfaches Landmann-, Fischer-, Schriftstellerleben und in die Kindheitsheimat, in er allein man zu sich selber kommen kann.

Nur als Kind hat er so gewußt, wie schön die Welt ist, so schön, daß es in der Brust schmerzt. Das letzte rote Licht auf dem See, der schlafende Wald, das junge Birkenlaub vor dem weißen Himmel und ein Duft, der keinem andern zu vergleichen ist. Und nun beginnen die Eulen zu rufen, der Nebel steigt, Sterne zünden sich an. Die Ruhe der Nacht breitet sich aus wie Wellenkreise von einem letzten Stein, weiter und weiter, und in der Mitte sitzt er selbst, regungslos, und sein Blut rauscht und singt wie ein Brunnen im Traum.[6]

Erst nach dieser therapeutischen Fluchtphantasie in eine heile Welt war Wiechert im Stande, auch die zerstörte Welt darzustellen, seinen Bericht über das Konzentrationslager niederzuschreiben und heimlich, in Ölpapier gewickelt, unter den Johannisbeerbüschen in seinem Garten zu vergraben, aus dem er dann nach dem Kriege ans Licht und in den Druck kam.[7] Das Buch erhielt den Titel *Der Totenwald.* Es soll »die Wahrheit, die reine Wahrheit, nichts als die Wahrheit« geben.[8] Es berichtet von Prügelexekutionen, Hungerrationen, unmenschlich harter Arbeit, von den ausgesuchten Folterungen für die Juden, auch für die alten und todkranken, von den Hunden, die die Ausbrecher hetzen, beschreibt, wie ein noch lebend Eingebrachter über den ganzen Appellplatz geschleift wird, »indes sein nach unten liegendes Gesicht über die Wurzelenden und Steine des zertretenen Bodens eine blutige Spur« zeichnet[9], wie taumelnd Entkräftete seitwärts erschossen werden – und versucht doch zugleich, all dies mit hohem Kunstanspruch aus individueller Mitte einem überindividuellen Sinnzusammenhang einzuordnen. Denn »der Verfasser dieser Erinnerungen [...] gehört zu den Menschen, die mit den Dingen des Lebens eine Verwandlung vornehmen müssen, um sie in sein Schicksal einordnen zu können. Nicht eine Verwandlung in eine andere Wirklichkeit, sondern in eine höhere Wahrheit, eben in die der Kunst.«[10]

Daraus resultiert bei Wiechert stilistisch eine gewollte epische Manier der Schlichtheit, die die meisten Eigennamen durch Antonomasie enthistorisiert, und inhaltlich die Anlehnung an die Bibel. Sie betrifft die Deutung der Verfolger wie der Verfolgten. »Hier wurde der Mensch getrieben, wie man ›Vieh mit dem Stecken treibt‹. Hier war das barbarische Zeitalter und das Reich des Antichrist.«[11] Die Stellvertreterfigur des Autors heißt wie der Vorbote Jesu Johannes, weiß sich wie dieser zum Leiden bestimmt und spricht sich und uns immer wieder zu, daß er es hinnehme, ja, daß er es segne, wie er alles Schicksal zu segnen versuche[12]: »Vielleicht war schon zuviel Sicherheit in seinem Leben gewesen, zuviel Ruhm, zuviel Leben im Schmerzlosen außer in der Phantasie. Und da das Schicksal mehr mit ihm gewollt hatte, hatte es ihn hierher geworfen, in den großen Tiegel der Qualen, und er würde nun zu zeigen haben, ob es ihm zum Segen geworden sei. Er wollte nichts missen davon.«[13] Wieder, wie in ›Einfaches Leben‹, erfindet Wiechert »in der Mitte« aller Vorgänge einen, der ja sagt.

Hans Mayer hat das Buch 1947 einmal mit Texten Thomas Manns und Hugo von Hofmannsthals verglichen und Wiechert als »Künder des halb wortlosen, tief innerlichen Leides« gewürdigt.[13a] Max Frisch hatte schon damals Vorbehalte gegen den verschwommenen Stil, die »Ausflucht ins Pathos« und den »Selbstgenuß der Trauer« – es »ekle« ihn »vor jenen Zeichnern, die mit dem Daumen über jeden Strich ihres Bleistiftes fahren, um ihn poetisch zu machen«.[13b]

Für uns ist dieses gespaltene Urteil kein Gegenstand der Auseinandersetzung mehr. Die gedanklichen und stilistischen Grenzen von Wiecherts Texten sind offensichtlich. Sie sind gleichwohl und vielleicht sogar wegen dieser Grenzen für unser Thema besonders aufschlußreich. So ist das Miteinander von Traumbuch und Lagerbericht paradigmatisch. Ihr Gegensatz, ihre gemeinsame Herkunft aus dem Schrecken der Zeit und ihre Konvergenz in der Bejahung des Erwünschten oder Verhängten weisen auf zwei Grundformen des Verhaltens zurück, die zugleich Schreibmotive sind. Sie treten in Zeiten ungewöhnlichen Wirklichkeitsdrucks besonders deutlich hervor und sind in den aktuell davon Betroffenen imaginativ vielleicht stärker, aber nicht prinzipiell anders wirksam als in denen, die sich erinnernd oder vorstellend daran arbeiten. Es sind Wunscherfüllung und Selbstbehauptung.

In der Wunscherfüllung balanciert sich der Phantasierende gegen die hoffnungslose oder hoffnungsarme Wirklichkeit, indem er in Ordnungen des Spiels oder der Musik oder in die Ferne von Erinnerung und Zukunft auswandert und seine Hoffnung anderswo unterbringt. Das Lebens- oder Sinndefizit wird kompensatorisch ersetzt, das Unstimmige wird nicht stimmig gemacht, sondern ferngerückt und durch Phantasiestimmigkeit aufgewogen. Das entlastet. Es hat eine therapeutische Wirkung: Es konnte buchstäblich, wie Sidra Ezrahi nach Viktor Frankl und Hillel Klein referiert, überleben helfen. »In the psychiatric literature survivers attest to the salutary effects of memory and fantasy in the struggle to overcome pain and degradation. Viktor Frankl maintains that it is the ›will-to-meaning‹ that can provide the strength to persevere.«[14]

In der Selbstbehauptung bewahrt sich der Schreibende gegenüber einer Wirklichkeit, die verstörend und dissoziierend in ihn hineinschlägt, indem er sie ins Auge faßt und sprachlich organisiert. Die Person, die sich bei extremer Erlebnisüberforderung als eine von außen und innen fremdbewegte, von außen der nackten Gewalt, von innen in Reiz-Reaktionsketten dem blinden Lebenswillen blind unterworfene erfährt, behauptet so ihren humanen Stand; sie setzt sich zur Wirklichkeit ins Verhältnis, stellt sich ihr entgegen und auf sich selbst – aber nicht auf sich selbst allein: das Kommunikationsmedium Sprache richtet den Schreibenden auch auf andere, denen er Zeugnis gibt; die Ordnungsmuster der

Sprache, die ihnen assoziierten Sinnvorgaben und die darin sedimentierten Traditionen öffnen die Beschreibung selbst des Ungeheuerlichen noch für die Inschrift einer Hoffnung, die den Schreibenden hält.

Die Motive Wunscherfüllung und Selbstbehauptung sind bei Wiechert deshalb so deutlich erkennbar, weil er sie auf entgegengesetzte Themenbereiche und verschiedene Bücher verteilt. Daß dies nicht so sein muß, läßt sich an Ilse Aichingers Roman *Die größere Hoffnung* zeigen. Er ist 1948 erschienen und aus der Nötigung eigenen Erlebens geschrieben: Er erzählt von Kindern, die »verflucht sind, geboren, gebrandmarkt und getötet zu werden«[15], von jüdischen Kindern unter nationalsozialistischer Herrschaft und damit von dem, was David Rousset »l'univers concentrationnaire« genannt und was Sidra Ezrahi als das »geschlossene System« des Holocaust beschrieben hat.[16] Den darin Eingeschlossenen konnte keine Leistung, keine Anpassung, kein Wohlverhalten, statt dessen allenfalls ein Organisationsfehler oder ein Irrtum helfen. Selbst der Stolz, sein Schicksal selbst gewählt zu haben – auf den sich zum Beispiel Ernst Wiechert wegen seines Eintretens für Martin Niemöller noch berufen durfte –, war den Rasseverfolgten entzogen: »Schuld ist, daß wir da sind«, sagen die Kinder in Aichingers Buch.[17] Sie warten am Fluß darauf, daß ein anderes Kind hineinfalle – damit sie es retten könnten – damit der Bürgermeister sie dafür belohne und das Todeszeichen der Aussonderung von ihnen nehme. Die Leiter der Hoffnungen ist hier zugleich eine Folge gestaffelter Versperrungen, wie wir sie von Kafka kennen. So unwahrscheinlich die ersehnte Vorbedingung, so aussichtslos ist die erwartete Konsequenz. Individueller Verdienst zählt so wenig wie individuelle Schuld. Gerade die Stigmatisierung und Tötung der *Kinder* zeigt es. Ihre exemplarische Bedeutung wird durch Erinnerung an den Bethlehemitischen Kindermord unterstrichen. *Herod's Children, Kinder des Herodes*, heißt der Titel der englischen Übersetzung des Buches. Es fängt so an:

Rund um das Kap der Guten Hoffnung wurde das Meer dunkel. Die Schiffahrtslinien leuchteten noch einmal auf und erloschen. Die Fluglinien sanken wie eine Vermessenheit. Ängstlich sammelten sich die Inselgruppen. Das Meer überflutete alle Längen- und Breitengrade. Es verlachte das Wissen der Welt, schmiegte sich wie schwere Seide gegen das helle Land und ließ die Südspitze von Afrika nur wie eine Ahnung im Dämmern. Es nahm den Küstenlinien die Begründung und milderte ihre Zerrissenheit.

Die Dunkelheit landete und bewegte sich langsam gegen Norden. Wie eine große Karawane zog sie die Wüste hinauf, breit und unaufhaltsam. Ellen schob die Matrosenmütze aus dem Gesicht und zog die Stirne hoch. Plötzlich legte sie die Hand auf das Mittelmeer, eine heiße kleine Hand. Aber es half nichts mehr. Die Dunkelheit war in die Häfen von Europa eingelaufen.

Schwere Schatten sanken durch die weißen Fensterrahmen. Im Hof rauschte ein Brunnen. Irgendwo verebbte ein Lachen. Eine Fliege kroch von Dover nach Calais.

Ellen fror. Sie riß die Landkarte von der Wand und breitete sie auf den Fußboden.[18]

Es ist ersichtlich, daß sich der Text an den eingangs zitierten Romanbeginn von Ernst Wiechert anlehnt. Die geographische Abbildung der Erde im Übergang von Tag und Nacht, das Arrangement der Lichtverhältnisse, die Beziehung von Innenraum und Außenwelt, die Zuordnung zur anwesenden Person sind in beiden Texten analog. Das ist auffallend. Ausgerechnet der Anfang eines Traumbuches, in dem sich die Autorenphantasie wirklichkeitsflüchtig alle Wünsche erfüllt, ist Vorbild für den Anfang eines Textes, der der Wirklichkeit der Verfolgung gewidmet ist, und, nach dem Wort der Verfasserin, darstellen soll, »wie es war«.[19] Die von Wiechert thematisch auseinandergehaltenen Motivkomponenten scheinen hier zusammenzukommen; die Komponente der Wunscherfüllung geht verwandelnd in die Thematik des Unheils ein – und verwandelt dabei freilich auch sich selbst. Denn die Darstellungsform, des Konnotationsfeld und die Realitätsebenen sind in beiden Texten verschieden. Wiechert hatte mit zeitlichen und räumlichen Dispositionen und der Einführung des Betrachters begonnen und anschließend beschrieben, was dieser sah. Die Gegenständlichkeit stand nicht in Frage.

Aichinger setzt ohne Vermittlung ein. Verben, Adverbien, Vergleiche geben den Dingen – den Verkehrs- und Küstenlinien, den Meeren und Inselgruppen – und vor allem der alles verschattenden Dunkelheit Eigenbewegung. Sie stehen in einem Kräftespiel. Es ist vielfältig in den Formen und beängstigend im Ergebnis. In allen Transformationen, ob als Meer, Karawane oder Flotte, ist es die Nacht, die heraufwächst. Der plötzliche Eingriff der kleinen Hand in das selbstbewegte Geschehen setzt Erscheinungen unterschiedlicher Art und extrem verschiedener Größenordnung in

Beziehung: »Plötzlich legte sie die Hand auf das Mittelmeer [...]. Aber es half nichts mehr.« Die Hierarchien der Erfahrung und die Gesetze der Logik scheinen darin aufgehoben. Und diese Aufhebung wirkt auch dann weiter, wenn man gewahr wird, daß die Kinderhand in den Vordergrund und in eine rekonstruierbare Situation gehört und daß diese Situation im Kontext einer Verfolgung steht, die Kindern mit falschen Großeltern kein Entkommen und kein Überleben lassen will. »Keines von ihnen hatte die Erlaubnis zu bleiben und keines von ihnen hatte die Erlaubnis zu gehen«.[20] Das ist die Aporie. »Die Schiffahrtslinien [...] erloschen. Die Fluglinien sanken [...] es half nichts mehr. Die Dunkelheit war in die Häfen von Europa eingelaufen.« Einerseits macht das Bild der globalen Verschattung die Aporie erst umfassend, andererseits spielt die metaphorische Kombination des Entlegenen, die Öffnung der Wirklichkeits- und Vorstellungsbereiche für einander auch schon in die Richtung ihrer möglichen Auflösung: Wenn kein Weg auf Erden ist, so ist doch einer, wo es keine Grenzen gibt, im Medium des Traums, der Phantasie und Poesie. Wenn jeder der vom Judenstern Gezeichneten früher oder später festgenommen, deportiert, totgemacht wird und die große Hoffnung auf Rettung unerfüllt bleibt, so bleibt doch eine größere Hoffnung, deren Ziel nur indirekt anzuzeigen und direkt nicht zu benennen ist.

Der Wunscherfüllungswunsch flieht damit nicht an der Wirklichkeit vorbei, sondern stößt sich von ihr ab. Das macht seine Einlösung zur Utopie: Aus der äußersten Entstellung erwächst die phantasierte Richtigstellung. Sie betrifft als der Vorschein des ganz anderen die menschlichen Verhältnisse und in der Form der Beschreibung eines individuellen Erkenntnisgewinns das menschliche Verhalten. Es ist aus der Perspektive der Opfer das Verhalten zum Unausweichlichen und der Glaube an die Möglichkeit seiner Transzendierung.

Erzähltechnisch wird diese Richtigstellung durch die Wahl einer verfremdenden Optik, durch die Transparenz der Phantasie- und Wirklichkeitsbereiche und durch eine Strategie semantischer Mehrfachbesetzungen erreicht. Der Erzähler macht sich die Sehweise der Kinder und die Durchlässigkeit ihrer Erlebniswelt für Träume und Spielwirklichkeiten zu eigen, ohne sich auf den kindlichen Erfahrungs- und Sprachhorizont einzuschränken. Diese Sehweise bringt die Normen der Erwachsenenwelt um ihre

Selbstverständlichkeit, kehrt sie um und enthält ein Moment der Zurechtweisung: »Wahrlich, ich sage euch: Wenn ihr nicht umkehret und werdet wie die Kinder, so werdet ihr nicht ins Himmelreich kommen« (Math. 18,3). Umkehrung und Umkehr sind geboten. Schon die Erzählform ist eine Botschaft. Ihr Inhalt wird über ein System von Chiffren angezeigt, die ein Potential mehrfacher Bedeutungen enthalten. Solche Chiffren sind Spiel, Grenze, Mitte, Weg, Brücke, Sprung, Stern; Friede und Zuhause, Heiliges Land und Jerusalem, Halten und Lassen – sämtlich dem Arsenal der Religions- und Philosophiegeschichte entstammend und hier für das Thema der großen und größeren Hoffnung funktionalisiert. Zum Beispiel:

»Grenze« ist zunächst Reichs- und Landesgrenze. Die ist zu. Visa werden nicht erteilt. Kein Land nimmt die Bedrohten noch auf. »Nicht der Süden und nicht der Norden, nicht der Osten und nicht der Westen, nicht die Vergangenheit und nicht die Zukunft«.[21] Sodann ist »Grenze« aber auch die Trennlinie zwischen Realitätszwang und Phantasiefreiheit, Angsterstarrung und Gelassenheit. »›Alles ist verloren, wir können nicht mehr über die Grenze!‹ ›Wir sind schon darüber‹, riefen die Kinder«[22], und sie meinen damit den Übertritt in ein Traum-Jerusalem, ein Heiliges Land, für das man nur sich selbst das Visum geben kann. Denn »nur wer sich selbst das Visum gibt, wird frei«[23], er weiß, daß man nur das besitzt, was man hergibt[24], daß der »Paß für die Ewigkeit« das Sein selbst ist.[25] Deshalb bezeichnet »Grenze« schließlich auch Ende, Anfang, Übergang von Erde und Himmel, Leben und Tod. »Da, wo die Linie zwischen Himmel und Erde läuft, da ist die Grenze«.[26] Zu ihr muß man allein.[27] Erst nach langem Anlauf kann man sie überspringen, wenn man sich selbst einholen, dem »Frieden« nach und »nach Hause« kommen will.

Das ist alles ein wenig zu leichthändig wie aus Fertigzeichen verbunden. Man sieht aber, was ihre Dechiffrierung den Verfolgten erbringen soll. Sie soll Hoffnung geben. Die Chiffren sagen, was der Engel in dem Weihnachtsspiel verkündet, mit dessen Aufführung sich die Kinder unmittelbar vor der Deportation aus ihrer Todesangst herausspielen: »Fürchtet euch nicht!«[28] Das ist der erste Inhalt ihrer Botschaft.

Der zweite Inhalt heißt: »Laßt euch frei«[29], indem ihr wählt. Er ist vor allem der Chiffre des Sterns anvertraut. Der ist zunächst das gelbe Brandmal der Verfolgung, der »aus einem handtellergroßen, schwarz ausgezogenen Sechsstern aus gelbem Stoff mit der schwarzen Aufschrift ›Jude‹« bestehende Judenstern, der laut Polizeiverordnung vom 1. 9. 1941 »sichtbar auf der linken Brustseite des Kleidungsstückes fest aufgenäht zu tragen war«[30]; sodann, über die individuelle Zueignung mit dem Possessivpronomen, der himmlische Wegweiser für den eigensten Weg, dem man folgen oder nicht folgen kann, und der Stern von Bethlehem, von dem man sich durch die Verfolger des Herodes ablenken oder nicht ablenken lassen kann. Die Emphase liegt auf der Freiheit in der Unfreiheit, der existentiellen Wahl in der Aporie. »Die Freiheit [...] ist dort, wo dein Stern steht«.[31] »Man hatte also zu wählen. Man hatte zu wählen zwischen seinem Stern und allen übrigen Dingen«.[32]

Um dies zu veranschaulichen, hat die Halbjüdin Aichinger ein halbjüdisches Kind ins Zentrum gestellt – welches, da es den Stern nicht zu tragen brauchte, die Möglichkeit hatte, ihn nach eigener Wahl anzulegen – und den Affront riskiert, es in einem Augenblick der Brücke entgegen in den Tod springen zu lassen, als die Vernichtungs- und Kriegszeit beinahe aus ist und um die Stadt schon gekämpft wird.

Sie »geriet in eine Wolke von beißendem Dampf und rieb sich die Augen. Blinzelnd nahm sie eine Menge hin- und herlaufender Gestalten wahr, Balken und Geschütze und das graugrüne, aufgewühlte Wasser. Hier war die Unordnung nicht mehr zu lösen. Aber dahinter wurde es blau.

Noch einmal hörte Ellen das grelle Schreien der fremden Soldaten, sie sah Georgs Gesicht über sich, heller und durchsichtiger, als es jemals gewesen war.

›Georg, die Brücke steht nicht mehr!‹

›Wir bauen sie neu!‹

›Wie soll sie heißen?‹

›Die größere Hoffnung, unsere Hoffnung!‹

›Georg, Georg, ich sehe den Stern!‹

Die brennenden Augen auf den zersplitterten Rest der Brücke gerichtet, sprang Ellen über eine aus dem Boden gerissene, emporklaffende Straßenbahnschiene und wurde, noch ehe die Schwerkraft sie wieder zur Erde zog, von einer explodierenden Granate in Stücke gerissen.

Über den umkämpften Brücken stand der Morgenstern.«[33]

Ein Lektor von heute hätte den letzten Satz streichen müssen. In diesem 35 Jahre alten Text der existentiellen Generalisierungen ist er am Platz. Wenn der vom Stern Gezeichnete im System der Unmenschlichkeit *nichts* ist, dann »bedeutet« der Stern, den er *gewählt* hat und dem er folgt: »alles«, »Das bedeutete der Stern: alles!«[34]

Umfassender kann die Sinnzuschreibung nicht sein. Wie in der Hoffnungs-Philosophie von Bloch, so sind in diesem Hoffnungs-Roman die sinnbildlichen Schlüsselwörter so gewählt, daß der Reichtum der darin niedergeschlagenen Tradition ins Leere und Bodenlose umschlagen kann. Sie sagen nichts, wenn man sie nicht aus ihrem Kontext spezifiziert. Bloch: »Das Alles im identifizierenden Sinne ist das Überhaupt dessen, was die Menschen im Grunde wollen«.[35] »Das Leben des Jetzt [...] ist noch nicht vor sich selbst gebracht [...] Woraus auch das Seltsame aufgeht, daß noch kein Mensch richtig da ist, lebt«.[36] »Von früh aus will man zu sich«.[37] »Jesus hatte den Sprung verlangt«.[38] »Dieses Intendieren auf einen Stern [...] gegen die Empirie [...] ist der einzige Weg, noch Wahrheit zu finden«.[39]

Die Notwendigkeit dieser Chiffrenrede ergibt sich aus der Notwendigkeit, die Utopie offenzuhalten. Wenn sie nicht durch Fixierung ihren eigenen Charakter verlieren und erneut gefangennehmen soll, kann sie nicht, mimetisch, abgebildet, sondern nur, deiktisch, bedeutet werden. So deutet die Bewegung des Komparativs im Titel der »größeren Hoffnung«, so weisen auch die Schlußbewegungen der vom diesseitigen Ufer aus neu zu erbauenden Brücke, des Aufblicks zum Stern und des Sprungs hinüber in ein ANDERES, in dem alle Not ein Ende hat, an dem aber alle, die wie die Kinder die Welt mit umkehrendem, richtigstellendem Blick sehen, auch *in* der Not selber schon Anteil haben. Auf diese wunscherfüllende, Selbstbehauptung ermöglichende Teilhabe kommt es Aichinger an. Im Unterschied zum Zielsog des Noch-nicht im utopischen Denken von Bloch ist hier die *Gewißheit* der Wunscherfüllung Wunscherfüllung schon selber. Denn kein Wunsch ist hier, in dem einmal gegebenen Rahmen, größer und dringender als der der Selbstbehauptung, »Haltung, knapp vor dem Unfaßbaren«.[40] Diese Haltung ist der Protest des Individuums gegen die Anonymität der Gewalt und die Anonymisierung des Sterbens und das Ergebnis eines Vorgangs, der ganz dem Inneren des Einzelnen anvertraut ist. Für dieses Innere und Individuelle steht der Traum.

»Träume bewahren die Welt vor dem Untergang«.[41] »Vielleicht im Traum / schenkt Gott euch / was ihr suchen gingt«, wird den

Kindern vom Engel im Spiel verheißen.[42] Den Uniformierten, den Verfolgern, die als die eigentlich Gehetzten, Verirrten und Verängstigten erscheinen, wird Träumen ausdrücklich verboten. Im Traum, der die Werte der Tagwelt entsichern und umkehren kann, wird die Sicherheit einer neuen Hoffnung empfangen, die sich in der Tagwelt bewährt. Das heißt aber: Diese Hoffnung ist nicht nur – ich zitiere Bultmann – »tröstender Traum der Phantasie, der die Not vergessen macht«, sondern etwas, auf das man »sein Leben [...] stellt« und das »von der Angst befreit«[43]; sie ist religiöser Art.

Die Worte ›Jesus‹ und ›Christus‹ kommen in Aichingers Text nicht vor; auch in der Weihnachtsgeschichte ist nur von »dem Kinde« die Rede. Beschrieben ist die Verfolgung von Juden. Trotzdem ist die darin chiffrierte Hoffnungsbotschaft aufgrund ihrer Innerlichkeit und Individualität wohl eher christlich als jüdisch zu nennen. Das zeigt sich an den Momenten der Umkehr und der Erlösung.

Rosenzweig hat pointiert: »Daß der Begriff der Buße, der hebräisch durch ›Rückkehr‹, ›Umkehr‹, ›Wiederkehr‹ wiedergegeben wird, daß also dies hebräische Wort ›Teschubah‹ im Neuen Testament μετανοια heißt, das ist einer der Punkte, wo die Weltgeschichte im Wörterbuch steht«[44]; μετανοια heißt ›Umsinnung‹. Und Scholem erinnert daran, daß das Christentum Erlösung »als Vorgang im geistigen Bereich und im Unsichtbaren« begreift, als Vorgang, »der sich in der Seele, in der Welt jedes einzelnen abspielt, und der eine geheime Verwandlung bewirkt, der nichts Äußeres in der Welt entsprechen muß.« Demgegenüber habe das Judentum, »in allen seinen Formen und Gestaltungen, stets an einem Begriff von Erlösung festgehalten, der sie als einen Vorgang auffaßte, welcher sich in der Öffentlichkeit vollzieht, auf dem Schauplatz der Geschichte und im Medium der Gemeinschaft, kurz, der sich entscheidend in der Welt des Sichtbaren vollzieht und ohne solche Erscheinung im Sichtbaren nicht gedacht werden kann«.[45] In diesem Sinne sucht Stefan Heyms Ahasver in dem gleichnamigen Roman den Reb Joshua aus Nazareth, von dem »eine große Hoffnung« ausgeht[46], zu bewegen, das Unterste zuoberst zu kehren, die Menschen frei zu machen, »das wahre Reich Gottes zu errichten«, und wendet sich zornig und enttäuscht ab, als er hören und ernst nehmen muß: »Mein Reich ist nicht von dieser Welt«.[47] Es ist die Abwendung des Ewigen Juden von dem, der für die Christen der Christus ist.

Was ist aber die Umkehr der jüdischen Kinder bei Aichinger und die Umkehrung ihrer Welt anderes als ›Umsinnung‹ und Umwertung im unsichtbaren Reich der Phantasie? Was konnte sie anderes sein? Da doch der Deutsche des Juden, der Mensch des Menschen Wolf blieb, da in der sichtbaren Welt nichts Unteres zuoberst gekehrt wurde?

Hierin hat das, was Traum und Phantasie für den ausweglos Bedrängten leisten, seine unvermeidliche Grenze: Es muß nicht nur, eben unvermeidlicherweise, alles lassen, wie es ist, es verweigert auch – gerade in der Verwendung religiöser Traditionen – jede Auskunft über die Gründe.

Ich will das mit einem abschließenden Blick auf Nelly Sachs erläutern. Ihre Texte sind mit der Vielseitigkeit ihrer Sternmetaphorik, mit dem wiederkehrenden Thema des Kindermordes, mit der Tendenz zur spirituellen Verwandlung der Welt, dem Verzicht auf Worte des Hasses und der Anklage und der Grundintention, »das Unsägliche auf eine transzendente Ebene zu ziehen, um es aushaltbar zu machen«[48], Aichingers lyrischem Roman eng verwandt. Nelly Sachs hat als Person vollzogen, was dem Kind Ellen bei Aichinger in der poetischen Phantasie ihrer Autorin geschenkt wurde: die bewußte Wahl einer jüdischen Identität. Und sie hat keinen Widerspruch darin gesehen, ihre jüdische Leidenszugehörigkeit dichterisch auch mit Hilfe christlicher Zeichen zu formulieren. Ich gebe ein einziges Beispiel und unter Vernachlässigung aller gattungsspezifischen Unterschiede einen fragmentarischen Kommentar.

Stimme des Heiligen Landes[49]

O MEINE KINDER,
Der Tod ist durch eure Herzen gefahren
Wie durch einen Weinberg, –
Malte *Israel* rot an alle Wände der Erde.

Wo soll die kleine Heiligkeit hin
Die noch in meinem Sande wohnt?
Durch die Röhren der Abgeschiedenheit
Sprechen die Stimmen der Toten:

Leget auf den Acker die Waffen der Rache
Damit sie leise werden –
Denn auch Eisen und Korn sind Geschwister
Im Schoße der Erde –

Wo soll denn die kleine Heiligkeit hin
Die noch in meinem Sande wohnt?

Das Kind im Schlafe gemordet
Steht auf; biegt den Baum der Jahrtausende hinab
Und heftet den weißen atmenden Stern
Der einmal Israel hieß
An seine Krone.
Schnelle zurück, spricht es
Dorthin, wo Tränen Ewigkeit bedeuten.

Das Heilige Land spricht seine Kinder als die getöteten Kinder Israels an, deren Blutinschrift an allen Wänden der Erde mahnt, erinnert mit dem hervorgehobenen Namen ›Israel‹ an die Gottverbundenheit des von ihm auserwählten Volkes, fragt zweimal, wie sich der Niederschlag dieser Verbundenheit, der dem ehemals jüdischen Land verblieben ist, auszuwirken habe: »Wo soll die kleine Heiligkeit hin / Die noch in meinem Sande wohnt?«, und gibt zwei Antworten wieder.

Die erste ist eine Aufforderung mit Begründung. Sie kommt von den Toten. Sie gebieten Versöhnung und Frieden im Sinne von Jesaja 2,4. Die zweite Antwort ist eine Gebärde. Sie ist als Vorgang einfach, kombiniert aber sehr Verschiedenes. Das im Schlaf gemordete Kind läßt – wie Aichingers Roman – an die aus Angst vor dem König der Juden ermordeten Kinder denken und weist damit in den Zusammenhang der Weihnachtsgeschichte. Auch der sterngekrönte Baum erlaubt eine Erinnerung daran.[50] Die Auferstehung des im Schlaf gemordeten Kindes, die den Tod überwindet, rückt Weihnachts- und Ostergeschehen eng zusammen und bildet auch die Bewegung des niedergebeugten Baumes vor. Das Kind steht auf, der Baum schnellt zurück. Beides sind Bewegungen und Signale der Hoffnung. »Ein Baum hat Hoffnung«, sagt Hiob (14,7). (Vielfach wird berichtet, daß es in Ghettos und Lagern Bäume nicht geben durfte.) Das Muster des dargestellten Vorgangs finden wir in einer Jesuslegende, die Nelly Sachs in der Fassung von Selma Lagerlöf kannte: Das Jesuskind hilft seinen hungernden und dürstenden Eltern auf der Flucht nach Ägypten. Durch einfache Anrede veranlaßt es eine Palme, sich erst herniederzubeugen, so daß sich Maria und Joseph von den Früchten sättigen können, und sich dann wieder aufzurichten.[51] Im Gedicht wird freilich dem Baum nichts genommen, sondern etwas gegeben, und der Sinn des Baumes selbst wird dabei verändert. Er kommt als »Baum der Jahrtausende« aus dem Sinnbereich der Geschichte und ragt nun, mit dem Stern versehen, ins Ewige.

Die Einkreuzung christlicher Bildbezüge in die Thematik jüdischen Leids ist demnach Zeichen einer Enthistorisierung der konkreten Erfahrung, die dem Text vorausgeht und zugrunde liegt, und damit auch Zeichen ihrer Universalisierung. So ist der lebendig atmende Stern, »der einmal Israel hieß«, nicht mehr nur Israel, nicht mehr nur Sinnbild des auserwählten, von allen anderen unterschiedenen jüdischen Volkes und seiner Kollektivgeschichte, sondern mehr: Er scheint überall hin – so wie die Leidensschrift an alle Wände der Erde gemalt ist – und steht über der Zeit. Es sind Leid und Trauer, die ihn der Ewigkeit und der Menschheit verbinden. Da soll die kleine Heiligkeit des Heiligen Landes hin: auf die Erde, auf die man die Waffen der Rache niederlegt, und an den Himmel, wo das Leid Israels unverloren ist.

Nelly Sachs schrieb »aus dem furchtbarsten Anlaß der Welt«[52], sie »schrieb, um überleben zu können«[53], und sie hat, vielleicht auch um überleben zu können, nicht nur im Gedicht an der Möglichkeit einer spirituellen Verwandlung der Welt aus dem Inneren festgehalten. »Von Ängsten und Zweifeln geplagt«, heißt es in ihrer Friedenspreisrede, gilt es »zu suchen, wo vielleicht weit entfernt, aber doch vorhanden, eine neue Aussicht schimmert, ein guter Traum, der seine Verwirklichung in unseren Herzen findet.«[54]

Spätestens hier ist nun aber die hermeneutische Ebene zu durchbrechen und zu fragen, wie wir – wir selber – zu diesen Prämissen stehen: daß eine spirituelle Verwandlung der Welt angezeigt und ein guter Traum zu suchen sei, der seine Verwirklichung in unseren Herzen findet. Die Frage impliziert, daß es methodisch nicht ausreicht, Texte, die von solchen Prämissen bestimmt sind, im Sinne dieser Prämissen zum Verständnis zu bringen und allenfalls nach ihrer sprachlichen Stimmigkeit zu bewerten, daß der furchtbarste Anlaß der Welt auch uns fordert, daß sein alle Fassungskraft übersteigendes Ausmaß nicht seine Einmaligkeit garantiert, daß deshalb Literatur über diesen Gegenstand zu seinen historischen und sozialpsychologischen Determinanten und ihren potentiellen und aktuellen Verlängerungen in Verhältnis zu setzen ist.

Daraus ergibt sich eine gespaltene Bewertung. Sie beginnt mit Kritik. Die spirituelle Verwandlung der Wirklichkeit in der Literatur der größeren Hoffnung rückt uns die unverwandelte Wirklichkeit aus den Augen. Sie wird einem zeitlosen Paradigma der Verfolgungsgeschichte oder der individuellen Erlösung in einer unerlösten Welt eingeformt, in dem sich Henker und Opfer gegenüberstehen: als Werkzeuge des Antichrist und Märtyrer (bei Wiechert) oder als verirrte Verfolger und zurechtgewiesene Verfolgte (bei Aichinger). Die erste Paarbildung nährt die Annahme, »das Unmenschliche geschehe eben durch Unmenschen, nicht durch uns und unseresgleichen«, wie Reinhard Baumgart bemerkt hat.[55] Die zweite Paarbildung enthält eine schlimme Wahrheit. Denn Verfolger und Verfolgte haben in der Regel ihre Position nicht gewählt, und sie könnten sie, abstrakt gesprochen, auch vertauschen. Wir erfahren aber aus unseren Texten nichts über die Gründe. Die Bedingungen von Feindprojektionen und Ausgrenzungen kommen nicht vor. Innerweltlich erscheint das Geschehen als unbegreiflich. Es ist Fügung oder Schicksal und als solches nur einer individuellen Sinngebung zugänglich. (Dies ist der Euphemismus meines Untertitels »Jüdisches Schicksal«.) Der *Tod in Auschwitz* und der *Tod in Venedig* werden so, nach Jean Amérys bösem Wort[56], kommensurabel gemacht. Was im Abgrund dazwischenliegt, ist die Geschichte. Und weil *sie* übersprungen wird, ist die vorgeschlagene Therapie des Unheils nicht anwendbar – die Suche nach einem guten Traum, der seine Verwirklichung in unseren Herzen findet, ebensowenig wie die von Wiechert empfohlene »Erziehung des Menschengeschlechts«, die bei ihm alle aufklärerischen Impulse eingebüßt hat.[57]

Deutsche Leser nach dem Krieg allerdings haben dies dankbar gelesen.[58] Es machte sie zu Agenten eines transzendenten Sinnzusammenhangs und entlastete von kollektiver Scham. Die Literatur der Geschichtslosigkeit hatte da ihre geschichtliche Stunde, in der sie sich mit der konfessionellen Variante der Literatur der

›Inneren Emigration‹ und mit der Literatur des popularisierten Existentialismus zusammenfand. Freiheit bewährte sich gerade in der Unfreiheit, Gefangenschaft war die Bedingung für Autonomie, Todesangst für Sinnerkenntnis, große Hoffnungslosigkeit für größere Hoffnung, Schicksal wurde zum Segen, Unheilsgeschichte zum Stern.[59] Beschwichtigung, Vertröstung und Trost, Flucht- und Hoffnungstraum gingen ineinander über. Deshalb ließ sich und läßt sich mit dieser Literatur, trotz ihrer utopischen Züge, auch Ideologie bedienen.

Das ist die Kritik. Sie nimmt die Texte ernst, nimmt eine politische Wertung in die ästhetische Wertung hinein, ist aber nicht in die Vorschrift einer neuen normativen Poetik umzudrehen – wie wenn der Seufzer der bedrängten Kreatur seine eigene Analyse immer schon mitliefern müßte, wie wenn die Autoren gefälligst anders hätten schreiben sollen, als sie geschrieben haben. Auch das wäre unhistorisch, und natürlich wäre es anmaßend. Es sind die notwendigen und, autorbezogen, legitimen Grenzen der Literatur der größeren Hoffnung, die sie für ideologischen Mißbrauch disponibel machen.

Wenn die Texte bewegend sind, dann deshalb, weil sie den Autoren an ihrem Ort, innerhalb ihrer Bewußtseinsform und ihrer Grenzen überleben und standhalten halfen. Insofern konnten sie, wie Jakob der Lügner bei Jurek Becker, »mit Worten Hoffnung machen«.[60] Das ist es, was Literatur auch in Extremlagen sagt. There will be another morning.[61]

Wir wollen es hoffen. Und wir wollen, wenn es geht, auch etwas dafür tun.

Anmerkungen

1 Die Texte sind in der wissenschaftlichen Literatur zum Teil untersucht und ansatzweise nach Stoffen, Figurentypen, Themenaspekten, Fiktionalitätsstufen, Wertungsmustern systematisiert worden. Mit Dank seien erwähnt: Nancy A. Lauckner, *The Image of the Jew in the Postwar German Novel*, Diss., Wisconsin 1971 (Mikrofilm); dies., *The Jew in Post-War German Novel. A Survey*, in: Leo Baeck Institute Year Book 20, London 1975, S. 275-291; Lawrence L. Lan-

ger, *The Holocaust and the Literary Imagination,* New Haven und London 1975; Jean-Paul Bier, *Auschwitz et les nouvelles littératures allemandes,* Brüssel 1979; Sidra Dekoven Ezrahi, *By Words alone. The Holocaust in Literature,* mit einem Vorwort von Alfred Kazin, Chicago und London 1980.

2 Ilse Aichinger, *Die größere Hoffnung,* Amsterdam 1948. – Hier benutzt in der revidierten Ausgabe: Frankfurt/M. 1960 (Fischer-Taschenbuch 327). Dazu Langer [vgl. Anm. 1], S. 126.

3 Ernst Wiechert, *Das einfache Leben,* München 1939. – Hier benutzt in der Ausgabe: E. W., *Sämtliche Werke in 10 Bd.,* Wien, München, Basel 1957, Bd. 4, S. 359-361; 363.

4 *Jahre und Zeiten,* in: SW 9, S. 204.

5 Ebd., S. 688 f.

6 *Das einfache Leben,* in: SW 4, S. 435.

7 *Jahre und Zeiten,* in: SW 9, S. 697.

8 *Der Totenwald,* in: SW 9, S. 329.

9 Ebd., S. 308.

10 Ebd., S. 329.

11 Ebd., S. 205.

12 *Jahre und Zeiten,* in: SW 9, S. 681.

13 *Der Totenwald,* in: SW 9, S. 327.

13a Hans Mayer, *Zwei Bücher von Ernst Wiechert,* in: H. M. und Stefan Hermlin: *Ansichten über einige neue Schriftsteller und Bücher,* Wiesbaden 1947, S. 62, 67. Zit. bei Volker Wehdeking, *Der Nullpunkt. Über die Konstituierung der deutschen Nachkriegsliteratur (1945-1948) in den amerikanischen Kriegsgefangenenlagern,* Stuttgart 1971, S. VIII.

13b Max Frisch, *Stimmen eines anderen Deutschland?* in: Neue Schweizer Rundschau 13 (1946), S. 537-547. Wehdeking [Anm. 13a], S. VIII f.

14 Ezrahi [vgl. Anm. 1], S. 81. Dazu Charlotte Beradt, *Das Dritte Reich des Traums,* München 1966; Langer [vgl. Anm. 1], S. 44 ff., 136.

15 Aichinger, S. 96.

16 David Rousset, *L'univers concentrationnaire,* Paris 1946; Ezrahi, S. 10 f, 128.

17 Aichinger, S. 35.

18 Ebd., S. 5.

19 Ilse Aichinger im Gespräch mit Dagmar Lorenz am 5. 8. 1976. Dagmar C. G. Lorenz, *Ilse Aichinger,* Königstein/Ts. 1981, S. 1.

20 Aichinger, S. 5.

21 Ebd., S. 41.

22 Ebd., S. 56.

23 Ebd., S. 13.

24 Ebd., S. 97.

25 Ebd., S. 54.
26 Ebd., S. 50.
27 Ebd., S. 182.
28 Ebd., S. 93.
29 Ebd., S. 142.
30 *Der Nationalsozialismus. Dokumente 1933-1945*, hg. v. Walther Hofer, Frankfurt/M. 1979, S. 297, Nr. 171,
31 Aichinger, S. 83.
32 Ebd., S. 73.
33 Ebd., S. 187.
34 Ebd., S. 83.
35 Ernst Bloch, *Das Prinzip Hoffnung*, Frankfurt/M. 1959 (Gesamtausgabe, Bd. 5,1), S. 368; Bd. 5,2., S. 1088.
36 Ebd., Bd. 5,1., S. 341.
37 Ebd., Bd. 5,2., S. 1089.
38 Ebd., Bd. 5,1., S. 583.
39 Ernst Bloch, *Geist der Utopie* (Gesamtausgabe, Bd. 3), Frankfurt/M. 1964, S. 260.
40 Aichinger, S. 93.
41 Ebd., S. 52.
42 Ebd., S. 94.
43 Rudolf Bultmann, *Der alttestamentarische Hoffnungsbegriff*, in: *Theologisches Wörterbuch zum Neuen Testament*, Bd. 2, hg. v. G. Kittel, Stuttgart 1935. Artikel ἐλπίς, S. 519 f.
44 Franz Rosenzweig am 4. 11. 1913 an Rudolf Ehrenberg, in: *Briefe*, unter Mitwirkung von Ernst Simon ausgewählt und hg. v. Edith Rosenzweig, Berlin 1935, S. 78.
45 Gershom Scholem, *Zum Verständnis der messianischen Idee im Judentum*, in: G. S., *Judaica*, Frankfurt/M. 1963, S. 7 f. Dazu K. H. Rengstorf, *Die Hoffnung im rabbinischen Judentum*, in: *Theologisches Wörterbuch* [vgl. Anm. 43], S. 521.
46 Stefan Heym, *Ahasver*, München 1981, S. 53.
47 Ebd., S. 47.
48 Nelly Sachs, *Anhang zu ›Eli‹*, in: N. S., *Zeichen im Sand. Die szenischen Dichtungen der Nelly Sachs*, Frankfurt/M. 1962, S. 345.
49 Das Gedicht ist der letzte Text der Sammlung *In den Wohnungen des Todes*, die zuerst 1947 in Ost-Berlin erschienen ist. Hier zitiert nach: *Fahrt ins Staublose. Die Gedichte der Nelly Sachs*, Frankfurt/M. 1961, S. 68.
50 In diesem Zusammenhang ist die Auskunft von Interesse, daß man sich in Nelly Sachs' Berliner Elternhaus »nach den Feiertagen des christlichen Kalenders gerichtet zu haben« scheint; »für die Dienstmädchen wurde alljährlich ein Weihnachtsbaum aufgestellt«. – Erhard Bahr, *Nelly Sachs*, München 1980 (Autorenbuch 16), S. 34.

51 Selma Lagerlöf, *Christuslegenden,* Leipzig 1933, S. 51-59. Die Legende ist im Pseudo-Matthäus überliefert. Sie wurde u. a. auch von Hrotsvith von Gandersheim und Rainer Maria Rilke verwendet. – *Evangelia Apocrypha,* ed. C. v. Tischendorf, Leipzig ^{2}1876, S. 51-112; *Hrotsvith von Gandersheim Historia nativitatis laudabilisque conversationis intactae Dei genitricis,* in: *Hrotsvitae opera,* ed. Paul Winterfeld, Berlin 1902, S. 5-29; R. M. Rilke, *Sämtliche Werke,* hg. v. Rilke-Archiv in Verbindung mit Ruth Sieber-Rilke, besorgt durch Ernst Zinn, Frankfurt 1955, Bd. 1, S. 674 f. – Die »Stimme des Heiligen Landes« zeigt, daß Erhard Bahr im Irrtum ist, wenn er »christliche Motive« in der Lyrik von Nelly Sachs erst »seit 1957« auftreten sieht (E. Bahr [vgl. Anm. 50], S. 114).

52 Nelly Sachs am 24. 2. 1967 an Robert Kahn. Unveröffentlichter Brief im Nelly-Sachs-Archiv der Königlichen Bibliothek in Stockholm. Zitiert bei E. Bahr, S. 48.

53 Olof Lagercrantz, *Versuch über die Lyrik der Nelly Sachs,* Frankfurt/M. 1967, S. 43; *Das Buch der Nelly Sachs,* hg. v. Bengt Holmqvist, Frankfurt/M. ^{2}1977, S. 28 f. Zitiert bei E. Bahr, S. 48.

54 *Nelly Sachs. Ansprachen anläßlich der Verleihung des Friedenspreises des Deutschen Buchhandels,* Frankfurt/M. 1965. Zitiert bei E. Bahr, S. 58.

55 Reinhard Baumgart, *Unmenschlichkeit beschreiben. Weltkrieg und Faschismus in der Literatur,* in: Merkur 12 (1965), S. 37-50, hier S. 50.

56 Jean Améry, *Jenseits von Schuld und Sühne,* München 1966, S. 33. Dazu Langer, S. 71.

57 Ernst Wiechert, *Jahre und Zeiten,* in: SW 9, S. 310, 317.

58 Ich sehe von den nationalkonservativen Vorbehalten ab, die sich gegen jüdische Stimmen von vornherein und selbst noch gegen Wiechert versperrten, da er »sich zuletzt mit richterlicher Anklage seinem Volk entfremdet« habe – so Hermann Pongs, *Das Kleine Lexikon der Weltliteratur,* Stuttgart 1958, S. 1611.

59 Dazu Karl August Horst, *In extremis,* in: Merkur 6 (1952), S. 93-96.

60 Jurek Becker, *Jakob der Lügner,* Neuwied und Berlin 1970, S. 184.

61 Zdena Berger, *Tell Me Another Morning,* New York 1961. Dazu Ezrahi, S. 71 f.

Der hier anhangsweise mitgeteilte poetische Essay des auch deutsch schreibenden hebräischen Schriftstellers Elazar Benyoëtz gehörte nicht zum Programm des Symposions. Dessen Teilnehmer haben ihn jedoch, zuhörend, am letzten gemeinsamen Abend in Jerusalem kennengelernt und ihn als auf seine Weise zur Sache gehörig verstanden. Deshalb nehmen die Herausgeber ihn auf in diesen Band.

Elazar Benyoëtz

Letzte Morgenstunden der Aufklärung

Oder
Goethes ganz privater Ahasver

Das Futteral

Ein gutaussehender junger Römer von etlichen zwanzig Jahren, auf der Höhe seiner schon sehr morschen Zeit stehend, ob er wirklich Menophilus hieß? Für diesen Augenblick wollen wir Martial Glauben schenken, obwohl er uns hauptsächlich seine Verwunderung über jenen Mann überlieferte, den er zu kennen also vermeinte.

Was mochte einem jungen, geistreichen Römer anno 70 anders auch frommen, als im Rausch des mitreißenden Verfalls überall dabei zu sein? Ein solcher Dabeiseiender wird Menophilus gewesen sein, ein Mann ohne Eigenschaften, wie nicht anders zu erwarten und wie es sich auch geziemt, wenn man sich hüten muß, sein bestimmtes Dasein zu bezeugen. Eben das mochte er nicht: sein ihm Bestimmtes als das ihn Bestimmende zu bezeugen. Er wäre demnach und er war demzufolge Jude; ein gewitzter, dürfen wir annehmen, der selbst gern in Sentenzen sprach und jedenfalls zum vielschneidigen und auch etwas zwielichtigen Epigrammatiker neigte. Genug, sie waren Freunde, sie spielten und badeten zusammen, und besonders im Zusammenbaden, will uns scheinen, bekundete sich der tiefe Wunsch des Geistvollen, als Jude unterzutauchen. Es half nichts; eines Tags entpuppte sich der Spielgefährte und wurde dem Spott ausgesetzt; den Freund aber schonte Martial, er deckte ihn mit dem Namen – Menophilus:

Menophilus sah ich ein Futteral,
Ein großes, um sein Glied benützen.
(Wir baden zusamm). Ich dachte jedesmal,
Er tu' es, sich vor Heiserkeit zu schützen.
Doch einmal bei dem Spiel – er war nicht auf der Hut –
Glitt ab das Futteral – und sieh: er war ein Jud.

Der Beschnittene

Daß der ›preußische Horaz‹, Karl Wilhelm Ramler, von manchen der ›deutsche Martial‹ genannt wurde, ist uns nicht mehr begreiflich, hatte aber seinen guten Grund und sei es auch nur darin, daß er Herausgeber Martials war: eine Tat mit Folgen, aber auch eine, die schon unter jüdischer Mitwirkung stattfand. Ramler selbst war weder bissig noch schneidig, obwohl er bekanntlich die große Schere führte. Von seinen Freunden hieß der eine Gotthold Ephraim, der andere Ephraim Moses und ein dritter bloß Moses. Über das erste Auftreten des Letztgenannten schrieb J. W. L. Gleim an J. P. Uz – es war im Jahre 1755:

Der Verfasser der Philosophischen Gespräche und des Werkchens über die Empfindungen ist kein erdichteter, sondern ein würklicher Jude, noch sehr jung und von einem trefflichen Genie. [...] Sein Name ist Moses. Maupertuis hat von ihm gescherzt, es fehle ihm, ein großer Mann zu sein, nichts als ein wenig Vorhaut;

und im November des gleichen Jahrs schreibt Sulzer an Bodmer:

Durch ihn [Lessing] habe ich einen ebräischen Jüngling kennen gelernt, einen starkdenkenden Kopf [...] Dieser Beschnittene soll mir Ramlern, den ich selten sehe, zehnfach ersetzen.

Ob Jude, ob Ebräer, in jedem Fall Moses und also ein Beschnittener.
Im Morgenrot der Aufklärung, in Deinen Toren, Berlin – ohne Futteral!

Man erinnert sich noch: Lessing und Mendelssohn scherzen miteinander beim Schachspiel und machen Ernst mit deutscher Literatur; erste ›kritische Waffengänge‹, eine Freundschaft, in der sich ein Gründungsakt verbarg, der verdient hätte, über die

Literatur hinauszuwachsen. Es war erst ein Vorspiel, und es war nicht wenig, daß dieses einer Welt vorgespielt werden konnte, die willens zu sein schien, sich von Grund auf zu erneuern.

Hier war ein Mann, der Moses hieß und als wirklicher Jude, während der Morgenstunden der Aufklärung, unantastbar war. Erfüllt vom Traum einer Menschenverbrüderung stand er, ein zeugungsfähiger Geist, auf der Höhe seiner Zeit: Meister zweier Sprachen, Baumeister zweier Literaturen, schon weithin, bald weltweit sichtbar, und dieser Welt von nun an als »deutscher Jude« Modell stehend.

Mendelssohn

Dreizehn Jahre nach seinem ersten Auftreten war das Werk bereits mit seinen Farben gefärbt, durch seinen Namen gestärkt und fast verbürgt. Berlin – das war schon Residenz des Weltweisen – und des ›Dessauers‹. Mendelssohn hieß die Hoffnung, und diese schien greifbarer denn je, greifbar wie sonst keine. Zahllos war die Schar derer, die seine Schwelle betraten, die meisten namenlos und arm, keiner von ihnen ging ohne Hilfe aus, von manchen, die da kamen, reden wir noch heute. Von einem wollen wir heute reden. Er stammte aus Litauen und traf, über Königsberg kommend, 1768 in Berlin ein. Eine Gottheit, sagte er, »empfahl seine Jugend dem Schutz des durch Weltweisheit Verewigten«. Durch Scharfsinn wird sich dieser junge Mann kaum hervorgetan haben; dies wäre allerdings auch gar nicht leicht gewesen, denn Menschen ohne Scharfsinn suchten den oft vergeblichen, immer kummervollen Weg nach Berlin nicht. Die Nachrichten über ihn sind spärlich, doch besitzen wir von ihm – er hieß Issachar, auch Falkensohn – ein Porträt aus Karl Lessings Hand; es ist ein frühes, seltenes Bildnis eines Ostjuden im Augenblick seiner Verwandlung, das Tor zur neuen Welt aufstoßend, zugleich das Bild einer sich unter allen Verwandlungen treubleibenden Frömmigkeit, ob sie sich nun gen Osten wendet im Gebet oder wißbegierig nach Westen. Am 11. Juli 1771 schreibt Karl Lessing aus Berlin an seinen Bruder:

Ich konnte anfangs wenig mit ihm sprechen, denn er verstand kein Wort Deutsch, da er aber zugleich Lateinisch lernte, so verlangte ich von ihm, mir etwas aus einem deutschen Schriftsteller ins Lateinische zu übersetzen, und siehe, er brachte mir einen ganzen Act aus der Wieland'schen Übersetzung des »Romeo«. Freilich war die Übersetzung toller als meine Verwunderung, und ich konnte nicht anders, als ich mußte seine Kühnheit mehr für Unkunde als für Genieäußerung halten. Aber ich sah mich bald betrogen. Jetzt schreibt er ziemlich gut deutsch, versteht ein lateinisches und französisches Buch, und ist in der Mathematik, Philosophie und Medicin kein Fremdling. Wenn er so fortfährt, kann er es weit bringen. Frau und Kinder hatte er schon, als er nach Deutschland kam.

Zwanzig Jahre später wird dieses Bild, zur Selbstdarstellung gereift und gleich schon monumental, in Salomon Maimons Lebensgeschichte wahrzunehmen sein. Der Mann, von dem hier die Rede ist, war aber kein Philosoph, kein Original und kein Sonderling; er war der erste jüdische *Lyriker* deutscher Zunge, der erste *deutsch*-jüdische Dichter.

Falkensohn

Lehrjahre der Aufklärung. Die Sprache, deutsch und weltbegierig geworden, traut ihrem eigenen Gehör noch nicht ganz; sie steht zögernd vor dem Eingang zu ihrem Sinnesreichtum. Lessing ist gerade dabei, mit seinem *Laokoon* ihr auch noch sein Auge einzuschärfen. Hier eine Momentaufnahme von jener Sprachstunde:

In dem ich mein Auge und Ohr mit Gedanken öffne, so strömen durch diese Eingänge die Vergnügungen von tausend Seiten meiner betrachtenden Seele zu. Die Blume von der Hand der Natur gemalet, der melodiereiche Wald, das heitere Licht des Tages, das allenthalben Leben und Lust um mich her gießt [...]

Die betrachtende Seele empfahl Aug und Ohr den Gedanken, das Leben strömte noch lange nicht von innen, es war auch draußen keinem Strom angeschlossen, und doch war das Auge schon bereit, den melodiereichen Wald zu sehen und »das heitere Licht des Tages, das allenthalben *Leben* und Lust um mich her *gießt*.« Das war noch nicht greifbar, schon aber in Sicht, bald zum Riechen nah. Der dies schrieb, war der preußische Kanzelredner J. J. Spalding, ein guter Prosaist, der im übrigen lieber den Horaz zitierte als die Bibel. Um die gleiche Zeit, wir schreiben 1763, schrieb eben dieser Spalding an Gleim, eine gewisse Ode des Horaz sei noch nicht nachgeahmt – und er forderte die zeitgenössischen Dichter dazu auf. Eine gelungene Nachahmung des Horaz war damals schon ein Neues; die Forderung der Originalität gehörte zu den Unbekannten. Dies, auch dies gehört zur Tatsache Aufklärung, die lieber ein factum geblieben wäre. Doch haben wir immerhin das Wort ›Tatsache‹; es spricht für sich und erinnert uns an Spalding, der es in die deutsche Sprache eingeführt hat. Die Lehrmeister waren die Alten, die antiken Dichter, während die Kunstrichter sich schon unter den Zeitgenossen fanden. Das galt 1771 nicht mehr uneingeschränkt, aber doch in Berlin und unter Ramlers Obhut, der sich nur sehr langsam dem Ende seiner Herrschaft näherte. Da hing ein Zopf, dieser gehörte aber durchaus zum Jugendstil der Aufklärung, und die neue Jugend – man denke an den ein Jahr später gegründeten Hainbund, dem Ramlers lyrische Gedichte anfangs so heilig waren wie die Oden Klopstocks – die Jugend also hing zu dieser Zeit noch fest daran, vollends der dankbare Falkensohn:

> Lehre mich, O Meister der deutschen Leyer,
> Lehre mich ein Lied dir nachzulallen! – – –

Im *Almanach der deutschen Musen auf das Jahr 1771* wurden vier Gedichte und eine Ode von ihm aufgenommen, da standen nun seine Gedichte, weithin sichtbar am Anfang, an einem musischen Anfang. Die ersten Musenalmanache, sagte Otto F. Gruppe hundert Jahre später, waren »ein wahrer Liederfrühling der neuerwachenden deutschen Poesie«.

Am 30. Dezember 1771 berichtete Chr. Boie aus Göttingen an Knebel: »Die Gedichte des Lithauers sollen auch jetzt gedruckt sein. Sie haben Recht, die jüdische Nation verspricht sehr viel, wenn sie einmal erwacht.«

Der Lithauer

> Auch mir gab Melpomenes Huld die Laute;
> Doch auf Lithuaniens kalten Höhen
> Wild erwachsen rühr' ich sie roher, als der
> Nordwind erbrauset

Das war eine neue Stimme, die sich unverhofft mit diesen Zeilen vernehmen ließ. Die Form war sowohl gegeben als erobert, hier nun dicht ausgefüllt: des Menschen voll, der sich ihrer bediente.

Und dieser war der erste Jude, der die Huld der Muse begehrte und mit Hilfe der ›deutschen Laute‹ versuchte, *seine* Situation auszudrücken. Wäre es möglich gewesen, auf den kalten Höhen Lithuaniens anno 1770 dichtend auszuharren, wir hätten in diesen Zeilen den Auftakt zu einer großen Dichtung. Allein, es war nicht möglich, und dieser Auftakt mußte bleiben, was er war: unerhört. Und zugleich unglaublich, denn nicht nur fehlte es der Sprache an Mitteln, die Situation eines solchen Menschen wortfest zu machen, auch diese Situation selbst war noch gar nicht über den ersten Sprachakt hinaus gediehen. Der Jude, im Licht und Schatten der Aufklärung, war noch so wenig spruchreif wie bühnenwirksam. Es gab wirkliche Juden und auch wirklich gebildete Juden, und sie mochten schon die Augen in einen neuen Tag hinein öffnen; der sich nach innen kehrende Blick war aber noch nicht geboren.

I. F. Behr, Dr. med.
Oder
Gedichte von einem pohlnischen Juden

Soll es für einen sich unter Literaten ausbreitenden Ruf sprechen, wenn er nach seinem Heimatland ›der Litauer‹ wie Mendelssohn nach seiner Geburtsstadt ›der Dessauer‹ genannt wird? Irgendwo in Deutschland, gegen Ende des Jahres 1771 war er im Gespräch. Boie, Knebel (er wird bald und für immer in Goethes Leben treten) sprachen von einem Erwachen der jüdischen Nation: ob er schon zu diesem Erwachen gehörte? War es denn aber Erwachen, was der aufgeweckte Litauer um sich gesehen, was nun vielleicht durch ihn zur Aussicht reifen sollte? Und war es wirklich die jüdische Nation, die da erwachen mußte? Wir wissen nicht, ob Stimmen wie diese je zu seinen Ohren drangen; wir werden es hinfort nur mit seinem Selbstgespräch zu tun haben. 1772 promovierte er in Halle zum Dr. med. Er stand in seinem 27. Lebensjahr und hatte nun endlich seinen Beruf, einen prakti schen, einen hilfreichen. Weit ist er gegangen, weit ist er gekommen; er durfte mit einiger Genugtuung zurück- und in die Zukunft blicken. Ein rauher Weg war sein bisheriger Lebensweg; was er sich auf diesem aber zäh erworben hat, das ist nun auch sein und kann ihm nicht genommen werden: die gute Bildung, das rechte Wissen, die Freuden eines gutgebildeten und musischen Menschen. Noch fehlte, einzig, der Name; der Ruf war schon da, und dieser klang so wohlig ausgedehnt wie Lithuanien und auch so kurz und gut wie Li-Tau. Endlich aber und vor allem und nicht zu übergehen: I. F. Behr, Dr. med., der seinem Vorbild lange nacheiferte und nun fast in jedem Punkt nahekam. Oder war er etwa nicht, an Mendelssohn gemessen, wie dieser? ihm ähnlich? ein vollkommener deutscher Jude? Und hatte er vielleicht nicht einen ebenso weiten Weg zurückgelegt? In einem Brief von Gotthold Ephraim Lessing an Johann David Michaelis, datiert Berlin, den 16. Oktober 1754, glaubt er sein eigenes Bildnis zu finden: »Er ist würklich ein Jude; ein Mensch von etlichen zwanzig Jahren, welcher, ohne alle Anweisung, in Sprachen, in der Mathematik, in der Weltweisheit, in der Poesie, eine große Stärke erlangt hat. Ich sehe ihn im voraus als eine Ehre seiner Nation [...]« Ja, das ist sein Bildnis, so hatte auch er begonnen; und auch heute trifft es auf ihn zu, da er ein Mann von etlichen zwanzig Jahren ist; freilich kein Weltweiser, wer kann aber schon ein Mendelssohn sein, außer Mendelssohn? In einem Punkt glaubt er aber doch, sein Vorbild zu übertreffen: er empfindet nämlich nicht mehr empfindsam, auch nicht bloß ästhetisch, sondern natürlich, und das heißt eben auch schon natürlich *deutsch*. Wäre dies nicht ein entscheidender Punkt? ein Wendepunkt vielleicht? Nicht von Ungefähr kam ihm Lessings Brief zu dieser Stunde unter die Augen: ob rückblickend, ob in die Zukunft schauend, er kommt von diesem Brief nicht los, vom ersten Wort bis zum letzten, vom »wirklichen Juden« bis zur »Ehre seiner Nation« steigert er seinen Stolz – und füllt ihn mit Unruhe. Die Zeit der Prüfungen war vorbei, ist die Zeit der Versuchungen also angebrochen? War es nicht ein schwärmerischer Ansatz, der ihm die Behauptung entlockte, er überträfe seinen Meister in einem Punkt? Dieser Punkt war ihm allerdings ein wichtiger, er konnte nicht anders, als sich, auf seine Behauptung hin, sofort einer strengen Prüfung zu unterziehen. Da lag noch sein Manuskript, druckfertig bis auf das vollständig geschriebene Widmungsblatt an den K. pohlnischen Landrath Friedrich Ewald Fircks, datiert Berlin den 26. Nov. 1771. Er begann zu lesen, und je weiter er mit seinem Lesen kam, desto höher steigerte sich sein Selbstgefühl.

Gewiß, es ist öfter zu merken, daß er sich in Formen *übte*, zugleich aber auch, daß ein originär musischer Mensch hier am Üben war. Es stand außer Zweifel: an seinen jüdischen Zeitgenossen gemessen, war er ein neuer Mensch, der sich schon getraute, seinem Ohr zu folgen, und in dem die Freude am Gedicht schon lebendig war. Auffallend war noch etwas: bei der Geburt seiner besten Gedichte – nur wenige kamen in Betracht – hat kein einziges hebräisches Wort Pate gestanden. Diese Gedichte waren vollkommen deutsch und vollkommen zeitgenössisch.

Er ist also ein deutscher Jude geworden, und, seinem eigenen Empfinden nach, vielleicht noch mehr Deutscher als Jude. War das möglich? Wie konnte das kommen? Und wo blieb der Litauer? Eben war noch sein Selbstgefühl gestiegen, nun sah er seine Wirklichkeit schrumpfen; gestern war sie ihm noch eine beschlossene, ja druckfertige Sache, und nun muß er sich fragen, ob es seine Wirklichkeit sei, die er mit diesen Gedichten bezeugen wolle? Wollte er sich nicht einen Namen machen? Und welchen andern Namen könnte er sich mit deutschen Gedichten machen als einen deutschen? Wenn dem aber so ist, dann hätte sich die Aufklärung an ihm vollzogen und gerächt; dann stünde er auf der Höhe seiner Zeit – bis zur Unkenntlichkeit entstellt.

Er sah in den Spiegel, da stand ein junger, glattrasierter, gutaussehender Mann von etlichen zwanzig Jahren, in einem grünen, goldgewirkten Rock, ein Buch in seiner Hand, Gedichte. War es seine Erscheinung, oder war es die Vision seines anbrechenden Ruhms? Der Mann im Spiegel schlug das Buch auf – man sah die Zahl VII – und deutete auf ein Stück hin, das »Entpuppt« betitelt war. Von Neugier hingerissen, folgte Behr dem Hinweis und las, mit seinen Lippen: »Menophilus sah ich ein Futteral ...«

Das also war das Epigramm, aus dem siebenten Buch Martials, das ihm Ramler, sein Freund und Meister, unterschlagen hatte! Das also ist der junge Mann, den die Aufklärer verschweigen, während sie ihn heraufbeschwören!

Die Erscheinung dieses Mannes, mit dem ihn doch nichts verband als der Spiegel, war also fällig geworden. Er nahm das Titelblatt: Gedichte von Issachar Falkensohn Behr.

st 2036 Peter Weiss
Herausgegeben von Rainer Gerlach

Nach seinem Tod wird das Werk von Peter Weiss – zumal das Spätwerk – so heftig und kontrovers diskutiert wie in den sechziger Jahren der *Marat/Sade* und *Die Ermittlung*. Dabei treten auch das Frühwerk sowie der Filmemacher und Maler mehr und mehr in den Blickpunkt. Der Materialienband von Rainer Gerlach stellt einer breiteren Öffentlichkeit die bislang nur unzureichend erforschten Texte des Frühwerks vor; er präsentiert das bislang weitgehend unbekannte schwedische Werk; befaßt sich mit Kindheit und Jugendzeit, dem Exil und dem Prozeß der künstlerischen Entwicklung, den Einflüssen, die persönlich von Hermann Hesse ausgingen; er widmet sich dem Bild- und Filmwerk. Das dramatische Werk wird in Einzelstudien untersucht, thematisch gewertet das Problem von Unzugehörigkeit und Entfremdung, das Engagement von Weiss für die Dritte Welt, seine Haltung zum Kolonialismus; die *Ästhetik des Widerstands* – der ein eigener Band innerhalb der stm gewidmet ist – sowie die *Notizbücher* sind in den Zusammenhang einbezogen. Wie alle Bände der stm enthält auch dieser Vita, Werkverzeichnis und Bibliographie der Sekundärliteratur, zusätzlich eine Filmographie und ein Ausstellungsverzeichnis.

st 2037 Schillers Briefe über die ästhetische Erziehung
Herausgegeben von Jürgen Bolten

Schillers theoretisches Hauptwerk zählt zu den wenigen Texten des ausgehenden 18. Jahrhunderts, an denen unmittelbar jener Wandel des geistigen und historischen Selbstverständnisses ablesbar wird, der seinerzeit die Selbstauflösung der bürgerlichen Aufklärung in die – nicht zuletzt auch politische – Romantik fundamentierte. Wie stellt sich vor diesem Hintergrund das ästhetische Programm Schillers dar? Auf welche gesellschaftlichen und politischen Vorgänge auch außerhalb der Französischen Revolution antwortet der Plan einer ästhetischen Erziehung? Wo und aus welchen Gründen schlägt dessen zunächst metapolitischer Anspruch in eine politisch affirmative Ästhetisierung seiner geschichtsphilosophischen Grundlagen um? In welchem Zusammenhang steht hiermit der philosophische Methodenwechsel innerhalb der *Briefe*, die zunehmende Distanzierung gegenüber Kantischen Positionen zugunsten einer Annäherung an das Denken Fichtes? Und nicht zuletzt: gibt es methodische oder inhaltliche Momente, die von einer Präfiguration romantischer Denkfiguren sprechen lassen und die in gerader Linie etwa auf Hölderlin oder Schelling verweisen? Die Beantwortung dieser von der Forschung zumeist isoliert voneinander gestellten Fragen zu erleichtern und damit die Einheit der *Briefe* gerade in ihrer gedanklichen Heterogenität transparent werden zu lassen, setzt sich die Auswahl der Materialien und Aufsätze zum Ziel.

st 2038 Karin Struck
Herausgegeben von Hans Adler und Hans Joachim Schrimpf

Von 1973 an, dem Erscheinungsjahr des Erstlings *Klassenliebe*, sind Karin Strucks Romane, Erzählungen, Features Stachel im Fleisch der kritischen Öffentlichkeit gewesen. Kaum eine der unzähligen Stellungnahmen, die nicht emotional vorpreschte; wenige, die die Distanz des gelassenen Rezensenten nicht mit gleicher Heftigkeit aufgaben, mit der die Autorin in der programmatischen ›Unmäßigkeit‹ ihrer Texte die Leser bestürmte. Karin Strucks aggressiver – mindestens offensiver – Versuch, schutz- und rücksichtslos Subjektivität, *ihre* Subjektivität, ins Wort zu setzen, ist, zusammen mit dem Rezeptionsprozeß, im Rahmen der Neuen Subjektivität zu sehen, geht aber nicht darin auf.
Der Materialienband bietet beides, Kommentar und Analyse zum Werk und Dokumentation der Rezeption, um dieses

Phänomen der jüngeren westdeutschen Literatur greifbarer zu machen. Indem in Einzelbeiträgen verschiedene Aspekte des Werkes, unterschiedliche Formen und Arten der Rezeption und Probleme der Schreib-Arbeit beleuchtet werden, wird kein geschlossenes Gesambild angestrebt, vielmehr ein Aufriß von ›Literatur in Funktion‹. Karin Strucks Prosa ist eines ihrer aktuellen Paradigmata. Eine ausführliche Bibliographie weist Werk und Rezeption nach.

st 2039 Brochs »Verzauberung«
Herausgegeben von Paul Michael Lützeler

Über keines von Hermann Brochs Büchern gehen die Meinungen derart weit auseinander, weichen die Wertungen so sehr voneinander ab wie über seinen Roman *Die Verzauberung.* Solche unterschiedlichen Reaktionen haben zu tun mit der Komplexität und dem Provokationspotential des Werkes. Waren Brochs *Schlafwandler* von 1930/32 der Versuch gewesen, Tendenzen des Kulturverfalls in der Wilhelminischen Zeit zu vergegenwärtigen, so ging es in dem neuen Werk um eine Auseinandersetzung mit jenen gesellschaftlichen Kräften, massenpsychologischen Mechanismen und quasi-metaphysischen Erwartungshaltungen, welche die Heraufkunft des Faschismus in den zwanziger und dreißiger Jahren ermöglicht hatten. In der *Verzauberung* werden auf dichterische Weise jene Probleme unserer Zivilisation bedacht, die anzugehen immer dringlicher wird, und für die eine Lösung nicht in Aussicht ist: im Metaphysischen die Krise der überlieferten Religionen, im Gesellschaftlichen die abgewirtschaftete patriarchalische Ordnung, im Politischen die Tendenz zur Brutalisierung und zum Totalitären, in der Technik eine ziellos gewordene Rationalität sowie im Bereich der zwischenmenschlichen Beziehungen eine inhumane Funktionalisierung. – Dem in seiner Aktualität und gleichzeitigen Offenheit begründeten zunehmenden Interesse an diesem Roman, bis in den schulischen Bereich hinein, wird der Materialienband in der Verbindung von genetisch wichtigen Texten, Dokumentationen der brieflichen Kommentare, neuen Analysen und einem Forschungsbericht mit einer Bibliographie zur Sekundärliteratur gerecht.

st 2040 Hans Magnus Enzensberger
Herausgegeben von Reinhold Grimm

Der vorliegende Band über Hans Magnus Enzensberger enthält in einer ersten Abteilung – unveröffentlichte oder an entlegener Stelle erschienene – Texte des Autors selbst, in einer zweiten Äußerungen von Kollegen, Wissenschaftlern und Kritikern, den bedeutenden Briefwechsel mit Hannah Arendt, die Diskussion mit Peter Weiss und zwei Interviews aus den Jahren 1969 und 1979; die dritte Abteilung bietet »Längsschnitte, Querschnitte«, in denen das Nachwirken der Antike in Enzensbergers Werk ebenso thematisiert ist wie sein mögliches Einwirken auf die heutige ›Dritte Welt‹. Der vierte Abschnitt verbindet wissenschaftliche Untersuchungen und Würdigungen, Besprechungen und Stellungnahmen. Die Bibliographie schließlich ist der bislang umfassendste Nachweis zu Enzensbergers Œuvre und seiner Sekundärliteratur.

st 2041 Lateinamerikanische Literatur
Herausgegeben von Mechtild Strausfeld

Die vorliegenden Aufsätze zur lateinamerikanischen Literatur wollen dem deutschen Leser einen ersten Eindruck von dem breiten Panorama der neuen Literatur des Kontinents vermitteln. Sie ist in der Bundesrepublik weithin unbekannt, obwohl sie immer nachdrücklicher als einzige Alternative zur problematischen europäischen erzählenden Prosa bezeichnet wird. Während die Rezeption und kritische Auseinandersetzung mit diesen bedeutenden Werken bereits in den sechziger Jahren – auch als »Dekade des Booms der lateinamerikanischen Literatur« apostrophiert – sowohl in den USA als auch in den anderen europäischen Ländern begann, fehlt noch heute ein vergleichbares Echo in der Bundesrepublik. Dies gilt für die Kritik wie für die Universität.

Die ausgewählten Arbeiten behandeln entweder einzelne Romane oder das Gesamtwerk eines Autors. Dieser Materialienband soll u. a. dazu beitragen, ein größeres Verständnis für die neue lateinamerikanische Literatur zu ermöglichen, die nur allzu oft als »Produkt überschäumender Phantasie« bezeichnet wird. Bibliographische Angaben zu den Autoren sowie eine Liste der wichtigsten Sekundärliteratur und Porträtfotos vervollständigen den Band.

st 2042 Brechts Romane
Herausgegeben von Wolfgang Jeske

Mit dem vorliegenden Band gehen die Materialien-Bände zu Brecht erstmals über die mit seinem Namen am meisten verbundene Gattung hinaus und unternehmen den Versuch, den durchaus vielgelesenen und zu seiner Zeit, besonders beim *Dreigroschenroman,* auch anerkannten Romancier vorzustellen. Da sich aus der vorliegenden Forschung zu den veröffentlichten Romanen und Roman-Projekten in sich geschlossene Teiluntersuchungen schwer extrahieren lassen, wurde hier auf solche Auszüge verzichtet; durch die Heranziehung jeweils erster Reaktionen nach der Veröffentlichung der Romane läßt sich andererseits die Diskrepanz zwischen der Anerkennung des Romanciers Brecht bei Lesern und Kritik auf der einen und der relativ langen Unterschätzung und Nichtberücksichtigung in der Forschung auf der anderen Seite zeigen. Erstmals werden hier Roman-Projekte aus den zwanziger Jahren mit der Wiedergabe der vorliegenden Texte im Zusammenhang vorgestellt.

st 2043 Friederike Mayröcker
Herausgegeben von Siegfried J. Schmidt

In der Vielfalt kritischer Zeugnisse, Reaktionen, Dokumente und Meinungen sollen Zugänge zum Werk einer Dichterin geöffnet werden, die heute als eine der bedeutendsten deutschsprachigen Autorinnen gilt; aber auch als eine Autorin, deren Arbeiten Rezipienten brauchen, die noch zu kreativem Lesen bereit sind. Die Beiträge dieses Bandes, das kein Kult- und Feierbuch, sondern Spiegel einer kritischen Auseinandersetzung sein will, belegen die oft vertretene Ansicht, daß Friederike Mayröcker im Laufe ihrer dichterischen Entwicklung eine eigenständige Poetik entwickelt hat, die ihrem Rang nach in die Reihe der großen literarischen Experimente dieses Jahrhunderts seit James Joyce und Gertrude Stein gehört.

Der Band enthält exemplarische Rezensionen zu ihren verschiedenen Arbeitsperioden und Arbeitsbereichen, verfaßt von Schriftsteller-Kollegen, Literaturkritikern und Literaturwissenschaftlern. Präsentiert werden Interviews mit Friederike Mayröcker, aus denen die Poetik ihrer Arbeiten erkennbar wird. Eine Sammlung von Zeichnungen dokumentiert diesen oft übersehenen wichtigen Produktionsbereich der Autorin. Die öffentliche Reaktion auf Mayröckers literarische und künstlerische Produktion spiegelt eine auf Vollständigkeit bedachte Bibliographie der Sekundärliteratur.

st 2044 Samuel Beckett
Herausgegeben von Hartmut Engelhardt

Nach einer Reihe von Textsammlungen, die einzelne Werke Becketts zum Thema hatten, bemüht sich der neue Materialienband um eine Gesamtanschauung von Becketts Œuvre. Sicherlich kann – schon vom Umfang her – ein Materialienband zu Becketts Gesamtwerk dieses nicht ausschöpfen, kann dies nicht einmal versuchen. Dementsprechend sind Beiträge – Übersetzungen von bislang nicht in deutscher Sprache vorliegenden wichtigen französisch- und englischsprachigen Untersuchungen sowie Originaltexte – versammelt, die Aspekte beleuchten, Spuren verfolgen, Zusammenhänge rekonstruieren, aber Vollständigkeit weder anstreben noch vortäuschen. Dabei werden einerseits die ›klassischen‹ Werke – *Warten auf Godot* und *Endspiel* vor allem – berücksichtigt, liegt andererseits ein besonderer Akzent auf weniger populär gewordenen Arbeiten wie *Watt* oder *Wie es ist* sowie auf den Dramen und Prosastücken des Spätwerks. Themen der Originalbeiträge sind u. a.: Versuch, Spielstücke zu verstehen, Kunst im Kopf – Becketts späte Prosa und das Imaginäre, Becketts *Company* im Computer, Zum Protestanteil Beckettscher Dichtung, Becketts ›Losigkeit‹ – ein Versuch in Dekomposition, Becketts späte Dramen.